KB260136

개정판

한국민주주의의 구조와 진로

강문구 지음

현대민족주의의 두조류 전론

[illegible] 지음

『한국 민주주의의 구조와 진로』라는 제목으로 이 책이 나온 지 거의 3년의 세월이 지났다. 1994년 봄이란 당시로선 이른바 '문민정부'의 김영삼 정부가 출범한 지 얼마 되지 않은 시기였고, 이 정부 또한 개혁을 강도 높게 외쳐대던 때인지라 정부의 자신감과 국민들의 기대감은 한국현대정치사에서 그 유래를 찾아보기 힘든 것이었다. 박정희·전두환·노태우 정권이 집권 초기에 치장하던 공허한 공약의 남발과는 이 문민정부는 그 격과 질이 확연히 다를 것이라 믿었다. 그간 3년의 세월은 우리에게 많은 것을 보여주고 가르치고 질책하고 있다.

한국정치를 논하고 평가하는 데 어느 때부터 우리에게 '영욕(榮辱)'이라는 용어가 낯익은 것이 되었다. 필자의 기억에 ≪월간 조선≫의 조갑제 기자가 박정희의 유신체제를 평가하면서 이 말을 했던 것으로 남아 있다. 박정희의 유신체제의 폐해를 전반적으로 비판하던 당시 분위기에서 이 '영욕'이라는 평가는 일순 신선하기도 했다. 하지만 영광과 오욕이라는 이러한 평가는 기실 아주 위태하고 심각한 곡해의 가능성을 내포하고 있는 것이다. 영욕의 세월이 교차하지 않는 정권(독재 권위주의 체제이든 민주주의 정부이든 간에)이 어디 있겠는가?

아직 이른 감이 있지만 김영삼 정권에 대한 평가에서도 이런 식의 발상은 위험하다. 금융실명제로 대표되는 개혁정책의 강력한 추진력, 그리

4

고 몇 년이 지난 최근에 보여준 노동법, 안기부법의 날치기 통과와 한보 사태의 파장, 이 엄청난 괴리도 영욕의 논리로 포장될 수 있는가? 보다 더 본질적인 것은 외형상 괴리감으로 표현되는 이 현상의 내적 구조와 메커니즘을 파악하는 것이다. 바깥에서 볼 때는 같은 현상들이지만 그 뿌리는 다른 것일 수 있고, 반대로 상이한 현상이지만 그 뿌리는 유사한 것일 수도 있다. 현상과 근저, 그 양 영역을 매개하는 내적 구조와 메커니즘에 대한 부단한 관찰과 엄밀한 분석이 그나마 외면당하는 '사회과학'의 존재 이유라고 생각한다.

1993년에 쓰고 이 책에도 실린 논문에서 필자는 김영삼 정부의 개혁추진의 문제점을 다음과 같이 지적했었다.

국가주도의 개혁이 지속적으로 반지배연합을 무력화시키고 시민사회를 적극적으로 견인해 나갈 때, 이는 민주화의 심화가 아니라 표퓰리즘의 외양을 띠는 국가코포라티즘으로의 전략이다. 국가주도의 개혁과 시민사회 및 반지배연합의 주도와 압력하에 추진되는 개혁은 어느 시점에 이르면 뚜렷한 차별성을 노정시키지 않을 수 없다. 전자는 지배체제의 재편과 통치구조의 공고화를 위하고, 이 전체적인 목표와 배치되지 않은 한도내에서의 개혁일 수밖에 없다. 변혁지향의 시민사회 운동은 이 한계와 소진(消盡)의 선을 뚜렷하게 밝히고 제시할 수 있어야 하며, 바로 이 명확해진 차별성을 바탕으로 할 때 민주화과정하의 개혁추진은 심화될 수 있을 것이다(제9장 변혁지향 시민사회운동의 과제와 전망 중에서).

이전 『한국민주주의의 구조와 진로』의 틀을 거의 그대로 유지한 채, 연관되는 몇 편의 글을 첨가했다. 따라서 김영삼 정부에 대한 본격적인 분석과 평가를 이 책에 담을 수는 없었다. 특히 김영삼 정부하의 개혁의 소진[필자는 한계(limits)보다 이 소진(exhaustion)이라는 용어가 더 적합하다고 생각한다. 왜냐하면 이 정부의 개혁과 사회진보운동의 개혁은 외양이나 현상은 유사하지만 그 추진의 목표와 토대가 다르기 때문에 그 내적 구조와 과정도 상이할 수밖에 없기 때문이다]은 다른 무엇보다도 한국민주화의 구조를 이해하고 진로를 예단하는 데 핵심적인 중요성을 갖는다. 무엇이 한국의 민주주의를 굴절시키고 보수화시키는 장애물이 되는지,

그리고 될 수 있는지에 대한 부단한 관심이 절실히 요청되고 있다.

바로 이런 맥락에서 김영삼 정부의 성격과 그 정책의 내용을 꼼꼼히 분석하는 과제가 앞에 놓여 있고, 가능하다면 이 책의 후속작업으로 선보일 수 있기를 기대해 본다. 상업성에서 별로였던 이 책의 개정판을 마련해 준 한울에 다시 한 번 감사드린다. 크게 나아지지 않은 내용에 비해 새로운 단장에 기울인 한울의 노력은 분명 필자의 부채로 남는다. 한울의 여러분과 특히 오현주 편집과장님께 깊은 고마움을 전한다.

1997년 3월
강문구

▌ 초판 서문 ▐
한국 민주화의 보수적 굴절과 진보적 심화, 그 제약과 과제

… 사랑을 받는 것과 두려움을 당하는 것 중에서 어느 것이 좋은가? 누구나 다 양쪽을 모두 겸해서 갖추고 있는 것이 바람직하다고 대답할 것이다. 그러나 이 두 개를 함께 갖추기란 어렵다. 따라서 어느 한쪽만을 갖추어야 한다면 사랑받기보다는 두려움을 받는 쪽이 안전하다. … 그 이유는 원래 인간은 사악하기 때문에 단지 은의(恩義)의 인연에 얽힌 애정 같은 것은 자기의 이해가 상반되는 기회가 오면 당장에 라도 끊어 버리기 때문이다. 그러나 두려워하고 있는 사람에 대해서는 처형(處刑)의 공포로 굳게 묶여 있기 때문에 결코 배반하지 못한다. …

마키아벨리, 『군주론』 중에서

… 적어도 어떤 대의를 위해 생명과 평온한 생활을 자진해서 희생하는 인간이 없으면, 혁명적 정세는 발생하지 않는다. 그러한 희생을 치를 용기는 정신 속의 욕망이라는 부분에서부터 발생하는 것이 아니라 '패기(thymos)'라는 부분에서 분출하는 것이다. 욕망적인 인간, 경제적 인간, 다시 말해 천성적인 부르주아는 마음 속에서 '손익계산'을 항상 해두고, 항상 그것을 위부를 움직이는 근거로써 사용해 나간다. '패기'에 찬 인간, 분노하는 인간만이 스스로의 존엄과 동포의 존엄을 잃어버리지 않으려고 정신을 바짝 차린다. … 이러한 인간만이 스스로 자진해서 전차를 막아서고 병사들의 대열 앞을 가로막을 수 있는 것이다. …

프랜시스 후쿠야마, 「붉은 뺨을 가진 야수」, 『역사의 종말』 중에서

… 넌 내가 죽은 둘째를 도와줄 수 있었다고 생각하니? …
　내가 그를 도울 수 있었다고 생각해?
　그렇지만 아버지, 인간을 완전히 이해하지 못하고서도 완벽하게 사랑할 수
는 있잖아요? …

노만 멕클레인, 『흐르는 강물처럼』 중에서

근래 나라 안팎에서 일어나고 있는 사건들은 '위기'라는 진단 속에서
그 곡해와 편향의 폭이 과거 어느 때보다 커보인다. 한쪽에선 특히 현존
사회주의국가들의 패망(동시에 진보적 세계관의 사향현상)을 환호해 하
고 심지어 즐긴다. 더 나아가서 마치 자기들이 과거의 피해자인양 전투적
인 공격자세를 취한다. 이들은 남북대화에서 '불바다'라는 표현을 가지고
사건을 부추기기도 하고, 곧바로 신속하게 패트리어트 미사일의 판매와
배치를 추진하기도 한다. 이들이 과시하는 신속성과 음모의 차원이 가히
국제적인 것 같아 위압적이기까지 하다.
　1994년 4월호 ≪월간조선≫의 한 기자가 이영희 교수를 집중 취재하
면서 인용한 다음의 글은 이런 맥락에서 전형적이다.

　우리는 경제적 풍요와 함께 민주화사회로 오면서 내적 모순의 상당 부분을
극복했습니다. 기나긴 독재의 과정에서 희생을 감수한 덕에 생존에 대한 일차
적 부담, 먹는 문제의 해결에 성공한 거죠. 남은 과제는 보다 성숙된 민주사회
를 지향하는 것입니다. 이런 상황인데도 이영희 교수는 우리의 약점인 주한미
군과 핵을 이상한 민족논리로 물고 늘어져 국가발전을 저해하고 있다고 봅니
다. 솔직히 말하면 이영희 교수는 사사건건 한국사회와 정부의 약점을 들추어
내는, 대단히 비생산적인 사람입니다. 이런 사람을 조용히 잠재우려면 정부가
국민을 위해 복지정책을 개발하고, 부단한 개혁을 통해 행정시스템을 원숙하
게 해야 합니다. 보다 건강한 사회, 상식이 통하는 사회로 나가면 됩니다. 이영
희 교수 같은 사람은 '역사의 음습한 그늘에서 사는 지식인'이라고 봅니다. 사
회에서는 그런 지식인이 필요할 때도 있어요. 우리는 이 교수 같은 분을 생산
적으로 적절히 활용해야 합니다(현경병).

이 기자는 일제시대의 친일파 지식인과 분단시대의 진보적 지식인을
같이 취급하면서 결론내리고 있다. "남북통일이 되어 북한의 실상이 백

8

일하에 공개됐을 때, 이영희 교수와 같은 소위 진보적 지식인들이 남긴 「민족모순극복」의 비장한 글들을 구경하면 어떤 표정을 짓게 될까. 그날을 위해서라도 빨리 통일이 되었으면 좋겠다." 사람들의 생각은 분명 그리고 또 당연히 다를 수는 있다. 이들이 보여주는 논리는 따라서 보수주의세력이 주도하는 공공매체를 통한 폭력적 공세로 보인다.

필자도 이들의 오류를 반복하고 싶지는 않다. 단지 두 가지 점을 명확히 하고 싶다. 먼저 우리사회가 가치와 세계관, 상식에 있어서 얼마나 독단적이고 경직되어 있으며, 이런 허점은 또 얼마나 쉽게 군중적 히스테리로 발화될 수 있는가 하는 것이다. 이런 휘발성은 최근 진행되는 보수적 공고화에 의해 더욱 위험한 지경으로 치닫고 있다. 이 두 가지 문제점이 한국민주화과정의 가장 심각한 장애물이다. 동시에 한국민주주의 이행이 진보적으로 추동되어가야 하는 근거가 되기도 한다.

책의 서문으로서는 조금 무겁게 시작한 느낌이 든다. 하지만 이런 컨텍스트에 대한 이해는 필수적이다. 만약 우리가 경제환원론과 마찬가지로 담론환원론을 경계한다면, 많은 경우 인간의 인식 및 실천과 분리할 수 없는 컨텍스트의 매개 여과구조는 근원적으로 헤게모니 관계(투쟁)에 의해 조건지어진다. 한국사회에서 민주화과정에서 보수적 공고화가 이루어지면서 파생되는 구조적 파행과 담론의 퇴행은 '민주주의'에 대해 근본적으로 문제삼지 않을 수 없게 한다.

그간 여러 지면을 통해 발표되었던 논문들을 엮어서 한 권의 책을 준비했다. 시기적으로는 1987년까지 거슬러서 1993년까지에 걸쳐, ≪한국정치학회≫, ≪경제와사회≫, ≪사회비평≫, ≪창작과비평≫, ≪동향과전망≫, ≪사상문예운동≫, ≪포럼 21≫ 등에 실린 글들이다. 최근에 썼다고 나아진 것도 별로 없지만, 꽤 오랜 기간이 경과했기 때문에 다소 들쭉날쭉한 느낌이 없지 않다. 물론 생각의 단초들을 구성하는 중심축은 되도록 일관성을 갖추려고 노력했다. 순서상으로는 한국의 군부정치, 한국민주주의의 이행경로, 그리고 사회운동이 되어야 할 것이다. 그러나 현재를 중심으로 주제를 재구성하는 것도 괜찮을 것 같아서 현재의 체제를 선택했다.

민주주의의 훈련과 실천의 핵심은 자기와 다른 사람과 더불어 사는 법을 터득하는 것이다. 바람직한가의 여부를 떠나서 오랜 세월 공동체문화의 정신이 면면히, 때로는 굴절된 채 흐르는 우리 현실 속에서 공유할 가치가 전혀 없는 상대방과 함께 생활함은 쉽지 않다. 그렇지만 최소한의 게임 규칙만 지킨다면, 모든 사람이 참가할 수 있고 존중받아야 하는 것이 민주주의(절차적·형식적 민주주의)의 기본원리이다.

아마 우리사회가 정치경제적 불균등이 심각하게 악화되어 오지 않았더라면, 이 절차적 원리로써도 많은 갈등과 문제들이 해결될 수 있었을 것이다. 그러나 한국의 현실은 그보다 훨씬 더 심각하다. 이 시점에서 만약 절차적 민주주의라는 갈등의 해소기제가 정치경제적·갈등적 요소의 해결(실질적 민주주의로의 심화)에 도움이 되지 않는다면, 그 가치와 정당성은 회의되지 않을 수 없다. 이런 연유에서 필자는 실질적 민주화로의 심화와 한국민주주의의 진보적 추동을 계속 강조할 것이다.

그러나 이 관계가 그렇게 간단하지만은 않다. 앞으로 연구과제가 되겠지만 자유와 평등, 효율성과 형평, 절차와 내용, 정치적 민주화와 사회경제적 민주화간의 관계에는 단순논리나 도덕적 합목적성의 강조만으로는 해결되기 힘든 복잡한 문제들이 산재해 있다. 따라서 한국적 현실에 대한 대안에 대한 탐구의 중요성은 아무리 강조해도 지나치지 않다. 아직 해답은 없다. 하지만 몇 가지 원칙은 지켜져야 한다. 무엇보다도 보수적 담합에 의한 민주화의 정체와 굴절이 배재·지양되어야 한다. 이 바탕 위에서 이 절차적 차원의 민주화의 물꼬를, 정치적·사회적 형평과 경제적 평등을 최적으로 보장하는 방향으로, 그리고 그 내용을 더욱 심화·확장할 수 있는 방향으로 견인해 가야 한다. 그리고 그 방식은 민주주의 틀내에서의 헤게모니 투쟁을 통해서이다.

필자가 쓴 책으로는 지난해에 출간한『포위된 혁명─니카라과 혁명 10년사의 현대적 조명』(나라사랑, 1993)에 이어 두 번째가 된다. 칠레 아옌데의 민주혁명노선을 분석한 편저였던『자본주의 체제하의 사회변혁운동─칠레혁명과 아옌데 노선연구』(친구, 1991) 역시 동일한 문제의식의 연장선상에 놓여 있다. 다시 말하자면 그간 필자는 제3세계의 사회운동과 정치변동에 관심을 가져왔다. 그 중에서도 민주주의적 방식을 통한 사회변혁모델이 초점의 대상이었다. 민주적이고 합법적인 범주내에서 가장 급진적인 사회변혁을 추구한 칠레식 혁명의 길은 한마디로 미국과 계급전쟁의 와중 속에서 민주주의라는 틀과 사회경제적 변혁간의 갈등적 관계가 전개되는 전범을 제시해 주었다. 미국이라는 거인과의 힘겨운 싸움 속에서 대의제를 인정하면서 혁명적 이행의 경로를 보여준 니카라과의 혁명노선 역시 미국과의 전쟁과 열악한 환경하의 소국경제의 건설이라는 이중적 질곡에 당면한 힘겨운 변혁경로의 현실을 증거해 주었다.

사실 한국의 경우는 이보다는 훨씬 온건할 수밖에 없는, 그나마 온건한 변혁이나마 가능할지도 확신할 수 없는 사례에 속한다. 그렇지만 우리는 아직 후쿠야마나 브레진스키식의 '역사의 종말'이 당도했다고는 결코 생각지 않는다. 한국에서의 절차적 민주주의는 종점이 아니라 출발점이다. 최적의 형평과 복지 및 평등이 보장되고, 지속적으로 발전되어 갈 수 있는 사회적 기틀과 꼴을 재건하는 과제가 우리의 몫으로 분명하게 주어져 있다.

이 책의 논문들이 준비되는 세월의 궤적에는 너무나 고마운 분들의 애정의 파장이 촘촘히 스며 있다. 서울 동대문 감리교회의 장기천 목사님은 필자에게 우뚝하고, 풍성한 그늘이 되어 주셨다. 김영애 사모님과 이범선 목사님 역시 항상 잔잔하게 필자를 감싸주었다. 염홍철 박사님이 그간 배려해 주신 은혜는 갚아드리기 불가능한 정도의 것이다. 지금 생각해 보면 그 절실하고 어려웠던 시절에 베풀어 주셨던 애정과 격려가 얼마나 크나큰 위안과 기쁨이 되었는지는 형언하기 어렵다. 경남대학교 정치외교학과의 교수님들의 인간적 후의와 격려로 인해 마산에서의 생활이 얼마나 안정될 수 있었던지, 새삼 그리고 거듭 감사드린다. 그리고 법정대학의 여러 교수님들의 관심과 애정도 분에 넘친다. 경제학과의 고현욱 교수님, 사학과의 이종흡 교수님, 그리고 사회학과의 이수훈, 김용기, 임영일 교수님과의 교제와 토론은 이 곳 생활에 활기찬 샘이 되어 주었다. 우리 경남대학교의 박재규 총장님, 연세대학교의 박영식 전(前)총장님, 정외과의 서정갑 교수님, 아주대학교 정외과 김영래 교수님, 중앙대학교의 박경서 교수님과 김동성 교수님, 그리고 한국외대의 김웅진 교수님들께는 은혜만 크게 입고 제대로 인사도 드리지 못하는 송구스러움을 혜량해 주시기를 빌 뿐이다. 경남대학교 극동문제연구소에서 같이 토론할 수 있었던 대전대학교의 유재일 교수님, 양길현 연구위원님, 여현덕, 신종대 선생들에게도 이 자리를 빌어 고마움을 전한다.

오랜 기간 고락을 함께 나눠온 벗들, 그들이 없었더라면 현재 내게 남아 있는 삶이란 얼마나 황량하고 메말랐을까? 비록 조금씩 다른 길을 걷고 있지만, 우리가 긴 세월 가슴 깊숙이 가꿔오고 있는 희망과 믿음은 더 뿌리 깊어지고, 언젠가는 눈부시리라.

지금껏 나는 책의 서문에 아내를 거론하는 행위를 비웃어 왔다. 아직까지 선배와 친구, 후배들로 구성되는 공동체 패밀리와 더불어 살아가고 싶고, 이들에게 인정받고 폼잡는 것을 아주 중요한 낙(樂)으로 생각한다면 아내에 대한 애정의 현시는 중요한 결격사유가 될 수도 있다. 이해해주기 바란다. 어머님, 아내 황선희와 석헌, 민경의 희망차야 할 삶에 그루터기 같은 존재가 되려는 희망도 병행하고 싶다. 가능하다면.

한울의 고경대 상무와 이현정 님에게도 깊이 감사드린다. 힘든 상황에서 꿋꿋이, 일해나가는 도서출판 한울의 여러분들에게 건투를 빈다. 응당 이 분들에게 돌아가야 할 긍지는 아주 크다고 생각한다.

서문이 길어졌다. 헌사가 아닌 가슴저민 얘기를 한마디만 더 해야겠다. 문국진이라는 후배가 있었다. 그는 누구보다도 명석했고 책을 좋아했고 글을 잘 썼다. 국진이는 전두환의 5공치하에 살면서, 정말 아무 죄(그 당시 그들은 국진이가 가지고 있었던 책을 문제삼았었다)도 없이 고문당하고 유린당했다. 지금 국진이는 고문후유증으로 정신병원에 있다. 이 땅에 이렇게 당한 이들이 어디 국진이뿐이랴? 민주주의는 우리에게 무엇인가? 또한 이들에게는? 지금 우리 주위에는 민주주의의 열매에 연연해 하고, 자신의 몫을 오만하게 떠들어대는 많은 사람들을 본다. 그러나 우리는 이들 중 가짜가 얼마나 많고, 또 얼마나 많은 이들이 가짜가 되어가는

지를 본능적으로 안다. 민주주의의 과거와 미래를 둘러싸고 있는 희생과 고통, 그리고 상흔처럼 남아 있는 아픔을 애써 기억하려 하고, 묵묵히 감내하려 하는 사람은 그만큼 찾아보기 힘들다. 국진이들이 받은 아픔과 수모, 그리고 치유가 바로 한국민주주의의 멍에이고 제약이며, 숙제이다. 국진이들과 그 가족들이 겪어온 인고의 세월은 국가가 결코 어떤 형태로든 다 보상할 수 없다. 나머지는 이 시대 속에서, 그들이 있었기에 이나마 살고 있는 우리들의 몫이다.

1994년 4월
강문구

▌차례 ▌

제2부 한국민주주의 향방과 사회진보운동

제3부 한국 군부통치의 역사와 구조

들어가기 전에

한국 군부통치의 제약, 민주주의 이행경로, 그리고 사회진보운동의 좌표

이 서장은 이 책에 실린 논문들의 이해를 돕기 위한 것이다. 각 논문들의 주요 아이디어들의 단초들을 배경이 되는 컨텍스트와 연관지음으로써 좀더 선명하고 생생한 책읽기에 지침이 되었으면 하는 바람이다. 아마 이 과정을 통해 글의 내용과 중심테제가 컨텍스트로부터 어떻게 영향을 받고 구속되는지를 파악할 수 있을 것이다. 그럼으로써 글 내용의 토양을 이해하게 되어 그 논지가 선명해지고, 동시에 컨텍스트와 각 논문이 맺는 관계의 편향 혹은 일정한 한계를 발견한다면 그것도 이 장의 목표와 무관하지 않을 것이다. 욕심을 낸다면 가벼움의 문화로부터 가장 큰 피해(?)를 입고 있는 사회과학관련 글들이 조금은 쉽게 읽히고, 다른 분야와 닫혀 있는 통로를 열게 하며, 사실 이 부박한 문화풍토에 더 절실하게 요청되는 다층적인 대화를 가능하게 하는 실마리가 만들어졌으면 하는 것이다.

제1부 '한국민주주의의 전개구조와 성격'은 4개의 장으로 구성되어 있다. 모두 다 한국민주화 이행의 성격을 사회변혁의 문제와 연관시키고 접목시키려 하고 있는 글들이다. 사회적 변혁과 무관한 민주주의, 아무런 색깔이나 형태도 없는 민주주의를 강조하려는 시도들의 허구성을 벗기는 것이 첫 번째 목표였다. 그간 우리에게 독재체재나 권위주의 정권을 정당화시켜 주는 민주주의의 논리도 얼마나 많이 존재해 왔던가? 여기서는 대부분 절차적·형식적 민주주의가 강조되고 종결점으로 가정된다. 이런

가설에 대한 반론에서 시작하여 민주주의가 얼마나 역사적인 사건이자 개념이며, 그 근저에 얼마나 치열한 계급갈등과 헤게모니 싸움이 수반되는지에 초점을 맞추려 했다. 따라서 계급·계층간의 역학관계, 동맹(연합)구도, 그리고 헤게모니 싸움을 중심으로 하는 민주주의 이행의 성격은 절차적·형식적 민주화가 성취된 이후에 보다 더 강화될 수 있다.

아마 많은 사람들이 1987년 6월을 떠올리면 감회가 새로울 것이다. 70년대에 20대를 보낸 이들이 정치적 패배주의(혹은 정치적 허무주의)를 탈피하여, 무언가 모르게 자신도 역사의 중간에 서있다는 의식을 경험할 수 있었던 최초의 기회가 아니었나 싶다. 당시 미국의 대학원에 재학중이던 필자는 당시 경남대학교 극동문제연구소가 주관하는 초청연구프로그램(Summer Studies Programme in Korea)에 참가하기 위해 서울에 있으면서, 이 6월을 맞이했다. 사회구성체논쟁을 둘러싸고 진보학계나 운동권이 한창 열기를 올릴 때였다. 이런 마당에 당시 연세대생 이한열의 죽음은 대중적 공분과 이론적 실천이 상승작용하는 도화선이 되었다. 이한열의 장례식날 연세대 앞에서 이애주 교수가 진혼무를 추고, 높다란 철교 위에서까지 수많은 인파가 숨죽이면서, 또 눈물 흘리면서 하나가 되었던 기억은 지금도 새롭다. 시청 앞까지 행진하면서 느꼈던 뿌듯함과 결연함의 정서를 다시 맛보기는 힘들 것이다.

제1장 「한국의 사회변혁과 민주주의에 대한 고찰」은 1987년 12월 미국 캘리포니아 대학에서 열렸던 한국유학생 논문대회에 발표된 논문인데, 아마 이런 시대적 분위기를 담고 있을 것이다. 이 논문의 초고는 1987년 7월과 8월 초 쓰였고, 그 이후 몇 달간 보완되었기 때문에 전반적으로 들떠 있고, 민주주의에 관한 강한 낙관론이 깔려 있음을 느낄 것이다. 민주주의 이행의 문제를 계급갈등의 관점에서 조명하면서, 절차적 차원의 민주화 진입이 사회적·경제적 차원의 민주화로 심화되기 위한 조건들을 논구하고 있다. 짧지 않은 논문 속에서 많은 주제를 다루다보니, 체계적인 점에서 허점이 보인다.

제2장 「한국사회의 민주화, 사회변혁, 반지배연합」, 그리고 제3장 「한국 민주화과정하의 계급갈등과 경제적 민주주의」는 앞 논문의 문제의식

의 연장선에서 이해될 수 있다. 민주화 진입 이후 당면하게 되는 반지배 연합내의 갈등조짐이 한국의 민주화를 진전시키는 데 결정적인 장애요인 이라고 주장하고 있다. 1987년 6월에 느껴졌던 민주화 이행에 대한 강한 낙관론은 곧바로 7·8월 노동자투쟁기를 거치면서, 심각할 정도로 약화되기 시작한다. 한국사회의 민주주의 이행이 사회적·경제적 불균등의 해소와 무관하게 진행될지도 모른다는 우려가 현실화되면서, 필자는 반지배연합의 문제에 관심을 가지게 되었다. 민주화 이행이 미친 정치지형의 변화에 대해 지배층과 지배연합이 단합되어 신속하고도 유연하게 대응해 나갔다. 그러나 화이트칼라 노동자와 블루칼라 노동자간에는 갈등과 분열의 조짐이 떠오르고, 이를 지배연합이 언술적·이데올로기적 공세의 대상으로 삼는 현상은 한국민주주의 이행을 극도로 보수화시키고 정체시킬 것이라고 생각하게 되었다.

제4장「한국의 민주적 이행과 사회적 변혁의 전망」역시 앞의 문제의식을 많은 부분 담보하고 있다. 한국사회에서 전개되어 온 민주화과정, 특히 절차적 민주주의에서 실질적 민주주의로 이행되는 과정에서 파생될수 있는 주요 쟁점을 점검하기 위한 글이다. 계급간·계층간 타협의 결과로서 절차적 민주화는 성취될 수 있지만, 그 다음 단계의 실질적 민주화로의 진입·심화는 지배연합과 반지배연합간의 헤게모니 투쟁과 역학관계에 의해 크게 좌우된다는 논지가 개진될 것이다. 또 다른 맥락에서 보면, 이 글은 소련 및 동구 사회주의 블록의 붕괴와 맑스주의적 진보이론의 사향을 염두에 두면서, 진보적 이론 혹은 세계관이 민주주의 사상을 축으로 재구성될 수 있는가에 대한 탐구를 함축한다. 맑스주의내의 정치사상, 특히 민주주의 사상의 빈곤에 대한 극복은 사실 오래 전부터 애기되어 왔다. 따라서 최근의 진보적 세계관의 '위기'를 풀어나갈 수 있는 단초가 헤게모니에 걸치면서 민주주의 사상의 지평을 열어준 안토니오 그람시와 연계되어 있음을 발견할 수 있을 것이다.

제2부는 사회운동에 관한 장들로 모아져 있다. '한국문화운동'에 관한 제5장은 87년 6월의 낙관적 분위기에 도달하기 전, 광주항쟁 이후 비관과 침체에 빠져 있을 무렵에 쓰였다. 그래서 거듭된 민주주의의 실패를 전제

로 하면서 정리되었다. 다시 말해서 왜 한국에서는 최소한 두 차례나 민주주의로 진입하는 데 실패했는가? 전면적 투쟁만을 강조하는 강경일변도의 전략에 문제가 있었던 것은 아닌가? 물론 수동적이고 기술적인 측면의 문화운동으로서 민주주의를 쟁취하는 데는 역부족이겠지만, 올바른 문화운동이 민주화투쟁과 연관될 때만이 민주주의로의 돌파(break-through)는 물론 심화·정착도 가능하고 완성될 수 있다고 인식하게 되었다. 그람시의 용어를 빌면, 헤게모니 투쟁으로서 필자는 이를 '세계관의 투쟁'으로 이해하고 있다.

제6장은 브라질, 칠레, 필리핀에서 전개된 민주화과정의 경로를 대통령선거운동과 연관시켜 간략히 개괄한 시론이다. 세 가지 사례 모두 이런 권위주의체제의 지배블록이 여전히 헤게모니를 보지하는 '위로부터의 민주화'의 범주에 속하는 것으로, 이 초기 민주화의 진전에 야당과 야권의 연합이 주요한 역할을 했던 것으로 이해된다. 그러나 이 초기 민주화단계 이후부터 이른바 '위로부터의 민주화'의 한계는 서서히 선명하게 노정되기 시작한다. 여하간에 민주화의 전 단계에 해당하는 개방화(Abertura)를 군부정권 스스로가 주도했던 브라질, '민주주의로의 전환을 위한 국민협정'을 우여곡절 끝에 통과시키고 그 결과 대통령선거를 통해 민정이양은 성공했으나 피노체트 장군을 중심으로 군부와 영향력이 여전히 막강했던 칠레, 국민들의 힘과 요구에 의해 민주화의 물꼬는 열렸으나 군부의 일부 지배세력에 의해 민주화 이행의 결정적인 전기가 마련되었던 필리핀의 사례들은 우리에게 흥미로운 관찰거리와 교훈을 시사하고 있다.

제7장 「사회변혁운동의 새지평을 향하여」는 사회주의권과 진보진영의 위기를 넘어가기 위한 사상의 단초에 대한 모색이다. 운동의 위기상황 속에서 어떻게 운동할 것인가? 대안이 소멸될 듯이 보이는 현실 속에서 변혁과 진보를 지향하는 사회운동은 변신해야 하는가? 안토니오 그람시의 사상에서 엿보이는 실타래를 매개로 해서 헤쳐 풀고 재구성해 보면, 뭔가 현재에도 유익한 것이 있으리라 생각했다. 사회운동에 대한 철학 혹은 인식의 문제가 포함된다. 그간 우리는 '운동'을 사건 중심으로, 그리고 너무 분절적으로 인식해 온 것은 아닌가 하는 점이다. 그렇다고 원칙도, 지향

도 없는 운동으로 가자는 얘기는 물론 아니다. 이를 지양·극복할 수 있는 단초를 필자는 그람시가 강조하는 유기성의 원리로 받아들였다. 유기적인 큰 틀하에서 전략과 전술은 상황에 맞게 조절되고 유연하게 변할 수 있다. 이런 유기성이 전제된다면, 좌파적 모험주의나 우파적 기회주의의 양편향도 상호 지양될 수 있을 것이다. 그리고 이 유기성은 민주적 원리와도 병행될 수 있는 여지를 보인다는 점에서 논의의 가치가 배가된다.

시민사회운동에 관한 제8장과 제9장은 시민사회와 시민사회운동의 의의와 위상을 거의 인정하지 않으면서 강하게 비판한 김세균 교수의 논문인 「시민사회론의 이데올로기적 함의비판」(≪이론≫ 1992. 가을호)에 대한 반론과 재반론이다. 김세균 교수, 백욱인 박사, 김호기 교수들이 이후에 가담했으며(모두 ≪경제와사회≫), 그 밖의 몇 군데 지면에서도 다뤄졌다(예를 들면 ≪한겨레신문≫, ≪말≫, ≪문학과사회≫ 등). 필자는 몇 가지 입장만은 다시 한 번 밝히겠다. 먼저 민주화과정을 통해 열린 합법적 공간과 선거투쟁에 대한 고려 없이 사회진보운동을 얘기하는 것은 효과적이지 못하다는 점이다. 김세균 교수가 시민사회론 혹은 시민사회운동이 갖는 체제내화의 경향이나 함의를 비판하는 데 머문다면, 필자도 이견이 없다. 하지만 그 의미 자체를 부정한다면, 다시 말해서 시민사회운동무용론이 된다면 동의할 수 없다. 뿐만 아니라 민주화가 가져온 정치지형의 변모에 대한 고려 없이, 계급투쟁만을 고수하는 것은 사회운동의 지반의 확대를 위해서도, 지향의 정립을 위해서도 별로 바람직하지 못하다는 것이다. 그러나 여기서 필자가 강조하고 싶은 점은 그렇다고 해서 체제내에서 기반만 넓힐 수 있는 운동만이 최선의 길은 아니라는 것이다. 따라서 필자는 김세균 교수의 시민사회운동무용론, 계급운동론의 고수에도 반대하지만, 한계에 대한 조건부가 붙지 않는 시민사회운동론에도 동의할 수 없다. 제9장의 보론인 「한국사회와 시민사회운동논쟁」은 김세균 교수와 논쟁할 당시, ≪연세춘추≫에 실린 글로서, 몇 가지 입장을 재정립하고, 몇 가지 아이디어의 단초를 제시한 시론에 해당된다.

제3부는 민주주의로의 이행 이전 시기로서, 이 경로의 역사적 배경이 되는 '군부의 정치개입과 군부통치'에 관한 두 편의 논문들이다. 과거의

24

구조가 얼마나 끈질기고, 따라서 이후의 역사전개에 얼마나 구속력 있는 족쇄로 작용하는지는 재론할 필요가 없다. 도식화의 위험을 의식한다면, 한국민주화 경로의 성격은 이미 이 시기에 문제성 있는 맹아를 발아시키고 움을 틔우고 있었다고 말할 수 있다. 더군다나 타협을 통한 '위로부터의 민주화'라는 규정이 근원적으로 한국민주주의 이행의 한계와 향방을 조건지었다. 물론 행위와 운동을 통한 다기한 경로의 여지가 전혀 존재하지 않았다고 말하려는 것은 아니다. 그러나 분명 과거로부터 전수되는 제약적 조건과 이 속에서 가능한 갖가지 실천과 행동의 조합이 역사의 물꼬를 움직이는 것이다. 이런 맥락에서 한국의 민주화 이행 혹은 정치변동에서는 그 과거의 잔존구조의 제약과 구속이 상대적으로 강했다고 파악된다.

제10장 「한국군부의 창설·변천과정」은 한국군부가 통치주체(a direct ruler)로 정치에 개입하게 되는 역사적 근원이 이미 미군정하, 그리고 이승만 정권하에서부터 이루어지고 있었다는 분석을 이끌어내고 있다. 군부가 직접적인 정치인으로서 등장하는 것은 물론 5·16 이후의 일이지만, 정치에 개입하고 참여할 수 있는 토양은 미군정하의 창설과정에서부터 형성되어 왔으며, 이승만 정권을 경유하면서, 이 정권의·정치적 도구로서의 위상이 거의 고착되었다. 5·16과 12·12를 통해서 한국의 군부는 직접적인 통치자로서 정치에 개입했고, 군부권위주의 정권을 유지해 왔다. 두 차례에 걸친 군부의 정치개입은, 그러나 제도가 아닌 분파로서의 정치개입이기 때문에, 그 이후의 통치나 퇴진의 형태도 이로부터 결정적인 영향을 받게 된다.

제11장 「한국 현대정치와 군부의 위상」은 이런 군부통치의 성격과 구조가 1987년 6월을 거치면서 변모하기 시작했다고 파악한다. 우여곡절을 경험하지만, 군부가 제도로서의 조직과 위상을 갖춰나가기 시작하고, 이를 모태로 한 6공정부도 강제력이나 억압적 수단보다 '정치력'을 구비해 가는 등 정치지형이 중요한 의미에서 변모해 갔다. 민주화과정으로 열린 정치공간은 궁극적으로 선거투쟁으로 갈 수밖에 없고, 따라서 타협적 기제의 정착이 필수적 요건이 된다. 그러나 민주적 타협기제의 틀을 형성하는 정치지형이 지배연합에 비대칭적으로 치우쳐 있는 상황은 순탄하고

합리적인 틀을 뿌리내려가는 데 심각한 장애조건이 된다.

　제4부는 한국의 권위주의의 기저와 민주화 이행과 연관되는 서평논문들의 모음이다. 제12장은 최장집 교수의 『한국민주주의 이론』에 대한 서평논문이다. 필자는 개인적으로 서평이 하나의 논문으로 쓰이고, 읽혀야 한다는 생각을 가지고 있다. 빼어난 저작이나 논문을 체계적으로 분석·비판하는 작업이 갖는 학문적 의미는 현재 우리 학계의 통념보다 훨씬 크다. 한국현대정치, 그 중에서 노동분야와 민주주의 문제에 남다른 애정과 탁월한 견해를 발전시켜 온 최장집 교수의 최근 저작 『한국민주주의 이론』을 꼼꼼히 읽고 분석해 볼 수 있는 기회를 가질 수 있었다. 다른 무엇보다도 한국사회의 현실들이 최 교수의 시야 속에서 풍부해지고 선명해짐을 느꼈다. 아마 이론적 견고성에다 현실의 흐름을 투시하는 과정에서 획득되는 유연성이 상호보완적으로 이루어낸 성과로 보인다. '정치균열' 개념이나 국가/정치사회/시민사회의 3층구도에서 엿보이는 애매함이나 절충성이 없는 것은 아니나, 만약 이런 시도가 현실에 대한 보다 총체성으로 나아가기 위한 이론적 모색이라면 그 의의는 충분해 보인다.

　제13장은 한국과 멕시코의 정치경제와 국가발전 모델을 비교·분석하는 김병국 교수의 『분단과 혁명의 동학』의 서평논문이다. 문제의식은 한국의 '고도성장 속의 정권불안'과 멕시코의 '경제혼란 속의 정권존속,' 그리고 전자의 '대외 의존적 성장론'과 후자의 '안정적 성장론'의 대비이다. "자본축적이 수반하는 공통의 경제적 과제와 정치적 갈등에 맞서 한국과 멕시코가 이처럼 경제정책과 통치전략을 달리하는" 그 이유가 바로 이 책의 핵심적 문제제기인 것이다. 이에 대한 김병국의 접근이 갖는 장점은 종속적 발전론이나 기존의 국가론의 일면적, 결정론적 경향을 분명히 의식하고, 동시에 그 한계를 넘어서는 데 있다. 국가, 제도, 조직, 이념, 사상 등을 엮은 다(多) 프리즘 그물망을 통해 한국과 멕시코의 상이한 경제정책과 대응방식의 차이를 설명하는 시도는 의미 있어 보인다. 정치·사회적 갈등은 구조적 현상일지라도 그것의 정치적 표출은 결코 자동적이지도, 경제결정론적으로 이루어지지도 않는다는 것이다. 그것은 오히려 "국가조직의 제약 속에서 정치연합의 논리에 따라 형성되는 자본과 노동

의 의식구조 및 조직형태를 통해 결정된다"는 결론은 비록 여러 매개과 정에 대한 면밀한 검증을 과제로 남기는 것이지만 유연하고 풍부해 보이는 관찰로 보였다.

1980년대 후반부터 민주화 이행은 누구도 부인하지 못할 최대의 이론 적·실천적 관심사가 되어 왔다. 하지만 그야말로 각양각색의 민주화 이행 경로를 이론적으로 설명하려는 시도는 심각한 장벽에 부딪히지 않을 수 없었다. 다기성과 예외성을 설명하기 위해서는 새로운 이론과 예외조항 과 특수가설이 요구되었으며, 이러다보니 민주화 이행에 관한 이론은 누 더기로 덕지덕지한 이름만 이론인 형상으로 전락해 갔다. 더군다나 일정 한 단계를 넘어서자 '비일관성'과 '굴절현상'을 심각하게 노정하는 민주 화 이행단계(여기서는 민주적 공고화 단계에 해당됨)는 이러한 이론화 과 제를 더욱더 지난한 과제로 만들었다.

제14장은 조효래의 「민주화와 노동정치」가 이런 맥락에서 다소 지나 친 도식화의 우려에도 불구하고, '민주적 공고화'에 관한 이론화에 성공 하고 있다는 점을 논하고 있다. 초기 민주주의 이행단계는 "정치행위자 들간의 타협과 (주로 엘리트간의) 정치협약의 성공에 의존하는" 반면에 이 민주적 공고화 과정은 새로운 체제와 제도에 대한 보다 폭넓은 사회적 합의의 발전에 기초하게 된다는 것이다. 그리고 바로 이 사회적 합의의 내용과 성격을 형태짓는 데 있어 '노동정치'가 주요 관건이 된다는 것이 다. 조효래는 노동정치의 유형과 전략을 매개로 하는 민주화 과정에 대한 분석적인 이해를, '노동'편향적인 함정에 빠지지 않게 하고, 노동정책/노 동체계, 노동조합의 전략/노동행동의 유형, 계급정당의 정치전략/계급정 당과 노동조합과의 관계라는 분석적인 범주들의 조합(combination)을 통 해 이론적인 차원으로 상승시켰다. 그럼으로써 민주화 이행경로를 단계 적으로 구분하고, 그 매개변수로서 노동정치를 설정한 다음, 다양한 범주 의 잣대로써 그는 일관성과 체계성을 갖춤과 동시에 풍부하고 설명력 있 는 결론을 도출하고 있는 것이다.

제1부

한국민주주의의 전개구조와 성격

제1장

한국의 사회변혁과 민주주의에 대한 고찰

87년 6월 민주화운동, 계급갈등과 변혁주체의 문제를 중심으로

1. 들어가면서

'민주주의'라는 말은 여태까지 민주주의를 제대로 성취해 본 적이 없는 우리의 인식구조 속에서 끊임없는 파장을 일으켜 왔다. 때로는 한국사회의 온갖 모순을 일시에 깨뜨릴 수 있는 사회변혁의 기치로서, 또 한편으로는 비인간적 폐해들과 논리에 항거하는 인간해방의 잣대로서 별 무리없이 받아들여져 왔다. 1987년 6월 항쟁을 기점으로 한국에서 민주주의 논의는 그야말로 활기차게 꽃피웠다. 오랜만에 패배주의와 회의주의를 극복하고, 새로운 사회변혁의 중요한 고리이자 계기로서 민주주의는 새롭게 자리잡는 듯했다. 그러나 이후 7·8월 노동자 투쟁기를 거치면서 민중 내부의 긴장의 조짐이 떠오르고, 이후 다분하게 허구적인 정부정책들이 연이어지면서 이제는 문자 그대로 민주주의는 희석화 또는 실종된 듯한 느낌이 강하다.

도대체 외세로 인한 분단 36년의 세월 속에서 쉬임없이 독재정권에 의해 고통받고, 또 그러면서도 항거해 온 이 땅의 민중들에게 민주주의란 도대체 무엇인가? 이론적으로나 학문적으로 그 개념의 역사를 정확히 파악하지 못하면서도 이들 민중이 강력하게 요구하는 민주주의는 이 땅의 위정자들이 즐겨 내세우는 민주주의와 동일한 의미를 가지는가? 그리고 이 땅에서 한동안 절대절명의 기치로서 간직되어 온 민주주의는 이제는 별다른 의미없이 수용되는 그런 용어인가?

이상과 같은 추상적이고 맹목적인 민주주의론을 비판하는 기틀 위에서 민주주의란 어디까지나 그 사회의 모순구조를 어떻게 혁파할 것인가의 문제와 철저히 관련되는 관점에서만 제대로 논의될 수 있다는 점을 이 논문은 기본가정으로 삼고 있다. 그리고 우리사회의 근본모순들을 어떻게 해결할 것인가의 문제는 곧바로 이 사회의 계급모순 및 부의 불균등구조를 해결하는 데 있어서 중간층이 얼마나, 그리고 어느 시점까지 주도적이고 진보적인 역할을 할 수 있을 것이며 또한 하부계급과 어떻게 동맹관계를 설정하고 구축해갈 것인가의 문제제기와 직결된다고 본다.

한국사회에서의 정치적 민주주의, 다시 말하여 절차로서의 민주주의 제도와 기구를 완성시키는 것은 아직까지 아주 중요한 과제임에는 틀림 없다. 그러나 이와 병행하여 우리사회의 근본적이고 구조적인 문제로서의 정치적·경제적 자산의 불평등 구조를 근원적으로 타파하는 과정에 있어서 하나의 조정 및 해결 메커니즘으로서 민주주의 위상 정립도 더없이 중요하다. 그리고 그 과제는 현실적으로 중간층과 하층계급간의 관계에 의해 크게 좌우되는 것으로 볼 수 있다. 이러한 관점에서 본고가 정리되었다. 그러나 이 글이 쓰인 시점이 1987년 6월이었다는 점, 그리고 본격적으로 계급갈등과 계급동맹의 문제가 부각되지 않았다는 한계를 먼저 인지해 주기 바란다.[1]

2. 문제제기

지난 1987년 6월 29일 당시 노태우 민정당 대표위원은 다소 예상 밖의 8개항으로 구성된 「특별선언」을 발표했다.[2] 그간 논란의 초점이 되어 온 대통령 직선제 개헌안의 수용, 시국관련사범의 석방 등을 주요 골자로

---

1) 이 과정에 대해서는 ≪한국일보≫ 1990. 8. 17, 11면, 「민주화, 계급타협을 통해 이뤄야」 참조.
2) 8개항의 주요 내용은 이 글의 뒷부분을 보시오.

한 노태우 시국수습안을 받아들이는 당시의 사회분위기는 전반적으로 긍정적이었다. '비상정국의 돌파구,' '대타협의 획기적 전환점'이라는 표현과 함께 한국민주주의에 대한 낙관적인 전망이 신문지상을 가득 채웠다 (이로부터 한국사회의 민주화과정은 이전에 비해 그 성격이 보다 복잡하고 복합적인 제2기로 들어서게 되었다).[3)]

당시 민주화 전망은 매우 낙관적이었으며, 민주주의에 대한 갖가지 환상이 널리 퍼졌다. 그러나 무엇보다 강조되어야 할 사실은 '민주주의'라는 열매가 누구로부터 주어지는 것이 결코 아니라는 점이다. 사회의 정치·경제구조 속에 깔려 있는 계급갈등과 투쟁관계를 분홍빛으로 물들일 수 있는 형식논리로 민주주의를 얘기하는 것은 크나 큰 오산이며, 이는 또 다른 형태의 시대적 질곡을 자초하는 결과를 낳을 수밖에 없다. 제5공화국 수립 이후 그 정권이 단순하게 화해하거나 해결하기 힘든, 결정적이고 비인간적인 형태(예를 들면 광주학살), 일부분만 노출된 부정부패(예를 들면 장영자 사건, 범양 사건) 그리고 그외 여러 가지 정책적 실책을 저질렀음을 고려할 때, 이전부터 한국사회가 기본적으로 안고 있는 여러 가지 모순, 특히 계급갈등의 문제가 제5공화국에 들어와서 더욱 첨예화된 형태로 심화되었다고 얘기해도 지나침은 없을 것이다.

근본적인 정치·사회·경제적 모순을 방기한 채 몇 개 항으로 구성된 집권세력의 수습안이 민주주의의 기초가 된다고 가정하는 것은 본질을 전혀 그릇되게 보는 입장일 뿐이다. 현 시점에서 규명해야 할 보다 정확한 문제는 지금까지 계속되어 온, 그러다가 최근 들어 그 모습을 뚜렷하게 드러낸 사회변혁의 커다란 물줄기의 향방 그리고 물줄기를 이끌어갈 변혁주체에 관한 것이어야 한다.

구성원의 이익·이해관계가 복합적이고, 사회구성이 복잡할 수밖에 없는 현대자본주의사회에서 계급갈등은 필연적이다. 필자는 계급갈등이 점진적인 형태로 해소될 수 있는 장치나 틀 혹은 여건이 마련된 사회가 좋은 사회라고 생각한다. 이런 의미에서 우리 한국사회는 지극히 불행한 사회에 속한다고 할 수 있겠다.[4)] 이상의 단편적인 생각들을 전제로 하면서,

---

3) 6월 29일, 30일자 한국의 주요 일간지를 보시오.

커다란 변혁의 길목에 서있는 한국사회의 위상과 향방을 계급갈등의 관점에서 조명해 보고자 하는 것이 이 글의 목적이다.

먼저 최근 특히 1987년 6월 민주화항쟁을 전후한 사회변혁과정에서의 중간계급의 과감한 참여와 의미를 살펴보고 나서 그 이론적 배경, 특히 민주주의와 연관된 문제들, 즉 진정한 민주주의란 어떤 것인가로부터 시작해서 이를 성취하는 데 요구되는 필요·충분조건은 무엇인가의 문제들을 간략하게 고찰하고자 한다. 그 다음으로는 한국의 사회구성과 한국의 민주주의의 전개과정을 연관시켜서 중간계급의 역할과 위상을 살펴보면서 그 과정에서 예측되는 하층계급(이 글에는 민중과 같은 의미로 쓰임)과의 갈등, 궁극적인 한국사회변혁의 과정에서 반드시 한 번은 나타날 수밖에 없는 중간계급과 민중간의 갈등관계에 대해 논의하려 한다. 끝으로 중간계급과 민중이 각각 주장하는 사회변혁의 지향점에 관한 차이를 살펴보면서 앞으로의 향방을 전망하는 것으로 결론을 대신할 것이다.

3. 계급갈등 관점에서의 한국사회

한국사회를 계급갈등의 관점에서 바라보는 것이 과연 적실하고 타당한가라는 문제에서 논의를 시작해 보자. 한 사회의 계급갈등에 관한 논의는 그 이전에 행해져야 할 그 사회의 구성에 관한 분석에 의존할 수밖에 없다. 한국의 사회구성에 관해서는 그간 활발한 논쟁이 진행되어 왔으며, 현재도 끝나지 않고 있다.[5] 이에 관해서는 잘 정리된 글들이 다수 있으므로 재차 논의를 반복하지는 않겠다.[6] 그러나 한국자본주의의 성격을 어떻게 볼 것이냐에 대해서는 쉽게 결론내릴 수 없음을 어느 정도 감지할

---

4) 이에 대한 해설을 여기서 따로 붙이지는 않겠다. 굳이 필요하다면 해방 전후사와 60년대, 70년대의 한국사회에 대한 역사·사회·정치평론서를 보기 바란다.
5) 《현단계》 제1집(한울, 1987) 중 조희연, 「90년대 한국사회구성체논쟁의 일정리(1)」; 장상환, 「한국사회성격분석시론」; 이현우, 「한국사회구성체의 성격에 관한 일연구」 등을 참조
6) 국가독점자본주의 주변부 자본주의론의 주요 논점은 다음의 <부표>와 같다.

수 있으리라 본다. 갖가지 민족사적·세계사적 모순과 문제들이 복잡하게 얽혀서 진행되어 온 한반도의 현재의 사회구조를 총체적으로 파악하기가 쉽지 않음은 그리 놀랄 일이 아닌 듯하다.

여하간 한국사회가 자본주의사회라는 점에는 이의가 없을 것이며(물론 이에 대해서도 한국사회를 식민지 반봉건사회로 규정하는 학자들도 있다), 그렇다면 한국사회의 기본틀은 자본과 노동일 것이다. 따라서 이 글에서는 한국사회를 노자(勞資)간의 계급모순이 기본모순으로 존재하면서(자본주의적 성격), 그와 더불어 근대 이후 계속된 제국주의하의 종속적 상황(예속성, 종속성), 정치체제(국가)의 강압적 성격(군부독재의 형태) 및 독점자본과의 유착 등 상이한 차원이 복잡하고 복합적인 형태로 존재하는 것으로 파악하려 한다.[8]

4. 한국사회의 노자갈등

이상의 분석을 전제로 한다면 한국사회에는 기본적으로 노자 계급갈등이 존재하며, 따라서 한국사회의 총체적 모순을 계급갈등의 측면에서 조명하는 데 별다른 문제는 없을 것이다. 계급갈등의 틀에서 한 사회를 분

<부표>

	국독자론	주자론
한국사회	노자대립을 기본으로 한 자본주의사회 자본주의적 발전의 보편성 강조	중심-주변관계라는 외적 모순 강조. 자본주의적 발전의 특수성·파행성 강조
계급구성	노동계급의 절대적·상대적 비중이 압도적인 정도에 도달	자본-임노동관계에 포섭되지 못한 층의 중시. 프티부르주아의 절대적 규모의 팽창. 농업 내부의 자본주의적 계급적 분화의 구조적 지지
변혁주체	한 사회의 기본모순의 성격상 노동계급의 사회운동적 헤게모니 강조	외적인 민족모순과 내적인 계급 모순의 중첩. 노동계급이 아닌 계급·계층의 문제 강조. 비노동계급적 운동의 강조

출처: 이상의 요약은 조희연, 「80년대 한국사회구성체 논쟁의 일정리(1)」; 장상환, 「한국자본주의의 구조와 성격」; 이현우, 「한국사회구성체의 성격에 관한 일연구」 등을 기초로 함.

8) 조희연, 앞의 글, 21쪽.

석한다는 것은 사회관계의 본질을 '계급관계'로 파악하는 것이며, 계급
이외의 사회관계들은 계급관계에 의해 조건지어지는 현상형태에 불과하
다는 입장을 의미한다.[9] 맑스주의자들에 의해 견지되어 온 이 견해는 생
산수단의 소유여부, 다시 말하자면 생산의 사회적 관계 속의 위치에 따라
서 계급을 분류한다. 계급의 범주나 계급을 결정하는 기준은 맑스의 저작
에서도 다소 모순되는 측면이 있으나 자본주의사회하의 두 기본적 계급,
즉 생산수단을 소유하고 있는 자본가계급(부르주아)과 생산수단을 갖지
못해서 자신의 노동을 팔아야 하는 노동자계급(프롤레타리아) 사이에 상
반된 이해관계가 존재하며, 이 계급갈등관계를 기본축으로 하여 자본주
의사회를 분석하는 것은 문제가 없는 것으로 인정되어 왔다. 다음의 레닌
의 계급에 대한 개념정의는 이런 입장을 잘 정리하고 있다.

> 계급은 역사적으로 규정된 사회적 생산체계에서 차지하는 지위와 생산수단
> 에 대한 관계, 사회적 노동 속에서의 역할 그리고 결과적으로 그들이 자유로이
> 처분할 수 있는 사회적 부의 크기와 그것의 획득방법 등이 상이한 사람들의
> 집단이다. 계급은 일정한 사회경제제도 속에서 점하는 그들의 지위가 서로가
> 다름으로 인하여 그 중의 한 편이 다른 편의 노동을 전유할 수 있게 되는 사람
> 들의 집단이다.[10]

기본적으로 맑스-레닌의 위와 같은 전제를 따른다 하더라도 주로 사회
적 생산관계, 경제적 지위 등에 근거한 입장을 현대 한국사회에 그대로
적용하기는 힘들다. 그 두 가지 이유만을 제시해 보기로 하자.

첫째, 한국사회의 계급분화의 특수성과 중간계급(중간계층, 중간계급
의 개념이 통용되고 있음)의 존재이다. 맑스는 자본주의사회에서는 모든
계급이 두 부류, 즉 노동자계급과 자본가계급으로 양분화될 것이라고 예
견하였다. 그러나 비록 현대 제3세계 자본주의국가에서 노자간의 대립을
기본모순으로 인정한다 하더라도 이 양계급에 속하지 않는 엄청난 중간
계층의 존재를 무시할 수 없다. 물론 중간계급이라는 개념은 노동자계급

---

9) 박현우 편역, 『사회계급론』, 백산서당, 1986, 9-10쪽.
10) 레닌, 『위대한 출발』, 16쪽에서 재인용.

과 자본가계급에 비해 계급으로서의 결집력, 그리고 계급으로 정의되기에는 어려운 측면이 있는 것도 사실이다.

그러나 여하간 제3세계 자본주의국가들에서 양계급에 속하지 않는 많은 숫자의 중간계급이 존재한다는 사실에 있어서 한국도 예외는 아니다. 문제는 노자의 두 축으로 양극 분해되지 않는 중간층이 엄존한다는 사실뿐만 아니라 한국에서의 계급분화가 다른 제3세계 국가, 특히 라틴아메리카의 여러 국가들과도 다르다는 점이다. 무엇이 다른가? 상당수의 라틴아메리카 국가들은 민중주의(Populism)의 단계를 거치면서 노동자 중심의 의식과 조직력을 지속적으로 발전시킬 수 있는 역사적 공간을 형성해왔다. 물론 이것이 각 나라의 정치적 발전, 자본주의 발전과 밀접하게 연관되어 있음은 두말할 나위가 없다. 특이한 현상은 노동자계급의 의식과 조직을 정부가 장악하면서 발전시켜 왔다는 점에서, 계급갈등의 형태가 선진자본주의국가에서 노동조합과 당(黨)이 중심되어 반정부적 혹은 혁명적인 관점에서 발전시켜 온 그것과는 또 다르다는 점이다.

그러나 라틴아메리카 국가, 특히 바르가스(Vargas) 정권하의 브라질과 페론(Peron) 정권하의 아르헨티나에서는 발전의 파행성에도 불구하고 주로 공장노동자들이 결집해서 하나의 계급으로서 그 성격을 심화시켜 왔음은 부정할 수 없다. 이러한 나라에서의 계급분화 및 계급갈등이 민족의 정치·경제 발전에 어떻게 영향을 미쳤는가에 대하여는 다음 기회에 논하기로 하고 일단 여기서는 라틴아메리카의 몇몇 나라에서 볼 수 있는 뚜렷한 계급분화의 형태를 제시하는 데 머물고자 한다.

둘째, 예전의 '민중사회학' 논쟁에서도 볼 수 있듯이 한국사회에서 과연 '민중'이라는 개념에 어느 계급, 어느 계층을 포함시켜야 하는지가 불명확하다.[11] 앞에서 얘기했듯이, 한국사회에 산재해 있는 중간계급이 과연 민중에 포함될 수 있느냐의 문제가 명확히 해결되지 않는 한, 한국사회를 계급론의 관점에서 개진해 나가는 데 많은 어려움이 따른다. 이 논쟁 역시 한국의 계급분화의 미진성, 정확히 표현하자면 한국사회의 비약

---

11) 한상진, 『민중의 사회과학적 인식』, 문학과 지성사, 1987, 그리고 ≪신동아≫ 1987년 4월호에 실린 특별기획 「민중사회학 논쟁」을 참조

적 자본주의적 전개과정 속에서도 노동자, 농민, 도시빈민 등이 그 자신들을 계급단위로 인식하면서 그 의식과 조직을 집중적으로 발전시켜 온 연력은 극히 짧으며, 발전양상 역시 상대적으로 미진했다고 생각된다. 민중이라는 개념이 계급적으로 설명될 수 있는 개념인지의 여부에 대한 논의는 제쳐두고서라도, 민중이라는 개념이 70년대부터 한국사회에서 논의되어 왔던 것에 반해서 그 정확한 사회과학적 규정이 제대로 이루어지지 않았다는 사실만을 보더라도 한국사회 계급분화의 미진한 양상이 역설적으로 반영되고 있다.

이 글에서는 박현채의 민중개념, 즉 노동자계급을 기본구성으로 하면서 소생산자로서의 농민, 소상공업자와 도시빈민, 그리고 일부 자본적 지식인을 주요 구성으로 하는 계급으로서의 민중개념을 전제로 하려 한다.12) 이 개념 또한 한상진 등으로부터 너무 좁게 민중을 개념화한다고 비판받고 있기는 하지만 현재로서는 가장 과학적으로 보이는 사회과학적 준거틀을 제시한다는 점에서 긍정적으로 받아들이려 한다.

부연하자면 박현채는 자본주의의 전개과정에서 가장 열악한 위치에 처한 계급을 민중이라고 규정하면서,13) 앞에서 전개한 계급론과 거의 같은 맥락에서 정치·경제적 근거를 갖는 계급모델로서 민중을 논하고 있다. 반면 한상진은 진보의 힘으로 결집될 수도 있는 다양한 중간집단들을 민중에서 제외하는 것에 이론을 제기하면서 시대의 모순을 자본의 방향으로 해결해 보자는 역사의식의 관점에서 중간집단도 민중에 당연히 포함되어야 한다고 주장한다.14) 한상진의 이론이 설득력이 있고 또한 다소 낙관적이며 건전한 시점에서 한국 사회변혁의 주체를 논한다는 점에서는 인정할 수는 있으나, 그에 대한 충분한 사회과학적인 근거를 제시하고 있지는 못하다. 그렇다면 이런 중간집단들이 하나의 계급으로 분류될 근거가 있느냐의 문제가 중요하게 대두된다.

노자간의 모순을 기본모순으로 상정한다면 한국사회를 보는 데 계급분

---

12) 박현채, 「민중의 계급적 성격규명」, 김진균 외, 『한국사회의 계급연구 1』, 한울, 1986, 49쪽.
13) 한상진, 앞의 책, 21쪽.
14) 앞의 책, 21쪽.

석, 계급갈등의 틀을 적용하는 데 별 무리가 없을 것이다. 그러나 앞서 지적했듯이, 양극 분해되지 않는 중간계급의 존재가 중요한 의미를 가지는 현대 한국자본주의사회를 분석하는 데에는 몇 가지 다른 전제를 고려하지 않을 수 없다. 계급분석틀은 일차적으로 자본주의사회가 만들어낸 사회의 불평등구조라는 부정적인 측면에 대한 연구이기 때문에 만약에 노자의 양계급 사이에 위치하면서 기본적 계급갈등을 완충 또는 희석시킬 수 있는 중간계층의 존재나 경제적 계급갈등 이외의 주요한 계층갈등의 병존 등은 앞에서 전개해 온 계급갈등의 틀을 어느 정도 교정할 것을 요구한다.

한국사회는 경제적 착취관계가 주요한 갈등의 원천이 아니라 복잡한 사회관계에서 발생하는 사회집단들의 권력배분의 부조화가 계급갈등의 주원인이며, 따라서 사회적 해결도 사회적 자원들을 공평하게 분배하고 개인들에게 권력에의 접근 기회 및 통로를 열어주는 전략에 의해서 모색되어야 한다는 입장이 있다. 이 입장은[15] 다분히 개량주의적 색채를 띠면서 시민민주주의적인 원칙의 구체적 확산을 충분한 갈등해소 방법으로 제시하는데, 이는 이 글이 기초하는 계급분석틀과는 입장이 다소 다르다.

여기서 두 입장간의 차이점을 살펴보면서 논의를 계속하기로 한다. 전자는 계급갈등, 계급모순을 한 사회의 기본모순으로 설정하면서 자본주의적 전개과정의 분석이 주요한 이론적 근거로 자리잡고 있으며, 불평등관계에 기초하는 이 기본모순은 시민민주주의의 틀 속에서는 혁파되기 불가능하다고 보는 입장이다. 후자는 계급개념을 어느 정도 선까지 계층의 하위개념으로 위치지으면서 생산관계를 둘러싼 경제적 모순갈등과 이외의 정치·사회적 갈등을 병렬화시키고 중간계급의 완충 역할을 강조하고 있다.

두 입장 모두 나름대로의 설득력이 있긴 하나 후자의 입장은 기본모순과 주요모순을 다소 혼동하여 한국사회의 변혁과정에서 적절하게 각 단계마다 해결되어야 할 모순의 매듭과 고리를 제대로 제시하지 못한다는 점에서 단순하게 부정할 수는 없으나 문제성이 많은 논의로 규정하지 않

---

15) 박현우 편역, 앞의 책, 11쪽.

을 수 없다. 따라서 이 글의 논의는 전자의 입장을 기본골격으로 받아들이면서 후자의 입장으로부터 몇 가지 도움이 되는 견해를 추려서 첨가하는 형태로 전개될 것이다.

5. 한국사회의 중간계급 논의

그러면 이제부터 중간계급에 관해 논의해 보자. 왜냐하면 중간계급에 대한 논의가 오늘의 한국사회와 사회변혁의 향방을 얘기하는 데 상당히 중요한 의미를 가지기 때문이다.

먼저 중간계급이 과연 계급으로서 존재하고 분류될 수 있느냐 하는 문제부터 고찰해 보자. 일단은 노동자와 자본가라는 자본주의하의 대표적 계급과는 일차적으로 그 성격을 달리함을 쉽게 알 수 있다. 구해근은 계급적으로 '관계적인 측면(relational concept)'이 결여되어 있으며, 근원적인 계급갈등이 희석화되어 있다는 점에서 계급으로 보기 힘들다고 지적한다.16) 자본주의의 전개과정 속에서 타계급과는 적대적인 형태의 자기 이익 관계가 독립적으로 존재해 있지 않으며, 조직이나 의식의 측면에서도 고전적으로 규정된 계급들이 갖는 결속력이나 응집력이 부족한 듯한 인상을 받게 된다. 노동자와 자본가계급처럼 자본주의의 기본축을 중심으로 이해관계가 뚜렷하게 설정되어 있지 않고 아주 복잡한 이해관계를 드러내고 있어, 과연 이해관계의 기본축을 한국 근·현대사의 역정에서 비춰진 중간계급의 위상과 역할을 살펴보더라도 하나의 계급으로서 일관성과 지속성을 견지했다기보다는 역사의 전환점마다 변화되는, 그 원인이 어디 있든 간에, 그 모습을 드러내 왔다고 파악된다. 해방 이후의 급격한 좌우투쟁 속에서 중간계급은 서구나 미국의 역사에서 점진적으로 때로는 급격하게 이루어져 온 시민부르주아혁명을 거친 하나의 계급으로서 가질 수 있는 역사적 경험을 가지지 못한 채 급변하는 한국사에서 갈래갈래 찢

---

16) 1987년 7월 3일 경남대학교 극동문제연구소에서 개최되었던 구해근 교수의 세미나 「한국중간계급 분석을 위한 이론적 검토」 중에서.

겨진 채 표류하는 부류로서 부침을 거듭했다. 4·19를 전후하여 학생·도시노동자층과 연합하여 역사적 역할의 한몫을 수행해 낼 기회가 오는 듯했으나 5·16을 거치면서 철저한 자기보존의 논리 속에서 역사에서의 역할을 방기하고 말았다.

최장집의 지적처럼 중간계급은 유신체제와 더불어 민주주의를 포기하고 경제성장을 택했으며, 민주주의를 통한 정치참여보다 그들의 기득권이 상실되지 않는 정치적 조건을 유지시켜 주는 체제를 원했던 것이다.[17] 이러한 중간계급의 속성으로 인해 중간계급이 가질 수 있는 민주주의를 향한 체제변혁에 대한 열망은 부차적인 것으로 간주될 수밖에 없다. 중간계급은 오직 기존질서가 정치 및 사회위기에 의해 위협되지 않는 평상시, 그리고 체제의 전환이 사회안정을 위협함이 없이도 가능하다는 전망을 가질 수 있는 평상시의 조건 아래서만 비로소 민주주의의 가치관을 지지할 뿐이며, 반대로 만일 정치적 전환과정에서 혼란이 일어나면 오히려 전체주의 체제가 강화되거나 복원되기를 희망한다는 것이다.[18] 그 이유로 최장집은 경제적 기득권의 문제를 들고 있다.

> 이 혼란이 중간계급의 소시민적 생활의 아늑함과 상대적으로 높은 소비수준을 누리게 할 기득권의 유지를 가능케 하는 성장을 둔화시키거나 좌절시키는, 즉 수출경제가 딛고 있는 지배적 사회관계를 위협할 수 있기 때문이다.[19]

김진균·조희연은 중간계급의 보수성을 노동자계급과의 갈등이라는 관점에서 그리고 국가의 역할과의 연계성 속에서 논의하고 있다. 한국사회를 특징짓는 종속적 산업화는 자체 논리에 의해 불가피하게 심한 불균형발전을 낳게 되며, 그 불균형 발전의 후진영역은 커다란 잠재적 저항력을 가지게 된다.[20] 따라서 국가의 역할은 억압적 성격을 띠지 않을 수 없게

---

17) 최장집, 「해방 40년의 국가, 계급구조, 정치변화에 대한 서설」, 최장집 편, 『한국현대사(1)』, 부산: 열음사, 1985, 49-51쪽.

18) 앞의 책, 52쪽.

19) 앞의 책, 53쪽.

20) 김진균·조희연, 「분단과 사회상황의 상관성에 대하여」, 변현윤 외, 『분단시대와 한국사회』, 까치, 1985, 412쪽.

된다. 왜냐하면 이 저항의 잠재력을 극소화시키고, 그것이 표출되는 경우 그것을 억압하고 탄압해야 하는 것이 종속적 산업국가의 구조적 필연성이기 때문이다. 또한 국가의 노동억압적 정책에 중간계급이 암묵적으로 동조하게 됨으로써 노동자계급과의 갈등은 내재화되고 있다.

　　노동계급, 도시 비공식 부문에 대한 [국가의] 이러한 물리적 탄압은 다른 계층, 특히 중간계급의 묵시적인 동조가 없이는 불가능하다. 흔히 중간계급이라고 할 때, 자본가계급 등 지배계급과 민중부문 등 피지배계급에 포함되지 않는 사회성원들을 개괄적으로 지칭하는 바, 이들은 물적 토대가 명확하지 않기 때문에 그 계급적 성격 역시 명확하지 못하며, 따라서 그들의 정치적 성향은 상황에 따라 유동적인 성격을 띠게 된다. 그러나 종속적 산업화과정에서 이들은 일관되게—각 사회 측면에 따라 다소의 편차는 있으나—체제동조적인 정치적 성향을 드러내게 된다.[21]

　　김진균·조희연은 중간계급의 반노동운동적 성격을 분단에 의한 사회구조의 재구조화와 노동자계급을 부정시하는 사회적 관념 등에 의해서 설명하는 것에 머물러 있고, 보다 근원적인 형태의 계급갈등의 측면을 제대로 제시하는 데는 실패하고 있다.

　　노동계급에 대한 부정적인 사회적 관념과 그와 동시에 국민 일반의 의제적인 중간계급의식은 중간계급의 정치적 성격을 더욱더 체제근접적인 방향으로 유도해 간다. 극단적으로 노동계급 등 민중부문과의 간접적 대립의식까지 설정되어 스스로의 정치의식을 더욱 고착시킨다. 일반적으로 한 정권의 안정성은 중간계급의 정치적 태도의 비탄력성과 정권의 정당성 여부와 관계없이 그 안정성을 더욱 확보할 수 있게 한다.[22]

　　이상에서 볼 수 있듯이 하나의 계급으로 설정되기에는 여러 가지 조건이 결여된 복합적 중층계층인 중간계급은 한국사회의 근·현대사 과정에서 자신의 뚜렷한 역사적·정치적 공간을 차지하지 못한 채 표류하다가, 박정희의 권위주의 독재국가의 통제하에서는 경제적 기득권과 정치적 민

---

21) 앞의 책, 412쪽.
22) 앞의 책, 427쪽.

주주의를 맞바꿈으로써 민중과의 갈등관계를 덜 과격하게 해소할 수 있
는 계기를 스스로 포기하는 결과를 낳았다. 80년대에 또 한 차례의 급격
한 사회변화기에 직면하여 중간계급은 사회변혁의 주체로서의 확고한 역
할을 하지 못함으로써 시민민주주의의 기치를 쟁취하는 과정에서 자신의
위상을 제대로 설정하지 못했다.

결과적으로 한국사회의 중간계급은 해방 이후에 주요 목표가 되어 온
민주·민중·민족운동의 세 과제 중 그 어느 것에도 적극적인 역할을 하지
못했으며, 이후 사회변혁의 물줄기가 깊어지면서 맞이하게 될 민중과의
계급갈등 관계가 다소 원만하고 점진적으로 해결될 수 있는 계기를 놓쳐
버린 결과를 낳았다.

6. 최근의 정치변혁과정과 중간계급

노태우 민정당대표가 6·29 특별선언을 하기 전 몇 개월간은 그야말로
정치적 소용돌이의 시기였다. 학생 주도의 시위가 대규모화·과격화의 길
로 치달으면서 소시민층이라 불리는 중간계급까지 반정부 시위에 참여하
는 양상을 띠었다. 한 주요 일간지는 이를 '중간계급혁명'이라고까지 표
현할 정도였다.[23] 표현의 내적 진위를 가리는 일은 차치하고서라도 중간
계급이 정치변혁과정에 대거 참여했다는 사실은 앞에서 논한 중간계급의
보수적 성향, 민중과의 계급갈등의 측면을 고려할 때 중요한 의미를 함축
하고 있다.

다시 말하자면 현단계의 민주화과정에 중간계급이 주체적인 참여자로
등장했다는 것은 아직까지 한국사회가 소위 시민민주주의적인 목표도 제
대로 이루지 못했다는 사실을 고려할 때, 이들에게 어느 정도 선까지는
'현단계의 변혁주체'라는 명칭을 부여해도 됨직하다. 또한 해방 이후 한
국사회의 주요 목표였던 민주·민중·민족운동의 가치 중 그 첫 단계인 민
주운동의 단계에서 이들 중간계급이 적극적으로 참여한다는 것은 이후

---

23) ≪한국일보≫ 1987. 7. 2, 5면.

다른 운동의 전개과정에서 새로운 혹은 중복될지도 모르는 변혁주체들과 긴장 속의 협력을 시사하는 것이기도 하다.

한국사회변혁과정에의 중간계급의 참여는 일차적으로는 한국사회의 민주·민중·민족운동의 첫단계에서 이들이 주체적인 역량으로서 자신을 정립해 나간다는 의미이며, 이는 지금까지 자신들이 이 사회에서 변혁주체로의 위치를 포기하고 현실적인 기득권을 요구하는 과정에서 깊어진 한국사회의 경제·정치적 모순을 적극적으로 변혁해 나가려 함을 함축하고 있다. 만약 이와는 반대로 중간계급이 지금까지 획득해 온 노동자계급과 비교해서 상대적으로 우위에 있는 자신들의 위치를 변혁과정에서도 배타적으로 고수하려 할 때 계급갈등의 징후는 예상보다 일찍 대두할 것이며, 한국사회에서의 새로운 변혁의 소용돌이는 급격하게 몰아칠 수밖에 없을 것이다.

해방 이후 내외적으로 복잡하게 얽혀 있는 한국사회를 올바르게 변혁해 나가는 지침으로서 민주·민중·민족이라는 세 가지 명제가 부각되어 왔는데, 현실정치 세계에서 민중·민족이라는 기치는 대중·인민의 의미를 때로는 반외세·반제국주의적 색채를 함의하는 것으로 해석되어 왔다. 이에 반해 '민주'의 기치와 목표는 이 땅의 역사에서 끊임없이 거의 모든 계급과 계층에 의해 받아들여지면서 초(超)계급적인 성격으로 인식되어 왔다.

이 글은 지금까지의 계급분석틀의 기초라는 전제와 흐름으로도 알 수 있겠지만 민족적 모순을 다루지 않고 계급갈등의 관점에서 민주주의 문제만을 언급하기 때문에 총체적인 한국사회변혁을 논하는 데는 명백한 한계가 있음을 이 시점에서 인정하지 않을 수 없다. 한국의 사회구성을 파악하는 데 있어서도 예속적·종속적인 측면을 이해하지 못하고서는 한국자본주의의 주요 측면과 모순을 제대로 이해할 수 없을진대, 그 변혁과정을 논의하면서 민족문제를 빠뜨린다는 것은 총체적 인식의 결여와 주요모순·기본모순을 혼동하는 결과를 가져올지도 모른다.

7. 민주주의 허구성과 진정한 민주주의
민주주의 사상의 두 갈래 흐름

해방 이후 한국사회에서 주창된 민주주의의 미명은 주로 독재정권에 의해 강조되고 널리 주장되어 왔다. 다른 제3세계 국가에서도 예외가 아니어서 교도민주주의(Guided Democracy: 수하르노), 기본민주주의(Basic Democracy: 아유브 칸), 조직민주주의(Organic Democracy: 프랑코), 신민주주의(Neo-Democracy: 트루히요), 그리고 유신정권하의 한국적 민주주의 등의 낱말이 마치 독재정권의 정통성과 합법성을 뒷받침해 주는 듯 성행해 왔다.

여기서 한 가지 문제로 제기하고 싶은 것은 민주주의라는 체제 혹은 이념이 어느 계층이나 계급의 요구도 다 채워줄 수 있는 그렇게 포괄적이고 보편적인, 즉 앞에서 지적했듯이 초계급적인 성격의 개념인가라는 의문이다. 필자의 생각으로는 한국사회에서 널리 논의되어 온 민주주의론은 다분히 형식으로서의 민주주의, 즉 구체적인 정치·사회·경제적 목표를 진보의 관점에서 실현해 나가는 것이 아니라 독재정권의 정통성과 합법성을 뒷받침해 주는 형태-국민의 뜻에 기초한 정권이라는-의 허위개념으로 자리잡혀온 것 같다.

루소식(프랑스식) 민주주의에 대칭되는 의미에서의 로크식(미국식) 민주주의는 정부형태로서, 그리고 정부관리를 선택하고 정책을 결정하는 절차, 과정에서의 규칙 및 원칙으로서의 민주주의를 강조한다.[24] 이런 흐름은 민주주의의 계급적 내용을 완전히 제거하면서, 국가의 계급적 성격을 부정하고 있다. 따라서 민주주의의 의미도 기본적으로 다음과 같이 정의될 것이다.

민주주의란 공직의 후보자들을 선출하는 자유롭고 빈번한 선거를 통하여

---

24) 이 주제에 대해서는 다음의 논문을 참조하기 바람. Michael Dodson, "Democratic Ideals and Contemporary Centural American Politis," International Studies Association Meeting, 1984. 3. 27~31(Alanta, Georgia: USA)에서 발표된 논문임.

피치자에게 책임을 지고, 자유토론이 보장되며, 공직자들에 반대하여 그들을 교체할 수 있는 기회가 허용되는 하나의 정치체제로 정의될 수 있다. 이러한 정의는 정부를 선택하고 행동으로 인민에게 책임을 지는 정부를 갖는 방식으로 민주주의의 의미를 한정시킨다.[25]

이 정의는 파도버(S. K. Padover)가 민주주의를 정부형태로 한정한다고 명시적으로 주장하지는 않았을지라도 그가 내린 정의와 흡사하다. "민주주의란 시민이 권력을 공유하고, 그들의 지배자를 자유롭게 선택하며, 자신들의 정부에 대하여 영속적인 통제권을 보유하는 정치체제이다."[26] 요약하면 "민주주의란 시민들이 통제권을 행사하고 그들 자신을 위해 사용할 수 있는 체계이다." 이는 토크빌이 강조한 고전적 의미의 '시민의 정부'를 의미한다.[27]

형식적 원칙으로서 민주주의를 강조하는 학자들은 이 민주주의가 계급·계층의 차이에 관계없이 모든 구성원들에게 공평하게 적용되는 사회·정치적 메커니즘 혹은 제도적 절차임을 강조한다. 미국의 대표적인 정치학자 중의 한 사람인 립셋(S. M. Lipset)은 "복잡한 사회에 있어서 민주주의란 지배관리들을 바꾸기 위한 정기적인 헌법적 기회들이 주어지는 정치체계이며, 가능하면 전체 인구 중 가장 많은 부분이 정치적 조직자 후보를 선택함으로써 주요 결정들에 영향을 미치는 사회적 메커니즘"이라고 정의하고 있다.[28] 이런 맥락의 연장선상에서 콘 하우저(W. Korn Hauser) 역시 "민주주의란 본질적으로 일반투표를 통한 자유경쟁에 의해 지도부를 교체하는 하나의 제도적인 절차"라 논하고 있다.[29]

이와 같은 로크식 전통의 민주주의론을 개량주의적이라고 한마디로 매

---

25) J. M. Boesanz, *Modern Society: An Introduction to Social Science*, 3rd ed., N.Y.: Prentice-Hall, 1964, p.478.

26) S. K. Padover, *The Meaning of Democracy*, pp.9-10.

27) Alexis de Tocqueville, *Democracy in America*, N.Y.: The Century Co., 1898, vol.1, p.2.

28) S. M. Lipset, *Political Man: The Social Bases of Politics*, N.Y.: Doubleday and Co., 1963, p.27.

29) W. Kornhauser, *The Politics of Mass Society*, N.Y.: The Free Press, 1963, p.130.

도하기는 어렵다. 왜냐하면 민주주의라는 것도 영원불멸의 이념이나 원칙 혹은 체제라기보다 어디까지나 한 시대의 역사적 산물로서 생성되어서 변화해 온 것일 뿐 아니라 그것을 수용·발전시켜 온 특정한 국가의 전통과 성격에 비추어서 해석해야만 하기 때문이다. 그러한 배경을 무시한 채 맹목적으로 민주주의라는 틀을 아무데나 그대로 적용하면 지금까지 우리가 목격해 왔듯이 민주주의는 본래적 의미와는 동떨어진 허구의 정치이념으로서 주로 독재체제의 정통성과 합법성을 보완해 주는 기능을 할 따름이다. 따라서 지금까지 한국사회에서 집권층에 의해 주창되어 온 민주주의는 바로 앞에서 논의한 절차, 제도 및 체제로서의 민주주의라는 형식적 원리로서의 역할도 제대로 해오지 못했음을 상기할 때 한국사회 변혁의 현 단계에서 이러한 민주주의의 다소 개량주의적 측면을 경시할 수만은 없다고 생각된다.

물론 이런 맥락의 민주주의, 즉 지배형태(a form of rule), 정부형태(a form of government) 그리고 정책결정형태(a form of policy-decision)로서의 민주주의를 경시할 수 없다 하더라도(한국사회가 이런 식의 민주주의도 제대로 쟁취하거나 성취한 경험이 없으므로), 현대의 민주주의론이 자본주의 이행초기와는 그 내용을 달리할 수밖에 없음 또한 인정해야 할 것이다. 즉 사회이행의 초기에 있어서 민주주의혁명은 봉건적 지배를 타파하고 민중의 지지를 호소함으로써 그 주체인 부르주아가 민중 속에서 민주주의적 지향을 형성시키고, 민주주의적 제도를 만들어 내어 민중에게 일정 정도의 민주주의의 원리를 각성시켜 주었다. 그러나 자본주의적 지배가 표면적으로는 어떠한 정치적 형태를 지니든―의회민주주의 체제이거나 파시스트 체제이거나―간에 자유민주주의를 외피로 하는 고도의 자본논리를 유지·발전시키고 그들과 진정으로 민주주의를 지향하는 민중들 사이에 갈등관계를 심화시켜 왔다.[30] 따라서 민주주의가 자본의 이익만을 대변하기 위한 의식적으로 고안된 눈가림의 민주주의 또는 부르주아지의 '발명품'만이 아니기 위해서는 정치적 민주주의뿐만이 아니라 사회 전반에 걸친 근본적인 민주화를 제기하게 되는 것이다.

---

30) 여현덕·김창진 편역, 『민주주의혁명론』, 한울, 1987, 4쪽.

8. 자본주의적 민주주의의 실체
자본주의의 외피로서의 자유민주주의

여기서 우리는 민주주의를 한 국가내의 전계급에게 동일하게 적용되는 틀로 이해하기보다는 각 시대의 단계마다 변혁주체에 따라 그 성격도 달라질 수밖에 없는 형태로 파악해야 할 것이다. 오늘날 자본주의사회에서 민주주의라는 개념은 일정한 편향을 도러내고 있는데, 그것은 민주주의를 부르주아적 생산관계의 관점에서 보려는 시도이다. 이것은 역사적으로 부르주아가 봉건적 지배질서하에서 토지소유에 의한 지주의 봉건착취를 타파하는 부르주아 민주주의혁명을 주도했다는 사실에서 유래하는 것으로, 이 과정에서 부르주아지는 자본의 자유로운 운동을 보장하는 정치적 이데올로기로서 자유민주주의라는 이념을 광범위하게 확산시켰다.[31]

자본주의라는 기본틀을 유지·발전시켜 나가는 외피로서 자유민주주의는 근본적으로 노자의 계급갈등 관계에서 헤게모니를 고수하려 할 것이며, 자본가계급의 우위와 이익을 지속시킬 수 있는 게임의 법칙(a rule of game)으로서 그리고 체제유지적이고 형식적 절차로서의 측면을 강조해 나갈 것이다. 자본주의사회에서 계급갈등이 기본모순으로 작용한다는 사실을 애써 부인하면서 생산관계의 사회적 조건으로부터 파생되는 근본모순을 자본주의 틀내의 분배의 관점에서 교정해 나가려는 방법들이 제시될 수 있을 것이다. 물론 이런 방법이 제대로 시행된 선진자본주의국가의 성공적 사례(사회복지제도의 보강을 중심으로 한 성공한 사례)도 완전히 부정하지는 않는다.

여기서 강조하는 바는 민주주의를 둘러싸고 중첩되어 온 복합적인 문제들을 오늘의 한국사회에서는 어떻게 바라볼 것이며, 어떠한 질문을 던져야 할 것인가라는 문제이다. 앞에서 전개해 온 민주주의에 대한 개량적·체제유지적인 입장을 굳이 비판하려 하는 이유는 이들이 민주주의란 무엇인가라는 질문 대신에 기존의 사회질서를 철저히 고수하면서 '민주주의의 특징은 무엇인가'라는 보다 덜 본질적인 질문에만 답하려 하기 때문

---

31) 앞의 책, 5쪽.

이다. 분명히 지적되어야 할 것은 정치적·계급적 입장에 따라서 민주주의의 내용은 다르게 정의될 수밖에 없으며, 본질의 차원과 현상의 차원이 혼돈되어서는 안된다는 점이다.[32]

9. 자본주의적 민주주의의 모순에 대한 맑스주의적 비판

민주주의에 대한 맑스주의적 접근은 일정한 생산양식 및 계급과 동떨어진 '순수한' 민주주의란 현실적으로 존재하지 않는다는 전제에서 출발한다. 따라서 현실적인 민주주의는 항상 그것이 어떠한 사회, 어떠한 계급, 그리고 어떠한 유형에 해당되는 민주주의인가를 명확하게 기술해야 한다고 주장한다.[33]

일반적으로 부르주아적 견지에서는 단지 민주주의만을 말하고 부르주아 민주주의와 프롤레타리아 민주주의 구별을 인정하지 않는다. 하지만 앞의 논의에서 볼 수 있듯이 민주주의가 그 역사적 발전과정에서 그 주요 목표가 심화·발전되어 갈 수 있다는 것은 쉽게 이해할 수 있으며, 따라서 시민민주주의의 한단계 발전형태로서 민중민주주의를 설정할 수도 있다고 믿는다. 이런 개념의 설정 배경에는 앞에서도 언급했듯이 민주주의를 구체적으로 문제삼겠다는 의지가 깔려 있다. 다시 말해 어떤 일반적인 민주주의란 존재하지 않으며(허구적 개념이며), 본질적으로 민주주의는 구체적이라는 것, 그리고 일정한 시대와 일정한 계급, 특정한 변혁주체세력 등과 연관된 정치적 실천이자 이론적 범주라는 사실을 받아들인다는 것이다.

레닌은 다음과 같이 민주주의에 대한 문제를 정확히 제기하고 있다. "자유주의자가 일반적인 '민주주의'를 얘기하는 것은 당연하다. 그러나 맑스주의자는 '누구를 위하여?' '어떤 계급을 위하여?'라는 질문을 잊지 않을 것이다."[34] 여기서 우리는 '민주주의 문제'의 저변에 깔린 가장 기

---

32) 앞의 책, 6쪽.
33) 앞의 책, 6쪽.
34) V. Lenin, *Collected Works*, vol.28, Moscow: Progress Publisher, 1964, p.235.

본적이고 근본적인 문제가 무엇인지를 알 수 있다. 레닌의 입장은 특정계급의 지배와 그 지배에 연관된 정치형태 사이에 명확한 역사적 연관이 있다는 주장보다 훨씬 깊은 내용을 포함하고 있다. 자본주의하의 민주주의의 허구성에 대해 레닌은 이러한 입장, 즉 누구를 위한, 어떤 계급을 위한 민주주의라는 입장에서 본격적으로 비판을 가하고 있다. 소수에 대한 다수의 지배형태로서의 민주주의를 전제할 때, 자본주의적 민주주의는 이 전제에 위배되는 것으로 파악한다.

자본주의사회에서 만약 그것이 최적의 조건에서 발전한다면, 민주공화국에서 어느 정도 완전한 민주주의가 존재할 수 있다. 그러나 이 민주주의는 항상 자본주의적 착취에 의해 협소한 한계에 갇혀 있으며, 따라서 실제로는 항상 유산계급만을 위한, 부자들만을 위한 소수의 민주주의로 유지된다. 자본주의사회에서의 자유는 언제나 고대 그리스공화국하에서의 자유, 즉 노예소유주를 위한 자유처럼 유지된다. 자본주의적 착취라는 상황으로 인해 현대의 임금노동자들은 결핍과 빈곤에 너무나 짓눌리고 따라서 '그들은 민주주의에 신경쓸 수 없으며, 정치가 괴로울 수밖에 없다.' 자연히 다수 집단은 공공의 정치생활의 참여로부터 제외된다.[35]

레닌은 계속해서 왜 자본주의하의 민주주의가 그 본래의 본질과 내용을 실현해 나갈 수 없는가에 대해서 예리하게 지적하고 있다.

자본주의적 민주주의의 기관을 보다 자세히 살펴보면 우리는 모든 곳에서, 즉 선거권의 세부조항이라는 '사소한' 것에서, 대의 제도들의 운영에서, 집회권에 대한 실제적인 방해에서 (중략) 일간신문의 순전한 자본주의적 조직 등등에서 민주주의에 대한 계속되는 제한을 본다. 빈민들에 대한 이와 같은 제한, 예외, 배제, 방해 등등은 별로 대수롭지 않은 듯하다. (중략) 하지만 이러한 제한들이 통합되어 빈민들은 정치로부터, 또한 민주주의의 실제적인 참여로부터 배제되고 짓눌려지는 것이다.[36]

착취사회에서 이와 같은 특유한 민주주의, 즉 비록 '다수의 통치'라는 형태를 띠지만 실제로는 '소수의 지배'를 의미하는 민주주의를 종식시킬 수 있는

---

35) V. Lenin, op. cit., vol.25, p.460.
36) Ibid., pp.460-461.

방법은 무엇인가? 오직 사회혁명뿐이다. 억압받는 대중들의 실제적인 지배와 그들의 국사와 공무에의 광범위한 참여를 보장하는 것은 이러한 거대한 사회변혁뿐이다. 그러한 사회변혁은 일찍이 민주주의로부터 제외된 인민(민중)들에게 단순히 민주주의를 확장시킴으로써 일어나는 것은 아니다.[37]

위의 인용문에서 볼 수 있는 바와 같이 레닌은 자본주의하에서는 계급갈등이 점진적으로 해결될 수 없을 뿐 아니라 본래적인 의미의 민주주의도 결코 이루어질 수 없다고 결론짓고 있다. 요약하자면 상이한 계급간의 갈등이 다수의 구성원, 즉 민중을 위하는 방향에서 진보적으로 해결되지 않는 한 '순수한 민주주의' '모든 사람(계급)을 위한 민주주의'란 허구적인 것이다. 레닌은 '순수한 민주주의'란 계급갈등 및 국가의 성격에 대한 인식의 결여를 드러내는 공허한 개념이라고 단정짓는다.[38]

앞에서 길게 살펴본 민주주의에 대한 견해, 특히 레닌의 견해는 이데올로기적 성격으로 인해 다소 오해의 소지가 있긴 하지만 자본주의적 민주주의의 허구성을 누구보다도 잘 지적해 주고 있다. 물론 레닌의 입장을 그대로 한국사회에 적용하기에는 여러 가지 어려움이 따른다. 당연히 레닌이 활동한 시대적 배경이나 자본주의의 전개과정, 그 속에서의 계급분화과정 등 20세기 초 러시아적 상황이 우리와 다름은 충분히 고려되어야 한다.

그럼에도 불구하고 우리가 레닌의 민주주의론에 주목해야 하는 것은 계급과 국가의 분석에 기초하여 제시하는 자본주의적 민주주의의 본질에 대한 정확하고 예리한 인식에 있다 하겠다. 단순해 보이는 그의 질문, 즉 '순수한' 혹은 '일반적' 민주주의라는 명제에 반대한 '누구을 위한' 그리고 '어떤 계급'을 위한 민주주의인가라는 질문은 민주주의의 본질적 내용을 심화·발전시켜 나가는 데 주요하다.

---

37) Ibid., pp.439-440.
38) Ibid., vol.28, p.242.

10. 한국사회에서의 '진정한' 민주주의와 사회변혁의 향방

한국에서 널리 입에 오르내린 '민주주의'는 정부형태, 정부관리의 선택과정, 그리고 정책결정과정에서의 형식적인 원칙이라는 개량주의적인 형태의 민주주의, 즉 형식과 절차로서의 민주주의도 완수하지 못한 상태의 것이었음은 지적한 대로이다. 현 단계 중간계급이 최소한 시민민주주의의 기치 아래 사회변혁과정에 적극적으로 참여하는 모습을 드러낸 단계에서 일단은 낙관적으로 형식적 절차 및 원칙으로서의 민주주의를 쟁취할 수 있으리라 가정한다면, 이후의 변혁의 물줄기는 어떤 방향으로 흘러갈 것이며, 그 변혁주체는 누가 될 것인가 또한 지금 강력하게 부각되는 주체인 중간계급과 민중 사이의 계급갈등은 어떤 양상을 띨 것인가 등과 같은 주요한 문제가 대두하게 된다. 이러한 문제들에 대해 앞에서 개진해 온 민주주의론, 사회의 일부인 지배계급이 아닌 구성원의 다수인 민중을 위한 진정한 민주주의의 관점에서 살펴보겠다. 논의를 보다 구체적으로 진행시키기 위해서 대다수가 긍정적으로 받아들인 것으로 보도된 1987년 당시 노태우 민정당대표위원의 8개항의 시국수습 특별선언의 내용을 분석해 보자. 그 내용을 간략히 정리하면 다음과 같다.

첫째, 여야(與野) 합의하의 조속한 대통령 직선제 개헌과 새 헌법에 의한 대통령선거의 실시와 평화적 정부이양
둘째, 자유로운 출마와 공정한 경쟁의 보장을 위한 대통령선거법의 개정과 공명정대한 선거관리
셋째, 국민적 화해와 대단결을 도모하기 위한 모든 시국관련 사범의 사면·복권 및 석방
넷째, 인간의 존엄성과 국민의 기본적인 인권의 최대한 신장을 위한 법적·제도적 장치의 마련
다섯째, 언론자유의 보장을 위한 기존법의 개정과 폐지
여섯째, 사회 각 부문의 자율과 자치의 최대한 보장[39]

이상의 여섯 가지 사항에 대해 살펴보면, 그 내용이 한국사회에 있어서

---

39) 《동아일보》 1987. 6. 29, 3면.

상당히 중요한 부문들에 대한 대처방안임에도 불구하고 한국자본주의사회가 갖고 있는 근원적인 계급갈등의 문제는 전혀 언급하고 있지 않음을 알 수 있다. 처음의 3개항, 즉 직선제 개헌안의 수용, 대통령선거법의 개정, 시국관련 사범의 석방·사면 및 복권 등은 민주주의의 가장 기본적인 측면들임을 쉽게 알 수 있다. 이는 또한 한국정치의 엄청난 낙후성을 적나라하게 보여주고 있는 것이라 하겠다. 민주주의라고 부를 수 있기 위해서는 가장 먼저 해결되어야 할 법적·제도적 장치가 얼마나 오랫동안 집권층에 의해 무시되거나 악용되어 왔는가는 모든 사람이 느끼는 바일 것이다.

다음의 3개항, 즉 인간의 존엄성과 기본적 인권, 언론자유, 그리고 사회 각 부문의 자율과 자치를 위한다는 조항 역시 그 절실함과 중요성에 대해 이의가 제기될 수 없을 것이다. 하지만 이 중요한 세 가지 부분이 법의 개정에 의해 한순간에 해결될 수는 결코 없는 사항임을 또한 누구나 인정할 것이다. 법 이외의 여러 가지 수단에 의해 세 가지 분야의 목표는 쉽게 침해당하고 무시될 수 있음은 이 땅의 역사가 증언하는 바이다.

이 여섯 개항이 제6공화국의 성격과 성향을 전부 반영하는 것으로는 볼 수 없으며, 또한 이 여섯 개항이 제대로 실현되지 못했다는 것도 주지의 사실이다. 또한 이 수준까지의 공약이 다 충족되었다 하더라도 그간 집적되어 온 한국의 정치·사회·경제적 모순이 해결될 실마리를 찾을 수 있다고는 결코 볼 수 없다. 무엇보다도 1962년을 기점으로 하는 두 차례의 경제개발계획이 이루어낸 괄목할 만한 경제성장과정에서 파생된 계층 간의 심각한 불균형 현상, 다시 말해 정치·경제적으로 극심하게 소외된 민중(하층계급)의 생존권에 관한 언급이 전혀 배제되어 있다는 사실은 집권당인 민정당의 한계를 명확하게 드러내고 있다.

여기서 강조하고자 하는 바는 정치·경제적인 부와 권력의 공평한 분배와 이 과정에의 민중의 적극적 참여 내지 동조를 제도적으로 보장하는 장치 등을 포함하는 민중의 생존권 문제가 근본적으로 해결되지 않는 한 한국사회가 누적적으로 안고 온 계급갈등의 문제는 해결될 수 없으며, 이 해결 없이 한국사회에서의 점진적 사회변혁은 불가능하다는 점이다. 한국의 사회변혁의 지향점이 '진정한 민주주의'—내용으로서의 민주주의,

즉 피지배계급 다수에게 생존권이 기본적으로 보장되고, 사회 전체적으로 정치·경제적 평등이 이루어지는 상태—의 성취에 있다면, 지금의 당면과제는 형식·절차로서의 민주주의를 성취함과 동시에 계급갈등의 근원이 되는 문제들을 해결할 수 있는 제도적·법적 장치를 마련하는 것이다. 그때라야 비로소 한국사회변혁의 물줄기는 형식·절차로서의 민주주의 단계를 넘어서 진정으로 다수를 위하는 역동적이고 구체적인 민주주의 단계로 무리없이 발전·심화되어 나갈 수 있을 것이다.

이제 한국사회 계급갈등의 가장 주요한 부분에 속하는 경제적 불평등의 문제를 임금격차의 측면을 통해서 살펴보기로 하자. 한국경제는 그간 유지해 왔던 고도성장만큼의 누적적이고 역사적으로 전승된 국민경제의 이중성 및 파행성과 대외의존을 심화시켜 온 셈이다. 이로부터 공업부문의 높은 경제성장은 기초산업인 농업 및 광업의 상대적인 그리고 때로는 절대적인 감소에도 불구하고 지속되며, 공업부문에 의해 주도된 경제성장의 결과는 농업 및 기타 산업에 제대로 파급·배분되지 않은 채 대외로 유출되어 국민경제 내부에서는 사회계층간 격차의 확대와 부조화를 결과하였다.[40] 한국사회에서 계급갈등(계층갈등)의 주요한 측면 중의 하나인 도시노동자계급의 임금실태를 구체적으로 살펴보면서 계급갈등의 경제적 측면의 심각함을 제시해 보려 한다. 임금수준은 세 가지 측면에서 고찰될 수 있다. 우선 외국의 임금수준과 비교하여 그 상대적 수준을 평가하는 방법일 수 있다. 한국의 임금수준을 외국과 비교해보면 <표 1>처럼 나타난다.

<표 1>을 통하여 국가간의 임금수준 격차를 상대적으로 파악할 수 있지만 한국노동자계급의 생계문제와 불평등문제가 얼마나 심각한가는 잘 알 수 없다. 따라서 도표를 두 개 더 인용하여 논의를 계속해 보자. 임금과 실태생계비와의 비교를 통하여 그 심각성을 보다 정확히 알 수 있으리라 생각된다. 여기에서 실태생계비는 노동자가구의 지출 실태를 집계

---

40) 박현채, 「계층조화의 조건」, 『한국경제의 구조와 논리』, 풀빛, 1982, 307쪽. 이 문제를 좀더 이해하기 위해서는 대표적으로 다음의 책들이 유용할 것이다. 박현채 외 저, 『한국사회의 재인식 1』, 한울, 1985; 김대환 외 저, 『한국노동문제의 인식』, 까치, 1987; 박현채, 『한국경제의 구조와 논리』, 풀빛, 1987.

<표 1> 제조업 시간당 임금의 비교

(단위: 달러, %)

	한국	대만	홍콩	싱가폴	일본	미국
1971	0.20 (100.0)	0.23 (115.0)	0.39 (195.0)	0.30 (150.0)	1.25 (625.0)	3.57 (1,785.0)
1975	0.36 (100.0)	0.48 (133.3)	0.58 (161.1)	0.62 (172.2)	3.29 (913.9)	4.83 (1,341.7)
1980	0.96 (100.0)	1.15 (119.8)	1.17 (121.9)	0.99 (103.1)	6.76 (704.2)	7.27 (757.3)
1983	1.21 (100.0)	1.51 (124.8)	1.30 (114.9)	1.42 (117.4)	6.75 (557.9)	8.83 (729.8)

자료: ILO, Yearbook of Labour Statistics(1983)에서 계산(박덕술, 「한국 노동문제의 현상과 구조」, 박현채 외 편, 『한국경제론』, 까치, 1987, 294쪽)에서 재인용.

한 것이다.

<표 2>의 수치에 대한 정확성에는 약간의 의문이 제기된다. 이 표에 기초하여 추측해 보면 1987년 7월 현재의 임금은 약 30만 원선이 될 것이다. 그런데 과연 생산직노동자 중 이 정도 수준의 임금을 받는 층이 얼마나 되는가에 대해서는 극히 부정적이다(<표 3> 참조). 그러나 평균임금이라는 측면과 이것이 정부측의 자료라는 점을 고려하더라도 평균임금이 실태생계비에 훨씬 못 미치고 있음은 명확하다. 더군다나 한국사회의 소득분배가 예리한 피라밋형을 상기할 때, 그 밑부분에 속하는 노동자계급의 구성비는 가히 짐작할 수 있다.

<표 2> 임금과 실태생계비의 비교

(단위: 원, %)

	실태생계비(A)	임금(B)	A/B
1970	29,290	14,301	50.6
1975	62,960	38,378	61.0
1980	175,471	146,684	83.6
1985	309,607	269,652	87.1

주: 1) 실태생계비는 전도시근로자가구의 소비지출임.
  2) 임금은 제조업 상용노동자의 월평균 임금임.
자료: 노동부, 『매월노동통계』; 경제기획원, 『도시가계연보』; 한국노총, 『사업보고』, 각년도(박덕술, 앞의 글에서 재인용).

<표 3> 모기업의 호봉표(월 급여액)

(단위: 천 원)

직책	초임	2년	5년	호봉격차
부장	532	554	588	11~13
차장	434	452	479	9~11
과장	361	375	399	7~10
대리	293	305	323	6~9
대졸	290	372	320	6~8
여대	242.5	252.5	268	5~8
전문대	213.5	222.5	236	4.5~6
남고	189.5	197.5	209.5	4~6
여고	144	150	159	3~6
경비	186	189	193.5	1.5
남자공원	140.25	145.25	152.75	0.1
여자공원	97.75	104.25	111.75	0.1

주: 1) 이 회사는 종업원, 1,200명인 제지회사임.
　　2) 남자 및 여자공원의 임금은 일당으로 표시되어 있는 것을 월급으로 환산하였음. 단 이때 월급은 일당 25일.
　　3) 공원의 호봉격차 100원은 일당액의 연간 격차임.
자료: 한국경영자총협회, 『임금실무자료』, 1986, 210쪽(박덕술, 앞의 글에서 재인용).

마지막으로 상대적인 임금격차를 알아보기 위해 성(性)과 학력을 주요 구분기준으로 한 임금격차 도표를 보자.

<표 3>은 <표 2>에 비해 훨씬 현실적이다. 이 표를 보면 학력과 직책에 따라 임금격차가 매우 크다는 것을 알 수 있다. 예컨대 대졸 남자의 초임이 29만 원인 데 비해 남자공원의 초임은 절반에도 못 미치는 14만 원, 여자공원은 33.7%인 9만 8천 원에 불과하다.

지금까지의 자료를 가지고서 민중의 생존권문제와 계급간의 임금격차를 어느 정도는 알 수 있으나, 충분치 않다고 생각되어 여러 사람에 의해 지적되어 온 부의 집중현상에 관해 간략히 살펴보겠다.

<표 4>는 한국의 상위 50대 기업이 차지하는 부가가치 비중 및 성장률, 그리고 순자산의 증가율을 보여준다. 1989년 기준으로 42개 대규모 기업집단의 순자산은 34.7%나 늘었고 타법인에 대한 출자총액도 34.1%

<표 4> 국내 42대 기업 순자산 증가율

(단위: 백만 원, %)

	89. 4. 1	90. 4. 1	증감률
현대	1,744,328	2,939,379	68.5
대우	1,218,969	1,195,135	57.1
삼성	1,246,022	1,904,865	52.9
럭키금성	1,666,633	2,183,824	31.0
쌍용	890,358	1,008,175	13.2
한진	246,894	409,710	65.9
선경	754,246	977,893	29.7
한국화약	682,763	679,577	▼ 0.5
대림	332,689	389,937	17.2
롯데	1,053,355	1,197,420	13.7
동아건설	49,299	163,446	231.5
한일	264,115	243,930	▼ 7.6
기아	538,113	746,518	38.7
두산	282,370	348,673	23.5
범양상선	149,490	144,313	3.5
효성	415,493	429,530	3.4
동국제강	375,403	422,443	12.5
삼미	340,009	421,881	24.1
한양	26,592	29,045	9.2
극동건설	99,714	111,879	12.2
코오롱	272,163	308,476	13.3
금호	297,857	567,751	90.6
동부	247,087	266,305	7.8
고려합섬	78,465	139,801	78.2
한보	60,617	46,067	▼ 24.0
해태	50,032	63,931	27.8
미원	146,465	183,262	25.1
삼환기업	157,040	177,587	13.1
한라	72,523	194,441	168.1
우성건설	9,558	94,319	886.8
극동정유	91,475	98,716	7.9
통일	245,675	225,172	▼ 8.3
태광산업	226,017	282,243	24.9
태평양화학	129,199	177,300	37.2
풍산금속	163,351	180,885	10.7
강원산업	87,935	131,465	49.5
벽산	79,699	85,598	7.4
봉명	73.745	63,425	▼ 14.0
삼양사	162,337	188,522	16.1
동국무역	118,653	128,695	8.5

<표 4> 계속

(단위: 백만 원, %)

	89. 4. 1	90. 4. 1	증감률
동양	131,484	202,476	54.0
아남산업	108,686	136,199	25.3
동원		116,829	
진로		37,630	
대신		2,664	
동양화학		107,927	
대농		89,072	
한신공영		56,928	
한국유리		162,534	
영풍		138,045	
성신양회		117,287	
대성산업		69,407	
금강		142,341	
합계		21,362,592	

주: 1) 동원 이하는 1990년 대규모 기업집단으로 지정.
　　2) ▼는 감소를 표시함.
자료: 공정거래위원회가 국회에 제출한 대규모 기업집단 주식소유 현황(1990. 4. 1. 현재),
　　《중앙일보》 1990. 7. 4에서 재인용.

나 증가하는 등 기업규모가 커지고 기업확장도 계속되었던 것으로 드러
났다. 1989년까지 대규모 기업집단으로 지정된 총자산 4천억 원 이상 42
개 그룹의 순자산은 20조 3,215억 8,300만 원으로 1989년 4월보다
34.7%(5조 2,336억 4,500만 원)나 증가했으며, 타법인에 대한 출자총액
도 6조 729억 4,300만 원으로 1년만에 32.1%(1조 5,255억 9,700만 원)
가 늘어났다.

　그리고 42개 재벌과 올해 새로 대규모 기업집단으로 지정된 11개 신규
재벌까지 합친 53개 재벌의 순자산은 21조 3,622억 4,700만 원으로
1989년 우리나라 경상GNP(141조 663억 원)의 15.1%에 해당되는 규모
이다. 앞의 표들에서 확연히 드러나는 부의 집중현상에 대비되는 측면 중
의 하나가 우리나라의 절대빈곤층실태이다. 지난 1990년 7월 3일 경제기
획원이 국회에 제출한 자료에 따르면 1인당소득이 월 4만 8천 원 이하,
가구당 재산액이 340만 원 이하인 생활보호대상자는 225만 6천 명이며,
월소득 4만 8천 원~5만 4천 원, 가구당 재산액 340만~540만 원인 의료

부조대상자는 105만 9천 명으로 나타났다. 이들을 합친 331만 5천여 명은 영세민보호예산의 지원을 받는 절대빈곤층으로서 전인구의 7.7%를 차지하고 있다.

필자가 여기에서 한국경제에 대한 전반적인 분석을 제시하려는 것은 아니다. 단지 계급갈등, 계층부조화의 심각한 저해요소인 경제적 불평등으로 인한 정치적 불균형관계를 강조하고자 할 따름이다. 이 문제들—계급갈등의 근원적인 문제들—의 근본적인 해결 없이 한국사회가 순조로이 민주주의를 향해 전진할 수 있다고 보는 것은 한국사회 변혁과정의 주요 문제를 전혀 그릇되게 보는 것이다. 더군다나 이 계급갈등의 근원적인 정치·경제적 모순들이 혁파될 수 있는 적극적인 노력이 중간계급에 의해 무시되거나 경시될 때, 민중과 중간계급의 심각한 계급갈등 현상은 충분히 예견되는 성질의 것이다. 다시 말해, 현재까지 집적되어 온 한국사회의 근본적인 모순이자 계급갈등의 기본모순인 경제적 불평등과 이로 인한 정치적 불균등의 문제들을 해결해 나가는 과정에서 중간계급이 자신의 기득권을 고수하기 위해(혹은 이의 계속적인 확대를 위해) 상부계급과 연합을 꾀하든지, 극단적으로 보수화되든지 할 경우 한국 사회변혁의 물줄기는 새로운 국면으로 치달을 수밖에 없을 것이다.

이상에서 살펴본 대로 한국사회의 가장 기본적이고 중대한 모순 중의 하나가 부의 불균등구조인 바, 민주주의에 대한 논의도 이러한 근본적인 모순의 해결 및 혁파전망과 연관되지 않을 때에 공허하고 형식적인 논리로 남을 수밖에 없다. 다시 말하자면 한국사회에 있어서 민주주의의 전망은 곧바로 그간 집적되어 온 부의 불균등 및 이로 인한 계급갈등의 첨예화를 어떻게 해소·해결해 나갈 것인지의 전망과 직결되어 있다. 또한 이 문제는 1987년도 이후 사회변혁에 중요한 역할을 해온 것으로 평가받는 중간계급이 앞에서 논의해 온 절차로서의 (정치적) 민주주의를 심화·발전시켜서 내용으로서의 (경제적·사회적) 민주주의를 수립하는 데 얼마나 주도적이고 진보적인 역할을 수행할 수 있느냐의 여부에 좌우된다고 관측된다.

11. 한국민주주의에 대한 일전망

1987년 이후의 과정이 한국사회 변혁사에서 상당히 주요한 시점임은 확실하다. 이 시기는 실로 해방 이후 40여 년간의 한국정치사에서 몇 안 되는 정치적인 갈림길의 문턱에 해당하기 때문이다.[41] 진덕규는 해방 이후 한국정치사의 주요한 갈림길을 다음과 같이 들고 있다. 좌우대립과 남북분단의 비극을 잉태했던 해방 직후의 정치적 혼돈, 한국전쟁의 위기적 상황에서 이승만이 정권장악을 지속화하려 했던 부산의 정치파동, 4월혁명 후의 정치적인 상황, 1980년의 정치적 성격. 바로 이러한 갈림길의 또 다른 문턱이 1987·1988년이라고 진덕규는 보았던 것이다.[42]

이 시점에서 가능한 한국사회변혁의 시각은 진덕규의 의견처럼 세 가지를 들 수 있을 것이다. 즉 집권세력과 이를 지지하는 계층이 중심이 된 발전시각, 중간계급 중심의 개량시각, 민중이 중심이 되는 변혁시각 등이 그것이다. 이 글의 성격과 범위상 첫 번째의 발전시각은 논외로 하고, 중간계급(중간계급) 중심의 개량시각과 민중중심의 변혁시각에 초점을 맞춰보기로 하자. 개량시각을 간단히 애기하자면 집권층 중심의 발전시각이 보여주는 권위주의적 속성과 변혁시각의 과격성을 모두 배척하면서 점진적인 개혁의 가능성을 시민민주주의의 틀 속에서 찾으려는 입장이다.

절차적 민주주의의 틀 속에서 한국 사회변혁과 이에 기초한 '실질적 민주주의,' 즉 '진정으로 다수를 위하는 민주주의'가 계속적으로 심화·발전될 수 있느냐의 질문은 중간계급이 한국사회의 계급갈등의 근원적인 모순—경제적 불평등과 정책 불균형—을 진보적인 방향에서 해결하려 할 것인가라는 문제와 직결되어 있다. 결론적으로 정확한 방향과 노선하에서 설정되는 민주주의운동은 사회변혁의 확실한 계기와 활용의 장(場)이 되지만 그렇지 못할 때에는 개량주의의 허구적 논리구성으로 빠지거나 파시즘만을 가속화시킬 뿐이다. 따라서 한국사회의 부의 편중현상 및 계급갈등의 근원적인 문제들의 근본적인 치유 없이는 한국사회변혁과 민주

---

41) 진덕규, 「중간계급의 보수화가 문제」, ≪월간조선≫ 1987. 2월호, 114쪽.
42) 앞의 글, 114쪽.

주의(현재는 시민민주주의)는 점진적이고 평화적인 방식으로 진행되기에
는 어려움이 많을 것이다. 더군다나 그간 한국의 현대사(특히 5·16 쿠데
타 이후 과정과 박정희 대통령 주도하의 경제개발계획의 진행과 연관되
는)나 기타 제3세계국가 일반에서 뚜렷하게 부각되어 온 중간계급의 기
회주의적 속성, 여하한 형태의 반대급부가 주어질 경우 급작스럽게 보수
반동적인 파시즘의 후견인으로 전락할 가능성이 향존하는 중간계급의 경
향을 고려할 때,[43] 그리고 자본가를 위시한 상부계급이 이제는 고도로 계
산된 계급이반(즉 민중과 중간계급 사이의) 전략 및 술책을 행사하며 충
분한 경제적·정치적 자원을 보유하고 있음을 떠올린다면 과연 한국사회
에서 민주주의가 가장 근본적인 모순까지 합법적인 틀내에서 평화적이고
점진적인 방법으로 용해해 나갈 수 있는 틀 내지 메커니즘으로서 작동해
나갈지의 여부는 현재로서는 부정적이다.

---

43) 이 점에 관해서는 강문구 편저, 『자본주의 체제하의 사회변혁운동; 칠레혁명과
   아옌데 노선연구』, 친구, 1990 참조.

■ 제2장 ■
한국사회의 민주화, 사회변혁, 반지배연합

1. 문제의 배경

한국사회가 최근 밟아오고 있는 길을 회고해 보면 복합적이고 혼돈스럽다. 사회구조의 저변에 깔려 있던 모순의 중층구조가 다분히 정황적인 [conjunctural: 구조적인(structural) 의미의 반대개념] 요인들에 의해 희석되던지 아니면 급작스럽게 새로운 양태로 탈바꿈함으로써 역사와 현상에 대한 과학적인 인식을 어렵게 하고 있다. 한국사회가 배태시켜 온 여러 차원의 모순구조가 얼마나 견고한가라는 문제는 반드시 시대적 상황의 변화에 따라 얼마나 신속하고 새로운 모습으로 변하는가라는 문제와 연관시켜 논하는 것이 적절해 보인다. 이러한 모순의 본질과 외양을 총체적으로 파악하지 못할 때 인식과 실천의 오류 가능성은 배가된다.[1]

그리하여 한국사회의 변동과 변혁을 논하는 과정에서 어떤 이는 "이제는 판(지형 혹은 토대)이 바뀌었기 때문에 완전히 새로운 인식관이 요구된다"라고 주장하는가 하면, 또 어떤 이는 동일하거나 유사한 지형임에

---

[1] 이 주제에 관해서 모택동의 '모순론'은 여전히 유효하다고 생각된다. 모택동 『실천론·모순론』, 두레, 1989; 박현채, 「현대 한국사회의 성격과 발전단계에 관한 연구(I)」, ≪창작과 비평≫ 57호; 졸고, 「니카라과 혁명건설과 미국의 반혁명 공세」, ≪창작과 비평≫ 1991 참조.

도 불구하고 새로운 인식만을 강조하고, 요구하는 것은 오히려 문제의 본질을 왜곡시킬 수 있다고 강변하기도 한다.

1987년에 들어서 거대한 물굽이로 모습을 드러낸 한국사회의 민주화 물결도 몇 년이 지난 현재의 시점에서 보면 앞에서 언급한 표현들에 어느 정도 정당성을 부여하는 듯하다. 당시 절대절명의 기치로 주장되던 민주화의 주요내용이 무엇이었으며, 어떤 형태로 실현되었는지에 대해 쉽게 동의할 수 있는 근거는 별로 없다. 한국사회의 구조적 모순의 혁파와 동일선상에서 논의되던 '민주주의'의 쟁취는 이제 모습을 달리하여, 내용보다는 형식, 실질보다는 절차에 강조점이 주어지는 사후 정당화(a posteori legitimization)의 논리로 작동하고 있다.[2]

2. 문제제기

한국사회가 구조적으로 축적·중첩시켜 온 갖가지 모순들과 연관되지 않은 민주주의 논의가 얼마나 공허한 것인가를 그간의 민주화과정은 역설적으로 입증해 주었다. 다시 말하자면 절차 및 형식논리로서의 추상적인 민주주의 원리가 그 사회의 모순구조에 접목될 때 구체적인 내용을 획득할 수 있는 것이다. 바로 이런 관점에서만 우리는 민주주의가 초역사적 원리로 기화(氣化)되어 추상화되는 것을 지양하고, 한걸음 나아가서 총체적인 관점에서 민주주의 심화와 확장을 논구할 수 있게 하는 근거를 확보할 수 있다.[3]

이 글에서는 한국사회에서의 민주주의와 민주화에 관한 논의 역시 사회의 모순구조의 변혁의 연관성 속에서만 올바른 위상을 포착할 수 있다

---

2) 민주주의 본질에 관한 여러 가지 논의 중 절차적 민주주의와 실질적 민주주의에 관한 논의로는 최장집, 「민주화의 두 개념」, 『한국 현대정치의 구조와 변화』, 까치, 1989. 그리고 사회변혁과의 연관성을 중심으로 논의한 것으로 졸고 「니카라과 혁명 이행기의 정치경제학」, 『포위된 혁명: 니카라과 혁명 10년사의 현재적 조명』, 나라사랑, 1993 참조.
3) 이런 문제의식과 유사한 입장은 손호철, 「민주주의를 다시 생각한다」, ≪창작과 비평≫ 1991. 겨울호에서도 발견된다.

는 전제를 축으로, 그간 진행되어 온 한국사회의 민주화과정의 성격을 먼저 논하겠다. 민주화과정의 성격과 내용은 사회구성원의 역학관계, 보다 엄밀하게는 지배연합과 반지배연합간의 관계에 의해 결정된다. 그 중에서도 특히 반지배(계급)연합을 구성하는 노동자계급과 중간계급(중간계층 혹은 중산층)이 어떤 관계를 맺느냐 하는 문제는 비단 반지배연합 그 자체뿐만이 아니라 지배연합과의 역학관계, 그리고 민주화와 사회변혁의 향방에 중대한 관건이 된다. 따라서 이 글에서는 반지배계급 연합, 특히 노동자계급과 중간계급간의 연합의 가능성과 제약요인들에 대해서 논하겠다.

요약하자면 이 글에서는 대략 1987년을 기점으로 한국사회에서 진행되어 온 민주화과정의 성격 그리고 그 내용과 향방에 있어 중요한 요인인 반지배연합의 성격을 논하고자 한다. 따라서 이 글의 제목이 의미하듯이 중심개념은 민주화과정과 사회변혁간의 관계 그리고 여기에 색깔과 내용, 그 방향을 결정하는 반지배(계급)연합이다.

3. 한국사회의 민주화과정, 내용과 성격

한국사회의 민주화과정에 하나의 중요한 계기가 1987년 6월 노태우 당시 집권당 대표위원에 의한 6·29선언이었다는 점에 대해서는 별 이견이 없을 것이다. 1991년에는 기초의회와 광역의회선거가 치러졌다. 노태우 대통령은 자신이 6·29선언에서 공약한 마지막 항목인 지방자치제선거가 성공적으로 끝남으로써 자신의 민주화 약속은 완성되었다고 주장했다.

여기에서 당시 대다수가 긍정적으로 받아들인 것으로 보도된 6·29 시국수습 특별선언의 주요내용을 살펴보자. 첫째 대통령 직선제로의 개헌, 둘째 대통령선거법의 개정과 공명정대한 선거보장, 셋째 시국관련 사범의 사면·복권 및 석방, 넷째 기본권 조항의 강화와 인권신장, 다섯째 언론자유의 보장을 위한 기존법의 개정과 폐지, 여섯째 지방자치제 및 교육자율화의 실시가 주요 골자이다.[4]

─────────────

4) 《동아일보》.1987. 6. 29 참조.

이상의 주요내용을 자세히 분석해 보면 그간 한국사회의 위기국면의 원인이 주로 정치적이고 절차적 민주주의의 차원에 있었음을 확인할 수 있다. 5·16 이후부터 시작된 군부정권의 권위주의적 통치가 20여 년 이상 한국정치를 압도해 온 사실을 떠올린다면, 국민의 기본인권과 선거제도 및 절차, 그리고 언론자유와 정당활동의 보장 등만 하더라도 당시의 여건 하에서는 지극히 진보적인 내용이었을 것이다. 이런 맥락에서 6·29선언은 6월 민주항쟁이라는 밑으로부터의 사회변혁에 대한 요구를 일단 제도적·절차적 민주주의의 차원에서 적극 수용한 지배계급과 반지배계급간의 타협의 산물로 인식할 수 있다. 이런 유형의 정치적 타협이 성립될 수 있었던 것은 6월 민주화투쟁이 한국사회의 구조적 모순의 지양을 목표로 하는 비타협적이고 계급적인 성격을 띠기보다는 절차적 민주화를 요구하는, 따라서 계급간의 타협이 성립될 수 있는 정치운동이었기 때문이다.[5]

여기에서 언급한 계급간의 타협은 두 가지 차원을 포함한다. 즉 지배연합과 반지배연합간의 타협이 주로 절차적이고 정치적인 성격을 갖는 민주주의의 성취라는 선에서 절충될 수 있었던 것이다. 이와 동시에 반지배연합이 성립되는 데에도 연합 내부의 계급간의 타협이 요구되었던 바, 대학생과 노동자계급이 주도하던 민주화투쟁에 당시 연세대생이었던 이한열의 죽음을 계기로 중간계급의 참여가 본격적으로 이루어지고 그 결과 성립된 반지배계급 연합이 대응방식에 있어 갈등 조짐을 보이던 지배연합으로부터 최대한으로 보이는 양보를 끌어낼 수 있었던 것이다.[6]

한국 정치사에서 6·29선언은 몇 가지 측면에서 중대한 한국 정치지형의 변모가능성을 제시했는데, 다른 무엇보다도 지배블록 스스로가 비록 우여곡절의 과정을 거쳤다 하더라도 극단적이고 강경 일변도의 방식이 아닌 타협에 의한 위기타개 방식의 새로운 가능성을 열어주었다는 것은 분명 전례를 찾아보기 힘든 새로운 사실이다. 6·29선언 이후 한국사회에

---

5) 최장집, 앞의 책, 292-293쪽; 김석준, 『한국자본주의 국가위기론』, 풀빛, 1991, 218쪽.

6) 지배연합의 성격과 갈등 조짐 등에 관해서는 한국정치연구회, 『한국정치론』, 백산서당, 1989, 237쪽. 그리고 졸고, 「1990년대 한국정치와 군부의 위상」, 한국정치학회 편, 『산업사회와 한국정치의 과제』, 1990, 113쪽.

서의 민주화과정[7]은 그 이후 출범한 제6공화국의 주도하에 이루어지게 되며, 따라서 민주화과정에 대한 평가는 6공에 대한 평가와 맞물려 있다. 현 시점에서 볼 때, 한국사회에서의 민주화는 일단 정치적 민주주의, 즉 제도와 절차의 측면에서는 일정한 성과를 거두었다고 보인다. 물론 그 성과의 내용과 질(質)에 관한 논란의 여지가 없는 것은 아니나,[8] 두 차례에 걸친 지방의회 선거의 완료는 정치적 민주주의의 의미 있는 진일보라고 평가할 수도 있을 것이다.

한국사회에서 진행되어 온 민주화과정이 성취한 긍정적인 측면과 대비되면서 병존하는 부정적인 측면 중의 하나가 바로 경제적 형평성의 악화 현상이다. 최근 들어 재벌기업들은 생산기술 투자보다는 부동산 투기에 보다 더 노력을 기울인다 하여 전국민적 비난을 받게 되었으며, 급기야

---

7) 알프레드 스테판은 '민주화(democratization)'를 자유화(liberatization)와 구별짓는다. 그에 의하면 민주화는 자유화를 내포하지만 그보다는 폭넓고 보다 구체적인 정치적 개념이다. 민주화는 정부를 장악할 권리에 대한 경쟁을 요구하며, 그리고 이는 또다시 누가 정부의 주인이 되는가를 결정하는 결과를 제시하는 자유선거를 요구한다. 이에 반해 권위주의적 배경에서 '자유화'란 정책과 사회적 변화의 혼합을 수반한다. 이러한 정의에 따르면 민주화 없이도 자유화가 가능하다는 것이 분명해진다. 자유화는 근본적으로 시민사회에 관한 것이다. 반면 민주화는 시민사회도 관계하지만 근본적으로 정치사회에 관련된 것이다. 알프레드 스테판,『군부정치: 국가와 시민사회』, 열음사, 1989, 29쪽. 우리가 비록 스테판이 제시하는 이러한 구분을 받아들이지 않는다 하더라도 '자유화'와 '민주화'를 구분하는 것은 분석적으로 의미 있다. 다른 한편 여러 학자들은 민주화의 전단계 혹은 곡과정을 탈강압(decompression)과정 아니면 '제한된 민주화' 혹은 '이완된 군부독재' 등의 개념을 사용하기도 한다[오도넬·슈미터의『권위주의 통치로부터의 이행(*Transition from authoritarianism*)』(염홍철 역, 한울) 중 결론 부분에 해당되는 잠정적 결론(Tentative Conclusion about Uncertain Democracies) 참조]. 한상진은 인간의 기본권과 관련된 자유, 즉 신체의 자유, 언론·학문·집회결사의 자유 등의 획득을 '자유화'로 그 다음 단계는 절차와 제도와 연관되는 단계를 '정치적 자유화'로 마지막으로 사회민주화의 삼단계로 구분한다(『중민이론의 탐색』, 문학과 지성사, 1991, 292-293쪽). 한상진의 이 구분은 오도넬과 슈미터의 자유화-민주화-사회화의 도식을 떠올린다. O'Donnell and Schmitter, op. cit., pp.6-14.

8) 아마 6공이 주장하는 민주화의 성취에 대해 가장 직접적인 반론이 6공 들어 오히려 악화되었다고 분석된 인권 상황일 것이다. 현 민주당 이전 평민당내의 평민련에서 발간한 『인권백서』(1990)를 참조.

1990년 5월 8일에 공포된 정부의 '5·8조처'에 따라 강제 매각의 지경에
까지 이르렀다. 1989년 현재, 상위 5%의 계층이 전국 토지의 68.2%, 상
위 10%의 계층이 76.9% 그리고 상위 25%의 계층이 전국토의 90.8%를
보유하고 있으며, 나머지 75%의 국민은 9.2%만을 보유하고 있는 형편
이다.[9] 30대 재벌기업들이 소유하고 있는 부동산은 1989년 말 정부가격
으로만 따져도 13조 1391억 원으로 1988년 말의 10조 603억 원보다 3
조 788억 원, 30.6%가 늘어났다. 은행감독원에 따르면 1989년중 30대
재벌그룹이 새로 사들인 부동산은 토지 234만 평, 건물 114만 평 등 모
두 2조 4,400억 원에 달하는 것으로 밝혀졌다.[10] 1959년 말 현재 한국의
30대 재벌이 보유한 부동산 실태는 앞에서도 잘 나타나 있다.

　　제6공화국 초기에 논란이 분분했던 금융실명제를 저지시켜 강력한 요
인으로 알려진 '지하경제'의 비중은 실로 크다 하겠다.[11] 무신고 소득 추
정에 의한 연도별 지하경제 규모의 추이를 살펴보게 되면 1984년에 전년
대비 4~5배, 1987년에도 증가 추세가 별로 수그러들지 않고 있음을 알
수 있다. 이상과 같은 소수 재벌에 의한 경제력 집중의 심화현상과 대조
되는 현실이 1990년 현재 전인구의 7.7%를 차지하는 절대빈곤층의 존재
이다. 더욱 심각한 문제는 6공화국 출범 이후 이 절대빈곤 인구가 증가되
고 있다는 점이다.[12]

　　6공화국의 출범 이후 초기에는 민주화와 연관된 사회개혁에의 노력이
이러한 사회적·경제적 구조적 모순에 착안했던 것도 사실이다. 즉 6공 정
부가 경제정의 실현, 형평정책, 경제민주화정책, 금융실명제, 토지공개념
법, 세제개혁 등을 적극적으로 추진하고자 했으나, 유형·무형의 장애요인
에 의해 결국 좌절되었으며, 3당 합당 이후는 개혁지향의 그 어떤 맹아마
저 찾아보기 힘들게 되었다. 특히 1988년 중반기 이후부터 가시화되는
정부의 정책노선은 다분히 이데올로기적인 색채를 띤 대결구도, 즉 안정
대 복지, 성장 대 분배는 경제위기 대 경기조정론 등의 구도 속에서 진행

---

9) 한국사회연구소, 『한국사회연감 1989』, 백산서당, 1990, 686쪽.
10) 유영을, 「재벌의 부동산투기」, ≪신동아≫ 1990. 6월호 참조.
11) 김석준, 앞의 책, 321쪽.
12) 앞의 책, 319쪽.

<표 1> 무신고 소득 측정에 의한 지하경제 규모 추이

(단위: 10억 원)

구분	1983	1984	1985	1986	1987	1988
총소비지출	46,580	50,464	56,011	61,402	68,342	77,861
고정자본의 증가	12,916	14,126	14,911	15,737	19,769	23,498
금융자산의 증가	-4,110	4,821	4,511	6,590	22,653	26,054
계	54,386	69,421	75,433	84,729	110,764	127,413
소득신고액	52,363	60,314	67,936	77,482	86,555	103,880
무신고소득(A)	2,023	9,104	7,497	7,247	24,209	23,534
개인부문 주식매매차익	-35	58	60	415	914	2,804
개인부문 주식매매차익을 제외한 무신고소득(B)	2,058	9,049	7,437	6,832	23,295	20,729
경상 GNP(C)	62,722	70,084	78,088	90,544	105,630	123,579
비율 A/C(%)	3.2	13.0	9.6	8.0	22.9	19.0
비율 B/C(%)	3.3	12.9	9.5	7.6	22.1	16.8

주: 1988년 소득신고액 중에는 추정치가 포함되어 있음. 무신고 소득=총소비지출+고정
　　자본 및 금융자산의 증가－신고소득(수입금액).
자료: 재무부 금융실명거래실시 준비단, 「우리나라 지하경제 현황」, 1990, ≪신동아≫
　　1990. 6월호, 330쪽에서 재인용.

되어 왔다. 1988년 초 신(新)내각이 대기업에 대한 출자, 여신규제를 강
화하고 공정거래의 원칙을 강조했으나 1989년 들어서는 가상적으로 규
정된 경제위기 상황을 전제로 경제민주화와 소득재분배에 유리한 조치는
대폭 후퇴하고 기업활동을 지원한다는 명분하에 대자본에 대한 규제조치
가 완화되며 재정·금융상의 지원도 확대된다.

　결과적으로 경제운용도 성장중심으로 바뀌어 기업 및 재벌에 대한 여
신규제의 대폭적 완화, 자금지원의 확대 등 대자본의 이익에 밀착된 성격
이 강하게 부각되는 반면, 반지배계급간의(특히 노동자, 농민과 화이트칼
라 계급간) 위화감과 갈등을 현재화시킬 수 있는 계급(계층)간 수혜의 차
별성을 주요 속성으로 하는 부분적인 분배정책이 시행되었다.

4. 민주화과정과 반지배계급의 성장

앞에서 6·29선언이 지배연합과 반지배연합간의 타협의 산물인 동시에

학생·노동자계급과 중간계급간의 연대의 결실이라고 논했다. 주로 절차와 제도의 측면을 강조한 대의제(부르주아, 시민, 자유) 민주주의의 성취를 요구하는 선에서는 강력한 연대를 이룰 수 있었던 이 반지배계급 연합은 노동자들의 요구가 지속적으로 거세어지면서 쟁의가 급증하는 7, 8월이 되면 특히 도시 중산층의 불만 및 견제심리가 작동하여 이들 계급의 연합을 토대로 전개되어 왔던 사회변혁에의 움직임은 둔화·희석된다.[13] 먼저 연도별 노동조합 수를 살펴보자.

<표 2>에서 보듯이 1986년 말 2천 6백 58개의 노동조합이 1990년 초에는 7천 8백 83개로 급증했음을 알 수 있다. 여기서 우리가 주목해야 할 특징은 대기업의 경우에는 몇몇 경우를 제외하고는 대부분이 1991년 7·8월에 설립되었으며 중소기업 노동조합도 많이 결성되었으나 1989년 1월 말 현재 3백 인 이상 대규모 사업장의 경우에는 72.9%, 중·소규모에서는 9.6%만이 노동조합을 조직하고 있다.[14] 또 한 가지 주요 특성은 기존의 노조를 거부하고 노조의 민주화를 강력히 요구했다는 점이다. 이들은 기존의 합법적인 노조체계와는 별개의 조직체계를 결성해야 할 필요

<표 2> 연도별 노동조합 수

	산업별	단위노조	신규결성
1986. 12	16	2,658	124
1987. 6	16	2,725	67
1987. 12	16	4,086	1,361
1988. 6	20	5,062	976
1988. 12	21	6,142	1,080
1989. 6	21	7,380	1,238
1989. 12	21	7,883	503

주: 대기업의 경우 삼성그룹, 1988년 7월 이전의 포항제철 등을 제외하고 1987년 7·8월 대투쟁 때 대부분 노조가 결성되었다. 이 표의 신규결성은 주로 중소기업 사업장이다. 영세기업은 지역노조이므로 통계상 1개로 나온다. 1989년 1월 말 현재 3백인 이상 대규모 사업장의 경우 72.9%가 중소규모에는 9.6%만이 노조가 설립되어 있다.
자료: 노동부.

---

13) 한지수, 「중간층의 성장과 정당정치변화」, ≪사상과 정책≫ 7권 2호, 1990. 여름호.
14) 앞의 글, 69쪽.

성을 절감하였으며, 그 결과 1989년 12월 14일 결성한 마창(마산, 창원) 노련을 시발로 조직된 지역별 노동조합협의회(지노협)은 1989년 말 현재 13개에 이르고 있다.[15)]

노동조합운동의 양적·질적 변화와 더불어 '화이트칼라' 노동조합운동 역시 괄목할 정도로 성장해 갔다. 1987년 7·8월 대파업 당시에도 운수업, 사무·서비스직 노동자의 투쟁이 택시 운전기사의 연대파업뿐만 아니라 지하철 노조결성, 노스웨스트 항공사의 파업, 병원노조의 결성과 파업 등으로 가시화되었다. 뿐만 아니라 전문, 연구, 기술직 노동자 등의 조직과 투쟁도 늘어나서 다수의 노동조합과 노조협의회가 결성되었다. 1987년 11월 27일 45개 노조의 1만 2천 명이 가입한 사무금융노련의 결성을 필두로 1987년 말 현재 11개의 업종별 협의체가 구성되어 있다.[16)] 11개의 업종별 협의회에는 단일업종의 협의회를 독자적 연맹으로 승격시키면서 노총 가입을 추진하는 병원노련과 연구·전문노련이 있고, 다음으로 노총과는 아무런 조직적 연계를 갖지 않는 언론노련과 합법성을 획득한 전국사무금융노련이 있다. 그리고 법외 조직으로 독자적인 연맹조직을 결성한 전국교직원노조가 있으며, 협의회 수준의 연대조직들로는 민주출판노협, 건설노협, 시설노협, 외국기업노협, 대학직원노협, 유통노협 등이 있다.[17)]

조직된 노동자로서의 노동조합원 수를 살펴보게 되면 1987년 초 1백 4만 명에서 1990년 초 1백 93만 명을 넘어서게 된다. 이 가운데서 사무전문직 조합원이 30여만 명임을 감안한다면 1백 60여만 명이 생산직 노동자인 셈이다. 1987년 초 이들 숫자가 85명이었고, 또한 생산직 노동자와 사무전문직 노동자의 총수가 비슷하다는 사실까지 고려한다면 이들 생산직 노동자들의 조직률이 상대적으로 높다는 것을 알 수 있다.[18)]

이상에서 살펴본 대로, 1987년 7·8월을 기점으로 한국의 노동조합은

---

15) 정영태, 「노동운동의 대두와 한국정치의 과제」, 한국정치학회 편, 『산업사회와 한국정치의 과제』, 1990, 189쪽.

16) 정영태, 앞의 글, 190쪽.

17) 한국기독교산업개발원, 『최근 노동운동의 동향과 노사관계의 연구』, 정감문화사, 1990, 136-137쪽; 정영태, 앞의 글, 190쪽에서 재인용.

18) 정회민, 「생산직 노동자의 변혁운동」, ≪새벽≫ 8호, 1990. 5. 15, 60쪽.

조직의 규모면에서는 가히 놀랄 정도로 급성장했다. 그러나 이러한 조직
적·외형적 성장이 반지배계급 연합을 더욱 결속·강화시켜서 일차적으로
합의한 정치적·절차적 민주주의의 틀 속에서 지속적으로 구조적 변혁을
구행해 나갈 수 있는지는 또 다른 차원의 문제이다. 이들 계급들은 1987
년을 경과하면서 공동의 이해관계를 바탕으로 정치적 민주주의의 성취라
는 목표에는 공감할 수 있었다. 그러나 이후 진행된 일련의 사건들은 반
지배연합내의 이해관계를 차별적으로 층화시키는 것으로 받아들여졌으
며, 특히 정부의 부분적이고 차별적인 수혜정책과 중간계급에 내재하고
있는 이질적인 속성과 유동성·가변성이 반지배연합의 분열을 조장하고
증폭시켰던 것으로 분석된다.

5. 한국사회의 사회변혁과 중간계급의 위상

여기에서 우리는 '개발독재(development dictatorship)'로 일컬어지는
유신통치 이후 현실적으로나 이론적으로 중요한 의미를 가져온 중간계급
의 성격과 위상에 대해 논의해 볼 필요성이 제기된다. 중간계급의 정치적
역할에 관해서는 각 나라마다 많은 논쟁을 일으켜 왔고, 한국에서도 중간
계급(중간계층)이 보수적이냐 진보적이냐 하는 논쟁은 많은 관심을 끌었
다.[19]

구해근 교수의 지적처럼 한국 중간계급(계층)의 보수·진보논쟁은 적절
한 경험적 자료 없이 주로 직관적인 관찰이나 설문지 조사를 통해 얻은
중산층의 피상적인 태도를 근거로 하여 행해졌기 때문에 크게 의미 있는
성과가 없다는 비판을 받을 소지는 있다.[20] 또한 중간계급은 다른 계급

---

19) 구해근, 「한국 중간계급 연구의 이론적·방법론적 문제점」, 『사회계층: 이론과
   실제』(선정 김채윤 교수 회갑기념 논문집), 다산출판사, 1991, 149쪽. 한상진 교
   수는 중간계층(중산층)의 진보적 역할을 지속적으로 강조하고 이를 '중민이론
   화'시켰다. 『민중의 사회과학적 인식』, 문학과 지성사, 1987; ≪신동아≫ 1989.
   4월호 특별기획, 「민중사회학 논쟁」, 그리고 최근 저작으로 『중민이론의 탐색』.
20) 구해근, 앞의 글, 149쪽.

즉 자본가계급이나 노동자계급에 비해서 중간계급이 훨씬 더 상황에 민감하고 유동적이라는 사실이다. 계급문제 그 자체는 구체적인 역사적 상황에서만 의미가 있는 것이고 어떤 역사적인 현실을 분석의 대상으로 삼느냐에 따라서 계급의 정의가 달라질 수밖에 없다는 일반론[21]의 논지가 여전히 중간계급 논의에 적용된다. 뿐만 아니라 계급관계에서 더 유동적이고 가변적인 속성을 고려한다면 구체적인 상황과 분리해서 중간계급의 성격을 추론하는 것은 적절하지 못하다. 중간계급의 성향은 정치적 국면에 따라서 쉽게 변할 수 있는 상황적·정황적(conjunctual) 성격을 보유하고 있다.

이런 관점에서 민주화 문제와 연관해서 중간계급의 정치적 역할은 중차대한 관심사가 아닐 수 없다. 앞에서 언급했듯이 민주화과정은 복잡다단한 단계를 내포하면서 몇 갈래의 정치적·사회적 변화를 수반하게 마련이다.[22] 중간계급은 상황의 변화와 설정되는 목표에 따라 성격과 위상을 달리하는 속성을 내포하고 있다. 따라서 1987년을 전후로 하여 성립될 수 있었던 반지배(계급)연합의 내적 토대는 그간 진행되어 온 민주화과정의 결과들이 반지배연합 내부에서도 상이하고 차등적으로 인식될 수도 있게 한다. 앞부분에서도 간략히 언급했듯이 정부의 차등적인 임금정책이 이러한 반지배연합내의 이반을 조장시키는 요인이 되며, 각기 다른 성향을 가진 이질적인 중간계급의 성격이 이런 경향을 더욱 증폭시킬 수 있는 것으로 보인다. 따라서 한국사회에서 진행되어 온 민주화과정하에서 그 성격이 내적으로 변모되는 반지배연합의 위상을 파악하기 위해서는 중간계급의 정치적 역할에 대한 이해가 선행되어야 한다.

한국현대사에서 중간계급 혹은 중산층의 정치적 역할은 박정희 주도의 3공화국 이후, 특히 유신체제 선포 이후의 보수적이고 수구적인 입장으로부터 1987년을 전후한 시기의 진보적이고 진취적인 역할에까지 진동해 왔다. 중간계급의 보수적인 성격을 논하는 학자들은 5·16 군사쿠데타를 거치면서 이 계급이 민주주의의 구축과 이를 통한 정치참여보다는 최

---

21) 앞의 글, 144쪽.
22) 앞의 글, 150쪽.

소한 자신들의 기득권이 상실되지 않는 정치적 조건을 유지시켜 주는 체제를 용인하였으며, 이런 정향이 유신체제의 성립을 가능케 했다고 분석한다.[23] 중산층은 오직 기존 질서가 정치 및 사회위기에 의해 위협되지 않는 평상시, 그리고 체제의 전환이 사회안정을 위협함이 없이도 가능하다는 전망을 가질 수 있는 평상시의 조건 아래서만 비로소 민주주의의 가치관을 지지할 뿐이며, 반대로 만일 정치적 전환과정에서 혼란이 일어나면 오히려 전체주의 체제가 강화되거나 복원되기를 희망한다는 것이다.[24] 왜냐하면 이 혼란이 중산층의 소미적 생활의 아늑함과 상대적으로 높은 소비수준을 누리게 할 기득권의 유지를 가능케 하는 성장을 둔화시키거나 좌절시키는, 즉 수출경제가 딛고 있는 지배적 사회관계를 위협할 수 있기 때문이다.[25]

중간계급 혹은 중산층의 보수성, 유동성, 가변성을 강조하는 선상에서 일반적인 논지를 견지해 온 서관모 교수는 중산층은 오늘날 "양대 기본계급의 헤게모니에 이끌리는 존재일 뿐 자신의 헤게모니를 상실했다고 관찰한다."[26] 부르주아와 프롤레타리아의 투쟁의 주요한 한 측면은 바로 이 중산층의 획득에 관한 것으로서, 이 계층(계급)은 양대계급의 획득대상에 불과할 뿐이다.

중산층은 한편에서 보면 '독점자본,' 그리고 제국주의에 억압·수탈당하는 존재이기 때문에 농민 반프롤레타리아와 함께 프롤레타리아의 동맹세력으로서의 지위를 갖지만 다른 한편에서 보면 부르주아가 위임한 제한된 권위를 행사하는 위치에 있기 때문에 계급적 관계의 변화에 따라 이 전선에서 쉽사리 이탈할 수 있는 동요세력이기도 하다는 것이다.[27] 1987년 전후의 민주화과정 속에서 보더라도 중산층은 6월 항쟁에도 적극 참여했지만 6·29선언 이후에는 노동자계급의 대두를 위협으로 받아들여

---

23) 최장집, 「해방 40년의 국가, 계급구조, 정치변화에 대한 서설」, 『한국현대사』
    (1), 열음사, 1985, 49-51쪽.
24) 앞의 글, 52쪽.
25) 앞의 글, 53쪽.
26) 서관모, 「중간계층의 구성과 민주변혁에서의 지위」, 『80년대 한국 인문사회과
    학의 현단계와 전망』, 역사비평사, 1988, 257쪽.
27) 앞의 글, 258쪽.

부르주아 진영으로 넘어갔다고 서 교수는 분석한다. 다시 말하면 도시의 중간계층들은 6월 투쟁을 통하여 얻은 양보의 틀내에 안주하고자 하였으며, 7~9월 노동자 투쟁에 대해서는 냉담하였던 것이다.[28] 따라서 중산층을 다시 획득할 수 있는 길은 '기층민중'이 강력한 비타협적 투쟁, 즉 이들이 독자적 조직화와 세력화를 통해서 '자유 부르주아'에 대항할 수 있는 헤게모니를 쟁취함으로써이다. "기층민중의 계급적 역량이 최대한 조직될 때, 운동의 독자성이 확보되고 운동지도세력이 바른 변혁노선을 갖추고 민주변혁 운동에 헌신할 때, 중간계층들은 민중진영에 획득된다"고 서관모 교수는 결론짓는다.[29]

한상진 교수는 중산층을 양대 계급에 의해 획득당하는 존재로 파악하는 '양극화 모델'에 대해 일관성 있게 비판을 제기하고, 이 모델과 대비되는 '중심화 변혁모델'과 중민이론을 주창·발전시켜 왔다. 한상진 교수에 의하면, 기존 변혁론의 최대의 이론적 문제점은 자본주의의 법칙성을 특권화시키려는 경향, 그리고 '근본모순'으로부터 '기본세력'을 도출하여 모든 변혁운동에 비차별적으로 적용하려는 경향에 있다.[30] 노동운동, 농민운동 등 개별운동의 수준에 관심을 고정시키는 것이 아니라 '민족적·민중적' 성격의 체제변혁에 관심을 갖는다면 이에 맞도록 변혁주체가 역시 보다 탄력 있게 복합적으로 구성해야 할 필요성이 있다고 주장하면서 한 교수는 변혁주체는 '구조'의 문제라기보다는 '행위'와 '행위자'의 문제이므로 무엇보다 갈등의 사회적 조건 또는 실천적 잠재력의 분포를 경험, 과학적으로 분석해내야 한다고 논한다.[31]

한 교수는 지금까지는 주로 '기층민중'을 중심으로 민중을 논하고 민중운동을 이끌어왔기 때문에 변혁운동의 중요한 통합 상징이라고 할 수 있는 민중의 개념이 탄력성을 잃고 지나치게 한쪽 방향으로 굳어져 계급화되는 추세를 보였다고 비판하고 있다. 양극화 변혁모델에서 강조되는 '헤게모니'도 어느 한 계급이 다른 계급에 대해 행사하는 것이 아니라

---

28) 앞의 글, 258쪽.
29) 앞의 글, 264쪽.
30) 한상진, 『중민이론의 탐색』, 문학과 지성사, 1991, 138쪽.
31) 앞의 책, 138쪽.

'기층민중'과 '중민'이 유기적으로 결합하여 민주화와 사회변혁을 저해하는 세력들에게 행사해야 할 성격의 것이라고 인식된다. 따라서 주도권의 문제는 '기층민중'과 '중민'이 변혁과정에서 어떤 역할로 상호 결합할 것인가의 보다 구체적이고 생산적인 문제로 제기되어야 한다는 것이 한상진 교수의 기본 전제이다.[32]

이상과 같은 문제제기를 중심으로 한상진 교수의 주요 논지는 다음과 같이 정리될 수 있을 것이다. 즉 양극화 변혁모델은 양대 계급 중심의 일방적 폐쇄성으로 인해 변혁투쟁의 입체적인 구도와 비계급적 부분들간의 통합적인 성격을 경시하게 된다는 것이다. 의회민주주의를 통한 제도 안의 개혁과 제도권 밖의 변혁운동간의 역할분화를 인정하고 민중의 실질적인 참여를 보장하는 좀더 진보적인 민주주의의 원칙에 입각하여 이들을 상호보완적인 관계로 묶는 데 일차적인 관심을 갖는다. 체제개혁 노선과 탈계급적 연대 모델을 지향하면서 민주화의 내실과 내포의 확장·확대의 방향에서 다양한 세력, 즉 중민세력의 역할 소화와 연대 제휴를 통한 사회변혁 노선이[33] 한상진 교수의 중심화 변혁모델 혹은 중민노선의 핵심이라 할 수 있을 것이다.

6. 한국사회의 민주화과정 반지배연합

1987년을 전후하여 한국사회는 민주화의 변혁 물결로 본격적인 돌입하는 듯했다. 한국현대사 중에서 중첩되어 축적되어 온 사회적 모순들이 지양·해결될 수 있는 계기[34]가 빈번히 갖가지 경로로 무산·희석되어 왔음을 떠올려 본다면, 1987년의 민주화투쟁이 갖는 중요성은 아무리 강조

---

32) 앞의 책, 141쪽.

33) 앞의 책, 143-194쪽.

34) 진덕규 교수는 좌우대립과 남북분단의 비극을 잉태했던 해방 직후의 정치적 혼돈, 한국전쟁의 위기적 상황에서 이승만이 정권장악을 지속화하려 했던 부산의 정치파동, 4월혁명 후의 정치적 상황, 1980년의 정치적 상황을 열거하면서 바로 이러한 갈림길의 또다른 문턱이 1987년, 1988년이라고 보았다. 「중산층의 보수화가 문제」, ≪월간조선≫ 1987. 2월호, 114쪽.

해도 지나치지 않을 것이다.

이러한 한국사회변혁의 주요 계기를 내재한 1987년 이후의 민주화과정을 연구대상으로 설정하여, 이 과정의 내용과 성격을 일차적으로 분석하고, 다음으로 민주화과정 속에서 급속한 성장을 보여준 (블루칼라) 노동자계급과 화이트칼라 노동자계급 조직들의 변모를 살펴보았다. 이 글의 중심주체인 반지배연합의 성립과 앞의 제약요인에 관한 논고는 결국 이 민주화과정의 구체적인 내용을 보다 진보적인 색채로 만들고 사회적·경제적 민주화의 방향으로 견인할 수 있는가를 결정하는 데 지대한 영향을 미친다는 점에서 중대한 의미를 함축하는 바, 이를 위해서는 한국사회에서 중간계급 혹은 중산층의 정치적 역할에 관한 논의가 필수적이었다.

이상과 같은 앞의 논의를 바탕으로, 이 부분에서는 한국사회에서의 민주화과정, 이를 보다 진보적인 방향에서 심화·확장시킬 수 있는 관건으로써 반지배연합에 대해 논의해 보고자 한다. 지배연합에 대립되는 반지배연합은 정태적인 관점에서 비춰진 역학관계상 시대와 상황의 변화에 크게 제약되지 않고서 설정될 수 있다. 앞에서 논의한 바 있는 한상진 교수는 '권력연합'과의 대립구도 속에서 '민중연합'을 논하고 있다. 한상진 교수는 정치적 전환기를 맞이하여 중산층이 '민중연합'의 유기적 일부로 변할 것이냐 아니면 '권력연합'의 동맹세력으로 남아 있게 될 것이냐 하는 문제가 날카롭게 제기되었다고 파악했다.[35]

한국사회의 중산층은 1986년 현재 도시기구의 35% 정도이면서 신중간계급의 70%, 구중간계급의 약 40%, 노동자계급의 약 20%를 포함하고 있고, 이에 반해 하류층은 각각의 30%, 60%, 80%를 차지하고 있다고 한 교수는 분석한다.[36] 귀속의식을 중심으로 분석한 글에서 한 교수는 '중민' 유형을 독립시킴으로써 민중 귀속과 중산층 귀속의 성격이 현저히 대조되고, 순수한 중산층만이 보수적이며, 그 밖의 계층들은 진보적인 세력으로 구성될 수 있다고 결론지었다.[37]

한국사회의 변혁과 중산층의 역할에 관한 한 한상진 교수는 개념의 엄

---

35) 한상진, 앞의 책, 64쪽.
36) 앞의 책, 64쪽.
37) 앞의 책, 92-93쪽.

<그림 1> 계급·계층·민중의 개념적 관계

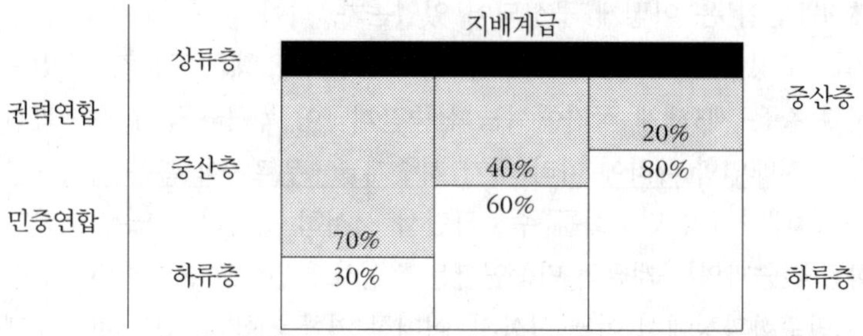

자료: 한상진, 「중반개념의 모색 ─ '민중'과 '중산층' 귀속의식 연구에 기초하여」,
『중민이론의 탐색』, 65쪽.

밀화, 새로운 개념화의 지속적인 발전 등을 통하여 분명 중산층 논의의 주요한 토대를 구축해 왔으며, 최근에는 개념화와 이론화를 뒷받침하기 위한 경험적·실증적 연구들을 통하여 공헌해 왔다.[38] 한상진 교수의 이론적 논의와 공헌에 관한 논쟁에서 제기되었듯이, 한상진 교수의 견해는 그러나 엄밀한 의미에서 현실에 관한 과학적 자료의 분석에 근거한다기보다는 의식이나 비전, 가능성과 당위에 더욱 치중하는 듯하며 다소 추론적이고 추상적인 색채를 띠고 있다는 인상을 받는다. 우리사회가 어떻게 바람직한 사회변혁을 성취할 수 있고, 이를 위해서는 어떤 식의 변혁모델이 적합한가라는 의문을 제기한다면 한 교수의 '중심화·변혁모델'과 '중민노선'은 충분한 설득력을 가진다. 그러나 한국사회가 실제 경험해 온 변동과정과 그 속에서 엮어진 각 계층·계급들의 성격과 정향, 그리고 이들 상호간의 역학관계에 대한 이해가 민중, 혹은 중민이라는 개념에 대한 규범적인 인식과는 항상 조화되지는 않으며, 오히려 여기에 혼돈과 곡해를 안겨줄 소지도 있다.[39]

민주주의를 향한 다양한 경로를 분석하는 과정에서 성경륭 교수는 어떤 사회계급이 정치민주화를 주도했는가, 이 계급은 어떤 계급과 '도전연

---

38) 이 글에서 인용한 『중민이론의 탐색』과 87년도에 발간된 『민중의 사회과학적 인 시』(문학과 지성사)가 그 대표적인 결실이다.

39) 민중개념과 민중의식의 인식에 대한 규범적이고 극단주의적 이해의 문제점에 대해서는 이 책에 실린 백종국 박사의 논문을 참조.

합(Challenging coalition)'을 형성했는가, 이 도전연합의 공격대상이 되었던 '지배연합'은 어떻게 구성되어 있었는가, 나아가 정치민주화의 주요 계기는 무엇이었는가 등의 기준에 따라 민주화 유형을 구분하고 있다.[40] 한국과 같은 제3세계 국가에서는 신중간계급이 폭력과 경제력을 독점한 권위적 지배연합(나라에 따라 국가 지주계급—부르주아 혹은 국가—부르주아)에 대항하여 민주화를 주도하면서 서서히 성장하는 노동계급과 미분화된 민중과의 다계급적 민중연합을 형성하게 된다고 본다.[41] 이 민중연합이 민주화과정에서 어느 선까지, 어떠한 역할을 할 수 있는지에 대해서 성경륭 교수는 다음과 같이 정리하고 있다.

> 신중간계급의 주도로 민중연합이 구성될 때 노동계급 중 조직노동자가 상당한 비중으로 참여해야만 이 도전연합에 의한 민주화의 성공 가능성이 높을 것이라는 점이다. 그 이유는 만약 노동계급의 조직화 수준이 낮고 또 권위주의적 지배연합에 의한 억압적 지배에 노동계급이 침묵한다면 비록 지식인, 정치인, 종교인, 학생 등에 의한 민주화운동이 강하게 진행된다 하더라도 이 운동은 자본주의적 생산과정에 아무런 효과적인 혼란을 조성하지 못하기 때문이다.[42]

그리하여 지배연합은 독점적 강제력을 이 신중간계급 중심의 운동세력에 효과적으로 집중시킬 수 있고 동시에 이 계급과 민중과의 연계를 적절히 차단하여 강력한 도전연합의 형성을 저지할 수 있게 된다. 그 반대의 경우, 노동계급의 상당한 조직화와 그 결과 강력한 도전연합이 형성된다면, 지배연합은 축적의 위기와 동시에 계급지배의 위기를 초래할 수 있기 때문에 민주적 개방 아니면 파시스트적 억압을 선택해야만 하며, 도전연합이 강력하면 강력할수록 억압의 비용이 '관용의 비용'을 상회할 것이기 때문에 민주적 개방이 이루어진다고 분석된다.[43]

민주주의에 이르는 다양한 경로를 '민중연합'(지배연합)의 성격뿐만 아

---

40) 성경륭, 「자본주의와 민주주의의 변증법적 관계—자본주의 체제의 변혁가능성 모색」, ≪사회비평≫ 제6호, 1991. 12, 141쪽.
41) 앞의 글, 48쪽.
42) 앞의 글, 149쪽.
43) 앞의 글, 149쪽.

니라 지배연합과의 역학관계, 그리고 민중연합 내부의 역학관계와 연합
관계 등에 의해 비교적 포괄적으로 분석한 성 교수의 글은 여러 가지 점
에서 신선하고 유의미한 관점을 제시해 주고 있다. 그러나 민주화과정에
서 신중간계급 주도의 도전연합이 어떻게 노동자계급 주도의 사회변혁운
동으로 이행하는지에 대해서 엄밀한 설명이 결여된 채, 노동자계급이 제
한적 민주주의 체제를 보다 완전한 민주주의 체제로 바꾸며 나아가 자본
주의를 변혁시킬 수 있는 가능성은 무엇보다도 노동자계급이 자신의 각
종 권력자원을 어느 정도 동원할 수 있느냐에 달려 있다고 주장하기에 이
른다.44) 결국 노동자계급이 어느 정도의 조직화를 이루고 상황에 따라 가
변적인 태도를 보여온 신중간계급과 어떻게 계급연합을 이루며 산업노동
자와 화이트칼라 노동자를 동시에 포괄할 수 있는 전국적 단일조직을 건
설할 수 있느냐가 민주화의 성취·완성의 핵심적 관건이라는 결론은 변화
의 과정과 동력에 대한 중요하고 필수적인 설명은 간과하는 것 같다.45)
앞에서 지적한 대로 신중간계급 주도의 도전연합이 민주화의 물꼬를 텄
다면 노동자계급 주도의 민중연합이 그 내용을 보다 심화시킬 수 있다는
다소 추상적인 논지를 검토해 보기 위해서 우리는 현실적으로는 복합적
인 민주화과정을 구분해 볼 필요성을 느끼게 된다. 왜냐하면 권위주의 정
치체제하에서는 정치권력의 남용이 시민적 자유의 제한과 경제적 불평등
을 야기하는 것으로 가정되나, 일정 정도의 자유화(민주화의 전초기 혹은
전반기)가 진행되면 이 단계까지의 민주화를 지속·진척시키는 데 필수적
이었던 사회적 합의 기반, 특히 반지배연합의 결성 및 공고화를 제약·저
해하는 요인들이 가시화되기 때문이다.46)

　　따라서 편의상 구분되는 민주화의 제1기, 즉 정치적 민주화의 단계에
서는 탈권위주의라는 기치에 동의하면서 구축되는 반지배연합이 대부분
의 경우 내부의 균열과 갈등을 겪으면서 이완되는 지배연합에 대해 강력
한 요구를 제기함으로써 상호간에 성립되는 타협이 민주화 이행의 계기

---

44) 앞의 글, 164쪽.
45) 앞의 글, 164쪽.
46) 이행, 「토지공개념제의 정치경제: 민주화, 국가·사유재산」, ≪한국과 국제정치≫
　　7권 3호, 1992. 봄·여름호 참조.

로 연결된다. 그러나 민주화의 제2기, 즉 사회적·경제적 민주화과정으로 연계되면, 그 성격이 계급적·갈등적·차별적인 것으로 변모하게 된다. 이 과정에서 지배연합은 지배연합대로, 반지배연합은 반지배연합대로 각각 갈등을 겪게 된다. 이 과정에서 새로 성립된 지배연합은 급증하는 사회적 요구를 수용하여야만 하는 필요성 때문에 생기는 정책결정의 정치화 및 과부화(overload), 그리고 갈등적 사회이익이 정책결정과정에 침투함으로써 유발되는 정책결정의 파편화(fragmentation) 현상을 겪게 된다.[47]

다른 한편으로 지배연합 자체내의 갈등과 분열을 차등적이고 차별적인 정책과 전력을 통해 상쇄하고자 반지배연합 내부의 분산과 이반을 목표로 하는 지배연합에 의해 반지배연합은 정체하게 된다. 많은 경우, 이 지배연합은 반지배연합내에서도 그 구성과 조직에 있어 상대적으로 이반되기 쉬운 중간계급 혹은 중산층을 집중적으로 견인·포섭하려고 한다. 민주화과정의 전개와 시기적으로 거의 일치해 온 6공화국 정부는 밑으로부터 지속적으로 분출되는 사회의 총체적인 요구를 억제하고 공세적인 국면으로 전환시키기 위해 가상적인 대립구도를 번번히 설정해 왔다. 경제적인 측면에서 성장 대 분배, 안정 대 복지, 경제위기론 대 경기조정론 등의 대결구도를 강조하는가 하면, 보다 근원적인 언술(discourse) 구조에서는 보수 대 혁신의 대결이라는 구도 속에서 현현된 정치적 균열과 신념 및 가치의 체계를 양분하고자 해왔다.[48] 이 구도 속에서 "중산층은 이들 자신이 보수적 이스태브리시먼트의 한 부분으로서 부르주아와 지배적 이념, 생활양식, 에토스를 공유하면서, 구조적 변혁에 저항하고 현상유지 민주주의를 지향한다는 사실"이 강조된다.[49] 중산계급이란 위험한 노동자계급의 이미지에 대비되는, 그리고 이들이 일으킬지도 모를 혁명 또는 잠재적인 혁명에 대한 해독제 역할을 해줄 수 있는 사회집단으로 치부된다. 실제로 정

---

47) 앞의 글.
48) 최장집, 「6공 보수주의에 대한 하나의 비판」, 계간 ≪사상≫ 1990. 가을호, 254쪽. 그리고 보다 일반적인 차원에서의 사회구성체나 언술분석에 관한 글로는 한상진, 「사회구성체의 논리와 계급문제: 다원주의의 복원을 위하여」, 『사회계층 이론과 실제』(선정 김채윤 교수 회갑기념 논문집), 80-84쪽.
49) 최장집, 앞의 글, 265쪽.

치적 태도에서나 사회·경제적 지위에서나 지위상승과 하강이 동시에 크게 열려 있는, 부동하는 중간층은 부르주아계급과 더불어 변혁 요구에 대한 거부감과 불만감을 무의식으로든 의식으로든 내면화하게 된다.

민주화과정의 제2기는 사회구조의 격변으로 인한 계급적 요구의 분출과 중첩적으로 결합될 수밖에 없기 때문에 6공화국에서 이루어진 민주적 개방 역시 계급의 위계구조에 따라, 정치의 층위에 따라 분명하게 차별적으로 이루어지고 있다는 사실은 반드시 강조되어야 한다. 이런 맥락에서 분열 조짐을 보이던 당시 지배연합이 6·29선언을 통해 제한적인 경쟁성을 수용하는 정치적 양보를 행한 것은 지극히 효과적인 권력유지책이었다고 풀이된다. 이는 무엇보다 정치적 개방을 겨냥하여 투쟁대열에 뛰어들었던 일반 시민이나 기성 야권 정치인도 어느 정도 만족시킴으로써 이질적이고 복합적인 민주화 세력을 분열시키는 데 성공적이었기 때문이다. 사실상 6·29선언과 그 직후 벌어지는 일련의 정치경제적 양보는 변혁세력 중 급진적 부문을 고립시켜 주면서 구체제의 신지배세력(연합)에게 정치적 주도권을 다시금 되돌려주는 결과를 낳았다.[50]

결과적으로 두 단계로 구성되는 민주화과정을 경험하면서 지배연합은 내부의 균열·분열의 여지를 극소화하고, 반지배연합에 대한 차별적인 전략과 정책을 수행하는 데 있어 효율성을 극대화함으로써 민주화 물결의 주도권을 장악하는 데 성공적이었던 것으로 보인다. 이에 반해 반지배연합은 민주화과정 초기에 획득했던 조직적·정향적 우세를 지배연합이 전열을 갖추면서 퍼부어대는 이데올로기적·언술적 공세 속에서 계속 지키지 못하고, 또 내부 구성상의 제약으로 인해 점점 더 갈등적인 면면을 드러내게 되었다. 특히 중간계급이 포섭되는 과정에서 적절하게 작동하는 지배연합의 차별적 전략·정책으로 인한 반지배연합의 와해국면은 민주화과정의 주요 내용을 보다 진보적인 방향에서 사회적·경제적 민주화의 심화로 견인해 내는 강력한, 최소한 견제력 있는 세력(a balancing partner)이 되게 하지 못했다.

---

50) 임현진·김병국, 「노동의 좌절, 배반된 민주화: 국가·자본·노동관계의 한국적 현실」, 계간 ≪사상≫ 1991. 겨울호, 161-162쪽.

7. 결론을 대신하여
정치적 민주화의 사회적·경제적 민주화로의 심화, 이의 필요조건으로서 반지배연합의 강화

최근 우리사회가 경험해 온 권위주의로부터의 이행은 그 이전 단계에서 제대로 파악되고 제기되지 못했던 문제들을 노정시켜 왔다. 다시 말하자면 민주화가 진행되는 과정 속에서 배태되어 온 그 성격의 변질, 이와 연관되는 지배연합과 반지배연합, 그리고 그 상호관계의 역동적인 변화의 추세는 권위주의로부터의 이행이 과연 어떤 형태의 모습으로 정착할지에 대해서는 별 단초를 제공해 주지 않는다. 이 글에서 제시했듯이, 탈권위주의 과정으로서의 민주화가 절차적인 정치적 민주화에서는 분명 일정한 결실들을 양산해 냈지만 사회경제적 평등성이라는 측면에서는 의미있는 진전을 가져오지는 못했다고 보인다.[51]

이 현상에 대해서는 상이한 해석이 가능하겠지만,[52] 헤게모니의 역학관계에 의해서도 어느 정도 설명될 수 있다는 것이 이 글의 논지 중의 하나였다. 즉 지배연합내의 갈등과 균열 조짐, 그리고 몇몇 사건을 중심으로 견고하게 공고화된 반지배연합의 성립이 6·29선언의 토대가 되었다면, 그 이후 전개되어 온 민주화과정 속에서 발견되는 정치적 민주화의 부분적 성취와 사회적·경제적 민주화의 정체 혹은 퇴조는 6공화국하에서 재정비되고 강화된 지배연합과 이에 견주어 볼 때 심각할 정도의 갈등을 보이는 반지배연합의 전력 약화에 그 원인이 있다고 분석된다. 따라서 민주화가 사회적·경제적 부문에까지 심화되고 진보적인 방향에서 그 내용을 담보해 내기 위한 현실적이고 구체적인 토대는 반지배연합의 지속적인

---

51) 경제민주화의 지표와 분석에 대해서는 정운찬, 「경제민주화, 잘 돼가고 있는가」, 계간 ≪사상≫ 1990. 가을호, 6공화국하의 변화에 대한 간략한 정리는 김진균, 「남한의 독재정권과 독점재벌의 구조적 성격」, ≪역사비평≫ 1989. 봄호, 17-20쪽, 사회운동의 변화에 대해서는 이종오, 「사회변혁운동과 정치세력화─ 변혁운동의 전환기로서의 90년」, ≪경제와사회≫ 6호, 1990. 여름호, 7-17쪽; 국가와 재벌간의 변모에 대해서는 Enn Mee Kim, "From Domiance to Symbiosis: State and Chaebol in Korea," *Paufic Focus* III, 2(Fall), 1988, pp. 105-111. 군부의 위상에 대해서는 이 책의 11장을 보시오.

52) 이 책의 1장을 참조하시오.

공고화와 결집으로부터 구해져야 할 것이다. 그러나 앞서 살펴본 대로 민주화의 전개과정은 많은 경우 지배연합세력의 공고화는 조화롭지만, 반지배연합 세력에게는 여러 가지 불리한 여건을 배양해 온 것도 사실이다.

1987년을 통해 형성·발전되어 온 반지배계급들의 연합·동맹이 민주화의 사회적·경제적인 내용들의 생성·담보를 위한 세력으로서 유지·확장되기 위해서는 많은 제약요인들이 존재한다는 점이 인정되어야 할 것이다. 여기서 먼저 고려되어야 할 사안이 중간계급의 성격에 관한 것으로서 앞부분에서 이미 논한 바 있다. 이질성과 유동성을 주요 속성으로 하는 이 계급의 역할을 도식적으로 과소평가해서도 안되겠지만 사회적·경제적 민주화를 주도할 수 있는 세력으로 인정하기에는 뚜렷한 한계가 있다.

중간계급, 특히 프티부르주아의 정치적 성향은 사회구조내의 위치나 다른 계급과의 관계뿐만 아니라 자본가와 노동자계급 사이의 정치적·조직적 역학관계에 의해서도 크게 진동한다. 이 과정에서는 실제로 어느 계급 혹은 세력이 헤게모니를 장악하느냐도 중요한 문제이긴 하지만 상황이 어느 쪽에 더 유리하게 전개되어 가고 있느냐에 대한 주관적 판단이 더 큰 비중을 가질 수 있다. 바로 이런 이유 때문에 중간계급의 포섭·견인책으로 대중매체를 통한 선전·선동, 그리고 이데올로기적 공세—예를 들어 보혁대결구조, 경제조정론 및 복지·분배정책에 대한 공세—와 이른바 말하는 언술구조를 통한 지속적인 헤게모니 장악 등이 종종 효율적으로 작동하게 됨을 목격한다.[53] 한국적 상황에서는 신중간계급(계급)으로 분류되는 세력들이 역사적 고비마다 주도적이고 중요한 역할을 수행해 왔지만, 내적 이질성과 차별성, 강화되는 지배연합의 이데올로기적 선전공세 그리고 사회경제적 형평이 별반 개선되지 않고 복지의 혜택이 더더욱 차별화·차등화되는 상황 속에서 민주화의 내용을 진보적으로 견인해 내는 데 주도적인 역할을 수행하기에는 많은 벽이 존재하는 것 같다.[54]

---

53) James Petras, "Reflection on the Chilean Emperience: The Petty Bourgeois and the Working Class," *Critical Perspective on Imperialism and Social Class in the Third World*, New York: Monthly Review Press, 1978, p.209.
54) 한완상 교수는 중간제계급의 정치의식을 실증적으로 분석한 글에서 "국민 저항권과 통일문제를 제외한다면 중간계층과 노동자층간의 차이보다 중간계층내

반지배연합의 구축과 공고화를 논의하는 자리에서 먼저 살펴보게 된 연합주도세력으로서 중간계급의 내·외적 한계와 제약의 반대축에 노동자계급의 역량과 헤게모니에 대한 평가에 관한 부분이 위치한다. 한국의 사회변혁에 관하여 이 계급이 발휘할 수 있거나 잠재적으로 보유하는 역량의 가능성에 관한 것이 아니라 반지배연합의 유지와 강화의 측면에서 담당·수행할 수 있는 역량의 측면에서 볼 때, 과연 이 계급을 어떻게 평가할 수 있는가라는 문제가 제기되는 것이다. 다른 무엇보다도 노동자의 계

의 차이가 더 두드러질 뿐 아니라 그 내부적 차이가 결코 단순하지 않다"는 사실을 강조하고 있다. 이어서 그는 "한국에서 산업화가 계속 진전되고, 자본주의가 더욱 발전하게 됨에 따라, 신중간계층도 계속 증가할 것으로 내다본다면, 신중간계층보다는 확실하게 덜 성장하고 있는 구중간계층과 상대적으로 더 빨리 성장하는 신중간계층간의 정치의식의 차이는 적어도 변혁과 안정, 그리고 진보와 보수라는 문제를 중심으로 더욱 커질 가능성이 있을 것 같다"고 관측한다. 「한국 중간제계층의 정치의식」, 계간 ≪사상≫ 1991. 겨울호, 217-220쪽. 물론 이 글에서 한완상 교수는 상위 신중간계층과 구중간계층의 보수화, 심지어 1990년 12월 현재 시점에서 노동자들의 약간의 보수화 현상에 대비되는 신중간계층의 변혁지향성의 유지를 인정하고 높이 평가하고 있다. 시기적으로 이보다 앞서 김성국 교수는 흥미있는 논지를 제기한 바 있다. 그에 의하면 "중간계급의 확대가 보편적인 현상으로 받아들여지고 있는 역사적 사실을 감안해 볼 때, 중간계급의 소멸론을 주장하거나 보수성을 선험적으로 규정하는 일부 민중론자의 주장도 오류라고 논한다." 한국사회에서는 본격적인 자본주의적 산업화가 불과 30여 년 동안에 급격하게 이룩된 것이기 때문에 중산층이나 노동자계급이나 하나의 사회적 세력으로서 독자적인 헤게모니를 갖지 못하고 있다고 김 교수는 본다. 따라서 현재로서는 노동자와 중산층 양자의 관계가 매우 유동적이어서 상호 공론 혹은 연대의 가능성과 상호 이질화 내지 대립화의 경향이 동시적으로 존재한다고 진단한다. 김성국 교수는 민중의 중산층화와 중산층의 민중화라는 방식을 통한 한국사회의 중산층화의 방식으로 한국사회가 계급적으로 양분되어 적대적으로 갈등하는 것을 사전에 방지해야 한다고 결론짓는다. 그 근거로 중산층의 양적·질적 확대가 없는 자본주의사회는 제대로 안정을 유지하지 못할 것이나 중산층 사회는 갈등 속에서도 균형을 유지하며 자본주의의 모순을 점진적으로 제거해 나갈 수 있을 것이라는 관측을 들고 있다. 「민중의 중산층화 혹은 중산층의 민중화—중산층 사회론을 모색하며」, ≪사회비평≫ 창간호, 80-91쪽. 김 교수의 이 글은 규범적인 가정에서 한상진 교수의 논지와 일맥상통한 것 같다. 따라서 한상진 교수에 대한 비판이 여기서도 부분적으로 유효할 것 같다. 즉 우리 사회가 어떻게 되어야 바람직할 것인가에 대한 문제제기와 방향제시로는 유의미하지만, 구체적인 분석으로서는 한국이나 제3세계의 현실과 역사와는 독립된 다소 낙관적이고 추상적인 것으로 보인다.

급적 관계와 위상 그 자체가 변혁운동의 주체로의 형성을 보장하지는 못했다는 점을 일단 인식할 필요가 있다.[55] 따라서 이들 계급이 현실 속에서 접하게 되는 경제적 이해관계를 쉽게 극복하여 민주화 진행과정의 차별적 결과들에 초연하게 역할을 이행할 수 있다는 가정은 지나치게 낙관적이다. 이들 계급은 자신이 근원적으로 맞닿아 있는 자본주의 체제의 모순의 중첩구조 속에서 장기적인 전망에서는 일관적일 수 있는 변혁적 역할을 고수할지는 모르지만 단기적인 단계에서는 분명 중간계급이 처한 여건보다 훨씬 더 열악한 조건에서 진동할 수 있다. 그러나 역설적으로 바로 이런 현실이 절차를 우선 과제로 하는 정치적 민주화가 사회적·경제적 민주화로 이행·심화되는 데에는 적절하고 유의미한 토대로 작동할 수 있다.

왜냐하면 정치적 민주주의의 틀 속에서 근본적인 사회·경제적 구조의 온존과 사회·경제적 민주화의 진보적 변혁을 동결시키려는 시도의 가장 큰 피해자가 이들 노동자계급이기 때문이다. 따라서 민주화과정의 제2기, 즉 사회적·경제적 민주화로 진입하는 과정에서 중간계급이 이들 계급에 비해서는 한결 느긋한 자세를 취하거나 심지어 지배연합으로의 편입을 통해서 역공세의 입장이 될 수도 있는 반면에, 노동자계급은 이전 단계에서 반지배연합을 통해 성취·획득한 정치적 민주주의의 틀과 열매들을 과소평가하거나 폐기하는 것이 아니라 (부르주아) 민주적 가치와 진보적 민주주의를 통하여[56] 반지배연합을 유지·강화시키는 원칙을 견지한다면 사회적·경제적 민주화로의 심화를 추진해 내는 데 결정적인 역할을 수행해갈 수 있을 것이다.[57]

---

55) 김동춘, 「남한 사회변혁 운동론 연구의 제문제」, ≪역사비평≫ 1989. 봄호, 42쪽.
56) 최장집, 「가능의 정치로서의 해방후사연구: 서중석의 한국 현대 민족운동연구 ―해방 후 민족국가 건설운동과 통일전선에 대한 비판적 검토」, ≪역사비평≫ 1991. 가을호, 318-320쪽.
57) 부르주아 민주주의의 심화와 사회변혁과의 연관성에 대해서는 1장을 참조하시오.

▌ 제3장 ▐

한국 민주화과정하의 계급갈등과
경제적 민주주의

1. 문제의 배경

오늘의 분단시대를 살아가는 우리는 엄청난 변화의 물결 속에 놓여 있다. 다른 무엇보다 이미 오래 전부터 진행되어 온 중국의 개혁, 소련의 페레스트로이카와 글라스노스트, 그리고 최근 급격하게 추동된 동구 공산권 국가들의 심대한 변화 등은 아직 크게 달라지지 않은 냉전과 분단의 틀 속에서 살아가는 우리에게 복합적인 혼돈을 주고 있다.[1] 이와 연관된 논의를 새삼 재론하고 싶지는 않다. 단지 사회주의권의 변화를 사회주의 체제의 종식과 패배로, 그 연장선 위에서 기존 자본주의 체제의 반대급부적인 정당성의 근거로 삼으려는 논리구조는 자본주의 체제, 즉 소위 자유민주주의 체제의 모순을 수정·발전시킬 수 있는 계기를 스스로 방기하여 그 모순을 더욱 악화시킬 수 있다는 점만 언급하고 싶다.

이런 심대한 세계사적 지각의 변동은 그 시점에 있어서 한국사회의 민주화의 추진·진행과정과 엄밀하지는 않지만 거의 일치하여 왔다. 물론 중국의 (경제적) 개혁은 이미 70년대 중반부터, 소련의 페레스트로이카도 80년대 초반에 거센 흐름으로 나타났으나, 우리에게 본격적으로 알려지

---

1) 송두율, 「페레스트로이카·개혁·주체: 소련·중국·북한의 사회주의 비교 교찰」, 《사회와 사상》 89년 7월호.

고 중대한 문제로 제기된 것은 1987년 6월 민주화투쟁 이후의 일이었던 것이다. 한꺼번에 떠올리기도 벅찬, 그야말로 복잡다단한 우여곡절의 과정을 거치면서 고질적인 한국 정치토양은 별다른 쇄신이나 변화 없이 현재 광역의회선거에서의 민자당의 압승으로 끝나 있다.

이 과정의 성격 역시 복합적이지만, 주된 특징은 사회주의권의 대변화와 연계된 자본주의 체제 대안의 소멸, 그리고 변혁의지 및 주체의 희석화·약화를 들 수 있을 것이다. 간략히 말해서, 대안이 부재한 상황에서의 비판이란 지극히 소극적이고 추상적인 성격을 띨 수밖에 없으며, 따라서 일반 대중에 대한 설득력이나 그들의 대응 역시 이제는 미흡하고 회의적이 되었다.

2. 문제제기

사회변혁의 관점으로 보면 아주 부정적인 국내외적인 조건들이 혼재·합세하여 자본주의(자유민주주의) 체제하의 정치·경제의 구조적 모순들을 제기하고 지양하려는 노력들에 다소 경직된 벽을 쌓아올리고 있는 듯이 보인다. 자기혁신(a self-innovation)에 둔한하거나, 그것을 송두리째 부정할 때, 어떤 체제건 발전은 차치하고, 유지마저 지난했음을 지금까지의 역사는 입증해 왔다.

소위 6·29선언을 기점으로 민주화의 물결 속에서 태동하고, 이 선언의 완성을 정권의 정당성과 일치시켜 온 제6공화국은 한국의 정치·경제 발전과 민주화과정에서 어떠한 위상과 의미를 부여받을 수 있을 것인가? 결론부터 얘기하자면, 제6공화국하의 정치·경제 발전과정, 달리 표현하면 민주화과정은 한국사회에서 자유민주주의(자본주의적 민주주의) 체제의 한계점과 가능성에 대한 가늠선을 어떻게 그을 것인지를 예증하는 과정이었다. 1987년 6월 민주화투쟁과 6·29선언 이후 한국사회에서의 민주화는 그 성격과 범위 등 중요한 측면에 있어서 정치적·절차적 민주주의의 이행과정이었으며, 바로 이러한 정치적·절차적 민주화로서의 특질은 6·29선언의 내용에서도 명확하게 드러난다.

그럼 한국사회에서 민주화는 완성되었는가? 만약 정치적·절차적 민주주의가 어느 정도 그 성과를 거두었다고 가정한다면, 과연 이 틀 내에서 실질적 민주주의[대중의 참여와 경제적 생존권과 사회복지의 문제가 강조되며 따라서 절차적·형식적 민주주의 이행과정과는 달리 (계급)갈등적인 요인들이 내재되어 있다]의 내용이 얼마나 심화될 수 있는지에 따라 한국사회에서의 민주화는 최종적으로 평가될 수 있다. 이때 정치적·절차적 민주주의는 하나의 형식이자 틀이며 또한 넓이에 해당된다. 이러한 형식과 틀, 그 테두리(넓이)에서 내용이자 깊이로서의 실질적 민주주의가 실현 가능한지, 지속적으로 심화될 수 있는지 하는 문제는 두 차원 모두를 포괄하는 진정한 민주주의의 가능성과 우리사회의 기저틀인 자유(자본주의적) 민주주의 체제의 가능성(capability)에 대한 평가와도 직결되는 것이다.

이상의 문제제기를 바탕으로, 이 글에서는 제6공화국하의 민주화의 성격 분석을 바탕으로 하여 자유(자본주의적) 민주주의 체제의 한계 가능성과 연관시켜 논의를 진행하고자 한다. 따라서 먼저 1987년 6월 이후의 과정에서 추진되어 온 민주화의 내용들을 분석·검토한 뒤, 전체적인 관점에서 그 성격과 한계들을 살펴보겠으며, 마지막으로 분석의 함축과 이론적 논의를 이끌어내겠다.

3. 1987년 6월 이후 민주화의 내용과 성격

올해 6월 광역의회선거가 끝난 후 노태우 대통령은 자신이 6·29선언에서 공약한 민주화의 마지막 항목인 지방자치제선거가 끝남으로써 자신의 민주화의 약속은 완성되었다고 언급했다. 1987년 6월에 선언된 내용들이 1991년 6월에 이르는 동안 모두 실현되었다는 얘기다.

6·29선언의 8개항의 내용을 통해서 당시 한국사회의 위기국면의 원인이 주로 정치적이고 절차적 민주주의의 영역에 모아져 있음을 확인할 수

있다.[2] 다시 말하여 6·29선언은 6월 민주항쟁이라는 밑으로부터의 변혁 요구를 적극 수용한 지배계층과 피지배계층간의 타협의 산물인 바, 이러한 정치적 타협이 성립될 수 있었던 것은 6월 민주화투쟁이 비타협적인 계급적 성격을 띠기보다는 절차적 민주화를 주로 요구하는 정치운동이었기 때문이다.[3] 6·29선언은 몇 가지 중대한 측면에서 한국정치 지형의 변모를 의미했는데, 극단적인 위기해소 방식이 아닌 타협에 의한 위기타개 방식의 새로운 가능성을 열어줌으로써, 진정한 의미에서 4·19 이후 처음으로 정치적·절차적 민주주의가 성취·발전되어 갈 수 있는 계기와 터전을 마련해 주었다.

현 시점(1991년 중반)에서 볼 때, 한국사회에서의 민주화는 일단 정치적인 측면, 특히 제도나 절차에 있어서는 어느 정도 성과를 거두었다고 보이며, 두 차례에 걸친 지방자치제선거의 완료는 정치적·제도적 진일보라고 평가할 수 있을 것이다. 현재 6공화국 정부가 평가하듯이, 한국에서 정치적·절차적인 의미에서의 민주화가 6·29선언을 계기로 본격화되었고, 지난 4년간에 걸쳐 괄목할 정도의 성과를 이루었다고 인정하더라도 한국사회의 모순의 중층구조는 여전히 남아 있다.

다시 말해, 6공화국하에서는 사회·경제적 (계급)갈등이라는 심각한 모순들이 절차적·정치적 민주주의 틀의 정착이라는 우선 과제에 가려져 본격적으로 제기될 기회를 갖지 못했다. 더군다나 절차적 민주주의와는 달리 본질적인 민주주의 성취에는 자본주의 체제하에서 구조적으로 이해관계를 달리하는 사회부문(계급)간의 갈등이 엄존하기 때문에, 전자에서 볼 수 있었던 국민적 합의 같은 것이 도출되기는 어렵다.

그 한 가지 실례로서, 1987년 6월 민주화투쟁 당시 적극적으로 참여했던 화이트칼라계급(계층)이 이후 전개되었던 7·8월 노동자들의 투쟁기에 보여준 거부적인 반응을 상기할 수 있을 것이다. 따라서 자유(자본주의적) 민주주의하에서 전국민적 합의에 의해 일정한 정도의 절차적·제도적 민주주의가 성취되었다고 하지만, 실질적·사회경제적 민주주의의 진행과

---

2) ≪동아일보≫ 1987. 6. 29.
3) 김석준, 『한국자본주의 국가위기론』, 풀빛, 1991, 218쪽; 최장집, 『한국 현대정치의 구조와 변화』, 까치, 1990, 292-293쪽.

정에서는 계급간, 계층간의 갈등은 구조적이며 필연적이다.

여기서 논의의 초점은 정치적·절차적 민주주의 틀의 성취·정착이 갈등적인 요인을 다분히 내포하고 있는 사회경제적 민주화의 심화를 위해서도 유효한 타협의 틀로서 작동할 수 있느냐 하는 데 있다 할 것이다. 이런 맥락에서 제6공화국 초기에 활발히 개진되었던 경제적 민주화 논쟁은 중대한 함의를 가졌던 것으로 분석된다. 토지공개념과 금융실명제를 주요 내용으로 한 경제민주화 논쟁에서 한 쪽은 자본주의 체제의 존속을 위해서 적극적인 경제개혁이 필요하다는 주장을 했고, 다른 쪽은 이런 성격의 개혁이 자본주의의 논리에 위배된다고 반대했다. 이 논쟁과 그 자체도 한국사회의 민주화의 성격과 한계를 이해하는 데 도움이 되었지만, 궁극적으로 3당합당 이후 주요내용이었던 토지공개념이나 금융실명제에 관한 논의가 아주 축소되거나, 거의 자취를 감추었다는 사실은 더 큰 함축을 가진다. 논의를 보다 구체적으로 진행시키기 위해서 제6공화국 통치기간 중 이루어진 경제적 집중도의 문제에 관한 자료를 살펴보자. 1980년 들어, 은행의 민영화, 제2금융권 및 지방은행의 장악을 통하여 독점재벌세력은 금융과두제를 형성해 왔으며, 그 결과 소수 재벌의 경제력 집중은 시간이 지남에 따라 더욱 증폭되어 1989년 43개 재벌의 총자산은 국민총생산(GNP)의 43.9% 규모인 54조 원에 달하며, 이 중 5대 재벌이 43개 재벌의 순자산의 39.9%를 점하고 있다.[4]

앞의 장에서 이미 한국의 50대 기업이 차지하는 부가가치 비중 및 성장률, 그리고 순자산의 증가율을 검토해 보았다. 1989년 기준으로 42개 대규모 기업들이 순자산은 34.7%나 늘었고 타법인에 대한 출자 총액도 34.1%나 증가하는 등 기업규모가 커지고 기업확장도 늘어나면서 경제의 집중화는 증폭되어 왔음을 알 수 있다. 한국의 경제력 집중의 문제는 이상에서 살펴본 기업자산의 차원에서 끝나지 않는다는 데 그 심각성이 배가된다. 그간 재벌기업들은 생산기술투자보다는 부동산 투기에 매진하여 전국민적 비난을 받게 되었으며, 급기야 1990년 5월 8일에 정부의 '5·8조처'에 따라 강제매각의 지경에 이르렀던 것이다. 전국적으로 보면 1989년

---

4) 서관모, 「한국사회의 계급구조」, 『한국사회론』, 한울, 1990, 130-132쪽.

현재 상위 5% 계층이 전국 토지의 65.2%, 상위 10% 계층이 76.9% 그리
고 상위 25% 계층이 전국토의 90.8%를 보유하고 있어서, 나머지 75%의

<표 1> 89년 말 현재 30대 재벌 부동산 보유실태

(단위: 면적=1,000m^2/가격=억 원)

계열명	부동산 소유면적		금액(장부가격)
	토지	건물	
삼성	90,543	3,908	18,897
현대	26,716	5,758	19,690
대우	11,729	2,823	13,108
럭키금성	18,961	3,840	15,008
한진	26,780	738	4,595
5대계	174,729	17,067	71,298
쌍용	31,497	1,006	3,604
선경	52,104	1,090	5,027
한국화약	17,360	902	5,471
동아건설	2,135	395	1,163
롯데	3,955	1,438	10,096
기아자동차	5,283	762	3,622
대림	6,593	422	1,370
효성	4,021	925	2,047
두산	10,285	990	3,323
동국제강	17,763	594	2,674
한일	6,883	1,355	3,257
금호	8,032	529	3,259
코오롱	9,878	701	1,988
삼미	1,848	440	1,911
극동건설	5,319	145	720
미원	3,498	424	1,027
동부	4,552	411	2,086
동양	7,782	319	893
한보	1,137	116	472
고려합섬	335	92	193
극동정유	2,253	67	561
해태	2,355	249	901
통일	2,309	453	1,369
한라	10,018	439	1,515
풍산금속	5,597	478	1,534
30대계	406,501	31,809	131,391

자료: 은행감독원 자료, 1990; 유영을, 「재벌의 부동산 투기」, ≪신동아≫ 90. 6. 1, 272쪽
에서 재인용.

국민은 9.2%만 보유하고 있다(<표 1> 참조).[5]

30대 재벌기업들이 보유하고 있는 부동산은 1989년 말 정부가격으로 만 따져도 13조 1,391억 원으로 88년 말의 10조 603억 원보다 3조 788억 원(30.6%)이 늘어났다. 은행감독원에 따르면, 1989년중 30대 재벌그룹이 새로 사들인 부동산은 토지 234만 평, 건물 114만 평 등 모두 2조 4,400억 원에 달한 것으로 밝혀졌다.

이상과 같은 소수 재벌에 의한 경제력 집중의 심화현상에 대비되는 실태가 90년 현재 전 인구의 7.7%를 차지하는 절대빈곤층의 존재이다. 앞의 장에서도 살펴보았듯이, 1인당 소득이 월 4만 8천 원 이하, 가구당 재산액이 340만 원 이하인 생활보호 대상자는 225만 6천 명이며, 월소득 4만 8천~5만 4천 원, 가구당 재산액 340만~540만 원인 의료부조대상자는 105만 9천 명으로, 이들을 합친 331만 5천여 명이 영세민 보호예산의 지원을 받는 절대빈곤층이다.

극명하게 대비되는 경제적 불균형 현상을 더욱 악화시킬 소지가 다분한 영역이 바로 한국의 '지하경제'의 존립·확대구조이다. 한국사회에서 '지하경제'라 통칭되는 부문은 음·양으로 드러나는 정·경유착의 물적 토대로서 확대재생산되어 왔으며, 초기에 경제민주화와 분배문제를 주요 목표로 상정했던 제6공화국의 정책적 후퇴와도 깊이 연루되어 있는 것으로 인식되고 있다.[6]

무신고소득 추정액[=총소비지출+고정지불 및 금융자산의 증가−신고소득(수입금액)]을 중심으로 볼 때, 경상 GNP에서 차지하는 비율이 1983년 3.2%, 1984년 13%, 1985년 9.6%, 1986년 8%를 차지해 오다 1987년에는 무려 22.9%(24조), 1988년에는 19%(23조)를 점하게 되었다.

지금까지 경제적 집중도의 문제와 연관된 통계지표를 몇 가지 살펴보았다. 1987년에 선포된 6·29선언의 주된 내용이 정치적·절차적(형식적) 민주주의에 모아졌고, 정부나 여당이 지난 지방자치제선거의 완수를 그러한 민주화 공약의 완성으로 주장하고 있는 현 시점에서, 경제적 평등과

---

5) 한국사회연구소, 『한국사회연감, 1989』, 백산서당, 1990, 686쪽.
6) 「금융실명제 '실명'시킨 지하경제의 정체」, ≪신동아≫ 1990. 6, 325-340쪽.

분배의 영역에서 어떤 의미있는 진보나 성취를 찾아보기는 분명 힘들다.

우리가 분명 기억하고 있는 바대로, 6공화국 정부도 전반기에는 경제정의 실현, 형평정책, 경제민주화정책, 금융실명제, 토지공개념법, 세제개혁 등을 적극적으로 추진하고자 하였으나 몇 차례 굴절과정을 거쳐, 3당합당 이후에는 확연히 희석화되어 왔다. 예컨대 경제정책의 기본방향이 정부규제 완화, 분배개선, 균형발전으로 전환할 것임을 선언하면서 출발한 1988년 초 신내각은 대기업에 대한 출자규제, 여신규제를 강화하고 공정거래의 원칙도 강조했다.[7] 그러나 88년 중반기 이후에 안정·복지논쟁이라는 가상적인 대결구조가 사회 각 부문간의 갈등을 격화시켰으며, 이를 통해 구조적·제도적 개혁조치는 유예의 늪으로 퇴진하였다.

노동법 개정, 의료보험제도의 일원화가 4당체제의 국회에서 통과되었으나 대통령의 거부권 행사로 무산되었고, 뒤이은 3당합당으로 재의(再議)가 불가능해지고 말았다. 1989년에 들어서는 경제위기론 대 경기조정론의 대립구조가 부상되면서 가상적으로 규정된 경제위기 상황을 전제로 경제민주화와 소득재분배에 유리한 조치는 대폭 후퇴되고 기업활동을 지원한다는 명분하에 대자본에 대한 규제조치가 완화되며 재정·금융상의 지원이 확대된다. 대자본측도 경제단체협의회 등을 구성하여 노동자의 요구에 강력히 공동대응하면서 반격을 강화하고 위기관리적 대응을 강조하기에 이르렀다.

그 결과 경제운용도 성장중심으로 바뀌어 기업 및 재벌에 대한 여신규제의 대폭적 완화, 자금지원의 확대 등 대자본의 이익에 밀착된 정책적 성격이 강하게 부각되는 반면, 피지배계층간(특히 노동자·농민과 화이트칼라 계층간)의 위화감과 갈등을 현재화시킬 수 있는 계층간 수혜의 차별성을 주요 속성으로 하는 부분적인 분배정책이 시행되었다. 예를 들어, 임금이나 물가가 농산물 가격의 상승률을 앞질렀고, 같은 임금상승일지라도 화이트칼라의 상승률이 블루칼라 노동자보다 높았던 것이다.

이런 모순적인, 즉 절차적인 민주주의의 측면에서는 의미 있는 성취가 있었던 반면에 실질적 민주주의의 측면에서는 예전의 모순구조가 그대로

---

7) 이용희, 「재집권 겨냥한 6공의 91 경제전략」, 《한겨레 회보》 1991. 1, 18-19쪽.

유지되거나, 심지어 더욱 악화되어 온 현상을 어떻게 설명할 수 있는가? 정치적 민주화의 어느 정도의 진보와 경제적 민주화의 정지 및 퇴보라는 현상은 한국의 민주화과정에서만 찾을 수 있는 특이한(특수한) 현상인가, 아니면 자유(자본주의적) 민주주의 체제에 고유한 일반적인 운동법칙인가?

4. 결론에 대신하여
자유민주주의의 틀과 계급갈등 및 경제적 민주화

한국사회에서 (절차적·형식적) 민주화가 진행되어 가는 것과는 무관하게, 혹은 진행되어 갈수록 경제적 불평등은 그대로 존속하거나 악화된다는 관찰은 자유주의 경제학자에게는 당연한 논리적 귀결로 이해될 것이다. 그들에게 있어서 자본주의의 최고의 가치는 효율성(efficiency)이며, 이 효율성과 평등(equality)은 상호보존적인 형태로 공존할 수는 없는 성질의 것이다. 극단적인 형태로는 (자본주의 체제하의) 자유＝효율성＝불평등이며 조금 온건하게 표현한다면 효율과 형평의 관계는 상호 상쇄(trade-off) 관계에 놓여 있다.[8]

자본주의 체제하의 정부들은 분배와 성장, 평등과 효율성을 맞바꿀 수밖에 없으며 단지 투자저하의 조건 아래에서만 보다 평등한 소득 재분배를 건질 수 있다는 것이다. 정부는 이 상쇄적인 교환의 조건을 결코 변화시킬 수 없다. 따라서 만약 자유(자본주의적) 민주주의가 제대로 정착되어 성숙되어 나간다면, 그 결과 얻어지는 불평등 구조의 심화는 논리적으로 당연한 것이며 이런 맥락에서 한국사회에서의 민주화과정이 형평성의 악화를 초래한 것으로 이해될 수 있다고 자유주의를 신봉하는 이론가는 주장할 것이다.

그러나 자본주의 체제의 모델의 운동법칙이라 할 수 있는 '불균등 발전법칙(a law of uneven growth)'을 여러 가지 특수성을 내재해 온 한국의 자본주의 발전과정에 그대로 적용시킬 수는 분명 없다. 사회의 자율적

---

8) 리클라우·무페, 『사회변혁과 헤게모니』, 터, 1990, 212쪽.

신장에 비교할 수 없이 외래적으로 비대해 온 국가가 물적 자원을 배당하는 과정에서 '정경유착'적 자본확대가 자본고유의 확대재생산보다 훨씬 큰 비중을 차지했던 한국경제의 비정상적 과정은 20여 년 이상 존속되었던 군부독재 체제에 의해 자유민주주의 체제의 모델적 성장과는 거리가 먼 그야말로 독특한 과정을 겪어왔다. 한편으로 보면 자유주의 모델의 의미에서의 자본주의 발전과정이 정착될 기회마저 없었던 것이다.

민주화의 진행과정과 연계되는 제6공화국의 통치기간은 제3공화국이나 제4공화국이 국가와 자본의 비정상적·비유기적 관계라는 특징을 가진 데 비해서, 비로소 국가와 자본의 합리적인 역할분담을 가정한 유기적 관계가 자리잡히기 시작했던 특징을 갖게 되었다. 6공화국 정부의 정책 선택은 5공화국에서 자본축적의 전반적인 위기상황을 배경으로 노동자와 농민에 대한 직접적이고 강력한 통제, 가격통제, 금융의 엄격한 관리 등 자본의 위기관리 역할을 직접 대행하던 것과는 외관상으로 상당한 대조를 보이고 있다 하겠다.[9]

따라서 앞에서 검토되었던 불평등한 분배구조의 유지, 악화 및 '정경유착'의 물적 토대로서의 '지하경제'의 팽창이 이제는 (국가의 비대칭적인 힘의 논리의 여러 가지 형태의 결과물로서가 아니라) 국가와 자본의 유기적 결탁에 의해 뒷받침되는 특질을 가진다는 점에서 그 심각성은 배가된다. 그리하여 이러한 경제적 형평성 모순의 존속·심화가 3당합당 등의 정치지형의 퇴보적 변모로 확고한 근거를 배양해 감으로써 체제교정의 계기들을 폐기해 간다면, 문제는 정부 차원이 아니라 체제, 즉 자유민주주의 체제의 차원으로 부식되어 갈 것이다.

지금까지 우리가 상정한 일단계에서의 (정치적·절차적) 민주주의란 계급간, 계층간의 타협의 틀이자 기제이다. 따라서 타협의 틀이 성취·정착되기 위해서는 (이 과정이 지금까지 시험되고 거쳐온 한국사회의 민주화 과정이다) 일정한 조건이 존재하는 바, 아담 쉐보르스키에 의하면 이윤이 자본의 재생산을 위협할 만큼 낮은 수준으로 하락하지 않고, 임금도 이윤이 자본의 베타적 이익으로 나타날 만큼 낮은 수준으로 하락하지 않는 조

---

9) 이용희, 앞의 글, 16쪽.

건이 그것이다.[10] 다시 말하여 자본주의적 민주주의가 정착·발전될 수 있는 계급타협은 자본가들의 투자의 필요조건으로서 적절한 선의 이윤확보와 현재의 이윤의 기능에 의해서 미래에 임금이 인상될 것이라는 적당한 확신을 노동자들이 가지는 조건하에서 가능한 것이다.

특히 스웨덴의 사회민주주의의 경험에 근거하고 있는 쉐보르스키의 관점에서 앞에서 언급했듯이, 국가의 과대 성장 및 힘의 불균형한 독점에 의해 이전까지는 자본이 주도당하여 왔지만 이 국가와 자본이 노동으로 대표되는 반지배 동맹 세력에게는 일관되게 군림해 온(물론 그 방식은 변화하여 왔다. 특히 1987년 이후의 민주화과정에서 국가와 자본의 유기적 결합은 주목할 만한 특징적 변화이다) 한국의 정치경제 발전과정에 그대로 이러한 모델적인 계급타협조건을 적용할 수는 없다.

이 타협조건이 성립될 수 있는 일차적인 전제가 노동의 조직·역량 강화를 통한 자본(많은 경우 자본·국가)에 대한 '힘의 균형'이다. 이 균형점이 출발점이 되지 않는 한 의미 있고 자율적인 타협이란 성립될 수 없다. 강제된 타협은 항상 그 토대로서 자유민주주의하의 허구적인 타협의 틀을 한순간에 파기해 버릴 수 있음을 제3세계의 역사는 입증해 왔다. 그리고 바로 이 균형점이야말로 소위 자유(자본주의적) 민주주의가 이룩할 수 있었던 최대의 합리적인 결실인 것이다.

상호 동등한 입장에서 외재적인 간섭의 배제하에 자율적으로 성립될 수 있는 타협의 가능성이나 조건을 부정하는 것은 바로 자유민주주의라는 체제와 그 전제조건을 폐기하는 태도와 다름아니라, 현 시점에서 이 타협의 틀을 정착시키기 위한 필요조건이 바로 한 축으로서 지금까지 너무나 비대칭적인 열세에 놓여 있었던 '노동의 저울'을 일정한 수준까지 끌어올리는 작업이다. 과연 이 힘의 균형을 통한 계급타협의 조건이 자유민주주의 체제 안에서 어떤 방식을 통하여 성취·유지될 수 있을 것이며, 그 결과 어느 수준까지의 실질적 민주화의 성숙으로까지 이어질 수 있을지의 여부가 바로 현재 우리가 목도하고 있는 민주화 실험의 관건이다.

---

10) 아담 쉐보르스키, 「민주주의 이행에 관한 연구의 몇 가지 문제점」, 오도넬 외 염홍철 옮김, 『권위주의 정권의 해체와 민주화』, 한울, 1989, 121-122쪽.

제4장

한국의 민주적 이행과 사회적 변혁의 전망

1. 들어가는 말

현재 한국사회의 지반과 그 주변에 드리어진 기류의 성격에 대한 규정은 복합적이고 다차원적으로 이루어질 수밖에 없다. 현실적 토대의 급변과 이데올로기적 색채의 다의성은 상식적인 인식에 내재해 있는 혼돈을 한층 증폭시키는 것처럼 보인다. 그 결과 현실에 대한 분석과 처방에 대한 합의를 이끌어내려는 노력이 심지어 구태의연하게 보이기도 한다.

몇년 전만 하더라도 익숙하게 사용되던 변혁지향의 용어들이 빛이 바래 보이는 현상 속에서 우리는 현실구조의 실질적이고 진보적인 변화가 아니라 오히려 국내외의 보수세력에 의해 한층 더 강화되는 이데올로기적·언술적 공세의 위력을 목격할 수 있다. '이데올로기의 종언'이 아닌, 자본주의 체제에 대한 비판·견제·대항과 연관되는 이론체계의 강요된 정체는 그만큼 보수진영에게 운신의 폭을 넓혀주고 반대급부적인 정당성을 부여해 오고 있다.

중대하게 변모된 이런 상황에서, '민주주의'는 드물게 아직까지 계속 탐구될 가치를 보존하고 있으며 다 소진되지 않은 실천적 생명력을 담지하고 있는 것으로 이해되는 듯하다. 다시 얘기하자면, '혁명,' '사회변혁' 등의 단어들에 비해 '민주주의'라는 말이 대중들에게 부담도 덜 주고 진보·보수 양 진영에게 어느 정도의 공감대도 그나마 제공하고 있는 영역이라는 인식이, 포괄적인 만큼 추상적으로 이해되어 온 민주주의론을 다시금 제기하고 있다. 그간 권위주의의 혁파와 사회변혁을 논하는 과정에서 사회현상을 지극히 도식적이고 교조적인 관점에서 봄으로써 민주주의에 대한 논의를 배제·폄하했다는 자기반성과 함께, 분단된 한국사회의 진보적 변혁관에 커다란 파장을 몰고 온 사회주의권의 사양과정 속에서 결코 포기할 수 없는 이론적·실천적 연결고리로서의 민주주의에 대한 집착 등도 이런 배경의 한 가닥은 될 것이다.

실질적인 구조적 변화와 무관하게, 어쩌면 현실 토대의 존재를 보장·강화해 주는 작금의 이데올로기 지형은 우리로 하여금 한국사회가 당면하고 있는 이론적·실천적 과제에 대한 사고를 재정비할 것을 요구하고 있다. 한국사회 모순의 중층구조, 체제비판과 대안모색의 지연과 희석화, 그리고 국내외 보수진영의 역공세에 대처할 수 있는 인식의 공유점이자 출발점이 바로 민주주의에 관한 논의일 수 있다고 생각한다. 그러나 민주주의가 시간과 공간을 초월한 보편적이고 추상적인 이론체계는 아니며, 모든 사회의 구조적 폐단들을 지양할 수 있는 '만병통치약'은 더더욱 아니다. 특정한 시대, 구체적 현실과의 연관과 제약, 그 현실의 변화과정과 밀접히 연계될 때만 민주주의 논의는 제대로 위치지어지고 진정한 의미를 가질 수 있다.

이상과 같은 문제의식에서 출발하여 한국사회에서 전개되어 온 민주화 과정, 특히 절차적 민주주의에서 실질적 민주주의로의 이행과 연관되는 주요 쟁점들을 점검하는 것이 이 글의 주요 목적이다. 이를 위해서 한국사회의 민주주의 논의에서 중층적 모순구조의 지양을 지향하는 변혁적 전제를 우선순위에 놓음으로써 절차적 민주주의가 부차적인 위치에 놓이게 된 배경을 먼저 살펴보겠다. 다음으로 민주적 절차와 구조적 변혁이라는 전제간에 우선순위가 뒤바뀐 데 대한 자기반성이 또한 민주주의의 절차적 차원과 실질적 내용간의 관계를 지나치게 조화적이거나 예정된 변증법적 통일의 과정으로 파악하려는 오류를 낳을 수도 있다는 점을 비판하겠다. 결론적으로 계급간·계층간 타협의 결과로서 절차적 민주화는 성취될 수 있지만 그 다음 단계의 실질적 민주화로의 진입·심화는 지배세력(지배연합)과 피지배세력(반지배연합)간에 헤게모니 쟁취와 관철을 둘러싸고 전개되는 투쟁과 그 역관계에 의해 크게 좌우된다는 논지를 개진할 것이다.

권위주의 체제하에 막강하게 군림하던 지배세력들이 1987년 민주화투쟁과 정치적 민주화의 단계에서 다소의 진통을 겪지만 종국적으로 대열을 정비하여 지배세력의 주도권을 관철시켜 나가면서 서서히 공세적인 위치를 차지하게 되는 과정이 실질적 민주화로의 심화에 커다란 장벽이 된다. 이에 비해 87년 민주화투쟁 기간에 대중적 잠재력을 표출했던 반지배연합세력은 6공 정부의 지속적인 이반·포섭정책에 의해 심각하게 약화되는 조짐을 보였으며, 여기다가 현실사회주의권의 붕괴경향과 이를 이데올로기적·언술적 공세의 계기로 삼는 지배연합세력의 적극적인 전략은 민주화 이행기의 내적 역학구조를 한층 더 보수화하며 그 결과 실질적 민주화의 의미 있는 진전은 험난한 지경에 이르게 된다. 지배연합을 견제하고 실질적 민주화의 추동세력으로 반지배연합을 창출하고 강화하는 것이 민주화의 진정한 심화·발전에 필수적인 바, 이를 위한 대안의 단초들을 모색하는 것으로 글을 맺겠다.

2. 민주화와 사회변혁, 쟁점 변화의 배경

먼저 한국사회에서 '민주주의'가 갖는 변혁 지향의 내용과 함의의 변모과정을 살펴보자. 1987년 6월 민주화투쟁에 이은 대통령선거를 통하여 6공체제가 등장하게 되는 시점을 경계로 하여 민주주의, 민주화가 함축하는 성격과 내용이 크게 달라졌다. 1987년 이전 시기에는 해방 이후 지속되어 온 권위주의 체제가 빚어낸 정치·경제적인 여러 문제들을 변혁하는 과제가 가장 본질적인 것으로 파악되면서 민주주의는 많은 경우 전략적·전술적 방식 혹은 단계적 수단, 절차의 의미와 동일시되었다.

최근 자주 비판의 대상이 되고 있는 민주주의=부르주아 민주주의=부르주아 독재라는 협소한 민주주의 이해방식도, 독재정체가 극으로 치닫고 자본주의 체제 모순이 점진적이고 평화적으로 즉 민주적인 방식으로 해결될 가능성이 희박하다고 판단될 때 귀착되는 지점이라는 논리적 연관을 간단히 무시해 버릴 수는 없다. 더군다나 권위주의 시대로부터의 탈피가 일부 군부세력에 의해 거듭 무산되고, '광주항쟁'이라는 민족적 비극으로 일단락되는 역사를 체험한 사람들에게 점진적이고 평화적이며 타협에 의존하는 민주적인 방식과 절차가 최우선시될 수는 없었다.

이런 상황에서 민주화운동은 자유민주주의적 가치인 자유·인권 쟁취의 운동에서 변혁 지향의 진보적인 것으로 성격이 바뀌었다. 다시 말하여 민주화운동은 이제 단순히 정권교체나 민간정부 수립, 독재철폐라는 현상의 개혁 혹은 자유민주주의의 실현이라는 차원에서 한걸음 더 나아가 한국사회의 모순구조 자체에 대한 해결을 요구하는 형태로 발전되었던 것이다.[1] 이에 대한 현실적·과학적 인식의 단초를 제공했던 것이 광주항쟁이었던 바, 광주항쟁을 통해 지배권력의 폭력성과 견고하게 결연되어 있는 국내외 세력들에 대처할 수 있는 길은 단순한 제도적 변화나 정권교체가 아닌 사회적 모순구조의 총체적 변혁으로 인식되었다.

광주항쟁을 폭력적으로 진압하고서 등장한 전두환의 5공체제하에서 대두되었던 사회변혁운동의 특징은 분명 자유주의적 민주주의의 쟁취와는 거리가 멀었다. 맑스주의 정치경제학의 급속한 보급과 맑스주의 변혁이론에 대한 탐구가 장기간에 걸친 독재권위주의 체제의 구조적 모순들에 대한 과학적 분석과 대안 모색의 토대가 되리라는 데에는 별다른 이견이 없었다. 레닌의 『국가와 혁명』에 명기되어 있는 자본주의 체제의 추상적이고 허구적인 민주주의에 대한 비판이 아무런 여과단계 없이 수용되었다. 소수에 대한 다수의 지배형태로서의 민주주의를 전제로 할 때, 자본주의하의 민주주의는 이 전제에 위배되는 것으로 파악된다. 레닌에 의하면,

자본주의 사회에서 만약 그것(자본주의-필자)이 최적의 조건에서 발전한

---

1) 김동택, 「한국사회와 민주변혁론: 1950년대에서 1980년대까지」, 『현대민주주의론 Ⅱ』, 창작과비평사, 1992, 491쪽.

다면, 민주공화국에서 어느 정도 완전한 민주주의가 존재할 수 있다. 그러나 이 민주주의는 항상 자본주의적 착취에 의해 협소한 한계에 갇혀 있으며, 따라서 실제로는 항상 유산계급만을 위한, 부자들만을 위한 소수의 민주주의로 유지된다. 자본주의 사회에서의 자유는 언제나 고대 그리스 공화국하에서의 자유, 즉 노예소유주를 위한 자유처럼 유지된다. 자본주의적 착취라는 상황으로 인해 현대의 임금노동자들은 결핍과 빈곤에 너무나 짓눌리고 따라서 "그들은 민주주의에 신경쓸 수 없으며, 정치가 괴로울 수밖에 없다." 자연히 다수 집단은 공동의 정치생활의 참여로부터 제외된다.[2]

자본주의 체제라는 착취사회에서 이루어지는 특유한 민주주의, 즉 비록 '다수의 통치'라는 형태를 띠지만 실제로는 '소수의 지배'를 의미하는 민주주의의 종식은 민주주의로부터 제외된 대중들에게 단순히 민주주의를 확장함으로써가 아니라 총체적 변혁으로서의 혁명을 통해서만 달성될 수 있다는 결론에 도달하게 되었다.

여기서 우리는 두 가지 점에 주목해 볼 필요가 있다. 악화되어 가는 권위주의 체제의 내적 메커니즘이 국경을 초월하는 자본의 운동과 밀접히 연계되어 있다는 인식이 사회구성에 관한 과학적(정치경제학적) 인식의 필요성을 낳았음에도 불구하고 실제로는 구체적인 현실분석을 결여한 채 다분히 추상적인 분석, 이데올로기적 대안을 논구하는 수준에 머물렀다.

좀더 중요하게는 부르주아 민주주의를 비판하는 과정에서 한국사회가 노정해 온 정치·경제적 모순구조들을 곧바로 부르주아 민주주의의 문제들과 등치시키는 전도의 오류를 범했다는 점이다. 레닌이 신랄히 비판해 마지않았던 부르주아 민주주의도 성취·경험하지 못한 상황에서 현실 모순구조의 주요 원인이 부르주아 민주주의에 내재해 있다든지 혹은 이런 식의 민주주의에 의해 해결될 수는 없다고 단정해 버리는 태도는 우리사회 문제에 대한 구체적인 분석과 이에 조응되는 민주주의의 단초를 치밀하게 추적하는 노력을 일찌감치 배제해 버리는 결과를 가져왔다.

---

2) V. I. Lenin, *Collected Works*, vol.28, Moscow: Progress, 1964, p.460.

3. 절차적 민주주의 성취의 보수적 성격

1987년 6월 민주화투쟁, 6·29선언, 7·8월 노동자투쟁은 한국사회가 민주주의로 이행해 가는 과정의 주요한 계기들이자 사회적 역학 및 그 성격의 응축된 표출이었다. 6월 민주화투쟁을 통하여, 오랜 기간 권위주의 체제에 포섭되어 있던 중산층 혹은 중간계급이 민주화의 추동세력으로 합류했다. 특히 유신체제의 등장과 함께 중산층이 민주주의 대신에 경제 성장을 택하고 민주주의를 통한 정치참여보다 그들의 기득권이 상실되지 않는 정치적 조건을 유지시켜 주는 체제를 원했던 과거와 비교해 볼 때, 1987년 6월 민주화투쟁에 중산층이 적극적으로 참여한 것은 중요한 의미를 가진다.[3]

이와 동시에 6월 민주화투쟁이 7·8월 노동자투쟁으로 이어지자 곧바로 중산층과 노동자계급간의 균열조짐이 나타났으며 이 와중에 전열을 재정비한 지배연합(a ruling coalition)의 효과적인 전략에 의해 집권여당의 대통령후보가 당선됨으로써 이전 시대의 권위주의 체제에 대한 실질적인 구조적 변혁을 통한 민주화의 진전이 어렵게 되었던 점 역시 우리는 주목해야 한다. 6공체제의 등장과 시기적으로 일치하는 한국사회에서의 민주화과정의 초기는 따라서 민주주의를 둘러싼 주도권투쟁의 성격을 내포하게 된다. 즉 지배연합세력의 입장에서는 한국 현대정치사에서 최초의 '평화적 정권교체'이자 선거에서의 승리가 정권의 민주적 요건을 충족시킨 것으로 평가하면서 철저히 민주적 절차와 합법적 요건을 강조하여 사회적 사안의 체제내적 수렴을 민주주의 성취와 동일시하게 된다.[4]

민주적 절차와 형식을 민주화의 대상이나 내용보다 우선하는 것은 존 로크(John Locke)로 대변되는 형식적(formal) 민주주의의 전통으로 루소 사상에서 집대성된 실질적(substantial) 민주주의 전통과 대비된다.[5] 부연하자면 민주화 초기의 헤게모니 싸움은 민주주의의 전통을 양분하는 결

---

3) 최장집, 「해방 40년의 국가, 계급구조, 정치변화에 대한 서설」, 최장집 편, 『한국 현대사』(1), 열음사, 1985, 49-51쪽.
4) 최장집, 「민중민주주의의 조건과 방향」, 《사회비평》 6호, 1991, 330쪽.
5) 손호철, 「민주주의의 이론적 제문제」, 『현대민주주의론 I』, 창작과비평사, 1992.

과를 빚어내면서 절차 우위의 형식적 민주주의가 지배세력에 의해 강조되는데, 이는 현실사회주의권의 붕괴와 결부되면서 그 정당성의 강도를 높여 '자유민주주의 체제'의 확고부동한 승리로 치장되기에 이르렀다.

4. 변혁론의 위기와 맑스주의 사상의 전통

1987년 민주화 이행기 이전 시기에는 사회구조적 모순의 총체적 변혁이라는 과제에 대한 과학적 인식과 실천을 우선순위에 놓음으로써 상대적으로 민주주의 그 자체에 대한 이론적 입장이 체계적이고 정연하게 정립되지 못했고, 87년을 전후해서는 지배세력이 선거와 연관된 전략에서 승리하고 민주화과정에서 주도권을 잡는 가운데 현실사회주의권의 붕괴와 맑스주의 변혁이론의 일정한 쇠퇴로 진보진영이 큰 어려움을 겪고 있다. 그람시에 의하면 위기란 구시대의 질서와 가치가 붕괴된 상태에서 새로운 질서와 가치가 아직 확립되지 않은 단계를 의미한다. 이런 관점에서 현재 우리는 분명 진보적 사상 혹은 변혁적 세계관의 중대한 위기를 맞고 있다. 과거의 잔해 속에서 새로운 세계관의 단초를 발견하려는 노력이 반드시 무의미하지는 않을진대, 민주주의 사상의 심화·확장을 통한 진보적 세계관의 혁신 및 복원은 그 핵심을 이룬다. 맑스주의의 고전적 전통 그 자체가 정치의 강제적인 측면만을 지나치게 강조하였기 때문에 맑스주의 자들이 민주주의에 관해 지극히 약하거나 소극적이며 심지어는 경멸하는 경향까지 지니게 되었음은 이미 오래 전에 많은 이론가들에게 의해 지적되었다. 호프만은 고전적 맑스주의의 세 가지 주요 결함으로서 국가의 도구주의(instrumentalism), 경제적 토대로의 환원론(reductionism), 계급의 양극화와 의식적인 정치적 개입의 무용성에 근거한 파국론(catastrophism)을 열거하면서, 이 세 가지 오류가 적합한 정치이론을 결여하는 결과를 초래하게 되었다고 분석한다.[6] 이 분석과 맥을 같이하여, 알튀세는

---

6) John Hoffman, *The Gramscian Challenge*, New York: Basil Blackwell, 1984, p.2.

"국가에 관한 어떤 맑스주의 이론도 부재하다"[7]는 전단을 내리는가 하면 헌트는 국가이론의 부재는 곧 바로 민주주의이론의 부재로 연결된다고 주장한다.[8] 싼띠아고 까리요의 주요 저작인 『유로꼬뮤니즘과 국가』 역시 뛰어난 맑스주의자들이 '경솔하고 증오스럽게' 민주주의 개념을 매도해 버렸다는 요지를 담고 있다.[9]

보비오는 부르주아 국가와 부르주아 민주주의에 대한 대안으로 제시되는 사회주의적 민주주의 이론의 결핍, 진정한 정치이론의 결여를 설명할 수 있는 두 가지 요인을 제시하고 있다. 즉 먼저 결코 배타적이지는 않지만 사회주의 이론가들의 관심이 권력장악의 문제에 집중되어 국가보다는 정당의 문제에 중요성을 부여하고 있다는 점이다. 둘째는 권력을 일단 장악하면 국가는 '이행기' 현상, 즉 조만간 사멸할 운명이기 때문에 가장 적합한 정부형태는 본질적으로 '이행기적' 특질에서 기인하는 독재(원래적 의미로 비상시기와 사건이 존재할 때 나타나는 정부형태)라는 사회주의 이론가들의 일관된 확신이다.[10] 이상의 지적과 비판들은 한국사회의 변혁을 추구하는 과정에서 나타난 민주주의 원리의 경시가 우리사회만의 특수한 오류는 아님을 보여준다. 그러나 그렇다고 해서 일면적인 맑스주의 이해의 오류가 정당화될 수는 없으며 이는 다양한 시각에서 비판되고 검토되어야 한다.

---

7) Louis Althusser, "The Crisis of Marxism," *Power and Opposition in Postrevolutionary Societies*, London: Ink Links, 1979, pp.225-237.

8) A. Hunt, "Marx—The Missing Dimension: The Rise of Representative Democracy," in B. Mattews(ed.), *Marx: A Hundred Years On*, London: Lawrence and Wishart, pp.87-110.

9) Santiago Carrillo, *Eurocommunism and State*, London: Lawrence and Wishart, 1977, 김유향 역, 『유로코뮤니즘과 국가』, 새길, 1992, 14쪽.

10) 노베르토 보비오, 「맑스주의 국가이론은 존재하는가?」, 구갑우·김영순 편, 『맑스주의 국가이론은 존재하는가?』, 의암출판, 1992, 48쪽.

5. 민주적 이행단계의 구분과 변혁적 내용의 접합

먼저 '민주주의'의 성격을 내용적으로, 단계적으로 구분해 냄으로써, 한편으로 변혁이론의 오류를 설명해 내고, 다른 한편으로 변혁적 요구와 민주주의의 내용을 대응시켜서 종합적인 대안을 모색하려는 시도가 있을 수 있다. 민주주의의 형식과 내용, 절차적 민주주의와 실질적 민주주의, 정치적 민주주의와 사회적·경제적 민주주의의 단계를 구분하는 작업이 민주주의의 성격에 대한 일면적이고 양자택일식의 이해가 빚어내는 오류를 최소화하기 위한 방편으로 고안되어 왔다.

이에 따르면 6월 민주화투쟁과 6·29선언 등 민주적 이행과정은 비록 잠정적이기는 하지만 절차적·형식적 수준에서의 민주화를 향한 주요한 계기로 설정·평가될 수 있게 된다. 다시 말하여 사회변혁의 실질적인 내용을 쟁취해 내지 못했음에도 불구하고 87년의 민주화과정은 절차적 차원에서의 민주화의 성취라는 단계적인 중요성을 충분히 부여받을 수 있게 된다. 그러나 이 시점에서 초기 단계의 절차적 민주주의가 실질적 민주주의의 내용을 담보해 낼 수 있는가의 여부는 불명확하다.

앞서 간략히 논했듯이 6월 민주화투쟁에서 형성·결집되었던 반지배연합 세력이 절차적 민주주의의 단계를 성취하는 주요한 동력이었던 데 반해, 7·8월 노동자투쟁 기간을 거치면서, 이전 시기에 절차적 민주주의에 대한 중요한 지지세력이었던 중산층이 소극적인 입장이 되고 이반함으로써 실질적 민주주의의 수행과 진전의 물결은 약화된다. 그 결과 이후의 민주화과정은 내용적·실질적 민주화의 방향에 대해 침묵 또는 은폐하거나 보수대타협에 의한 매우 제한된 절차적 민주화를 내용으로 하는 '현상유지 민주주의'의 제도화를 촉진해 왔다.[11]

이런 식으로 민주주의의 이행과정을 단계적으로, 혹은 성격적으로 분리하게 되면 분석의 초점과 쟁점이 변하게 된다. 즉 절차적 민주화 혹은 형식적 민주주의가 실질적 민주화—경제적 민주화가 핵심을 이룬다—의

---

11) 최장집, 「민주화의 두 개념—정치적 민주주의와 실질적 민주주의」, 『한국 현대 정치의 구조와 변화』, 까치, 1989, 257, 263쪽.

내용을 성취해 가는 데서 얼마나 유효하고 의미 있는 단계가 될 수 있는가 하는 문제가 주요 쟁점이 되면서 민주주의 논의의 지평이 어느 정도 확대될 수 있다. 사회변혁의 관점에서 부르주아 민주주의 혹은 절차적 민주주의의 의의와 의미를 일방적으로 폐기하거나 그 이행과정의 절연성만을 강조하는 것이 아니라, 연속·심화의 관계로서 민주주의의 상이한 성격들과 민주화의 각 단계들이 총체적인 시각에서 조명될 수 있게 되는 것이다.

따라서 총체적 관점에서 볼 때 형식적·절차적 민주주의의 의의와 가치를 일방적으로 폐기선언하고 실질적 민주주의와의 관계를 절연적인 것으로 파악하는 인식은 심각한 비판의 대상이 되지 않을 수 없다. "민주주의의 본질적 의미와 궁극적 목표는 실질적 내용에서의 '민중의 지배'이고 이 점에서 형식적 민주주의의 한계는 자명하다. 그러나 이는 형식적 민주주의가 민주주의의 충분조건이 아니라는 뜻이지 실질적 민주주의라는 이름하에 형식적 측면을 파괴하거나 무시하는 것이 정당화될 수 있다는 뜻은 아닐 것이다. 다시 말해 민주주의에서의 절차성은 결코 민주주의의 충분조건이 될 수는 없지만 필요조건이기는 한 것이다. 그런 점에서 절차적 민주주의가 없는 실질적 민주주의는 바람직한 것이냐는 것을 넘어서 가능한 것인가라는 것을 심각하게 자문해 보아야 한다."12)

6. 민주주의의 절차적 형식과 실질적 내용간의 내재적 부조화 혹은 절연성

그렇지만 민주주의의 형식적 절차와 실질적 내용간의 연계성과 상호불가분성이 재조명된다고 하더라도 내용과 형식의 관계를 지나치게 조화론적인 것으로 파악하는 것은 경계해야 한다. 왜냐하면 전통적인 (개인적) 자유개념에 크게 의존하는 로크식의 형식적 민주주의의 지향과 성격은 현실적으로 많은 경우에 대중의 참여를 강조하고 사회적·경제적 민주주의의 구체적인 내용을 보장하는 실질적 민주주의와는 내재적인 갈등을

---

12) 손호철, 앞의 책, 474쪽.

내포하고 있기 때문이다.

자유주의적 민주주의 사회는 형식상으로는 평등주의를 본질적인 요소라고 표방하고 있음에도 불구하고 차별성, 불균등의 원리가 실제 작동되고 있는 사회이다. 엄격한 자유주의자들이 평등＝동일성＝전체주의라는 등가의 연쇄에 반대하여 '차별성에의 권리'를 주장하면서 차별성＝불평등＝자유라는 구별을 긍정한다.13) 드 브느와는 "나는 세상의 다양성에 따라서 불평등을 선(善)으로, 그리고 전체주의 이데올로기의 천년복지적인 담화가 옹호하고 주장하는 세상의 점진적인 동질화를 악으로 간주하는 태도를 '우익'이라 부른다"고 강변한다.

사회민주주의적 담화에서는 자유의 영역을 선택할 수 있는 '능력'과 일련의 실제적인 대안들을 개발하는 '능력'을 의미하도록 확대시키고자 하는데, 그 이유는 가난, 교육의 결핍, 그리고 삶의 여러 조건에서의 큰 불균등이 자유에 대한 위협들로 간주되기 때문이다.14) 민주주의를 본질적으로 내적 평화와 개인적 자유를 보호하기 위한 수단이자 공리적 장치로 이해하고 자유를 무제한적 전유의 권리와 자본주의적 시장경제의 메커니즘에 대한 불간섭으로 특징짓는 한, 모든 적극적 '자유'의 개념은 잠재적으로 전체주의적이라는 혐의를 받는다. 여기서 적극적 자유의 개념은 지금까지 논의한 민주주의의 형식과 내용, 단계적 이행과 연관시켜 볼 때, 절차적 민주주의를 실질적 민주주의로 심화·확장하는 연계고리가 될 수 있다.

하지만 드 브느와가 규정한 보수주의자들의 신념에 따르면 절차적 민주주의를 실질적 민주주의로 확장하는 것은 그 과정에서 자유 개념이 변질될 수 있기 때문에 바람직하지 못한 것으로 간주된다. 이들에게 사회적 또는 재분배적 정의개념은 이해될 수 없다. 이들로서는 각자가 자신의 목적들을 위해 자신의 지식을 사용하는 것이 허용되는 체제 속에서는 어느 누구의 의지도 다른 사람들 각자의 수입을 규정하거나 또는 그 수입이 부분적으로 우연에 의존하는 것을 막을 수는 없기 때문에 '사회정의'의 개

---

13) 베링턴 무어, 『자본주의와 사회주의에서의 권위와 불평등』, 청계연구소, 1990, 168-169쪽; 라클라우·무페, 『사회변혁과 헤게모니』, 도서출판 터, 1990, 212쪽.
14) 라클라우·무페, 앞의 책, 210쪽.

념은 필연적으로 공허하고 무의미해지는 것이다.[15)]

보수적 자유주의자들이 자유 개념의 확대, 즉 절차적 민주주의 이상의 어떤 것을 거부하는 입장은 절차적 민주주의는 강제에 의존하지 않고도 수많은 사람들의 활동들을 조정할 수 있는 자동조절장치를 구비한 시장 기제 속에서 운영되는 것이 가능하나, 실질적 민주주의로의 확장에는 국가의 역할증대가 필연적으로 요구되며, 이는 곧바로 자유주의 원리의 축소·억압을 초래할 것이라는 예측에 근거를 두고 있다.

7. 민주적 이행의 내용과 성격, 그리고 헤게모니 싸움

이런 맥락에서 볼 때 한국사회의 민주화과정에서 어떤 성격의 계급, 계급연합 혹은 세력이 절차적 민주주의를 성취하는 데 주도적인 역할을 수행했으며 또 지속적으로 헤게모니를 관철해 나갈 수 있느냐가 절차적 민주주의의 단계가 사회적·경제적 차원의 분배적 형평성과 정의를 주요 내용으로 하는 실질적 민주주의의 심화로 연결될 수 있는지, 그리고 그럴 수 있다면 어느 정도까지 심화될 수 있는지를 가늠하는 데 커다란 중요성을 띠게 된다.

한국의 경우처럼 다른 경로의 가능성도 있었지만 결국은 지배세력이 특히 선거연합에서 성공적인 전략을 구사하여 주도권을 쥐고 전개해 나가는 민주화과정은 실질적 민주주의로의 이행과 의미 있는 진전에는 분명한 한계를 노정할 수밖에 없다. 주로 선거로 상징되는 절차적 민주화의 과정이 6공정부의 등장 및 통치와 연계되기 때문에 한국사회의 민주화과정의 주요 골격은 6공정부에 의해 크게 영향받지 않을 수 없었다.

일반적으로 민주화과정의 각 계기들에서 어느 계급, 계급연합, 혹은 세력이 헤게모니를 쟁취하고 주도적인 역할을 하는가에 따라 절차적 수준에서 실질적 차원으로의 이행의 성격과 내용이 결정된다. 이전의 민주주의 이행경험이 우리에게 던지는 교훈은 헤게모니를 둘러싼 역학구도에서

---

15) F. A. von Hayek, *Law, Legislation and Liberty*, vol.21, Chicago, 1976, p.69.

지배(계급)연합에 비해 반지배(계급)연합이 두드러지게 열세에 놓여 있을 때 '실질적 민주주의의 내용을 배제한' 절차적 민주주의가 공고화되었다는 것이다. "미국이나 일본에서처럼 전통적 자유민주주의의 원칙인 공적 영역과 사적 영역간의 엄격한 구분이 철저히 지켜지고 민주주의는 오직 국가권력을 구성하는 공적 영역에서만 적용되며, 이를 역사적 시각에서 본다면 자유민주주의 체제가 수립될 당시 새로운 지배연합에 의해 조인된 지배협약(a pact of domination)이 친자본적 양당체제에 의한 순환적 권력교체로 혹은 친자본적 정당의 장기집권으로 철저히 유지되어 나감을 의미한다."16)

사회구조, 즉 자본주의 체제의 변혁 문제에 몰두함으로써 절차적 차원을 우선시하는 형식적 민주주의의 배제를 초래한 것에 대한 자기반성이 형식적 민주주의와 실질적 민주주의와의 불가분성 혹은 조화성을 지나치게 강조하는 견해들을 양산해 내는 현상도 우리는 경계해야 한다. 문제제기로서의 절차적·형식적 민주주의를 재조명한다는 것은 의미 있고 적절하다. 그러나 실질적 민주주의로의 이행과정 역시 그 본질은 절차적 민주주의의 성취과정과 마찬가지로 힘의 역학관계 혹은 헤게모니 투쟁에 의해 크게 좌우된다. 그래서 실질적 민주주의가 절차적 민주주의를 필요조건으로서 전제한다는 것이 후자가 전자를 담보해낼 수 있다는 뉘앙스를 내포한다면 또 다른 오류를 만들어낼 수 있다. 이 점에서 "절차적 민주주의가 없는 실질적 민주주의는 바람직한 것이냐는 것을 넘어서 가능한 것인가"17)라는 지적은 한층 본질적인 관점에서 재고되어야 한다.

왜냐하면 바람직한가의 여부를 일단 보류한다면 그간 한국사회를 포함한 제3세계의 민주적 이행과정은 비록 절차적 민주주의가 성립되었다 하더라도 이들이 곧 실질적 민주주의로의 심화·발전에 효과적이고 의미 있는 토대로서 작동하지 못해 왔음을 보여주고 있으며, 그 주요원인은 바로 민주화과정(단계)상의 헤게모니가 많은 경우 지배연합에 의해 주도·관철되어 왔기 때문이다. 따라서 헤게모니 쟁취와 유지를 둘러싼 계급 혹은

---

16) 성경륭, 「자본주의와 민주주의의 변증법적 과제—자본주의 체제의 변혁가능성 모색」, 《사회비평》 6, 1991, 154쪽.
17) 손호철, 앞의 책, 474쪽.

세력—주로 연합세력으로서 지배연합과 반지배연합을 의미하게 됨—간
의 역학관계에 대한 고려 없이 절차적 민주주의와 실질적 민주주의의 관
계를 조화론적으로 낙관하는 견해는 추상적인 문제의식이라 하지 않을
수 없다.

8. 민주화 이행의 보수적 공고화와 지배연합의 강화

1987년을 축으로 한국사회가 다소 복잡한 경로를 통하여 절차적 민주
주의의 기틀을 수립했다는 긍정적인 평가는 그러나 앞에서 제기한 민주
화 이행의 주도권 및 역학구조와 연관된 자본주의 체제의 변혁 가능성에
서의 일정한 제약과 한계로 이어진다. 6공화국의 등장은 다른 무엇보다
도 지배연합세력간의 관계의 변모와 그 성격의 재편·강화라는 특징을 보
여준다. 강제력과 물리력에 크게 의존해 온 군부내의 강경파들 대신 상대
적으로 유연한 정치력과 협상·타협·포섭 전략을 적극적으로 활용하려는
온건파들이 지배블록내에서 주도적인 위치를 차지하고 나아가서 민주적
이행과정에 놓여 있는 한국정치의 헤게모니를 장악해 나갔다. 이와 동시
에 이 과정에서는 특히 전두환의 5공화국하에서 노정되었던 강압적인 국
가와 수세적인 자본의 관계가 합리적 역할분담에 근거한 상보적인 국가-
자본의 관계로 변모해 가고 있다. 최근 간헐적으로 보이는 국가에 대한
자본측의 전례 없이 강경하고 자신감 있는 대응은 이런 상보적인 관계의
재편과정에서 과거의 일방적인 관계를 거부하는 부분적인 균열조짐이기
는 하나 전면적인 대립은 아닌 것이다.

재정비를 서두르는 지배연합은 현실사회주의 체제들의 붕괴를 이데올
로기적·언술적 지형 재편의 유리한 계기로 활용하고자 적극적이고 공세
적인 입장을 견지하려 노력해 왔다. 이런 태도는 반지배연합의 분산과 이
반을 가속화하려는 정책을 통해서 구체적으로 드러난다. 6공 정부도 집
권 초기에는 절차적 차원의 민주화를 경제적 형평성과 연관되는 실질적
민주화로 심화시키기 위해 밑으로부터 지속적으로 분출되던 사회적 요구

에 직면하여 경제정의의 실현, 경제민주화정책, 금융실명제, 토지공개념법, 세제개혁 등을 추진하려는 일단의 움직임을 보여주기도 했다. 그러나 특히 3당 합당 이후 이러한 실질적 민주화로의 시도는 확연히 희석되었을 뿐만 아니라 앞서 지적한 국내외의 보수화 계기를 기화로 더욱더 적극적인 전략을 채택하여 공세적인 국면으로의 전환을 꾀하게 된다. 경제적인 측면에서는 성장 대 분배, 안정 대 복지, 경제위기론 대 경기조정론 등의 대결구도가 설정되는가 하면 더 근원적인 언술체계에서는 보수 대 혁신의 대결이라는 가상되고 편향된 구도 속에서 드러난 정치적 균열을 통해서 신념 및 가치의 체계를 양분하고자 해왔다.[18]

구체적으로 살펴보면 경제정책의 기본방향을 정부규제 완화, 분배개선, 균형발전으로 전환할 것임을 선언하면서 출발한 1988년 초 신내각은 처음에는 대기업에 대한 출자규제, 여신규제를 강화하고 공정거래의 원칙도 강조하는 듯이 보였다. 그러나 1988년 중반기 이후의 안정 대 복지, 성장 대 분배라는 가상적인 대결구조가 1989년에 들어서는 경제위기론 대 경기조정론으로 부상된다. 그리고 경제위기 상황을 전제로 하여, 경제민주화와 소득재분배에 유리한 조치는 대폭 후퇴하고, 기업활동을 지원한다는 명분하에 대자본에 대한 규제조치가 완화되고 재정·금융상의 지원이 확대되었다. 자본가측도 여러 형태의 조직과 기구를 통하여 노동자의 분배·복지 요구에 강력히 대응하면서 위기관리적 국면을 넘어서 자본측에 장기적으로 유리한 체제를 구축하기 위해 국가에 대해 강력히 요구사항을 제기하게 된다.

그 결과 경제운용도 성장 중심으로 바뀌어 기업 및 재벌에 대한 여신규제의 대폭적인 완화, 자금지원의 확대 등 친자본적 정책이 핵을 이루는 반면 피지배계급들에 대해서는 계급·계층간의 수혜의 차별성을 주요 속성으로 하는 정책들이 그나마 제한된 범위내에서 시행된다. 간략히 말하자면 절차적 민주화 단계에서 우여곡절 끝에 주도권을 행사하게 된 지배연합세력은 유리한 위치에서 이 세력의 구조를 재편하여 헤게모니를 유

---

18) 최장집, 「6공 보수주의에 대한 하나의 비판」, 계간 ≪사상≫ 가을호, 1990, 254쪽.

지하는 데 성공함과 동시에 피지배계급들에 대한 더욱 유연하고 다양한
포섭전략, 강화된 언술적·이데올로기적 공세 등을 통하여 반지배연합을
이반·분열시키는 데 성공하게 된다. 특히 1987년 7·8월 노동자투쟁 이후
동요하는 중간계급들의 지속적인 포섭과 국내외적으로 여러 가지 불리한
여건에 처해 있는 진보세력에 대한 강도 높은 탄압·억압으로 인해 실질
적 민주화로의 진입과 심화에 필수적으로 요구되는 반지배연합의 일정한
견제 및 도전의 힘과 영향력이라는 필요조건을 충족시키지 못함으로써
실질적 민주주의라는 측면에서 의미 있는 성과를 엮어내지 못하고 있는
실정이다.

9. 사회적·경제적 차원의 실질적 민주화를 위한 몇 가지 제언

한국 현대정치사의 대부분의 기간을 차지했던 권위주의 체제들은 갖가
지 복합적이고 중층적인 모순구조를 파생시켜 왔다. 따라서 한국사회의
다양한 위기들은 순차적으로 해결되지 못하고 상호 결부되고 확대재생산
되어 사회의 전구조에 파급되는 부정적이고 파국적인 양태를 연출해 왔
다. 이런 복합적·중층적 모순구조에 대한 대응방식 역시 순차적이고 점진
적이기보다는 총체적이고 전면적인 투쟁양식을 택해 왔다.

이 과정에서 일반적으로 수용되어 온 미국식 민주주의, 즉 개인적 차원
의 자유와 절차를 강조하는 민주주의 전통에 대한 거부감은 사회변혁을
우위에 둔 이론이 대두하면서 민주주의 그 자체를 도외시하는 경향을 낳
기도 했다. 계급적 갈등의 요인이 별반 내재하지 않은 1987년의 반(反)권
위주의·반(反)독재운동은 민주화의 1단계, 즉 절차적 민주주의를 쟁취하
는 데 요구되는 계급간·계층간의 연합·연대를 가능하게 했다. 그러나 이
절차적 민주화의 공고화가 곧 6공체제의 통치하에서 이루어짐에 따라 그
이후의 단계에서는 지배세력이 유리한 위치에서 자신들의 연합·동맹구조
를 재편·확립해 나가면서 주도권을 보지·관철해 가게 된다.

다른 한편으로 87년 6월 민주화투쟁이 반지배연합의 공고화로 연결되

지 못한 채, 7·8월 노동자투쟁 기간을 거쳐 약화되는 조짐이 나타나면서 강화되는 지배연합세력의 포섭전략은 절차적 민주화 단계까지 중추적인 역할을 수행했던 중산층의 급속한 이반을 가져오는 데 성공했다. 다시 말하자면 현재 한국사회의 민주화는 절차적·제도적 민주화라는 관점에서는 분명 중요한 성취를 일구어냈지만, 실질적·사회경제적 민주화의 관점에서는 의미 있는 진전을 가꿔내지 못했다. 계급·계층 세력간의 경제적 이해관계가 절차적 민주화의 단계에서처럼 민주적 제도 혹은 틀의 정착이라는 우선과제 때문에 잔배해 있는 것이 아니라 표면화되는 실질적 민주화과정은 이전 단계에서의 헤게모니 쟁취·관철, 그리고 역학관계에 크게 좌우되는 것이다. 87년 이후 전개되어 온 한국사회의 민주화과정은 이런 헤게모니 역학관계의 불균형으로 인해서 경제적 형평성을 중심으로 한 실질적 민주화의 진전에서는 극히 제한적인 성과를 낳는 데 그쳤다는 분석이다.

이런 분석에 근거할 때 앞으로 한국사회 민주화의 심화를 위해 진지하게 검토되어야 할 주요 쟁점은 다음과 같이 정리된다. 먼저 사회적·경제적 형평과 분배와 연관되는 민주화의 심화에는 반지배연합의 존재가 필수적이다. 따라서 이 심화과정의 주도세력으로서 연합(동맹)이 어떻게 형성되고 유지·강화되어갈 수 있느냐 하는 문제가 강구되어야 한다. 선거연합으로서의 '민주연합'에 대한 검토,[19] 진보정당과 전국적 노동자조직의 존재와 역할,[20] 더욱 포괄적인 관점에서 논의되는 시민사회(운동)론 등이 이런 범주에 속하게 될 것이다.

그러나 이상의 논의는 지배연합이 구축해 놓은 체제와 게임의 성격과 규칙에 대한 순응을 강조하게 된다. 바로 이러한 체제와 게임의 다른 이름이 곧 민주주의, 즉 절차적 민주주의이기 때문이다. 따라서 우리는 절차적 민주주의 단계로부터 실질적 민주주의 단계로의 이행을 필연적이거나 조화로운 것으로 파악하지 않았으며, 동시에 현재 당면하고 있는 민주적 이행의 교착상태에 대한 해결책을 자유주의의 확장을 통해서 구하려

---

19) 백종국, 「민중연합, 민주연합과 한국의 민주화」, ≪사회비평≫ 7호, 1992.
20) 임혁백, 「산업사회에서 국가, 자본, 노동의 관계―선진 산업사회의 경험과 한국의 과제」, 『산업사회와 한국정치의 과제』, 한국정치학회, 1990.

는 견해[21]에 반대한다.

그러면 어떻게 할 것인가? 우리의 딜레마는 분명해졌다. 민주적 틀을 유지해 나가면서, 이 틀의 메커니즘이 장애가 되는 사회적·경제적 차원의 실질적 민주주의로 옮겨 가려는 이중과제가 바로 딜레마이자 과제인 것이다. 한 가지 대안으로서 데이비드 헬드는 이미 오래 전에 '이중적 민주화과정'을 제기했다. 그는 오늘날 민주주의를 융성시키기 위해서는 민주주의를 한편으로는 국가권력의 개혁에, 다른 한편으로는 시민사회의 재구조화에 관련된 이중적인 현상으로 재파악해야 한다고 주장한다.[22] 대의민주주의를 확장시킬 수 있도록 국가를 변화시키면서 또한 직접민주주의를 신장시켜 시민사회의 자율적 조직능력을 확대해 가야 한다는 풀란차스의 견해나 의회 내부와 의회 밖의 민주화운동 전략을 모색하면서 충분히 포괄적인 민주화 프로그램을 중심으로 하여 광범위한 사회적 연합을 동원해야 한다고 주장하는 힌디스의 견해도 같은 맥락에 있다.[23]

결론적으로 한국적 상황에서는 이중적 과정으로서의 민주화, 그리고 이중적 과제가 중첩되어 있는 민주화 모델은 서구의 경험에서는 상호 모순되고 배타적으로 보이는 시민사회의 계급갈등 요인의 수용,[24] 의회주의 운동과 의회 밖 변혁운동의 접합,[25] 자유민주주의 이데올로기의 급진적·다원적 민주주의로의 심화·확대 등의 과제에 대한 절충적 방식 이상을 요구하고 있다. 발아단계에 있는 일부 시민사회운동의 경향들이 계급요인을 수용하는 문제는 차치하고 막강한 국가, 그리고 재강화되고 있는

---

21) 서병훈, 「포스트 리버럴리즘?: 로버트 달의 '민주적 유토피아'」, ≪한국과 국제정치≫ 8 : 1(봄·여름호), 1992.

22) David Held, *Models of Democracy*, Cambridge: Polity Press, 1987, p.283.

23) Nicos Poulantzas, *State, Power, Socialism*, London: New Left Books, 1978, p. 250; Barry Hindess, *Parliamentary Democracy and Socialist Politics*, London: Routledge and Kegan Paul, 1983.

24) 한완상, 「한국에서 시민사회, 국가 그리고 계급」, ≪사회비평≫ 7, 1992, 239, 245, 249-250쪽; 한상진, 「세계적 변혁기의 민주주의 재조명」, 『맑스주의와 민주주의』, 사회문화연구소, 1991, 31쪽; 강문구·여현덕, 「한국사회의 민주적 대안과 시민사회론」(미발표 논문).

25) 강문구, 「칠레 아옌데 정부의 사회변혁 실험에 대한 연구, 무산된 합법적 방법에 의한 사회주의로의 이행」, 『자본주의 체제하의 사회변혁운동』, 친구, 1990.

국가자본 속에서 체제내화 혹은 개량화되지 않고서 지속적으로 발전·성숙해 갈 수 있을지의 여부도 불명확하고,[26] 의회주의 사회운동은 말할 것도 없고 의회주의 전통 자체도 일천한 우리의 상황에서 연속성을 전제한 민주주의의 심화·확장 방식은 분명 만만치 않다. 민주적 이행의 내용과 형식, 사회적 변혁의 절차와 실질, 그리고 이중적 과정과 과제가 내포하고 있는 상호제약과 절연성이 변혁주체, 연합(동맹)방식·형태 그리고 헤게모니 싸움과 철저히 연계되어 문제시되고 모색될 때, 우리의 딜레마는 더 선명하게, 우리의 과제는 조금은 풍부한 모습으로 다가올 것이다.

　　좌파의 대안은 스스로를 민주주의 혁명의 영역 안에 충분히 위치시킴으로써, 그리고 억압에 대항하는 상이한 투쟁들 사이의 등가 연쇄들을 확장시킴으로써 이뤄져야 한다. … 이 과제가 가능하다는 것은 개인적 권리에 대한 자유주의적 담화가 보수주의적 담화의 요소와 접합되는 것을 허용하는 것과 마찬가지로 그것은 또한 민주주의적 계기를 강조하는 접합과 재구성의 상이한 형태들을 허용한다는 사실로부터 나온다. 다시 말하자면 여타의 사회적 요소와 마찬가지로 자유주의적 담화를 구성하는 요소도 결코 고정된 것으로 나타나지 않으며, 따라서 헤게모니 투쟁의 영역이 될 수 있다.[27]

---

26) 김세균, 「'시민사회론'의 이데올로기적 함의 비판」, ≪이론≫ 2호(가을), 1992.
27) 라클라우·무페, 앞의 책, 215쪽.

제2부

한국민주주의 향방과 사회진보운동

제5장

제3세계 민주주의를 위한 한국 문화운동의 점검

1. 문제의 배경

1970년대에 대학가에서 시작된 탈춤과 민속극 등에 대한 연구와 공연으로 대표되던 문화운동에 관한 논의가 1980년대에 들어서면서부터는 보다 본격적이고 보다 광범위하게 심화·확대되어 나갔다. 민중문화, 민족문학에 관한 논의는 1970년대에 이미 어느 정도의 자기기반을 다지기 시작했으며 1980년대에는 새로운 국면, 즉 계급적 차원에서의 문학 논의의 수준까지 진행되고 있다. 한걸음 나아가서 특히 새로운 것은 거의 모든 예술과 놀이의 분야−노래, 연극, 영화, 미술, 춤 등의 분야−에서도 예술성과 역사성(시대성, 사회성)과의 접합을 강력하게 요구하기에 이르렀다.

문화 혹은 문화운동의 영역에서 일어난 이러한 급격한 변화의 주요 요인은 무엇인가? 필자의 견해로는 두 가지 요인이 상호 결부되어 있다고 여겨진다. 첫째, 1970년대 민주화운동이 1980년의 '광주사태'라는 민족적 비극으로 일단 종지부를 찍고 실패하게 됨에 따라, 그간의 민주화운동에 대한 논의가 새로운 차원에서 본격화되었다고 볼 수 있다. 부연하자면 '전면투쟁'만을 강조했던 1970년대의 민주화운동이 1980년의 결정적인 민주화의 기회를 일부 군부세력에 의해 박탈당한 데 대한 반성에서, 운동의 기반과 근저를 확대·심화시키려는 노력의 일환으로서 문화운동의 새로운 역할과 기여에 눈돌리게 되었다는 것이다. 둘째, 문화 혹은 문화운동의 영역에 종사하는 주체자들의 입장에서 볼 때도 민족, 민중, 민주의 기치를 지향하는 전체적인 사회운동과의 연계성과 그 연계성하에서의 역할분담에 대한 인식이 경시된 채, 수동적이고 기능적(놀이와 예술 그 자체만을 강조하는) 측면만이 중시되던 전시대의 문화론과 문화운동론이 극복되지 않고서는 자신들의 운동 근거가 발전될 수 없다는 자기반성의 결과로 1980년대의 보다 활발한 문화운동 논의가 시작되었다고 볼 수 있다.

결과적으로 1980년이라는 시대적 전환점을 통하여 민족, 민중, 민주지향의 전체적인 사회운동 영역에서의 '새로운 문화운동'에 대한 요구와 문화운동 주체자들 내부의 자기반성을 통한 문화운동의 이론적·운동적 혁신에 대한 요구가 서로 연관되어 영향을 주면서, 1980년대의 문화운동은 논쟁적 확산과 더불어서 새로운 시대적·역사적 계기를 맞이하게 되었던 것이다.

2. 문제제기

1980년에 민주주의를 쟁취할 수 있었던 기회를 박탈당한 경험을 살리지 못하고 1987년 한국의 민주주의를 향한 사회변혁은 또다시 실패했다. 1987년 6월 민주화투쟁을 통해서 민주주의를 열망하는 온 국민─물론 처음에는 대학생과 일부 인텔리겐치아들만이 주도하는 듯했으나, 이후에는 중산층의 과감한 참여를 통해 전국민의 사회변혁 의지는 확인되었다─의 의지를 명백히 확인할 수 있었음에도 불구하고 한국의 민주화투쟁은 다시 한 번 벽에 부딪히고 말았던 것이다.

이 글은 문제의 배경에서 얘기한 1980년대 초반 민주주의의 쟁취에 실패하고 이를 통해 문화운동 논의가 심화되고 확산되는 과정, 그리고 방금 언급한 1987년 민주화투쟁의 실패라는 시대적·역사적 배경을 염두에 두면서 전개될 것이다. 다시 말하자면 두 차례 연거푸 이어진 결정적인 민주주의로의 진입의 계기를 잃어버린 현 시점에서 1980년대 초부터 활성화된 문화운동 논의는 어떤 의미와 역할을 부여받을 수 있으며, 또한 어떤 문제를 보다 정확히 꿰뚫어 볼 때만이 한국의 문화운동은 한국의 진정한 민주주의(제3세계 민주주의)의 정착을 위한 밑거름이 될 수 있는가라는 문제에 대해 천착해 보려 한다. 1980년대에 '전면투쟁'을 강조한 사회운동들이 민주주의를 쟁취하는 데 실패했다는 반성에서 올바른 문화운동의 기반과 영역을 넓혀 보려고 했으나, 결국 1987년에 다시 민주화투쟁이 실패하게 됨에 따라, 문화운동 역시 다른 사회운동들과 마찬가지로 자신의 역할에 대한 근본적인 반성과 더불어 정확한 자리매김과 좌표설정이 필요하다. 반드시 쟁취되어야 할 '민주주의'라는 시대적·민족적인 대명제 앞에서.

따라서 '진정한' 민주주의의 쟁취와 성취를 통한 한국 문화운동의 나아갈 바를 원론적으로 조명해 보고자 하는 것이 이 글의 목적이다. 이를 위해서는 우리가 지향하는 '진정한' 민주주의에 대한 개념 점검이 필요할 것이다. 또한 이 글에서 민주주의만이 강조되었다고 해서 민족, 민중, 민주의 지향점이 분리되거나 한 부분만이 배타적으로 강조되어서는 안된다는 점이 먼저 전제되어야 할 것이다. 민족문제의 내용으로서 민중문제는 자리잡을 수 있으며, 동시에 민족문제와 민주주의의 문제는 그야말로 변증법적 상관관계 속에서만 제대로 해결될 수 있을 것이다. 민주주의의 쟁취 없는 민중지향의 민족주의나 그 역의 논리 역시 명백한 모순이며, 자칫하면 분파주의자들이 구호나 도그마가 되어 버릴 수 있음은 주의깊게 인식되어야 한다고 본다.

3. 제3세계 민주주의론

자본주의적 민주주의의 허구성과 이에 대한 맑스주의자들의 문제제기를 바탕으로 제3세계 민주주의는 형식적(정치적) 민주주의와 내용적(사회적·경제적) 민주주의, 이 양자를 동시에 포용할 수 있어야 한다는 가정

위에서 논의를 이끌어가 보자. 다른 표현을 쓰자면, 시민의 자유로운 참
여가 최대한 보장되는 절차로서의 정치적 민주주의와 대다수 민중들의
기본적 생존권이 보장되는 내용으로서의 경제적 민주주의가 함께 성취되
는 이념과 체제로서의 제3세계 민주주의론이 정립되어야 한다는 것이다.
미국과 영국 등의 제1세계국가들의 자본주의적 민주주의가 전자(前者)만
을 강조함으로써 초래한 사회·경제적인 극심한 불평등의 모순과 소련을
위시한 제2세계가 후자(後者)만을 강조함으로써 채택하게 된 '프롤레타
리아 독재'로 인한 절차적 민주주의 혹은 민주주의적 절차의 방기라는 두
가지 모순을 세계사적 관점에서 극복할 수 있는 이념과 체제로서의 민주
주의론이야말로 제3세계에 속한 국가들이 주체적이고 창조적으로 심화,
발전시켜 나가야 할 목표이자 과제라고 생각한다.

4. 제3세계 국가들에 있어서 민주주의의 실패

대부분 제3세계 국가들이 민주주의를 성취하지 못한 데 대해서는 그야
말로 갖가지 해석이 가능하다. 1950년대에 미국 정치학자 립셋(M. Lip-
set)은 민주주의가 실패한 것은 경제적 조건이 구비되지 못했기 때문이라
고 논했으며, 경제발전단계이론으로 우리나라에도 널리 소개된 로스토우
(Rostow) 등의 발전론적 입장에 있는 학자들은 제3세계 국가와 사회의
내부에서 민주주의 실패의 원인을 찾으려 했다.[1]

이에 반해서 프랭크(A. G. Frank)를 위시한 초기의 종속이론가들은 제
3세계에 있어서 민주주의 실패의 원인을 세계자본주의 체제의 불평등한
지배-종속의 관계에서 찾았다. 다시 말하여, 선진 자본주의국가들의 정치
·경제적 착취로 인해 제3세계국가들이 점진적인 정치·경제발전을 이룩

---

1) 이에 대해서는 Jan Black(ed.), *Latin America: Its Problems and Its Promise*,
Boulder: Westview Press, 1984, "Introduction"; Ronald, M. Chilcote, *Theories
of Development and Underdevelopment*, Boulder: Westview Press, 1984; Peter F.
Klaren & Thomas J. Bassert(eds.), *Promise of Development: Theories of Change in
Latin America*, Boulder: Westview Press, 1986 등을 참조.

할 수 없었다는 것이다.[2] 초기 종속이론가들의 논리를 비판하면서 등장한 후기 종속이론가들, 그 중 특히 카르도소(F. H. Cardoso)는 제3세계 국가들이 정치·경제 발전에서 실패한 원인을 단순히 세계자본주의 체제라는 외부적 요인으로 환원시키는 것은 지극히 결정론적 시각이라고 비판하면서, 세계자본주의 체제라는 외부요인과 제3세계 국가내의 정치·경제적 구조, 계급관계, 계급간의 상호연대관계, 권력배분관계 등의 내부적 요인간의 상호관계가 명확해질 때만 그 원인이 제대로 밝혀질 수 있다고 논한다. 그리고 그는 맑스의 역사적-변증법적(Historical-Dialectical) 시각의 재정립을 강조하고 있다.[3] 이외에도 제3세계 국가, 특히 남미국가들의 조합주의적(Corporatist)·문화적 전통 속에서 민주주의 실패의 원인을 찾는 조합주의의 주창자 위아드(Howard Wiarda)[4]와 관료적 권위주의 모델로 널리 알려진 오도넬의 이론 등도 참고할 만하다.[5]

제3세계 대부분 국가의 민주주의 실패 과정을 설명하기 위해서 앞에서 간략히 언급한 이론들이 상호배타적으로 적용될 필요는 결코 없으며, 필요한 부분들을 상호 보충할 수 있는 틀로서 발전해 나갈 때, 사회과학 이론의 진정한 발전 또한 기대할 수 있을 것이다. 필자는 제3세계 민주주의라는 과제를 성취해 나가기 위한 한국 문화운동의 좌표를 설정해 나가기 위한 논리의 전개를 위해서 한국사회에서의 민주주의의 실패원인을 또 다른 각도에서 조명해 보려 한다.

---

2) 이 시기 프랭크의 대표적인 저작으로는 H. G. Frank, *Capitalism and Underdevelopment in Latin America: Historical Studies of Chile and Brasil*, N.Y.: Monthly Review Press, 1967이 있다.

3) Fernando Henique Cardoso and Enzo to, *Dependency and Development in Latin America*, Univ. of California Press, 1979.

4) Howard J. Wiarda(ed.), *Politics and Social Change in Latin America: The Distinct Tradition*, Amherst: Univ. of Massachusetts Press, 1974.

5) 한상진 교수가 편집한 오도넬에 관한 책을 참조.

5. 국가·사회관계에서의 한국사회의 민주주의 실패

필자는 국가와 사회의 관계의 관점에서 한국 민주주의의 실패과정을 논하려 한다. 간단히 얘기하면 한국에서 민주주의가 뿌리내리지 못한 것은 군부쿠데타를 통해 권력을 잡은 군부세력이 국가의 권력과 역할을 집권 연장을 목표로 과도하게 팽창시킨 데 원인이 있다고 본다. 자율과 동의를 바탕으로 하는 사회—서구에서의 시민사회에 해당되는—가 발전·정립되어 갈 수 있는 계기가 구조적 폭력과 강제력을 기본 속성으로 하는 일부 군부세력의 등장으로 상실되고, 이들이 핵을 이루었던 국가권력이 정치·경제의 영역뿐만 아니라 사회의 모든 영역에까지 침투하여 지배하게 됨으로써 비민주적·반민주적 퇴행을 거듭하게 되었다는 것이다.

이 시점에서 국가와 사회의 관계에 대해서 간단히 몇 가지 주요이론들을 살펴볼 필요가 있다. 헤겔은 시민사회를 경제관계와 계급형성의 영역으로 개인들의 이해관계가 충돌하는 혼돈과 갈등의 상태로, 반면에 국가는 이러한 시민사회의 갈등에 질서를 부여하는 보편적 가치로 인식한다(여기서 우리는 헤겔의 사상이 내포하고 있는 전체주의적 요소의 일부를 명확하게 확인할 수 있다). 한편 맑스는 헤겔의 시민사회와 국가의 분리를 수용하지만 그 관계를 전도시킨다. 그는 국가가 시민사회의 갈등을 초월한 보편적 영역이라는 것을 부정하고 생산관계의 영역인 시민사회가 역사의 동인이고 국가는 종속적이라고 본다. 끝으로 그람시는 시민사회를 생산관계의 영역이 아닌 이데올로기적·문화적 복합체로 이해하는데, 시민사회는 국가와 함께 상부구조의 두 가지 영역을 구성하게 된다.[6]

시민사회가 생산관계의 영역과 완전히 분리될 수 있는지에 대해서는 그람시의 구분에도 다소 비판의 여지는 있으나, 그가 일관되게 주장하는 문화적·이데올로기적 투쟁의 중요성을 고려할 때, 보다 거시적인 관점에서는 이해될 수도 있을 것이다. 부연해서 그람시의 입장을 좀더 살펴보면 국가는 정치사회와 같은 의미로 생산형태와 경제가 일치해서 대중을 통

---

6) 이내영, 「안토니오 그람시의 헤게모니 이론」, 김학노·박형준 외, 『국가·계급·사회운동』, 한울, 1986, 48쪽에서 재인용.

제하는 독재나 강제기구의 영역이고 반면에 시민사회는 교회, 노동조합, 학교 등과 같은 사적 조직으로 헤게모니(Hegemony)가 행사되는 영역으로 구분된다.[7) 이러한 구분에 기초해서 선진 자본주의의 지배는 정치사회나 국가에 비해 시민사회에 우세한 특징을 가지고 있으며, 따라서 선진 자본주의사회의 혁명전략은 국가권력의 급격한 장악보다 시민사회를 장악하기 위한 이데올로기적·문화적 투쟁에 초점이 주어진다고 본다.[8)

물론 그람시의 이론을 액면 그대로 한국의 상황에 적용시킬 수는 없다. 단지 그의 뛰어난 통찰력 중에서 우리 상황에 중요한 부분을 가려내어 재조명해 보는 작업이 필요할 따름이다. 앞에서 필자는 한국에서 민주주의 쟁취가 거듭하여 실패한 한 요인을 상대적으로 과도하게 팽창된 국가권력과 제대로 발전되지 못하고 축소되고 정체된 사회와의 관계로 설명하려 했다. 우리의 상황이 비록 시민사회가 우세한 특징을 갖는 선진 자본주의사회와는 다르다 하더라도 축소·정체된 사회부분을 활성화시키고 발전시켜 나가기 위해서는 문화적·이데올로기적 투쟁을 강조한 그람시의 사상을 받아들일 영역은 충분히 있다고 본다. 더군다나 현대사회의 국가들이 굳건한 지배체제를 유지시키기 위해 단순히 강제력과 물리력뿐만이 아니라 대중의 자발적인 동의에 바탕을 둔 헤게모니를 통해서도 그 지배력을 확보하고 공고히 하려 한다는 점을 충분히 고려할 때, 그람시 이론의 중요성은 배가된다. 그람시의 확장된 국가 개념에는 국가는 통치기구일 뿐 아니라 헤게모니의 사적 기초가 되고 여기서 국가는 경제력에 의한 지배의 역할과 헤게모니를 행사하는 복합체로 이해된다. 즉 "국가는 지배계급이 그 지배를 정당화하고 유지할 뿐 아니라 그들이 통치하는 하위계급의 능동적 동의를 확보하는 실천적 및 이론적 복합체이다."[9) 지배계급은 이러한 국가를 통해 강제력뿐 아니라 전체 사회에 자신의 세계관을 보편화시키고 대중의 동의를 획득함으로써 자신들의 지배를 유지하며 이러한 지배계급의 헤게모니가 계속되는 한 진정한 사회변혁도 불가능하다는 것이다.

---

7) 앞의 글, 48쪽.
8) 앞의 글, 48쪽.
9) 앞의 글, 49쪽.

한국의 상황으로 시점을 돌려보자. 해방 이후 계속되어 온 독재정권의 지배, 특히 1961년 이후 계속된 일부 군부세력 중심의 군부통치의 결과 국가권력이 과도하게 팽창하여 권력 자체—정통성, 합법성, 도덕성 그리고 폭력성—등의 문제를 넘어서서 지배계급의 체제유지와 부합되는 가치관 및 세계관을 사회 전계층에 침투시키고 강요해 왔다. 이러한 통치방식이 거의 40여 년간 계속되어 왔음을 감안할 때—비록 진보적인 세력에 의한 국가권력의 쟁취도 한 번도 이루어보지 못했지만—과연 한국사회에서 진정한 민주주의가 문화적·세계관적 투쟁의 기초 없이 국가권력의 변화만으로 쟁취될 수 있을까, 그리고 만약 쟁취된다 하더라도 달성될 수 있을까 등의 의문이 제기된다.

근래 한국사회에서 급격하게 증가하고 잔인해져 가는 여러 가지 폭력의 형태들을 일별해 보더라도 정치적·구조적 폭력의 형태들이 사회의 전반적으로 타락된 가치문화형태들을 사회내에 전수시킴으로써 사회적인 여러 형태의 폭력들이 확대재생산되어 나감을 알 수 있다. 이제는 비인간적인 차원을 넘어서서 인간 자체를 부정하는 듯한 반(反)인간적 차원에 우리사회내의 폭력이 도달해 있는 듯하다. 많은 경우에 폭력을 저지른 범죄인들은 그 잔인함의 정도는 차치하고서라도 자신의 살인, 강도, 강간 등의 범죄행위에 대해서 법정에서조차 전혀 반성하는 기색이 없다. 또 한 가지 한국사회의 폭력성을 심각함을 드러내는 것은 범죄인의 연소화(年少化)현상이다. 이 현상은 우리사회의 전반적인 타락상—성적 쾌락의 과잉 추구, 황금만능주의에 배태된 인간성에 대한 경멸, 우리 전통사회 공동체의식의 파행적인 쇠퇴, 자본주의적 퇴폐문화의 급속하고 광범위한 침투, 이에 따른 이기주의의 만연, 주입식 경쟁위주의, 그리고 비민주적 교육에 따른 권위에 대한 맹목적 복종 및 동료간의 불신풍조, 사회계급·계층간의 엄청난 소득·소비형태의 격차 및 이에 연유한 위화감, 불합리한 공무원 임용제, 특히 육사졸업생에 대한 모순적인 우대제도, 직장이나 모든 단체 등에 만연되어 있는 기회주의적 사고·행동방식—을 적나라하게 반영하고 있다.10)

---

10) 자세한 논의를 위해서는 졸고, 「한국사회의 폭력현상에 대하여」, 5·7문학협의

문제는 이러한 사회 전반적인 윤리·도덕의 부재와 타락상은 궁극적으로 국가와 정치사회의 구조적 모순들을 직간접적으로 반영하고 있다는 점에 있다. 다시 말하자면 내외적 모순이 중첩된 한국의 정치현실의 악영향은 단순히 정치적 영역에서 끝나지 않고 사회적 영역의 타락을 배양해 나가는 모종이며 토양이기도 하다. 타락한 사회와 사회의식은 그 싹을 전수해 준 정치현실로부터 끊임없이 그 존립근거를 제공받으면서, 자체의 타락한 윤리·도덕의식을 확대재생산해 나가면서 역으로 정통성과 도덕성이 결여된 정치구조를 측면에서 뒷받침해 주는 역할을 하게 된다.

이러한 사회와 정치영역의 상호보완적 관계에서 일부 권력지향의 군부세력이 핵을 이루어온 국가권력이 주도권을 행사하려고 해왔음은 두말할 나위도 없다. 사회의 타락상은 국가권력 내지 정치영역의 독재적 성향 못지않게 민주주의로의 진입을 힘들게 하는 요인이다. 다시 말하여 정치적 민주화투쟁에 성공한다 하더라도 사회·문화 전반적인 영역에 침투되어 뿌리내린 반민주적·반인간적 요소들을 철저하게 척결하기란 전자의 투쟁 못지않게 혹은 그 이상으로 힘든 과제인 것이다. 왜냐하면 이러한 사회·문화 전반의 반민주적 요소들은 사회구성원들의 행동과 의식 속에 어느 정도의 자발적인 개인을 이미 형성해 놓았기 때문이다. 진정한 민주주의가 종국에는 민중 대다수가 자발적이고 능동적으로 구축한 자신들의 가치관 및 세계관에 근거하여 행동하고 투쟁할 때만이 이러한 행동과 투쟁의 근저가 동의와 자발을 기반으로 하는 사회 속에서 제대로 싹터갈 수 있다고 한다면, 진정한 민주주의의 쟁취과정에서 타락되고 전도된 세계관을 혁파하기 위한 문화운동의 당위성은 명확해지는 것이다.

6. 제3세계 민주주의와 '역동적' 문화운동론
결정론적 문화론과 정체론적 문화론에 대한 비판

그럼 지금까지 국가와 사회, 강제와 동의의 관계로 살펴본 지배와 피지

___

회 편, ≪문학과 실천≫ 창간호를 참고하기 바람.

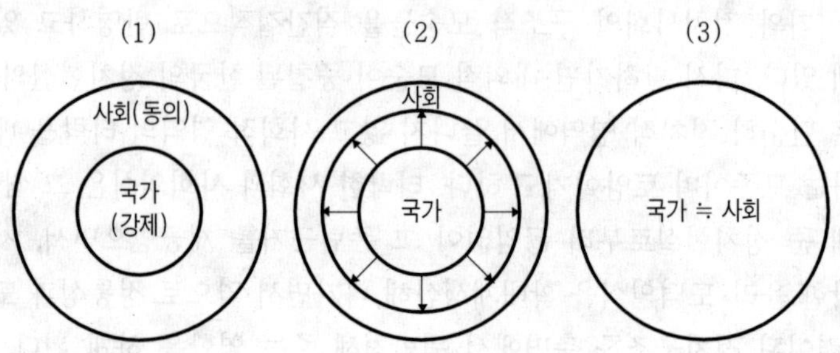

<그림 1> 국가와 사회의 관계

배의 메커니즘을 간략히 정리한 후, 이들의 주요한 논지에 속하는 문화운
동론으로 넘어가기로 하자.

원래 사회가 그 시장기제(a market mechanism)를 통해서 국가가 최소
한 중립적인 역할만 한다면 스스로 자율적으로 통제해 나간다는 원리에
근거한 초기 자본주의국가사회의 관계는 모든 영역에서의 국가의 역할이
적중해 온 현대 자본주의사회에서는 단지 이론만 존재할 뿐이다.11) <그
림 1>은 본래 최소한의 기능만을 하게 된 국가 혹은 정치사회가 그 영역
과 역할을 사회 전영역으로 확대시켜 감에 따라 국가의 권력이 사회 모든
영역에 침투하고 지배·통제하게 됨을 보여준다. 따라서 이제는 강제와 동
의의 구분도 모호해져서 사회의 영역에 강제력과 동의에 의한 순응이 혼
재해 있음을 알 수 있다. 더군다나 이러한 역학관계가 군부독재정권에 의
해 오랫동안 교묘히 이용되어 왔다고 전제할 때, 진정한 제3세계 민주주
의 쟁취과정은 국가권력의 장악뿐만 아니라 사회 전반적인 의식개혁, 세
계관 개혁을 목표로 하는 문화적·이데올로기적 투쟁의 단계는 필수적이
다.

이상의 논의를 염두에 두면서 지금까지 퍼져 있던 몇 가지 문화 혹은
문화운동론의 비판과 함께 지향해 나가야 할 역동적인 문화운동론을 개
진해 보기로 하자. 지배와 피지배의 메커니즘에는 단순히 지배계급(계층)

---

11) Alfred Stefan, *The State and Society: Peru in Comparative Perspective*, Princeton:
Princeton Univ. Press, 1978, pp.3-45.

의 강제력뿐만 아니라 피지배계급(계층)의 자발적인 순응도 동반되게 되며, 이는 비록 정통성과 도덕성이 결여된 독재체제의 지배-피지배의 메커니즘도 그 예외는 아니다. 그러므로 제3세계 민주주의의 쟁취와 완성이라는 과제가 국가권력 지향의 투쟁만으로 이루어지기에는 여러 가지 장애가 있음은 앞에서 논한 바대로이다. 민주주의 쟁취가 국가권력의 장악으로 해결될 수 있다는 논리에는 문화에 대한 편견도 수반된다.

첫째로 지적되어야 할 그릇된 문화론은 문화가 단순히 그 사회의 하부구조, 즉 경제적 생산관계를 반영하는 데 불과하다는 시각이다. 이는 소위 결정론적 맑스주의의 영향으로서 경제관계가 변혁되는 정치투쟁과정에서 '문화'는 자연적으로 변화되게 마련이라는 것이다. 이 결정론적 문화론은 정치·경제 변혁운동에 대한 문화운동의 종속적 위치를 강조하면서 또한 문화의 수동성과 기능성만을 부각한다. 또한 문화운동의 독자성, 자율성 그리고 전체적인 정치·사회운동과의 연계성이 경시되는 경향이 있다. 이 시각은 자본주의사회의 문화는 곧바로 지배계급의 문화라는 결론에 도달하면 이 지배계급의 문화가 공공연하게 혹은 암묵적으로 피지배계급에 침투되기 때문에 사회변혁을 지향하는 올바른 문화운동은 불가능하다고 본다. 이 논리는 문화운동의 비효율성을 강조하는 비판의 입장에서 사용하는 논리이기도 하고, 때로는 문화운동의 담당자들이 스스로 드러내는 한계이기도 하다. 더군다나 국가권력의 극심한 압제와 탄압 속에서 사회·정치운동의 존립기반마저 위태로울 때, 과연 문화운동은 자체에 대한 주요한 문제제기가 포함되어 있는 듯하다.

우리가 1920년대 일제 치하에서의 문화운동이 본질적 모순이었던 민족해방의 과제와는 거리가 먼 허구적인 개량운동으로 변모해 가는 과정을 돌이켜 보건대 진정한 민주주의를 지향하는 현 시점의 사회변혁과정에서도 문화운동 논의에는 주의를 요하는 부분이 많다고 생각된다. 결론적으로 전체 사회가 당면하고 있는 본질적인 모순에 대한 정확한 인식과 그에 대응되는 실천적·운동적 좌표, 그리고 다른 사회·정치운동과의 연관성이 정확하게 설정되지 않을 때 문화운동론은 다분히 수동적이고 개량주의적인 형태의 운동으로 전락할 소지가 있다.

결정론적(혹은 수동적인) 문화운동론과 다소 연관되면서도 또 다른 오류를 범하고 있는 것이 정체론적 문화운동론이다. 이 시각은 자본주의사회와 문화의 지배력과 흡인력을 지나치게 강조함으로써 사회변혁 자체에 회의적으로 되는 경향으로 치닫는다. 다시 말하자면 자본주의적인 요소가 국가의 강제력과 더불어 사회와 문화의 각 영역에 깊이 침투되어 이와 배치되는 형태의 문화─가치, 규범, 도덕 등을 포함한 세계관─을 재창출해 내기란 불가능하다는 것이다. 자본주의의 엄청난 흡인력과 문화적 지배력의 본질을 잠시 살펴보기 위해서는 루카치의 탁월한 분석을 음미해 보는 것도 도움이 되는 일이다.

루카치는 그의 역저 『역사와 계급의식』에서 자본주의 문화와 문명을 '사물화 현상(물상화, reification)'으로 특징지으면서, 사물화된 사회적 형식들이 인간에게서 인간으로서의 본질을 박탈해 버린다고 분석한다.[12] 자본주의하의 인간은 자본주의에 의해서 인위적으로 고립된 개인적·이기적 부르주아일 수밖에 없으며, 활동과 인식으로 표현되어 나타나는 의식은 결국 개인적·고립적, 로빈슨 크루소적 의식이며, 바로 이 이유로 사회적 행위의 활동적 성격은 폐기된다.[13] 루카치는 무엇보다도 어떤 시대 예술의 원리에 부과된 체계론적 의미와 세계관적인 의미를 강조하고 있는데, 이는 바로 구체적 총체성의 창조의 원리 그것이었다.[14] 루카치는 이 원리를 다음과 같이 설명하고 있다.

> 이는 형식의 물질적 기반의 구체적인 내용을 지향하는 형식관, 그래서 요소들이 전체에 관계를 맺을 때 항상 수반되었던 '우연성'을 지양하면서 우연과 필연의 대립을 한낱 가상의 차원에 머무를 뿐인 외견상의 대립으로 지양할 수 있는 형식관에서 비롯되었다.[15]

현실의 구체적 총체성을 구현하는 일이 예술의 기본원리라고 전제하면

---

12) 게오르그 루카치, 『역사와 계급의식: 맑스주의 변증법 연구』, 거름, 1986, 220쪽.
13) 앞의 책, 219쪽.
14) 앞의 책, 222쪽.
15) 앞의 책, 222쪽.

서 루카치는 이의 구현이 부르주아 인간, 즉 자본주의사회의 인간에게는 아주 힘든 과제임을 논하고 있다. 왜냐하면 앞에서도 잠시 언급했듯이 자본주의 사회와 문화 속에서 인간은 한편에서는 사회적 존재가 인간으로서의 인간을 파괴했으며, 또 한편으로는 사회적으로 파괴되고 파편화된 인간, 부분체계들 사이에서 분해된 인간들이 되어 버리기 때문이다.[16)

자본주의사회에서 개인들이 마주치는 현실은 그 자체가 영원불멸의 것으로 비춰지며, 그 현실의 생성과정과 역사는 추상화된 형태로만 이해된다는 것이다. 또한 현실의 부분부분이 전체 사회구조와 전체적 세계관과의 연관성 속에서 이해되지 않고 별개의 것으로 독립된 형태―따라서 추상성과 영원성은 더욱더 심화되기 마련이다―로 존재하는 것처럼 인식된다. 이러한 사물화된 문화와 세계관 속에서 사회변혁이나 운동은 불가능한 것으로 비춰지며, 단지 하나의 추상적 도그마로서 존재하게 되는 것이다. 이상의 맥락에서 정체론적이고 패배주의적인 문화론은 당연한 귀결이다. 왜냐하면 자본주의사회란 기성체제의 지배양식을 추상화된 물상화(物象化)의 보편과정으로 절대화하면서 이성과 인간의 의지에 대한 신념을 상실한 상태로 파악되기 때문이다.[17)

결론적으로 자본주의사회에 배태된 '자본의 논리'와 이에 근거한 비인간적, 그리고 고립적 인간화의 현상을 영원불멸의 것으로 파악하여 이와 배치되거나 대립되는 어떠한 형태의 세계관이나 문화도 이 사회내에서는 뿌리내릴 수 없다고 생각하는 정체론적 문화론을 어떻게 극복해 나갈 것인가라는 문제가 제기된다고 본다. 이에 대해 간단히 대응해 보면 우리나라를 포함한 제3세계 국가들이 아직까지 그 잔재나마 보유하고 있는 '공동체적 기반과 문화'에 착목할 필요가 있다고 생각된다. 부연하자면 개인성의 발전·구현과정이 전체 사회와의 유기적 연계성 속에서 이루어지며 이 과정에서 민주적 평등성, 민중적 예술성, 공동체적 감각들이 상호 교환적으로 발전되어 나갈 수 있는 계기가 제3세계 고유의 공동체문화 속에서 찾아져야 한다는 것이다.[18)

---

16) 앞의 책, 224쪽.

17) 임영일, 「그람시의 헤게모니론과 이행의 문제들」, 『국가·계급·헤게모니』, 풀빛, 1985, 319쪽.

그럼 지금부터 앞에서 언급한 두 가지 문화, 문화운동론의 오류를 극소화시킬 수 있는 역동적 문화운동론에 대해 초점을 맞춰보자. 사실 지금까지의 논의전개 과정을 엄밀히 추적해 보면, 즉 문제가 되는 부분들을 정확히 점검해 보면, 우리가 지향해야 할 제3세계 민주주의 쟁취를 위한 문화운동의 형태는 이미 그 속에 상대급부적으로 잠재해 있다고 생각된다. 그러나 이의 심화를 위해 먼저 그람시의 두 가지 중요한 개념, 헤게모니와 진지전이란 개념에 유의하면서 논의를 전개하기로 한다.

글의 앞부분에서 계속 주장했듯이, 어떤 정치·사회 체제가 정상적으로 그리고 지속적으로 지배/피지배의 관계를 유지하기 위해서는 강제력만이 아닌 피지배계층들의 동의에 근거한 헤게모니에 의한 통치가 필요하다. 그람시의 헤게모니 개념은 자본주의사회의 지배의 이중적 성격에 대한 파악에 기초한다. 그는 모든 지배는 강제(coersion)와 동의(consent), 힘과 헤게모니, 폭력과 설득의 양자의 조화에 의해 이루어진다고 본다. 여기서 헤게모니는 힘의 수단에 의한 지배의 관계가 아니고 정치적·이데올로기적 지도력의 수단에 의한 동의의 관계를 의미하게 된다. 즉 그의 헤게모니 개념은 한 사회계급이 자신의 세계관을 확산하고 대중화함으로써 동의를 획득하고 이것을 통해 전체 사회에서 그들의 영향력을 행사하고 지도력을 장악하는 것을 의미한다.[19]

여기서 우리가 주목해야 할 필요가 있는 부분은 헤게모니 장악을 위한 싸움의 중요성이다. 결국 제3세계 민주주의를 성취·완성하기 위해서는 정권교체를 위한 싸움뿐만 아니라 민주주의적 세계관 내지 가치관의 뿌리내림을 위한 싸움도 함께 병행되어야 한다. 다시 말해 권력쟁취의 싸움도 궁극적으로는 이 헤게모니의 쟁취를 위한 하나의 과정으로 이해되어야지, 그 자체가 제3세계 민주주의를 지향하는 사회변혁과정의 완성으로 받아들여져서는 안된다. 민주주의 쟁취를 위한 진정한 싸움의 형태는 세계관 대 세계관의 싸움인 것이다. 비민주적·반민주적인 독재체제를 진정으로 극복하는 길은 그 체제를 여러 가지 형태로 뒷받침해 주는 이데올로

---

18) 임재해, 「마을 공동체 민속의 통합적 기능과 생산적 기능」, ≪공동체문화≫ 제3집, 공동체, 1986을 볼 것.

19) 이내영, 앞의 글, 42쪽.

기의 세계관을 분쇄할 수 있을 때, 대다수 민중들 스스로가 이 새로운 세계관이 진정으로 자신들을 위한 것이며 또한 도덕적, 가치론적으로도 훨씬 우수하다고 스스로 확신할 때, 획득되는 헤게모니를 통해서이다. 그람시는 이를 이데올로기 투쟁이라 불렀다. 따라서 이데올로기 투쟁은 문화운동의 주요한 부분으로 자리잡혀야 할 것이다.

그람시에 있어서 '문화'란 예술과 놀이와 연관된 인간의 행위 그것보다 훨씬 포괄적이고 광범위한 것이었다. 계급투쟁에서 이데올로기 매개 역할을 수행하는 사회의식의 모든 영역─상식적인 사고, 태도, 습관, 신화, 민속 등─이 문화에 포함된다. 문화란 인간의 내적 사고(자아)의 조직체이자 훈련체이며, 개인의 인간성의 전유(專有, appropriation)인 것이다.[20] 그는 또 문화를 다음과 같이 정의하기도 한다.

> 문화란 하나의 일관되고 통일적이며 민족에게 널리 퍼진 삶과 인간에 대한 생각이며, 동시에 하나의 일상종교(lay religion)이다. 즉 그것은 윤리적인 삶의 방식 그리고 인간의 사적 행위를 이룩해 낸다.[21]

다시 말하자면 문화란 이른바 실천이란 가변적인 영역들이 그 속에서 연계·통합될 수 있는 매개적인 장(場)을 제공한다는 의미이다.

이러한 광범위한 영역을 포함하는 문화의 헤게모니를 장악하는 것이 곧바로 새 세계관의 성립과 일치하며, 이는 그람시에게는 가장 중요한 사회변혁의 과제이자 목표였던 것이다. 그러면 헤게모니 장악을 위한 전략으로서의 진지전 혹은 지구전(War of Position)에 대해 살펴보자.

그람시는 그의 헤게모니 개념을 통해 서구 자본주의사회가 내적 모순과 계속되는 경제위기에도 불구하고 혁명이 일어나지 않고 부르주아 지배가 유지되는 현상에 대한 이유를 설명하고 있다. 여기서 우리가 주목할 필요가 있는 것은 투쟁영역의 확대에 대한 부분이다. 제3세계 민주주의 쟁취를 위해서도 그 투쟁이 국가권력의 장악이라는 측면에만 국한되지

---

20) Carl Boggs, *The Two Revolution: Gramsci and the Dilemmas of Western Marxism*, Boston: Southend Press, 1984, p.45.

21) 김성기, 「그람시와 문화운동」, ≪공동체문화≫ 제3집, 1986, 178쪽.

않고 사회와 사회관계의 영역에까지 확대되어야 하며, 따라서 다양한 대중적 민주투쟁으로 투쟁의 영역을 넓혀감으로써 민족적-대중적 집단의지(national-popular collective will)를 형성해 나가야 한다는 것이다. 이를 위해서 그람시는 전통적인 전략으로서의 기동전(War of Manoeuvre)이 아니라 지구전이 보다 효과적인 전략이라고 주장하고 있다. 그는 시민사회의 정복과 정치적·문화적 지도력을 장악하는 지구전을 강조하면서 지구전은 장기간의 인내와 창조성을 요구하는 과정이지만 한 번 승리하면 결정적인 것이라고 주장한다.[22] 기동전에 대비된 지구전은 자본주의 발전에 의해 상부구조의 영역이 확대되고 지배이데올로기는 보다 제도화·내면화되는 상황에서 국가권력에 대해 직접적 공격을 하는 기동전은 자본주의의 외피만을 파괴하기 때문에 일시적이고 불충분하다는 것이다.[23] 그러므로 대중의 사고에 대한 지적·도덕적 개혁과 계속적인 교육과 의식의 쇄신을 과제로 결정할 때 지구전이 보다 효과적인 전략이라는 결론이다. 지구전의 형태로 헤게모니를 장악하려는 사회집단은 기존 지배계급의 헤게모니의 역사적 기반들을 해체하며 자신들의 새로운 이데올로기적·문화적 체계를 구축할 수 있어야 한다. 이러한 해체와 재접합의 과정이 지구전으로서의 문화운동이라 할 수 있으며, 동시에 이 글에서 강조하고자 하는 역동적 문화운동론의 핵심이라 하겠다.[24]

결론적으로 이 글의 주요 과제였던 역동적인 문화운동론은 제3세계 민주주의의 쟁취와 완성은 국가권력 형태와 정치구조의 변혁을 포함하는 대다수 민중들의 헤게모니의 획득을 그 목표로 하는 시각이며, 일시적이 아닌 지속적이고 지구적으로 계속되어야 할 민주주의적인 가치관 내지 세계관의 확립을 위한 이데올로기·문화투쟁의 형태를 띠게 될 것이다. 이 싸움에 있어서 역동적인 문화운동은 다른 제반의 사회운동과의 연대 속에서 그리고 현 상황에서 요구되는 민족공동체의 쟁취목표인 민족, 민중, 민주의 가치를 정확히 이해함으로써 그 역할을 충분히 해낼 수 있을 것이다. 그리하여 역동적인 문화운동은 제3세계 민주주의 쟁취와 완성을 위

---

22) 이내영, 앞의 글, 58쪽.
23) 앞의 글, 57쪽.
24) 김성기, 앞의 글, 179쪽.

한 싸움을 보다 근원적이고 거시적인 관점으로 이끌어갈 수 있을 것이며, 이 과정에서 문화운동은 혁파되어야 할 비민주적·반민주적인 요소와 대상들과 그들의 상호보완관계를 근본적으로 분쇄해 나가는 세계관 대 세계관의 싸움으로 발전되어 나갈 것이다.

7. 맺음말

현 시점의 한국 상황에서 지향해야 할 민주주의의 과제를 제3세계 민주주의―즉 제1세계가 보여준 경제적 평등성의 모순과 제2세계가 보여준 절차적(정치적) 민주성의 모순을 극복해 나가는 이념과 체제로서의―라는 논의로 전개시키면서 이의 쟁취와 달성을 근원적·근본적으로 이룩할 수 있는 형태의 문화운동론의 전개가 이 글의 목적이었다. 필자는 무엇보다도 제반의 다른 형태의 사회·정치운동과의 연대성 및 연계성을 강조하고자 했으며, 국가권력의 장악 및 정권교체를 제1의 목표로 하는 운동과 궁극적으로 세계관 대 세계관의 싸움을 목표로 하는 문화운동의 상관관계에 유의하여 서술하고자 했다.

일반적으로 문화운동이 제3세계 민주주의의 달성이라는 과제를 지향하는 사회변혁과정에서 올바로 정립되어 발전되어 나간다면 커다란 잠재력―즉 근본적인 민주주의 세계관·가치관의 정립이라는―을 발휘할 것으로 보이지만, 시대적인 당면과제에 대한 끊임없는 통찰과 다른 운동과의 연계성에 대한 정확한 인식이 결여될 때는 수동적이고 개량주의적인 운동의 형태로 전락할 가능성도 다분하다. 결과적으로 정치투쟁의 장(場) 역시 비민주적·반민주적인 이데올로기에 대한 지적·도덕적인 우위성을 대다수 민중에게 확인시킬 수 있는 세계관 및 문화가 뿌리내릴 때 그 역량은 배가될 것이며, 이로 인한 정치투쟁의 발전 및 심화는 곧바로 문화운동의 성숙의 계기이자 밑거름이 될 것이다. 그리하여 역동적인 문화운동은 현 상황에서의 보다 직접적이고 투쟁적인 운동형태들로부터 민주주의의 실천적 계기를 보다 근원적이고 근본적인 차원으로 심화시켜서 되돌려 주어야 할 역할을 떠맡게 되는 것이다.

현재 한국의 상황이란 상당히 혼미스럽다고 느껴진다. 타파되어야 할 진정한 제3세계 민주주의의 성취를 위해서 뿌리뽑혀야 할 대상들이 교묘히 변심함으로써, 일관된 전략과 전술의 설정이 다소 힘들게 되었다. 이 시점에서 문화운동은 제3세계 민주주의의 쟁취에 대리되는 이데올로기적·문화적 요소들과의 근원적이고 근본적인 싸움의 장정의 일보를 내디딤으로써 극복되어야 할 대상의 실체를 명확히 함과 동시에 지난하고 지구적인 세계관 싸움의 과정으로 진입하는 것이다.

제6장

제3세계의 민주화 이행의 전개와 한계
브라질, 칠레, 필리핀의 사례를 중심으로

1. 들어가면서

1980년대에 들어서 라틴 아메리카 대륙에서 불기 시작한 민주화—초기단계는 오히려 개방(Abertura) 혹은 자유화라고 특징짓는 것이 더욱 적절할 것이다—의 바람은 마르코스의 독재체제하의 필리핀을 거쳐 우리나라에도 불어닥쳤다. 군부정권 붕괴의 '도미노 현상'이 실제로 어떤 내적이고 역동적인 연관성을 내포하느냐 하는 문제는 일단 제쳐두고, 여하간 한국사회에도 민주화의 조류는 거세게 몰아쳐 지금 시점에서는 다소의 격세지감마저 느끼게 하는 6월 민주화투쟁을 비교적 성공적으로 이끌어냈다.

1987년 6월 이후 현재에 이르기까지 그 사이에 이루어진 '민주화'의 성격이나 한계들에 관해서는 다양한 분석이 행해졌다. 이 시점에서 얘기할 수 있는 몇 가지 관측은 이러한 '민주화'과정이 결코 당시 국민들이 기대한대로 한국사회의 갖가지 모순의 중층구조를 해결하지 못했으며, 보다 더 중요하게는 이 과정 속에서도 지배(동맹)세력의 저항 혹은 현상유지 노력은 집요하고도 지속적이었다는 점이다. 역설적으로 표현하자면, 국민 대다수에게 희망과 환희의 색채로 비춰졌던 '민주화의 열기'도 구체적이고 실질적인 사회구조적 과제에 직면하면서는 별반 확고한 토대로

작용하지 못한 채, 형식적 논거나 절차적 논리로서 퇴색되어 감을 목격해
왔다.

'민주화'가 진행되는 과정 속에서도 사회의 모순구조들은 계속 유지되
거나 어떤 각도에서는 더욱 확대재생산되는 듯한 현상을 바라보면서, 우
리는 재차 민주주의와 사회변혁간의 관계의 성격에 주목해야 함을 느낀
다[일부 학자들은 제6공화국이 초기에 표방했던 민주화 개혁의지의 퇴조
를 정책적 비일관성(inconsistency)의 관점에서 설명하고 있다. 필자가 보
기에는 보다 근원적인 특질, 즉 그간 진행되어 왔던 '민주화'나 이를 추진
해 왔던 제6공화국의 지배동맹의 성격 그 자체와 연관되는 것이 아닌가
한다].

사회모순구조의 변혁과 민주화과정에서 상보적으로 작용해 오지 못했
던 우리의 상황을 더욱 퇴조시키거나 심지어 정당화시키는 일련의 국내
외적 사건들이 연이어졌다. 국내의 3당합당과 소련 및 동구권의 몰락이
그 대표적인 사례일 것이다. 전자는 사회모순 구조의 개혁·혁파를 저지하
거나 현상을 유지할 수 있는 권력적·물적 토대의 기반을 더욱 확고히 구
축했으며, 후자의 사태는 여기에다 이데올로기적인 정당성을 가미·채색
할 수 있는 선전공세의 도구를 첨가해 준 것으로 보인다.

2. 의회주의 전략과 사회변혁

이상에서 살펴본 바와 같이 형식적으로는 민주화과정이 전개되어 왔으
나, 실질적으로 국민 대다수에게 적용되는 사회구조적 문제점들의 해결
이 지지부진하거나 오히려 악화되는 상황은 많은 사람들을 곤혹스런 딜
레마에 빠지게 했다. 어떻게 할 것인가? 사회적 제반 모순, 즉 정치·경제
적 불평등의 심화에 적극적으로 대처하면서 민주화를 더욱 성숙시키는
것은 과연 현실적으로 가능한가? 국민 다수의 의지와 힘을 결집시켜 나
가면서 사회변혁을 추동하는 운동이 이론이 아닌 현실에서 얼마만큼이나
실현될 수 있는가?

　이런 딜레마에 대한 이론적·전략적 대안으로서 의회주의전략이 일단 상정될 수 있다. 다시 말하자면, 밑으로부터의 압력에서 시작된 민주화과 정을 더욱 발전·심화시키고, 그 바탕 위에서 사회적 제반 모순구조를 개 혁하는 데까지 나아가기 위해서는 국민적 의사와 의지를 지속적으로 확 인·결집해 내고, 이러한 국민적 합의와 힘을 바탕으로 보수회귀세력들을 견제·제재할 수 있어야 한다. 이 목표에 가장 적실해 보이는 전략이―다 소 여러 가지 한계와 문제는 내포하지만―바로 진보세력을 합법적 방식 에 의해 합법적 공간으로 이끌어내고 결집시켜 감으로써 국민적 지지기 반을 확대재생산해 낼 수 있는 의회주의전략으로서 이는 현재 제3세계 여러 나라들에서 다양하게 시도되어 왔고, 또 현재도 실험중에 있다.

　물론 이 의회주의전략 혹은 선거운동전략을 일반적인 관점에서 평가하 기는 힘들다. 왜냐하면 각국의 역사와 구체적 상황에 따라서 이 전략은 그야말로 천차만별의 의미와 위상을 부여받기 때문이다. 뿐만 아니라 대 중적 지지기반의 확충과 사회적 모순구조의 혁파라는, 어떻게 보면 다소 상충되어 보이는 두 가지 과제의 실현을 목표로 하는 이 전략은 자본주의 체제하에서 일정한 한계를 내포하는 것이 사실이다. 그러나 그렇다고 해 서 이데올로기적 순수성의 측면에서 매도될 수만은 없는 것이기도 하다. 일찍이 로자 룩셈부르크도 "과연 사회변혁(사회주의) 운동이 대중적 투쟁 (우리의 입장에서는 선거운동전략―필자)의 포기와 최종목표(우리의 입 장에서는 사회변혁운동―필자)의 포기라는 두 암초 사이의 실을 발견할 수 있을까"라고 반문하면서, 오늘(대중적 지지의 확보―필자)을 위해 운 동하면서 동시에 내일(사회변혁―필자)을 위한다는 것은 '딜레마의 뿔(a horn of dilemma)'이라고 갈파했다.

　이렇게 복합적이고 자체적인 딜레마를 안고 있는 의회주의전략 혹은 선거운동전략은 그것이 실제 적용되고 작동되는 그 나라의 상황과 분리 되어서는 결코 제대로 평가될 수 없다. 바로 이 맥락 속에서, 그리고 앞에 서 제기된 몇 가지 주요한 이슈들을 염두에 두면서 일부 제3세계 국가들 에서 시도되었던 민주화와 연관된 선거운동전략을 고찰해 보는 것이 이 글의 목적이다. 많은 사례 중에서 흥미로운 특징을 가지고 있다고 판단되는 브라질, 칠레, 필리핀의 사례들을 중심적으로 살펴볼 것이다. 특히 민주화 이행을 주요 계기로서 선거가 실행되는 배경과 역학관계, 권위주의적 유산이 이행단계에 미치는 제약과 한계상황, 그리고 사회구조적 제반 모순의 변혁에 있어 이 선거전략이 함축하는 유효성 등에 초점이 맞추어질 것이다.

3. 브라질

1) 군부에 의한 개방화

제3세계에서 전개되었던 민주화의 물결은 시기적으로 브라질에서 가장 먼저 일기 시작했다. 시기적으로 앞섰다는 사실 그 자체보다도 브라질의 민주화과정은 몇 가지 관점에서 주목할 만한 특징을 가지고 있다. 브라질의 군부는 1964년의 쿠데타로 집권한 이래 1984년 민주화의 초기단계로서 개방화를 주도적으로 시작하여 민정으로 이양되는 1985년에 이르는 약 20여 년의 기간에 걸쳐 독특한 통치형태를 구축해 왔다. 소위 신직업주의(new professionalism), 즉 군부의 정치참여를 적극적으로 유도하고 정당화시키는 세계관을 구비한 브라질 군부는 단합된 제도로서 국내정치를 체계적으로 담당·통치해 나가는 군사정권을 구조적으로 정착시켜 왔던 것이다. 브라질의 민주화과정에서 중시되어야 할 점은 바로 이러한 군사정권이 스스로 개방화의 물꼬를 터주었다는 사실이다. 물론 국민과 야당으로부터의 비판과 도전이 강력해졌기 때문이기도 하지만, 여하튼 브라질 군부가 자발적으로 개방화조치를 취했다는 것은 일반적으로 민주화과정에서도 지속되는 헤게모니 싸움에서 의미를 갖는 특징이다.

특히 이 개방화과정에서 집권여당이 분열되고 또한 대통령 후보를 선정하는 데 실패함으로써 브라질에서의 민정이양이 순조로울 수 있었다는 사실 또한 주목할 만하다. 집권여당내의 후보신청에 불만을 가진 전(前) 총재 호세 사르네이(José Sarney)를 비롯한 여당의원 52명이 집단적으로 탈당하여 자유선전당(PFL)을 결성하게 되었고, 브라질 민주운동당(PMDB)의 탕크레도 네베스(Tancredl Neves) 후보는 이러한 여당의 분열을 적극 활용하여 사르네이를 부통령 후보로 지명하면서 PFL과 연립을 꾀하여 민주동맹을 결성하였다. 그 결과 1985년 1월에 간접선거로 치러진 대통령 선거에서 네베스는 압승을 거두어 군정 21년 만에 민정으로의 이양이 실현될 예정이었다. 그러나 1985년 3월에 네베스가 갑작스레 병사하게 됨에 따라 군부정권의 여당 총재를 역임했던 사르네이가 다시 민간정부의 대통령직에 취임하게 되었다. 그 해 8월에 대통령 직선제를 포함해 공산당의 합법화, 노조활동의 정당화, 국가보안법 철폐 등을 내용으로 하는 개헌안이 상·하원 전원일치로 통과되었다. 사르네이 대통령은 1986년 2월 신경제정책을 실시하여 인플레를 억제해 인기를 얻었으나, 이 정책이 반 년 만에 파탄되어 신뢰가 크게 흔들리게 되었다.

사르네이 정권은 그가 민주화 이행 이전에 군부정권의 여당 총재를 지냈다는 경력 때문에 정통성과 지도력에 약점을 노정하였으나, 그럼에도 불구하고 유약한 민주주의를 유지시켜 나갈 수 있었다. 그것은 아직까지 군부의 지지와 국민의 민주화 의지를 비교적 잘 수용하고 있기 때문이다. 요약하자면 브라질의 민주화는 정권의 제한된 개방화를 통해 체제의 헤게모니를 계속 유지하고자 하는 군부에 의해 자발적으로 추진되어 왔다. 그러나 그 이면에는 '브라질의 경제기적'이 고갈된 이후 흔들리기 시작한 군부-부르주아 연합의 균열, 통치의 방식과 성격을 둘러싼 군부내 강경파와 온건파의 대립, 집권여당내의 분열, 그리고 이러한 지배동맹세력의 균열에 적극적으로 대처한 야당 및 민중세력의 단합이라는 요인들이 상보적으로 강력히 작용하였던 것으로 보인다.

2) 민주화의 정치·경제적 제약

여느 국가들처럼 브라질의 민주화과정이 순탄한 것은 결코 아니다. 민주화로의 주요한 계기들을 획득·쟁취하는 것만큼이나, 심지어 그 이상으로 민주화과정을 발전·성숙시켜 공고화하는 작업이 지난한 것임은, 특히 극도로 편중된 경제구조를 고려할 때, 한층 더 자명하다 할 것이다. 약 2%에 해당되는 인구가 가용사유(可用私有) 토지의 90%를 차지하는 극심한 불균형 현상을 타파하고자 사르네이 대통령이 취임 4개월 만에 농지개혁방침을 천명했을 때 드러난 지주계급들의 저항은 엄청난 것이었으며, 바로 이런 저항이 민주화 개혁에 심각한 걸림돌이 되고 있음은 두말할 나위가 없다.

브라질의 민주화과정을 전망할 때 우리는 루시아노 마르틴스(Luciano Martins)가 이 분야에 관한 주요한 저작에서 제시한 다음의 문제들을 고려해야 할 것이다. 즉 첫째, 브라질에서의 자본주의 발전은 어느 정도까지 비권위주의 정부형태와 양립할 수 있을 것인가? 둘째, 권위주의 체제하에서 생성되었거나 강화된 이해관계가 어느 정도까지 민주주의 체제하에 억제되거나 흡수될 것인가?

다소 추상적으로 들릴지는 모르지만 자본주의의 사회적 헤게모니가 아직도 강화되고 있는 나라에서 민주적 형식의 정부를 수립하고자 할 때, 주된 장애물은 자본주의의 추상적 '논리'가 아니라 특정한 사회집단의 구체적인 '저항'에서 비롯되어 왔음을 재차 상기할 필요가 있다. 고도로 분파적이고 이질적이며 또한 불균등한 사회구조가 뿌리내린 나라에서−비록 군부의 재집권이라는 가능성을 배제한다 하더라도−실질적인 이해관계가 상충될 때, 이제 갓 싹터가는 대의제민주주의가 얼마나 견고한 방어막이 되어 줄 수 있을지와 관련해 브라질 사례는 흥미로운 실험장이 된다.

4. 칠레

1) 군부세력의 건재

제3세계의 변혁사 중 유례를 찾기 힘든, 합법적인 방식에 의한 사회주의적 실현을 추구한 살바도르 아옌데(Salvador Allende) 대통령이 그의 대통령 관저에서 아우구스토 피노체트(Augusto Pinochet)의 칠레 군부에 의해 무참히 살상된 1973년까지 칠레는 라틴아메리카는 물론 제3세계에서 가장 오랫동안 민주주의를 지켜온 본보기 국가였다. 바로 이러한 민주주의 원칙이 오래 고수되어 온 역사가 실은 두 번이나 낙선하고 항상 스스로를 사회주의자 혹은 혁명가로 자처해 온 살바도로 아옌데를 인민연합(Unidad Popular)의 대통령 후보자로, 그리고 결국은 칠레의 대통령으로 앉혔던 것이다.

피노체트에 의한 1973년 쿠데타는 널리 알려진 바와 같이 미국의 다국적 기업과 중앙정보국(CIA)의 직·간접적인 지원에 의해 가능한 것이었지만—앞서 잠시 논했듯이—경제적 이해관계에 위협이 된다고 판단했을 때, 지배계급이란 얼마나 결사적으로 수구적이 되고, 그 결과 50여 년 이상 지속되어 온 민주적인 전통의 역사조차 얼마나 쉽게 허물어져 버리는가를 생생하고 비극적으로 보여준 전범이다.

살바도르 아옌데의 집권시기까지가 칠레 역사에 있어 민주적 전통이 꽃핀 시기라면 피노체트가 등장한 73년 이후 약 16년간의 시기는 고문과 테러, 폭압으로 얼룩진 암흑기의 상징이었다. 잔인하고 무자비한 통치로 위세를 떨치던 피노체트 정권을 향해 국민적 비판이 일정한 수위를 넘어 제기된 것은 군정 12년째인 지난 88년이었다. 서서히 결집되어 가던 야당연합세력이 「완전한 민주주의로의 전환을 위한 국민협정(이하 「국민협정」)을 발표하면서, 온건하면서도 강력한 목소리를 내기 시작했던 것이다. 이 「국민협정」은 보통선거를 실시, 대통령을 선출할 것과 또한 헌법을 개정할 국회의원을 선출하자는 것을 골자로 하고 있었다.

그 당시만 하더라도 칠레는 1980년에 채택된 헌법에 따라서 피노체트가 1989년까지 대통령직을 수행하게 되어 있었다. 그 이후에는 육·해·공군 및 경찰 등 4군(軍) 대표로 구성된 군사평의회에서 단일 후보를 내세우고 이에 대한 찬반 여부를 묻는 국민투표로서 차기 대통령을 선출할 예정이었다.

이 「국민협정」의 한 가지 특징은 이러한 요구의 일정을 명시하지 않고 정권이 교체된 뒤에도 아르헨티나에서와 같은 보복적인 정치재판이 발생할 가능성을 배제했다는 점이다. 이 특징은 피노체트 정권하에서 탄압에 의해 노조가입률이 50%에서 8%로 줄었으며 40억 달러였던 외채가 220억 달러로 늘어나는 등과 같은 경제적 실정까지 고려한다면, 상당한 양보적 조치로 보이며 동시에 피노체트 세력의 힘의 건재를 예시하는 것이었다.

2) 민주화 개혁의 장애와 한계

여하간 칠레 민주화의 과정에 결정적인 전기를 마련한 이 「국민협정」에는 국민의 80%를 대변한다고 자처한 11개 정당대표 21명이 참여했을 뿐만 아니라, 협정서 작성을 주도한 사람이 산티아고 성당의 대주교인 프레스노 추기경이었음을 감안한다면 피노체트 정권이라 할지라도 쉽게 거부할 수는 없었을 것이다(칠레 국민의 90%는 카톨릭교도이다).

그러나 「국민협정」에 대한 전국민적 지지에도 불구하고 피노체트 정권은 이의 수용을 거부했으며, 그 결과 국민적 시위와 저항은 고도처럼 일기 시작했다. 일단 터지기 시작한 국민의 분노는 악명높은 피노체트 정권의 폭압에도 전혀 수그러들지 않았고, 정치불안정은 악화일로로 치달았다. 결국 국민의 힘에 굴복한 피노체트 정권은 대통령선거를 실시하지 않을 수 없었다. 1989년 12월 14일, 16년 만에 역사적으로 실시된 선거에서 야당연합의 파트리시오 아일윈 후보가 당선됨으로써 군정종식과 민정이양이라는 칠레 국민의 소망은 이루어지는 듯했다.

하지만 16년간 독재권력을 휘둘러온 피노체트는 대통령직에서 물러난 뒤에도 오는 1998년까지 육군 참모총장직에 계속 머물러 있게 되었다. 또한 그간 군사정부가 자행해 온 비리에 대한 조사를 금지하는 법률을 공포해 놓은 상태에서, 칠레의 민주화가 얼마나 실질적인 측면에서 과거의 권위주의적 유산을 청산하고 민주적 공고화를 촉진시켜 나갈지는 그야말로 커다란 미지수라 하지 않을 수 없다.

칠레의 민주화는 군부가 스스로 비록 제한적이기는 하지만 스스로 개방화의 문을 연 브라질과는 달리 민정이양이나 선거의 실시를 거부하다 어쩔 수 없는 상황에서 수용하였으며, 폭압의 정도에서도 그 정도가 더욱 심했던 군부가 여전히 피노체트를 중심으로 공동의 운명체로서 방어적인 가세를 고수하고 있는 역경에 처해 있다. 따라서 칠레의 민주화는 다른 경제적인 시련과 더불어 더욱 심각하게 군부의 재개입과 반동적인 사태에도 대비해야 하는 등 현실적으로 복합적인 과업을 안고 있다 하겠다.

5. 필리핀

위(北)로는 한국에서부터 아래(南)로 태국, 인도네시아에 이르기까지 아시아의 여러 나라들이 지금 마치 '둥지 속의 비둘기들'처럼 맑고 넓은 하늘을 향해 자유롭게 날으려 하고 있습니다. 한국이 최근 몇 년 동안 이런 비상을 위해 몸부림쳐 왔다면 필리핀은 바로 오늘 단 하나의 계기로 비상의 꿈을 실현한 것이나 다름없지요.

한국에서 민주화투쟁의 열기가 강압적인 전두환 정권의 높은 벽을 녹이려 안간힘을 쏟을 당시인 1986년 3월, 필리핀의 마르코스 정권이 붕괴되던 날 필리핀 대학의 오날도 빌러 박사는 위와 같이 감격을 표현했다. 라틴아메리카에서 일었던 민주화의 열풍에는 애써 냉담한 척했던 전두환 정권도 이 필리핀 사태에 대해서는 한국과의 유사성이 없다는 식으로 간략히 코멘트했다.

우리에게 익히 알려진 대로 페르디난드 마르코스는 1965년에 대통령직에 취임한 후 3선이 헌법상 불가능하자 73년 국민투표를 실시하여 장기 집권의 길을 텄다. 1983년 8월 미국에 망명중이었던 베그니노 아키노 전(前) 상원의원이 귀국하는 공항에서 피살당하자 국민들의 반정부 감정은 격앙되어 정국의 불안정은 가라앉을줄 몰랐다. 이에 대한 수습책으로 마르코스는 1986년 2월 조기선거를 약속하기에 이르렀다.

그러나 20년간의 마르코스 독재를 종식시킬 수 있는 천금의 기회임에도 불구하고 필리핀의 야당진영은 분열만을 거듭하여 국내외의 많은 이들은 필리핀의 민주화의 가능성에 회의와 안타까움의 눈길을 보냈다. 우여곡절 끝에 후보단일화와 야당 통합을 갈망하는 국민적 기대, 그리고 극적인 합의에 결정적인 중재역을 한 하이메 신 추기경의 '도덕적 충고'에 힘입어 야당의 연합전선이 결정되고 '코라손 아키노-라우렐'의 단일화 티켓이 마련되었던 것이다. 그러나 야당연합전선이 성공할 수 있었던 것은 이러한 명분뿐만이 아니라 쌍방이 실리적 측면에서도 타협을 통한 연합세력의 구축이 불가피한 것으로 파악했기 때문이었다.

코라손이 야당연합을 내세운 것은 정치적 비중이 높아지고 있는 급진적인 청년층과 노동조합세력의 지지를 활용하기 위헤 중도좌파인 라반 (인민투쟁) 당을 주요 기반으로 삼은 채 보수우익인 라우렐의 민주야당연합(UNIDO)의 주도권을 장악하려는 의도였다. 그러나 라우렐이 이를 거부한 상황하에서 라반당보다는 민주야당연합과의 타협을 선택할 수밖에 없었다. 왜냐하면 코라손 자신과 군소야당연합체인 라반 당에는 통치경험이 거의 전무하다는 약점이 있는 데다가 선거전을 위해서는 최근 야당세력인 민주야당연합(UNIDO)의 인적·물적 지원과 조직력이 절대적으로 필요했기 때문이다. 그리고 보다 더 중요하게는 보수우익의 노련한 정치가로서 중산층 이상에 폭넓은 지지기반을 가지고 있는 라우렐의 독자적인 출마를 방치한다면 반(反) 마르코스 표를 분산시켜 궁극적으로 야당 후보자 모두의 파멸을 초래할 것이 확실하다고 판단했기 때문이었다.

라우렐의 입장에서 볼 때도 코라손과의 합작은 불가피한 것이었다. 60년대 초반 마르코스의 국민당의 동지였으며, 이후에도 보수우익의 친미 노선으로 일관해 온 자신의 경력이 갖는 부정적 이미지를 중화시키기 위해서는 중도좌파세력과 대중의 폭넓은 지지를 받는 코라손의 대중적이고 상징적인 이미지는 필수적으로 요구되는 요인이었을 것이다.

대통령 후보 단일화와 야당의 대연합의 성공이 필리핀 민주화의 결정적인 계기였던 것은 분명한 사실이었으나, 또한 이는 단지 시작에 불과했다. 전세계가 주시하던 대통령 선거에서 마르코스 진영은 유치한 부정을 저질렀으며 그 결과 국민과 전세계의 비난과 질시가 따가운 가운데 마르코스는 승리를 선포했다. 전국민의 반감이 고조되어 가는 상황에서 엔릴레 국방상과 피델 라모스 군참모총장 서리는 국방부를 접수하고 반 마르코스 군부반란을 주도했다. 이후 친 마르코스 군부와 군부 반란세력 및 국민간의 대치상황이 일어났으나 마르코스 군부세력이 투항함으로써 대통령궁 부근에서 일어난 발포사건을 마지막으로 마르코스를 포함한 55명이 미국령 괌도로 망명, 필리핀의 민주화의 서막이 올랐다.

민주화의 상징으로 전국민의 환호 속에서 출범한 아키노 정부는 1986년 국민화해정책과 광범위한 개혁정책을 추진했으며 의회를 해산하고 공산반군과 60일간의 휴전협정을 체결하는 등 적극적인 추진력을 보였다. 그리하여 87년 2월 2일 신헌법안에 대한 국민투표에서 아키노 대통령은 76.3%의 압도적인 지지를 획득함으로써 92년까지의 집권을 보장받았다. 엄격한 3권 분립의 대통령 중심제와 중임불가, 6년 단임의 대통령제를 주요내용으로 하는 새 헌법이 2월 11일 발효되었다. 그리고 그 해 5월 11일 실시된 상·하원 선거에서는 여당연합이 상원 25석 중 23석, 하원의 투표 선출의석 200석 중 160석을 차지하는 압승을 거두기도 했다.

그러나 아키노 정권에 의한 민주화 노력은 좌우익 진영에서 쏟아지는 압력과 심지어는 실제적인 공세에 좌초될 위기에 직면하기도 했다. 필리핀 농민운동(KMP)을 중심으로 급진적인 토지개혁을 요구하던 농민들이 보안국의 발포로 그 중 15명이 사망하고, 100여 명이 부상하는 사태가 발생하였으며, '5월 1일 운동' 등의 좌익적 노조가 중심이 된 급진세력의 전국적 파업이 있었다. 그리고 1·22 발포사건으로 신인민군(NPA) 1,400여 명이 사망한 것으로 나타나는데 이는 하루에 8명 정도의 희생자가 속출했음을 의미한다.

뿐만 아니라 마르코스 추종세력의 역쿠데타 시도와 아키노 대통령의 공산반군에 대한 유화적 태도와 군부에 대한 처우에 불만을 품은 그레고리오 호산나 대령 주도의 쿠데타에는 약 1천여 명의 군인들이 참여하기도 했다. 이러한 좌우로부터의 공세는 정부 내각에까지 악영향을 미치고 민주연합세력내의 심각한 분열상을 초래하여, 라우렐 부통령이 겸직하고 있던 외상직을 스스로 사임하는 일이 초래되기도 했다[라우렐은 야당연합세력인 민주대연합(GAD)을 이끌고 있는 엔릴레 전국방상과 정치적 제휴를 맺은 것으로 알려져 있다].

6. 결론을 대신하여

지금까지 우리는 브라질, 칠레 그리고 필리핀에서 진행되어 온 민주화 과정의 성격을 선거운동전략의 전개과정과 연관시켜 살펴보았다. 민주화의 전단계에 해당되는 개방화를 군부정권 스스로가 열었던 브라질의 사례, 「민주주의로의 전환을 위한 국민협정」을 처음에는 거부하다 결국 시행된 대통령선거를 통해 민정으로 이양되었으나 피노체트 장군을 비롯한 군부의 입김이 여전히 막강한 칠레의 사례, 그리고 민주주의를 열망하는 국민들의 지지에 의해 민주화의 물꼬는 터졌으나 군부와 지배세력내의 일부 그룹에 의해 이행의 결정적인 전기가 마련되었던 필리핀의 사례 등은 다기한 차별성에도 불구하고 몇 가지 주요한 교훈과 함축을 제시하고 있다.

다른 무엇보다도 앞의 세 사례 모두에서 볼 수 있는 주요 특징은 독재정권이 여전히 주도권을 잡고 있는 상황하에서 이루어진 민주화과정의 승패는 결정적으로 야당연합과 야권 대통령 후보의 단일화의 성공 여부에 좌우되었다는 사실이다. 브라질의 경우에 있어서는 여당 진영의 분열이 야당의 단합에 플러스 요인으로 작용했다고 볼 수 있지만, 그 과정이나 성격의 차이에도 불구하고 야당의 단합(야당후보의 단일화) 없이 민정이양은 결코 불가능했을 것이다.

그리고 초기에 험난한 과정을 거친 민주화는 진행과정 속에서 더욱 지난한 과제들과 저항에 직면하게 되며, 이 와중에서 민주화 개혁의 속도와 범위, 그리고 수위를 결정함에 있어 국민적 합의를 이끌어내기란 아주 힘들다. 민주화과정에서 그 개혁의 진보적 성격과 군부정권의 엄격한 단죄에 반대하는 군부쿠데타를 몇 차례씩 경험한 필리핀과 아르헨티나의 경우가 그 대표적인 예이다. 물론 민주화 개혁의 보수회귀적인 성격을 견제하고 감시하는 진보세력과 국민 대다수의 노력과 의지가 상징적으로는 큰 힘을 발휘하지만 실질적인 역학관계에서는 언제나 부차적인 요인에 불과했던 현실이었다. 더군다나 민주화 그 자체가 경제조건의 개선을 보장하지 않거나 더 악화시키는 경우는 허다함을 상기할 때 민주화과정하에서 각 계급·계층 세력간의 긴장을 더욱 첨예해질 수도 있으며, 이 경우 피지배세력, 특히 중산층의 이반과 분열의 보수회귀 정권의 주요 목표였다.

민주화의 초기 단계가 소수 정치세력간의 타협이나 협의에 의해 시작되는 경우에 과연 이 민주화가 얼마나 유의미한 정치·경제적 개혁(개선)을 쟁취해 낼 수 있는가는 의심스럽다. 기예모 오도넬이 지적하듯이 "타협이나 협정에 의해 민주주의로 이행하게 되면 권위주의적 통치로 되돌아 갈 가능성은 적다. 그러나 민주주의로의 이행이 인과적인 계기에 의하지 않고 협정을 통해 성취되는 그러한 경우에는 사회경제적 형평이라는 측면에서는 커다란 대가를 치를 가능성이 높다."

결론적으로 자본주의 체제가 빚어내는 구조적 갈등과 긴장이 존속되고, 그 헤게모니 쟁취를 위한 싸움이 이면에 온존하는 조건하에서 최대의 목표로서 새로운(?) 유형의 타협의 틀의 구축이 추구되는 민주화과정에는 따라서 여전히 파워게임의 논리가 적용되며, 여전히 지배(동맹)세력 혹은 기득층이 많은 정치적 자산을 가지고 있는 실정이다. 그렇다면 각 세력의 지향목표-사회변혁의 성격, 국가·사회의 유형에 따라 민주화과정의 성격에 대한 규정 역시 달라질 것인 바, 이런 시각과 세계관의 차별성을 포괄하고 정제해 줄 수 있는 타협의 메커니즘이 이해관계를 달리하는 사회세력의 합의에 의해 어느 선까지 유지될 수 있으며, 더욱 중요하게는 이 타협의 메커니즘이 대다수 민중에게 어떤 실질적인 혜택을 확산시켜 갈 수 있는 준거틀로서 심화되어 작동될 수 있는지의 여부가 이 과정의 관건이 된다.

제7장

사회변혁운동의 새지평을 향하여

그람시 변혁사상의 재조명

1. 들어가는 말

오늘의 우리는 분명 격동과 혼돈의 세계를 살아가고 있다. 현실을 분석
·규정하고 그에 대한 처방을 내리는 작업은 그 근저와 토대의 심대한 변
형으로 인해 지난한 일이 되어 버렸으며, 그 작업이 내일 어떻게 평가받
을 수 있는지에 대해서도 일관성 있게 대처하기가 어렵게 되었다. 먼저
오늘날 시대의 변화 및 혼돈은 다른 무엇보다도 소련과 동구의 사회주의
국가들의 대변화에서 기인된 바 크다. 그 변화의 성격이나 향방에 대해서
는 국내외에서 많은 논쟁이 있지만, 현 시점에서 이를 단정짓기는 어렵
다. 그러나 한국사회에서 기존의 지배적 구조를 존속시키려는 사람에게
나 그것을 변혁시키고자 하는 사람에게나 모두 엄청난 파장을 불러일으
킨 것은 사실이다.

그 이유는 자명하다. 즉 우리사회의 변혁운동과 그 변혁전망에 있어서
사회주의권의 대변화가 미치는 영향 및 파문 때문일 것이다. 이데올로기
는 타(他)이데올로기에 대한 비판적 도구일 뿐 아니라 타이데올로기의 현
실태에 대한 대안적인 현실태이기도 하다. 사회주의 이데올로기는 일차
적으로는 자본주의 체제의 분석, 비판도구이며 나아가서 이 체제를 혁파
하여 건설해 가야 할 대안적 현 실태인 것이다. 따라서 분단모순이라는

특수성과 동시에 자본주의 체제의 모순이라는 일반성을 배태해 온 한국
사회에 대한 비판의 여러 가닥들에는 어떤 의미에서든 '사회주의적인' 성
격이 내재되어 왔음은 논리적으로 쉽게 이해될 수 있다. 이런 맥락에서
소련과 동구사회주의국가들의 위기국면은 한국사회의 비판에 상징적일
지언정 대안적 현 실태의 토대를 잠식하는 의미를 가진다. 비판을 할 수
있되 현실적으로 성공한 사례와 연관되는 대안이데올로기의 효용이 그만
큼 약화될 수밖에 없는 상황에서 이제는 한국사회의 비판과 연결될 수 있
는 대안적 현 실태를 다시금 우리 스스로 만들어야 하는 과제가 주어지게
되었다.

사회주의권의 대변화라는 세계사적 사건들의 의미와 함께, 한국사회내
의 일부 변화들도 주목을 요한다. 지난 1987년 12월 대통령선거 이후 일
반 대중에게 팽배해 온 정치적 혐오주의(허무주의)는 이제 새삼스러울 것
도 없는 당연한 현상처럼 보인다. 더군다나 3당합당을 거친 한국정치판
의 변질은 이러한 일반대중의 부정적인 시각을 더욱 심화시키는 한편, 국
가와 자본이 새로운 형태로 그 관계를 발전시켜 나가면서 유기적으로 밀
착되어 새로운 유형의 지배동맹세력 관계를 구축해 나가는 현상은 심대
한 현실적 의미를 띠게 된다.[1]

한국사회의 구조적 모순의 본질은 별반 변화되지 않고 오히려 심화되
는 상황에서 한국사회 구성원들의 심각한 정치적 혐오주의 그리고(비록
상징적일지언정) 대항이데올로기의 현 실태로서의 사회주의권의 대변화
는 전반적으로 사회구조의 변혁의지를 심각할 정도로 희석시켜 왔다. 대
안이 부재한 상황 속에서 현실(status-quo)은 그만큼 반대급부적인 정당
성을 획득하게 됨을 현재 우리는 목격하고 있다. 현실 속의 모순의 확대
재생산과 이에 대처하고 이를 치유할 수 있는 변혁의지의 증발로 인한 격
차가 더더욱 심화되고 있는 현 실정에서 무엇을 어떻게 할 것인가?

---

1) 1987년 이후 한국사회에서 민주화가 진행되어 온 이후, 다시 말하여 제6공화국
통치기간하에서 지배동맹의 성격이 변하였음은 많은 학자들이 동의하나, 아직
까지 구체적인 자료로서 견실하게 뒷받침되고 있지는 않는 것 같다. 이 주제에
대해서는 이 책의 제1장, 제2장 참조

2. 문제제기

이런 배경하에서 사회변혁의 방향에 있어서 지극히 부정적인 정황과 약화된 변혁의지를 염두에 두면서, 한국사회의 모순구조를 어떻게 변혁시켜 나갈 것인가라는 문제가 이 글의 주요 관심사인 바, 여기에서는 '어떻게' 변혁할 것인가의 문제를 그람시 사상을 중심으로 재조명해 보고자 한다.

탄생 100주년이 된 그람시는 정치사상사, 특히 맑스주의 사상사에서 분명 중요한 획을 그었으며, 그의 사상과 철학(교조적인 이데올로기적 해석과 반대되는 의미에서)은 특히 사회주의권의 대변화로 인한 이론과 실천의 심대한 지형변화 이후에 다른 어떠한 사상가보다도 풍부하고 독창적인 변혁사상의 매개고리를 내포하고 있다고 생각된다. 그람시 사상이 형성되던 초기 단계에 큰 영향을 미친 크로체는 모든 역사가 현재의 역사라고 했다. 하루하루를 살아가지만 곧 역사를 살아가기도 하는 우리 인간은 현재 느끼는 방식(형식)으로 과거를 회고하며 현재 자기가 서 있는 곳을 축으로 하여 실천한다. 지금 여기의 현실과의 대응관계에서 연유한 방식으로 과거를 재구성하여 현재의 내용을 만들고 이 틀에 근거하여 내일을 지향한다.

이런 맥락에서 크로체의 말은 '우리 인간의 과거 역사는 현재의 역사이며, 메꾸어질 미래의 역사도 현재의 역사'라고 해석될 수 있다. 존재하는 것은 항상 현재이고, 과거는 재구성되는 과정에서 현재화되며, 미래는 곧바로 현재적인 관점에서만 비춰지고 조망되기 때문이다(다시 말하여 현재로 전화되는 미래만이 의미를 지니기 때문이다). 오늘의 시점에서 그람시 사상을 반추해 보고자 하는 이유는 바로 오늘을 살아가고 있는 우리 자신에게 무엇인가 유용한 교훈과 통찰력을 도출해 내기 위함이다.

이 글의 주요 주제인 '어떻게 변혁할 것인가'의 문제에는 항상 개량적인 길과 혁명적인 길이 현실 속에서 복합적이고 다기한 가지를 치면서 좌우로 양극분해되기도 하고, 또 관념적으로만 종합되기도 하면서 많은 오류를 양산해 왔다. 진정한 변혁운동은 극좌적 모험주의와 개량적 기회주의의 두 경향을 모두 지양해야 하겠지만, 현실 속에서 이 목표를 획득하는 것은 결코 쉬운 일이 아니다.[2]

여기서 우리가 주목해야 할 점은 이러한 두 가지 이론적 경향은 종종 도식화되고 교조화되어 현실의 전개과정 그 자체와 무관하게 작동하면서 경직되어 가는가 하면, 또한 현실에 내재하는 두 가지(모순적이기조차 한) 속성들의 일정한 반영이기도 하다. 바로 이러한 양면적 속성은 예를 들어 소련의 혁명건설과정에 있어서 스탈린체제를 이론적으로는 비판하면서 또한 현실적으로는 어느 정도 인정하려는 모순적인 태도 속에서도 발견된다. 즉 소련 공산주의 건설사 중에서 스탈린체제의 관료화와 경직화에 대해서는 충분히 비판할 여지가 있지만 그 당시 소련사회가 처한 여러 가지 열악한 사정들을 고려한다면 건설과정의 초기단계에서 경과할 수밖에 없었던 현실적인(물론 현실의 한 가지 속성이라는 관점에서) 대안의 단계라는 점을 인정할 수도 있는 것이다.[3]

현실과 이론의 이분법적 경향에 주목하면서 그람시 사상을 논하고자 하는 까닭은 무엇인가? 일반적으로 앞에서 논의한 두 가지 경향의 대립 속에서 한 가지 경향을 강조하게 되면 이론이 아닌 현실에 있어서는 거의 필연적으로 다른 반대의 방향으로 경도하게 된다. 여기에서 타협점을 찾으려는 노력은 많은 경우 관념주의라는 또 다른 덫으로 빠지곤 해왔다. 따라서 현실적으로는 극좌적인 모험주의와 개량적 기회주의, 그리고 양비론(兩非論)에 근거하거나 관념적으로만 두 입장의 타협점을 추출해 내려는 중간주의가 흔히 발견되는 조류들인 것이다. 실천적인 측면에서는 양극으로 분해되고, 단지 관념적으로만 중간적인 지점에 머무를 수 있는 가능성이 높은 현실 속에서 모험주의와 개량주의 양자를 극복하면서 동시에 관념론적 양비론에 빠져들지 않을 수 있는 가능성의 단초들이 그람시 사상에 가장 풍부한 형태로 저장되어 있다고 생각하기 때문에 이의 조명을 통해서 총체적이고 유기적인 사회변혁을 추진하기 위해서 반드시 고려되어야 할 문제점들을 검토해 보려 한다.

---

2) Lenin, "Left−Wing Communism−An Infantile Disorder," *Selected Works*, vol.3, Moscow: Progress Publishers, 1977.

3) ≪사상문예운동≫ 1990년 봄호에 실린 좌담 중 특히 김홍명 교수의 견해 참조.

3. 자본주의 체제하의 사회변혁운동의 한계와 지양

후기 종속이론가로 우리에게 알려진 카르도소는 미국에서 종속이론이 어떻게 곡해되고 있는가를 논하는 글에서 다음과 같은 묘사를 하고 있다.

20세기의 사상사를 연구해 보면 각 세대의 비판적 지성인들이 새로운 접근으로 맑스주의를 부활시키고자 했던 사실을 알 수 있다. 소위 '천박한(vulgar)' 맑스주의의 요체인 '경제적 결정론,' '기계론적' 분석, 구조에 과도한 중점을 두는 개념 때문에 사회운동을 제대로 파악하지 못하는 경향은 너무나 자주 반복되는 오류였기 때문에 맑스주의 그 자체와 어떤 연관을 가지고 있었음에 틀림없다고 인식되었다. … 1950년대와 1960년대 초반에 사르트르의 노력에 의해서 그리고 게오르그 루카치(Georg Lukacs)의 『역사와 계급의식』의 프랑스판이 출간됨으로써 이러한 교량적 역할이 이루어졌다. 변증법 그리고(사회주의 혁명의─필자) '프로젝트'의 의미와 '가능한 의식'간의 막다른 골목으로부터 빠져나오는 데 몇 년이나 걸렸다. … 정치적 과정, 이데올로기, 역사에 있어서의 의지의 문제 등을 이해하고 위에서 언급한 기계론적 맑스주의의 '일탈'에 빠지지 않으려던 사람들에게 그람시는 구명뗏목(liferaft)처럼 보였다.[4]

결정론적·기계론적 맑스주의에 대한 그람시의 비판적 공헌은 여러 가지 함축을 가지나 대표적으로 선진(advanced) 자본주의 체제의 특성을 강제력과 동의의 이중구조로 파악한 것으로 드러났다.[5] 강제력뿐만 아니라 지배적인 이데올로기의 메커니즘(문화, 교육)을 통한 동의의 확산, 파급을 통하여 통치를 유지하고 영속화시키는 자본주의 체제하에서 이 체제

---

4) Fernando Enrique Cardoso, "The Consumption of Dependency Theory in the United States," *Latin America Research Review*, vol.XIII, no.3, 1977, p.10.

5) 최장집, 「그람시의 헤게모니 이론」, 『한국 현대정치의 구조와 변화』, 까치, 1989, 13쪽. 그리고 그람시의 주요한 공헌에 대한 문헌 중에 일부만 보면, A. F. 맥거번, 『마르크시즘과 기독교』, 한울, 1987, 116-119쪽; Carl Boggs, *Grasmsci's Marxism*, London: Pluto Press, 1976, pp.11-20; Boggs, *The Two Revolution: Gramsci and the Dilemmas of Western Marxism*, Boston: South End Press, 1984, 서문과 pp.1-29; Joshep V. Femia, *Gramscis Political Thought*, Oxford: Clarendon Press, 1981, 6장과 마지막 장; 존 몰리뉴, 『마르크스주의 당논쟁사』, 한울, 1986, 161-185쪽; John Hoffman, *The Gramscian Challenge: Coersion and Consent in Marxist Political Theory*, New York: Basil Blackwell, 1984, pp.1-17.

의 모순을 지양하기 위한 변혁운동은 어떠한 위상을 갖는가? 부르주아 체제가 근거하고 있는 다양한 통치 토대를 이 체제의 변혁을 위해서도 활용할 수 있는가? 일반적으로 자본주의 체제하의 사회변혁운동은 현실 속에서 존재하는 무기로서 이 현실의 구조를 타파해야 하는 일견 모순되는 과제를 상정하게 되는 바, 바로 여기서부터 자본주의 체제하의 사회변혁운동, 특히 합법적 운동의 존립근거와 효용성에 관한 논란이 시작된다. 다소 시공의 차이는 있지만 아담 쉐보르스키는 이 갈등적인 문제를 탁월하게 정형화시키고 있다.

부르주아 사회의 대의제 정치에 참여하는 일이 끊임없이 논란을 제기해 온 이유는 이 특수한 (대의제)체제에 참여하는 바로 그 행위가 사회주의 지향의 운동 및 이 운동과 노동자계급의 관계를 결정짓기 때문이다. 선거에 참여함으로써 사회주의를 수립할 수 있는지 아니면 기존의 자본주의 질서를 더욱 강화시키는 결과를 가져오는지에 관해서 재차 의문이 제기된다.[6]

로자 룩셈부르크도 "과연 사회주의운동이 대중적 특징의 포기와 최종목표(사회주의혁명과 건설—필자)의 포기라는 이 두 암초 사이의 길을 발견할 수 있을까"라고 반문하면서 오늘(노동자 사이에서 대중적 지지를 획득하기 위해서 선거에 참여하는 것)을 위해 운동하면서 동시에 내일(사회주의혁명의 쟁취)을 위한다는 것은 '딜레마의 뿔(a horn of dilemma)'이라고 표현했다.[7]

기존 사회구조의 변혁에 필요한 최소한의 현실적 근거를 확보하기 위해서는 기존의 현실에 뿌리내리고 발디뎌야 한다. 그러나 이 과정을 통해 얻어지는 변혁의 수단들은 그 속성상 기존의 현실구조와 타협하려 한다. 쉐보르스키와 룩셈부르크의 그것과 기본적인 축은 같지만 보다 구체적인 형태의 문제제기는 그람시의 글 속에서 찾아볼 수 있다. 그람시는 이 현실적 근거와 사회변혁간의 모순적인 딜레마를 혁명을 지향하는 당과 개

---

6) Adam Przeworski, *Capitalism and Social Democracy*, Cambridge: Cambridge Univ. Press, 1986, p.13.

7) Dick Howard, "Re-reading Luxemburg," *Telos 18*, 1973, p.93에서 재인용.

량화되기 쉬운 노동조합, 양자에 대한 이중적 비판을 통하여 극복하고자
했다.

노동조합운동은 다수의 노동자들의 이익을 획득하고 그들의 복지를 어
느 선까지 향상시킬 수는 있으나 어디까지나 자본주의 체제가 허용하는
선내에서 쉐보르스키의 표현에 의하면, 계급타협(class compromise) 허용
치 안에서라는 꼬리표가 붙는 것이다. 이 운동의 협애한 초점과 관료적인
구조는 프롤레타리아 계급에게 부르주아 질서를 고착시키는 물화된 의식
을 영속화시킬 뿐이다. 그람시의 분석으로는 노동조합은 혁명적 의식을
배양시키는 것과 거리가 한층 멀고 단지 자본주의적 헤게모니를 재생산
하기 위해 기능한다.[8] 그람시는 조합의 관료제가 '창조적인'(혁명적인—
필자) 정신을 불모화시키고 노동자들 사이에 수동성과 권위에 대한 복종
의 심리학을 심어주었다고 지적했다. 이 과정에서 노동자들은 노동조합
이 어마어마한 기구가 되어 버려서 그 구조 내적인 규칙에 철저히 따르고
있다는 것을 발견하며 현재의 제도적인 위계구조 속에서는 권력쟁취를
향한 자신들의 의지가 적절하게 표현되지 않는다고 느끼게 되었다.[9]

노동조합운동, 특히 관료화되어 가는 노동조합운동은 노동자들의 혁명
적 의지와 비전을 약화시키고 희석화시킴으로써 결과적으로 자본주의적
헤게모니의 유지에 일조하게 된다면, 혁명을 내세우는 정당—그람시는
대부분의 경우 이탈리아 사회당을 염두에 두고 있다—은 그 반대의 문제
에 직면하고 있다. 즉 통일성과 정체성의 심각한 결여로 인해 노동자계급
의 당은 정치적 교착상태(a political immobility)에서 헤어나지를 못하고
있는 것이다. 노동조합은 노동자들의 일상투쟁을 정치화시킬 정도로 경
제적 영역을 초월하는 것이 불가능한 반면에, 당은 투쟁형태와 전략의 협
애한 한계 때문에 대중의 생산영역과 어떠한 유기적인 관계도 맺지 못한
다.[10] 대중동원의 정당이 되기보다는 그들과 오히려 멀어져 노동조합의
경우처럼 자본주의적 이해관계에 민감하고 관료화의 길을 걷게 된다. 또
한편으로 당의 지지기반을 확대하려 하게 되면, 도리어 당이 구축하고 있

---

8) Carl Boggs, *Gramsci's Marxism*, London: Pluto, 1976, p.87.

9) Ibid., pp.87-88.

10) Ibid., p.89.

었던 전략적·이데올로기적 위상을 상실하게 되는 것이다. 결론적으로 그
람시는 경제와 정치의 기계론적인 분리로 인해서 노동조합이나 정당 모
두가 각각의 투쟁영역에 제한적이고 부분적으로만 참여할 수 있었다고
주장한다.[11]

4. 톨리아티 노선, 혹은 개량주의 노선비판

이러한 딜레마와 문제제기는 사회민주주의 노선과 레닌주의 노선을 대
립시키거나 혹은 그람시 사상으로부터 제3의 방법(terza via)을 구하려는
시도 등으로 분기되어 왔다. 루카치 그리고 코르쉬(Karl Korsh)와 더불어
공유하는 철학적 친화성[12] - 헤겔주의적 맑스주의라는 견지에서 그람시
를 평가하면서 서구 맑스주의 전통의 역사적 연속성을 강조하는 입장이
있는가 하면[13] 레닌주의의 현실적 유연성과 정치적 장점을 강조하면서
이를 입증하는 근거로서 그람시를 레닌주의에 흡수시키려는 입장이 존재
한다.[14] 사회민주주의 노선과 레닌주의라는 이분법 대신, 이탈리아 공산
당의 창건자로서 그람시 사상의 제3의 길이라는 관점에서 이를 조명하는
입장 역시 주목해 볼 가치가 있다. 피어슨은 이탈리아 공산당의 아버지로
서 그리고 독특한 '서구 레닌주의'의 개척자로서 '제3의 길'의 발전에 대
한 역사적이고 이론적인 논의는 그람시로부터 시작되어야 한다고 주장한
다.[15]

1927년 이탈리아 공산당의 제1서기장으로서 그람시를 계승한 톨리아
티(Palmiro Togliatti)는 그람시 사상을 해석하면서 세 가지 주안점, 즉 계
급동맹에 대한 지지, 사회주의를 향한 다른 방법에 대한 강조, 그리고 서

---

11) Ibid., p.89.
12) 전자의 대표적인 예로 Paul Piccone, "Gramsci's Hegelian Marxism," *Telos 31*,
 Spring, 1877. 그리고 대체적으로 Telos의 경향이 이 입장에 속한다.
13) 그리고 후자의 대표적인 예로 Perry Anderson, "The Antinomies of Nationio
 Gramsci," *New Left Review 100*, November 1976~January 1977.
14) W. L. 아담슨, 『헤게모니와 혁명』, 학민사, 1986, 15-16쪽.
15) C. 피어슨, 『마르크스주의와 민주주의 정치이론』, 학문과 사상사, 1989, 12쪽.

구에서의 혁명을 (시민의) 헤게모니에 대한 소모전으로 보는 시각을 강조했다.[16] 사회주의를 향한 이탈리아식 방법에 대한 톨리아티의 전략적 제안은 서구에서의 혁명을 점진적인 과정으로 보는 인식에 찬성하고 폭력적 전술을 거부하면서 프론티스트(Frontist: 전선) 동맹을 발전시키는 데 사용했던 '진보적 민주주의(a progressive democracy)'라는 신념에 따라 현존하는 민주적 구조내에서의 프롤레타리아의 헤게모니를 획득하려는 투쟁에 찬성하고 프롤레타리아 독재에 대한 레닌의 실천을 거부하도록 했다.[17] 이 제안은 지배적인 제도적 구조내에서 '환상적인(illusionary)' 부르주아 민주주의를 넘어서서, 이탈리아 사회가 자본주의를 탈피하고 사회주의로 나아가는 방법을 조장할 수 있는 '선진(advanced)' 혹은 진보적 민주주의로 나아갈 수 있다는 톨리아티의 신념에 의존하는 것이었다.[18] 톨리아티는 이탈리아에서 민주주의를 회복시키는 것이 바로 위대한 대중 민주주의(popular democrary)를 성취하는 것이며, 그것은 동시에 민주주의를 확장시키고 그것에 새로운 내용을 주는 투쟁을 통해 사회주의로 평화롭게 발전해 갈 수 있는 가능성을 열어주었다고 주장했다.[19]

톨리아티의 확장된 민주주의론은 '구조적 개혁(structural reform)'을 강조하는데, 그 내용은 경제를 민주화하고 국가를 사회주의의 방향으로 변혁시키며 반독점세력들과 연합하여 노동계급의 헤게모니를 확보하는 것을 의미했다.[20] 또한 그에 의하면 이러한 변혁들은 비록 지배적인 질서 내에서 이룩되는 것이지만, 그 내부로부터 이 체제의 질서를 근본적으로 변화시킬 수도 있다고 가정했다. 맑스주의의 정통적 관점보다는 당의 실제적인 문제에 훨씬 많은 관심을 기울인 톨리아티의 노선은 창조적 맑스주의로 평가될 수도 있지만 정치적 기회주의로 비판될 수도 있는 여지도 남기고 있다. 전자의 입장에 서게 되면, 톨리아티의 제3의 방법은 그람시

---

16) 앞의 책, 125-126쪽.

17) 앞의 책, 129쪽.

18) P. Togliatti, *On Gramsci and Other Writings*, London: Lawrence and Wishart, 1978, p.72, 141.

19) P. Togliatti, "Parliament and the Struggle for Socialism," *Marxism Today* 21, 1977.

20) C. 피어슨, 앞의 책, 130쪽.

에 대한 창조적 해석으로서, 특히 지도력과 당의 전략을 그람시 사상으로
부터 풍부하고 유연하게 도출해 냈다고 찬사를 할 수 있는 반면, 후자의
입장에 서게 되면, 그람시의 서구를 위한 레닌주의의 원내용과 그 급진성
에서 이탈하는 전략이라고 비판할 수도 있다.[21]

톨리아티의 개혁전략이 다분히 개량주의적이라고 비판하는 이론가들
은 유로코뮤니즘과 레닌주의에 대한 이중적 비판(dual cirtique)을 통하여
그 사이에 놓인 독특한 '제3의 방법'을 찾으려 노력하는 과정에서 '진정
한 그람시로의 복귀'를 주장한다. 이렇듯 부르주아 체제하에서 이 체제를
근본적으로 변혁하기 위한 전략을 그람시로부터 이끌어내는 데 있어서
첨예하게 상반된 해석이 가능하다는 것은 분명 그람시 사상의 난해함의
한 반영이다.

5. 보르디가 노선, 혹은 극좌적 모험주의 비판

그람시는 1920년 1월의 우체국과 철도파업에 관하여 이탈리아 사회당
지도부를 비판하는 글에서 운동의 수동성을 통해 그 운동을 약화시키는
분파나 운동을 분열시켜 치명적으로 약체화시키는 분파를 모두 비판하면
서 다음과 같은 핵심적 문제를 제기하였다.

> 대중에 기반을 둔 혁명의 이미지를 고수하면서도 어떻게 해야 보다 잠재력
> 있는 혁명지도부를 구성할 수 있고, 공산주의자들의 당을 담당할 수 있는가?[22]

이런 근거에서 그람시 사상은 두 갈래로 진행되는 바, 개량적 타협주의
와 극좌적 경향의 교조주의에 대한 이론적 투쟁이 그것이다.

코민테른 제2차대회를 앞두고 그람시는 이 두 가지 조류에 대한 비판
을 본격화시켰다. 먼저 그람시는 보르디가를 위시한 '선거 기권론자(elec-
toral abstentionism)'들은 혁명이 절실히 필요로 하는 것—즉 부르주아

---

21) D. Sassoon, *Strategy of the PCI*, London: Pinter, 1981, p.99, 128, 129.
22) W. C. 아담슨, 앞의 책, 99쪽.

국가권력을 대신할 수 있는 프롤레타리아 기구—의 형성을 저해하면서
'착각'에 지나지 않는 자율적인 공산당 개념에 집착하는 '교조주의자들
(dogmatists)'이나 '마키아벨리 아류(little Machiavellis)'라고 비난하였
다.23) 이 비판과 관련된 그람시의 견해를 살펴보자.

　　이러한(프롤레타리아 대중과 공장이 새로운 국가의 기초가 되어야 한다는)
이유 때문에 우리는 항상 당내에 존재하는 공산당 핵심부의 의무가 특수한 문
제들(예를 들어 선거기권주의 혹은 '진정한' 공산주의 건설 등의 문제들)을 과
도하게 확대하는 것이 아니라 모든 특수한 문제들이 공산주의 혁명의 유기적
발전이라는 문제로서 해결될 수 있는 대중적 조건을 창출해 내기 위해서 일해
야 하는 것이다. 사실상 만약 대중들 사이에 공산당 속에 반영되고 그 안에서
총합되어야(symthesize)만 하는 역사적 이니시어티브의 정신과 산업적 (공산노
동자 자체의—필자) 자율성을 지향하는 열망이 존재하지 않는다면 (공산주의
와 관련된 한에 있어서 훌륭하게 사고하고 표현하는 교리주의자나 정치가들의
집단이 아닌 행동의 당으로서) 공산당이 존재하는 것이 가능한가?
　　이와 마찬가지로 당의 한 가지 과제가 공산주의적 프롤레타리아를 축으로
모든 피억압계급들을 정치적으로 조직하는 일이라면 당이 어떻게 부르주아 민
주주의의 대의제기구들을 충원시키는 선거투쟁에 참여하지 않을 수 있단 말인
가? 당은 어디까지나 공산주의적 프롤레타리아만을 위해서 혁명적 의미에서의
당이 될 수 있다는 것을 감안한다면 이 목표를 성취하기 위해서 당은 민주적인
의미에서 이 계급들을 대표하는 '지배'정당이 되어야만 하는 것은 아닌가?24)

그람시가 보르디가의 교조주의적 전략에 대해서는 비판적이었지만 그
의 '비타협주의' 그 자체를 부정한 것은 아니었기 때문에 위의 인용문에
서 한쪽 방향의 결론을 유도해 낼 수는 없다. 의회기구를 어떻게 평가하
고, 선거에 참여할 것인가, 아닌가의 평면적인 분석보다는 그람시가 이
문제들을 혁명의 총체적 과정과 어떻게 유기적으로 연관시켰는가에 더욱
주목해야 할 것이다. 다시 말하여 당의 문제와 선거의 이슈를 도식적으로
이분화시키는 것이 아니라 부르주아 대의제와 부르주아 기구, 그리고 부

---

23) Antonio Gramsci, *Selections from Political Writings* II, New York: International
　　Publishers, 1978, pp.307-309.
　24) Ibid., p.307.

르주아식 민주주의적 방식도 총체적인 변혁과정의 한 부분으로서, 그리고 일정한 토대로서 작용할 수 있음을 놓치지 않고 있다는 점이 중요하다.[25]

6. 그람시의 혁명전략, 혹은 그 창조적 해석(적용)
유기성의 원리와 민주주의 문제를 중심으로

그람시의 혁명이론은 상부구조와 헤게모니 및 대항헤게모니의 개념을 발전시키고 프롤레타리아 권력의 동의적·제도적 기반으로서의 헤게모니 개념을 본격적으로 도입하면서, '진지전(war of position)'으로 확장된다. 1924년 그람시의 관심은 혁명이 대항헤게모니의 구축으로 이루어져야 하는 것이라면 그 대항헤게모니의 제도는 무엇이며, 이 과정에서 프롤레타리아 계급의 동맹세력은 무엇인가라는 의문으로 기울어졌다. 그람시의 견해에 의하면 도시의 소부르주아 계급과 중간계급은 파시스트 국가와 프롤레타리아 세력 사이에서 끊임없이 부유하고 흔들리는 계층으로 파악되었다. 파시즘에 대한 이들 계급의 지지가 갑자기 바뀌면서 '제헌의회'를 강력히 요구하는가 하면 1923년에는 '중간계급의 가장 적극적인 인사들'이 좌파로 전향하기도 했다. 그러나 프롤레타리아의 과격주의를 두려워한 나머지 중간계급은 다시, 즉 1925년 1월에는 무솔리니의 독재권력의 장악을 지지하는 경향을 보였다. 1926년에 접어들면서 다시금 중간계급들은 독재체제에 불안감을 느끼면서 자유주의로 쏠리는 경향을 보이기도 했다.[26]

이렇게 계속해서 진동하는 중간계급을 결집해서 반파시스트 동맹세력으로 견인해 내는 과제를 그람시는 심각하게 고려하게 되었으며 노동자, 농민의 강력한 블록의 결성에 촉매 역할을 할 수 있는 중간계급의 프롤레타리아의 지원의 중요성을 포착하게 되었다. 1926년 무렵에 제기되는

---

25) Lenin, op. cit.

26) Gramsci, *Selection from Political Writings*, vol.I, pp.409-410.

‘민주적 지식인’ 개념은 바로 이러한 맥락에서 이해되어야 한다.[27] 그러
나 계급동맹을 강조하는 그람시의 입장에서 우리가 중시해야 할 점은 그
람시가 자신의 구도에 있어서 이 계급동맹은 ‘노동자-농민위원회’로부터
싹터서 부르주아 의회의 ‘무사안일주의’를 폭로하고 혁명의 대중적 기반
을 공고히 하는 전국적인 규모의 ‘반(反)의회’운동으로 연계시키는 전략
이었다.[28] 사회변혁운동과 연관된 그람시의 사상은 분명 톨리아티식의
개량주의 노선이나 보르디가식의 부르주아 기구 무용론(가권론) 모두를
부정하면서 혁명의 유기적 과정과의 연계성을 획득할 수 있다고 판단되
는 한 유연한 입장을 견지해 왔으며, 이는 중간계급의 견인을 위한 계급
동맹전략에서도 잘 드러났다.

　그람시 혁명이론의 또 다른 특징 중의 하나는 맑스주의 이론가들이 흔
히 간과해 온 자유주의 민주주의와 이와 연관된 개인성의 문제에 대해서
도 깊은 관심을 기울여서 자신의 이론구조 속에 통합시키고 있다는 점이
다. 바로 이런 맥락에서 아담슨은 그람시가 주장하는 민주주의론이 어떠
한 의미에서는 ‘자유주의적’이라고 견해를 제기했던 것이다. ‘자유주의
적’이라는 의미가 다양하게 해석될 수 있음을 감안하더라도 일부(어쩌면
대다수) 맑스주의자와는 달리 그람시가 인간의 자유를 위한 ‘개인성’의
중요성을 인정하였고 또한 그것에 명석한 존재론적 기반을 설정해 주었
다는 사실은 중요하게 받아들여져야 한다.[29] 동시에 이 주제에서도 다시
금 강조되어야 할 특성은 그람시의 사상이 개인성과 사회성, 혹은 인격성
과 대중성간의 상호 교호적이고 유기적 관계의 긴장을 놓치지 않고 있다
는 점이다. 일반적인 관점에서의 상식과 구태의연한 세계관을 대체하고
자 하는 문화운동이 갖추어야 할 요건으로서 그람시는 반복의 방식과 더
불어 점증하는 대중계층의 지적 차원을 고양시키는 노력, 즉 무정형의 대
중적 요소에 인격성(personality)을 부여하는 노력을 강조했다. 그람시에

---

27) Ibid., p.410.

28) W. C. 아담슨, 앞의 책, 133쪽.

29) 이 주제에 관해선, H. Stuart Hughes, *Consciousness and Society*, New York:
　　Knopf, 1961, p.101; George Lichtheim, *Marxism: An Historical and Critical
　　Study*, New York: Praeger, 1961, p.369.

의하면 이 노력은 곧바로 대중으로부터 직접적으로 생성되지만 어디까지
나 그 대중 등과 계속해서 접촉하고 관계를 맺는 새로운 유형의 엘리트를
창출해 내는 것을 의미한다.[30] 이 엘리트가 바로 그람시가 강조하는 유기
적 지식인(an organic intellectual)이다.[31] 이렇게 하여 그람시 사상에 있
어서 개인과 사회(전체), 혹은 지식인과 대중은 그야말로 '유기적'으로 연
계되어 있다.

이 엘리트들은 권위의 위계체계와 자신들 속에서 성장하는 지적 능력 없이
는 형성되지도 발전될 수도 없다. 이 과정의 정점이 위대한 철학자일 수도 있
다. 그러나 그는 대중적인 이데올로기 사회의 요구들을 구체적으로 재실현
(re-living)하고 이 과제가 개인의 두뇌에 적합한 운동의 유연성(flexibility)을
가질 수 없다는 점을 이해할 수 있어야만 하며 또한 가장 적절한 형태로 집단
적 독트린을 형식적으로 정교화시키는 데 성공해야만 한다. 요컨대 집단적 사
상가의 사유 양식에 가장 적합한 것을 개발해야만 한다.[32]

덧붙여서 그람시는 이런 류의 대중적 창조작업이 단순히 한 개인이나
집단이 보유하는 형식적인 견지에서의 창조적 의지에 의해서 결코 어떠
한 이데올로기를 축으로 '자의적(arbitrarily)'으로 이루어지는 것은 아니
라고 강변한다.[33] 개인 대(對) 전체의 상호교류 및 긴장을 전제로 하면서
도 그람시가 빈번히 자코뱅적 당개념에 집착한 것은 이탈리아 파시즘 상
황에 대한 대응으로서 이해되어야 할 것이다. 그럼에도 불구하고 그람시
적인 민주주의의 본질은 대중적이고 교육적인 것이므로 자유로운 진리추
구의 자유주의적 원칙도 수용하고 있음에 틀림없다. 그렇지만 그람시가
이러한 자유주의적 원칙들을 현실적으로 계속 견지했었는지 또 다른 논
의를 필요로 한다. 그람시의 현실적 민주주의론은 아마도 '유기적 집중제
(an organic centralism)'와 '민주적 집중제(a democratic centralism)' 논

---

30) Gramsci, *Selection from Prison Notebooks*, New York: International Publishers,
   1971, p.341.
31) 그람시의 '유기적 지식인'에 대해서는 *Selection from Prison Notebooks*, pp.5-14.
32) Ibid., pp.340-341.
33) Ibid., p.341.

의 속에 가장 잘 응축되어 있다.

물신화되어 '덧없는 존재로, 집합적 유기체의 추상화로, 일종의 자율적인 신격화'로 변모한 관료제적 집중제를 신랄하게 비판한 뒤,34) 그람시는 민주적, 즉 유기적 집중제에 관해 집중적으로 논하고 있다. 그에 의하면 '유기성(organicity)'은 오직 민주적 집중제, 다시 말해 '운동중의 집중제(a centralism in movement)'—즉 조직을 지속적으로 실제 운동에 적응시키고 아래로부터의 추진력과 위로부터의 명령을 조화시키며(match), 일반 대중(일반 당원) 속으로부터 나온 요소들을 지속성과 경험의 정기적인 축적을 보장하는 지도기구의 굳건한 틀 속으로 지속적으로 끌어들이는 과정—에서만 발견될 수 있다.35) 민주적 집중제가 '유기적인' 이유는, 첫째 그것이 역사적 실체가 드러나는 유기적 양식인 운동을 고려하기 때문이며, 둘째는 그것이 동시에 상대적으로 안정적이고 영구적인 것, 혹은 쉽게 예측될 수 있는 방향으로 운동하는 것을 최소한 고려해 넣기 때문이다.36)

이상과 같은 유기성을 중심적인 축으로 하여 그람시의 다소 이상적인 민주주의론은 현실적인 집중제(centralism)와 접맥되고 있으며, 이런 맥락에서 레닌이 주창한 '민주집중제'를 어느 정도 연상시키고 있다 하겠다. 여기서 또 한 가지 부언할 수 있는 특성은 그람시가 제기한 당의 3원적 구조에 관한 것이다. 그는 결집된 당지도부와 일반당원 사이에 중간급 간부요원들의 위치를 강조함으로써 조직의 유기성을 유지하고자 했다.37) 다른 식으로 표현하자면 그람시는 조직매개의 중추로서 중간급 간부요원들을 정치교육에 끌어들인 덕택에 조직의 상부구조의 수직적 개념을 직접 당내로 통합시킬 수 있었다. 당은 형성중에 있는 하나의 역사적 블록이고 계급동맹을 통하여 수평적 차원에서 확장되기를 꾀하며 사회 전반에 걸쳐 헤게모니적 입장에 서고자 하는 것이다. 바로 이런 점에서 그람시의 조직 개념은 레닌주의와 유사점을 지님에도 불구하고 동시에 분명

---

34) Ibid., p.188.
35) Ibid., pp.188-189.
36) Ibid., p.189.
37) Ibid., pp.152-153.

한 차별성을 노정한다.[38]

변혁운동의 여러 가지 이슈들과 의제들의 이분법적 견해를 이중적으로 비판하고 그 고리들을 유기적으로 꿰어찬 그람시의 입장은 감옥으로 이송되기 바로 직전인 1926년까지 이어진다. 특히 이 시기는 스탈린이 인터내셔널을 장악하면서 '좌경(극좌)으로 선회'하기 시작한 시기였다. 예측된 자본주의의 경제적 위기는 유럽 대중들의 급격한 좌경화운동을 부채질한 것이라고 주장하면서도 스탈린은 노동자들의 압제세력에 맞서는 '정면공격(frontal attack)'에 가담하여, 모든 '계급동맹'과 '사회민주당' 식의 타협안을 거부해야 한다고 강변했다.[39] 이 주장은 트로츠키와 보르디가가 이미 5년 전에 주창하여 레닌이 단호히 비판한 전략과 동일한 것이기도 했다. 그람시는 스탈린의 견해를 10년이나 뒤떨어져 낡아빠진 극단주의의 재현으로 인식했으며 다른 공산당 이론가들의 서너 차례에 걸친 비판에도 굴하지 않고 수세에 몰린 프롤레타리아 계급이 취해야 할 행동이 무엇인가에 대해 기존의 입장을 고집하였다. 즉 그것의 주요 핵심은 계급동맹을 통한 기존 헤게모니의 파괴, 대중정치교육, 프롤레타리아 계급의 '규제된 사회'를 향한 이행단계로서의 '제헌의회'를 재차 주장하였던 것이다.

사회변혁운동의 이론이 극좌적 모험주의와 개량적 기회주의로 양극분해되는 경향을 극복하고 비타협주의를 견지하면서도 계급동맹전술과 의회참여까지도 유연하게, 그리고 그야말로 그람시적인 표현으로 유기적으로 연관시키는 전략을 모색해 오던 그람시의 결론은 '정면공격' 및 '기동전'과 대비되는 '진지전'이었다. 이 '진지전' 개념의 중요성은 그람시 자신이 기동전(정면공격)으로부터 진지전으로의 이행을 제2차 세계대전 이후 시기에 제기된 정치이론 중 가장 중요하고 정확히 해결하기도 힘든 문제로 파악한 데서도 잘 나타난다.[40] '진지전'의 개념을 상세히 규명함으로써 그람시는 근본적으로 쇄신된 혁명이론, 즉 복잡다단한 시민사회와 한층 선진화된 서구국가들이 장악하고 있는 월등한 국가 통제력에 더욱

---

38) W. C. 아담슨, 앞의 책, 291쪽.
39) 앞의 책, 310쪽.
40) Gramsci, op. cit., p.238.

더 설득력이 있는 혁명이론을 개진하고자 했던 것이다.

그람시는 "다시 말해 기동전은 점점 진지전의 양상으로 변모되고 있으며, 또 한 국가가 평화시에도 꼼꼼하게 기술적으로 전쟁에 대비하는 한에 있어서만 전쟁에서 이길 수 있을 것이라고 해도 과언은 아니다. 국가조직체로서는 물론 시민사회내의 복잡다단한 결사단체로서 현대민주주의의 비대한 구조들은 진지전의 양태로 전선에 '참호'를 파놓고 영구적인 요새를 구축하고 있다. 이렇게 구축된 참호들과 요새들로 인해 전에는 전쟁의 '전부'니 무엇이니 일컬어졌던 기동전의 요소들이 '국부적인' 것으로 밀려나고 있다"고 설명한다.[41] 그람시는 바로 이러한 사회적 발전과정이 프롤레타리아 계급의 과제를 복잡하고 복합적인 것으로 만들었음을 인정한 최초의 이론가로 평가받을 수 있을 것이다.

혁명전략의 핵심적 개념인 진지전을 논하는 과정에서 그람시가 프롤레타리아 독재의 개념과 폭력의 문제를 별반 언급하지 않음으로 해서 많은 논란의 여지도 남겼다.[42] 이런 경향은 동시에 그람시 사상과 레닌주의의 연계성을 반박할 수 있는 근거로서도 활용될 수도 있을 것이다. 그러나 그람시 사상을 사민주의나 레닌주의의 어느 한편으로 해석하는 태도는 편파적일 수밖에 없다. 그람시는 적어도 문화적으로 통합된 총체성으로서의 사회의 재편성을 동반하는 사회변혁의 목적에 천착해 있었기 때문이다. 그람시식의 혁명은 비록 자본주의를 타파하는 총체적 변혁의 기치에 충실한 것이라 해도, 서구의 문화적·정치적 복잡성에 조응하는 점진주의적 방식도 표징하는 것이다. 특히 그 같은 방식은 그것의 통합된 성격 덕택에 고전적인 레닌주의를 손상시켰던 수단-목적의 역설을 극복한 것으로 생각되었다.[43]

그리하여 맑스주의적 전통 속에 존재해 온 극단적인 중앙집권적인 자코뱅주의와는 달리 그람시는 외재적인 엘리트주의적인 입장을 극복할 수 있었으며 동시에 권위주의적 경향이 농후한 엄격한 레닌주의적 모델과는

---

41) Ibid., p.243, pp.238-239.

42) 프롤레타리아 독재와 연관된 주제로는 국가숭배론(Statoltry)이 거의 유일한 것이다. Ibid., p.268.

43) W. C. 아담슨, 앞의 책, 314-315쪽.

반대로 외적인 것과 내적인 것, 엘리트적인 요인과 대중적인 요인간의 유기적인 융합을 줄기차게 추구해 왔다. 그람시는 혁명적 과정을 총체적이고 대중적인 현상으로서 파악함으로써 이론―지식인―당의 외래적인 추진력이 강요되는 것이 아니라 새로운 대체헤게모니를 주창하는 투쟁의 계기들 속에서 정치적 주체로서 대중들 자신의 요구사항을 관철시켜 나가는 '혁명적·역사적 블록'의 피억압계급들에 의해 뒷받침되는 내화된 (internalized) 힘으로 파악할 수 있었던 것이다.[44]

그람시 사상의 본질적인 특징 중의 하나는 이분화되고 양극분해되는 사회변혁이론을 유기적인 관점에서 총체적으로 지양 극복하여 통합하는 데 있다는 점이다. 그럼에도 불구하고 비타협적이면서 유연한 그람시의 혁명이론과 전략은 다시금 상이하게 해석될 소지도 남겼다. 즉 '좌파 그람시주의자'들은 대항헤게모니에 대한 그람시의 강렬한 집착은 노동자평의회, 협동조합, 문화단체 등과 같은 새로운 문화양식과 인간관계를 낳을 수 있는 선구적인 기관을 설립해야 할 필요성을 강조하는 것이라 본다. 또한 그람시가 광범위한 계층에 기반한 연립정부를 선거를 통해 실현시키려고 대항헤게모니의 구축을 등한시한 것은 사회주의 대체헤게모니의 특이성을 제대로 인식하지 못한 태도라고 비판한다. 반면에 '우파 그람시주의자'는 그람시가 시민사회와 정치사회가 한데 엉켜 있다는 점을 강조한 것은, 대항헤게모니가 적어도 처음에는 실현될 가능성이 희박함을 말해 주는 것이며, 따라서 기존의 의회제내에 모종의 중대한 세력이 대체기관의 설립에 그 전제조건으로서 필요함을 의미하는 것이라고 본다. 그가 강조한 계급동맹의 중요성과 더불어 현재의 정황에서 계급동맹을 강화할 수 있는 가장 효율적인 방법이 선거를 통한 경쟁이라고 주장했다.[45] 이론과 전략의 유기적 통합을 최대의 과제로 상정하여 이에 근거한 총체적이고 유기적인 사회변혁을 지향했던 그람시 사상이 이렇게 다시금 양대 경향으로 해석될 수 있다는 사실은 사상사의 또 다른 아이러니이다.

---

44) Carl Boggs, op. cit., pp.83-84.
45) W. C. 아담슨, 앞의 책, 319쪽.

7. 결론을 대신하여
변혁운동의 유기성과 민주성의 복원을 위하여

자본주의 체제하의 사회변혁운동을 더욱 지난하게 만드는 국내외적인 심대한 지형의 변화를 염두에 두면서, 이 글에서는 그람시 사상을 통해서 사회의 모순구조를 변혁하는 과정에서 요구되는 교훈과 함축을 도출하려 했다. 글의 앞부분에서 밝혔듯이, 자본주의 체제가 제공하는 공간과 수단을 최대한 활용하면서 그 근본구조를 분쇄한다는 명제에는 일관성을 갖춘 하나의 전략이론 속에서 완전히 용해되기 어려운 상극점이 내포되어 있다. 이 명제의 앞부분을 지나치게 현실적으로 강조할 때는 개량화의 위험이 그리고 뒷부분을 원칙적이고 교조적으로 고수하게 될 때는 도그마틱한 비타협주의 혹은 비현실주의의 질곡이 곧바로 가시화되게 된다.

부르주아 기구 특히 의회에 참여할 것인가, 아니면 포기할 것인가의 문제 그리고 민주적인 방식이 가능할 것인가, 아니면 현실적으로 독재(프롤레타리아 독재)적인 길이 피할 수 없는 현실적인 선택인가의 문제 등이 변혁운동을 논하는 자리에서 자주 대두되는 논쟁점이다. 이렇게 분분한 논의의 맥락 속에서 언뜻 많은 맑스주의 사상가들이 끊임없이 집착해 온 개념 혹은 규준 중의 하나가 '정통(orthodox)'이라는 단어다. 무엇이 정통적이라는 규정을 담보해 주는가? 이러한 정통적이라는 규정과 그람시의 맑스주의 사상은 도대체 어떤 연관성을 가지는가? 루카치는 자신의 고전적인 저작에서 맑스주의 문제에서 정통성이란 오로지 방법에만 관련된다고 논파했다.

어떠한 주장들이 맑스주의의 정수를 이루는가, 따라서 '정통' 맑스주의자로 간주될 권리를 상실하지 않고서도 어떠한 주장들을 비판하거나 심지어는 거부해도 '좋은가'라는 문제에 관해서, '사회주의' 진영내에서조차, 커다란 의견의 불일치가 지배하는 듯이 보였다. 이로 말미암아 편견 없이 사실을 탐구하는 데 몰두하지 않고 현대의 연구에 의해 부분적으로는 극복된 적지 않은 저작들의 글귀들을 마치 성경 구절처럼 꼬치꼬치 따져서 해석하고 그 저작들 속에서 그리고 그것들 속에서만 진리의 샘을 찾으려 하는 것은 더욱더 '비과학적인' 것으로 여기게 되었다. 최근의 연구에 의해 맑스의 개별적 진술을 전부가 사실적으로 부정확하다는 것이 이론의 여지 없이 증명되었다고—비록 인정할 수는 없지만—가정하더라도, 진지한 정통적 맑스주의라면 누구나 이 모든 새로운 성과들을 거리낌없이 인정하고 맑스의 개별적 주장들 전부를 거부할 수 있을 것이며 그렇다고 해서 자신의 맑스주의적 정통성(orthodoxie)을 한순간이라도 포기할 필요는 없는 것이기 때문이다. 따라서 정통 맑스주의는 맑스의 연구결과들을 무비판적으로 인정하는 것을 의미하지 않으며 이런 주장 또는 저런 주장에 대한 '믿음'이나 어떤 '신성한' 책의 해석을 의미하지도 않는다. 맑스주의의 문제에서 정통성이란 오로지 방법에만 관련된다. 정통성은 변증법적 맑스주의 속에서 올바른 연구방법이 발견되었으며 이 방법은 오직 그 창시자들(맑스와 엥겔스)의 정신(sinn)에 따라서만 확장되고 심화될 수 있다는 과학적 확신이다.46)

따라서 무비판적 수용이나 교조화된 이론은 맑스주의의 정확한 이해와는 거리가 있다. 무엇보다 중요한 것은 어떤 이념이나 전략을 그대로 따르는 것이 아니라 그 근본정신을 바탕으로 깔면서 현실상황에 적극적으로 그리고 유연하게 대응하는 방식이며 바로 여기서 그람시의 최대한의 강점이 있다. 유기성(organicity)의 원리는 이론과 실천 양측면에서 교조화되거나 개량화되는 경향을 방지할 수 있었던 최고의 나침반이었으며 변혁투쟁의 정황적(conjunctual) 상황들을 철저하게 총체적인 혁명과정의 계기로서 파악함으로써 전략과 이론의 경직성(교조화)을 탈피할 수 있는 준거틀이었다. 당의 조직과 민주화에 있어서도 이 유기성의 원리는 대중 기반의 강조와 당지도부와의 지속적인 접촉과 연계성을 중시하는 데서 한 걸음 나아가 중간 요원들의 역할을 지속적으로 강조했던 것이다. 이런 맥락에서 그람시의 변혁이론은 이전의 맑스주의자들이 간과해 왔던 동의와 헤게모니에 근거한 총체적인 사회변혁의 청사진을 제시함으로써 사회변혁과정의 참여적이고 민주적인 측면을 되살리고 정당한 비중을 부여할 수 있었던 것이다.

일반적으로 맑스주의 이론이 개인성이나 자유와 연관된 자유주의 사상을 송두리째 부정하거나 그 전통을 절연해 버리려는 경향 때문에 야기되는 '곤혹스러움'을 경험해 왔다. 그러나 우리는 이와 연관된 동의와 헤게

---

46) 게오르그 루카치, 『역사와 계급의식』, 거름, 1986, 55-56쪽.

모니의 그람시 사상을 통하여 단절과 절연의 전통으로부터 연속과 심화의 시각으로 나아갈 수 있는 교량을 발견하게 된다. 그리하여 우리의 대안은 "자유민주주의적 이데올로기를 부정하거나 그러한 민주주의적 지형을 포기하는 것이 아니라 스스로를 민주주의혁명의 영역 안에 충분히 위치시키고 민주주의적 투쟁의 영역을 전체 시민사회로 확장시키는 방향이어야 한다."[47] 그렇기 때문에 사회변혁을 추진시키기 위해서 자유민주주의적 이데올로기를 전적으로 거부하는 것이 아니라 비록 곧바로 변혁의 계기를 활용하기는 어려운 계기들을 현재 우리가 당면한 사회구조의 모순들과 대결하게 하여 자유민주주의 내용들을 오히려 급진적으로 심화시켜 나가야 할 것이다.

사회적 관계의 총화로서의 인간들이 모여서 역사와 기존의 사회적 망으로부터 인식과 행위 양식의 틀에 관한 제약을 받으면서 동시에 그 사회의 모순구조를 타파하려는 과정은 앞에서 여러 가지 차원에서 논급되었던 이슈와 문제들이 상호교차되면서 복잡하고 복합적인 성격을 띠게 된다. 결국 변혁운동과 변혁이론의 관건은 대칭되는 갖가지 이론과 실천의 고리들―기회주의 대 좌편향주의, 자유주의 대 자코뱅주의, 비타협주의(회피주의) 대 개량주의, 비합법적 폭력노선 대 합법적 평화주의 노선, (프롤레타리아)독재 대 부르주아 (대의제) 민주주의 등―의 관계들을 설정하는 과정에서 양극분해되려는 경향이 강한 이론의 이중구조를 통합시키면서 운동중의 현실과 실천의 토대 위에서 어떻게 '창조적인' 긴장의 관점을 새롭게 설정, 발전시키느냐의 문제이다. 따라서 이 문제에 관한 그람시의 맑스주의는 철학적이면서도 관념화되지 않고, 총체적 혁명의 관점을 견지하면서도 교조화되지 않으며, '유기성'의 원리에 의해 분절적인 변혁상황과 분리적인 이론고리들을 풍부하고 유연하게 결합, 통합시킨 이론으로서 자리잡아 왔다. 오늘날 이 엄청난 변혁운동과 변혁이론의 혼돈과 위기과정 속에서 진정한 의미에서의 '총체적인' 변혁, 혹은 그람시식의 대응에 대해 다시 한 번 진지하게 생각해 보자.

---

47) Ernesto Laclau and Chantal Mouffe, *Hegemony and Socialist Strategy: Towards A Radical Democratic Politics*(Verso, 1985), 한글 번역판, 터, 1990, p.215. 그리고 제4장 헤게모니와 급진적 민주주의 참조.

제8장

민주적 변혁운동 지반의 심화·확장을 위하여

김세균 교수의 '시민사회론 비판'에 대한 토론

1. 변혁지향 세계관의 위기 혹은 심화로의 계기

복잡다기하게 전개되고 있는 오늘의 현실을 목도하고 있는 우리는 먼저 신속·유연하게 탈바꿈해 가고, 기존 현실의 끈질긴 존속형태에 당황하게 된다. 단순한 존립이 아닌 포섭(cooptation), 확장을 내포하는 보수적 공고화의 거센 물결이 보수세력의 재편을 통한 이데올로기적·언술적 공세의 입장을 뒷받침해 주고 있다. 다른 한편 사회주의권의 위기국면이 한국의 "진보적 사회과학 연구자들, 특히 맑스주의 지향의 연구자들에게 이제는 발언 자체를 허락하지 않는다"[1]는 신랄한 자기비판에서부터 최근의 변화되는 현실을 자기반성과 자기교정의 계기로 삼으려는 입장에 이르기까지 실로 다양한 견해들이 즐비하게 제기되고 있다.

현 시기를 '전반적인' 위기라고 규정하는 것은 적절하지 못하다. 왜냐하면 보수진영에게 현재 당도하고 있는 단계는 그들이 유지해 온 권력과 영향력의 확대재편의 기회로 이용될 뿐만 아니라 이들이 고수해 온 이데올로기는 전혀 동요되지 않고 오히려 공세의 입장을 취하고 있기 때문이다. 사회주의 국가들의 위기국면과 국내 보수세력들의 공고화는 따라서

---

1) 이기홍, 「진보적 사회과학의 위기, 분석적 맑스주의 그리고 맑스주의의 희화화」, ≪경제와사회≫ 12호, 1991. 겨울호, 168-169쪽.

진보진영의 현실적·이론적 토대를 심각하게 위협하는 수준에 이르렀다. 문제는 여기에서 그치지 않는다. 엄밀한 적용과 구체적 분석의 측면에서는 미약했지만, 넓은 의미의 이론적 틀로서 작동해 오던 맑스주의의 현실태인 사회주의권들의 위기는 맑스주의 세계관에 대한 재고, 강력한 의미에서는 대안의 재정립을 요구할 정도가 되었다. 따라서 심각한 위기의 징후는 진보적 세계관, 변혁지향 진영의 몫이다.

위기의 성격과 정도에 대한 인식에는 다양한 편차가 존재하고 따라서 그 대안을 모색하는 입장도 상이함에도 불구하고, 변모된 지형 위에서 변혁을 지향하는 여러 가지 시도가 구체적으로 모습을 드러낸 것은 희망적이다. 물론 우리현실에 대한 설명력과 적실성에는 아직까지 적지 않은 한계를 내포하고 있지만, 분석적 맑스주의 논의,[2] 코포라티즘 논의,[3] 시민

---

2) 분석적 맑스주의는 1989년 10월 경남대 극동문제연구소가 주최한 「전환기의 세계와 맑스주의(Marxism and the New Global Society)」의 에릭 올린 라이트 (Eric Olin Wright)와 봅 제숍(Bob Jessop)의 논문을 통해서 소개된 바 있으며, 작년 ≪사회비평≫은 이 주제를 특집으로 다루면서 엘스터, 쉐보르스키 등의 이론을 소개하고 있다(『전환기의 맑스주의』, 공동체, 1991, 그리고 ≪사회비평≫ 6호 참조). 엘스터 이론을 소개한 김용학 교수의 논문(≪사회비평≫ 6호에 실림)과 분석적 맑시즘의 한계 및 오류를 비판한 이기홍 교수의 논평(≪경제와사회≫에 두 차례 실림)도 논쟁의 성과에 있어서는 아쉬운 점이 많지만 흥미를 끈다.

3) 코포라티즘(Corporatism)론은 아직 그 용어 자체에 관해 의견이 분분함에도 불구하고 다양하게 소개된 편이다. 흔히 조합주의로 번역되나 담합주의 혹은 지체주의(枝體主義)라고 주장하는 학자들도 있다. 미국의 위아더(Howard Wiarda)는 라틴아메리카 정치에 대한 접근모델로서 근대화론이나 종속이론보다 이 지역에서 카톨릭이 정치, 사회 전반에 미친 문화적 영향을 중시하는 문화적 접근으로서 적실성이 더 크다고 평가한 이 코포라티즘을 체계화시켰다. 한국정치에 대한 해석으로서 이 논의는 사회적 코포라티즘과 국가적 코포라티즘으로 구분될 수 있을 것이다. 이와 관련된 저작들로서는 최장집, 『한국의 노동운동과 국가』, 열음사, 1988; 김석준, 『한국자본주의 국가위기론』, 풀빛, 1991, 특히 결론 부분 참조.
홍미롭지만 혼돈스러운 것은 자본과 노동간의 타협을 추구하는 노선을 조합주의 혹은 신조합주의라고 명명하는 현상이다. 예를 들면 ≪한겨레신문≫(1992. 11. 13)에서는 '혁명과 보수 사이에서 개혁의 불가피성을 말하고 이를 위해 자본에는 양보를, 노동에는 타협을 요구하는 입장'을 신조합주의로 요약하고 있다. 이 입장은 국가의 대립항으로 '시민사회' 개념을 강조하고 시민사회 영역에서의 좀더 복합적인 투쟁의 수준을 감안해 자본가-노동자계급 대신 지배연합, 저항연합의 개념을 선호한다는 것이다. 무엇보다 자본-노동의 양분도식 대신

사회론과 그람시 사상의 재론,[4] 신사회운동론[5] 등은 새로운 변혁론을 모색하고 정립하는 데 일정한 자원으로서 활용될 소지가 있다. 동시에 이러한 논의들은 한국사회가 오랜 시기 동안 축적시켜 온 모순의 중층구조에 대한 적절한 이론적 대응의 어려움을 예시하는 것이기도 하다.

분석적 맑스주의가 가정하고 있는 합리적 선택의 조건과 토양의 상이

양자 사이에서 자율성을 갖는 국가를 포함한 3자모델을 분석틀로 취하고, 이들 간의 관계를 시장기제를 중심으로 해명하는 점이 이들 논리의 핵심으로 파악하고 있다. 본문에서도 간략히 언급하고 있지만 여기서 우리가 유념해야 할 점은 라틴아메리카의 경험에 근거한 코포라티즘은 타협이라고 보기에는 국가의 강제 혹은 우위가 너무나 두드러진다는 것이고 유럽의 민주적 코포라티즘은 그 정치적·문화적 전통과 배경이 중요하게 상이하다는 것이다. 따라서 한국의 정치적 현실을 분석하는 과정에서는 코포라티즘을 변형·적용하는 것이 문화적-정치적 상호작용을 이해하는 데 도움을 주겠지만, 대안으로서의 적실성은 현재로서는 결여되어 있다고 생각된다.

4) 소련 및 동구 사회주의 블록의 위기국면은 다른 무엇보다도 비대해진 국가관료제의 모순으로 이해되는 경향이 있었고 따라서 여기에 대한 대안의 모색 역시 국가를 견제, 대체할 수 있는 토대/세력으로서 시민사회에 대한 관심으로 연결되었다. 이런 맥락 속에서 사회주의의 위기를 왜곡된 맑스주의 이해의 재해석, 재정립을 통해서 극복해 보려는 시도는 맑스주의를 누구보다도 풍부하게(?) 해석했던 그람시 사상을 되돌아보게끔 해주었다. 이 주제에 관해서는 본문에서 검토될 것이기 때문에 한 가지 입장만 밝히고 싶다. 즉 '시민사회론=그람시사상'의 등식은 성립되지 않는다는 점이다. 여러 가지 입장의 시민사회론이 있으며 (여기에는 분명 김세균 교수가 비판의 주대상으로 삼는 개량주의적 시민사회론도 그 한 갈래이다. 필자의 견해로는 김 교수가 그람시의 시민사회론도 여타의 시민사회론과 같은 맥락에서 비판하는 것은 잘못이라고 생각한다) 이에 대한 근거는 본문의 끝부분에서 자세히 개진될 것이다.

5) 신사회운동에 대해서는 필자 자신 아직까지 과문한 탓에 별로 할 말이 없지만, 이 운동론이 제기되는 방식에는 다소 문제의 소지가 있는 것으로 보인다. 그리고 이 문제의 소지는 일반적인 시민사회론이 안고 있는 문제와도 대동소이하다. 신사회운동이나 일반적인 시민사회운동론이 그 이전에 존속해 왔던 사회운동과 단절된 채 전혀 새로운 형태의 운동으로 출발한다고 가정하는 것은 지극히 추상적일 뿐만 아니라 바람직하지도 않다고 생각한다. 필자의 견해로 정당한 문제제기 방식은 기존의 사회운동이 새롭게 등장하는 사회적 요구들, 예를 들면 경제정의 실현이나 공해추방의 요구들을 어떻게 수용해 갈 수 있느냐의 문제의식과 이 신사회운동과 시민사회론의 요소들은 계속되는 본질적인 구조적인 모순과 어떤 형태로 결합되어 발전되어 갈 수 있느냐의 문제의식이 상호 역동적으로 인식되어야 한다. 만약 그렇지 못할 경우, 결과는 운동역량의 쇠퇴와 세력의 위축 아니면 체제내로의 개량주의 경향 둘 중의 하나일 것이 명확하다.

성에서 연유하는 이질적인 이론적·실천적 함의, 서구사회의 민주적·사회적 코포라티즘이 전제하는 행위자들간의 균형적 역학관계의 결여, 국가의 위상과 힘에 전혀 비교되지 않을 뿐만 아니라 대응, 견제세력의 토대로서 그리고 체제의 본질적 모순에 대한 대항세력의 모태로서 시민사회가 발전할 가능성이 지금 현재로서는 희박해 보이는 상황은 변혁지향의 다양한 시도가 곧바로 어떤 결실을 가져오는 것이 아님을 보여준다. 유기적 관점에서 상이한 차원의 구조적 모순들과 그 대응들이 얽어지지 않는 한, 그리고 최소한 이 구도에서 중핵과 그것의 주변과의 상호작용에 대한 인식이 먼저 쌓여가지 않는다면 여전히 제자리 걸음일 수 있다.

2. 시민사회론에 대한 비판과 민주적 변혁론의 심화

이 글은 ≪이론≫ 1992년 가을호에 실린 김세균 교수의 논문 「시민사회론의 이데올로기적 함의 비판」에 대한 논평이다. 논평의 서두로서는 다소 장황한 견해를 도입한 이유는 두 가지이다. 한편으론 그간 변모된 국내외의 현실 속에서 대안을 모색해 온 시도가 '시민사회론'이라는 범주를 ─그 논의의 미성숙성과 구체적 근거의 결핍에도 불구하고─ 획득하게 된 것을 희망적이라고 표명하고 싶은 심정이 그 하나이고, 바로 이 시점에서 시민사회론의 성격과 함축, 그 적실성을 비판적으로 검증한 것은 형성중에 있는 다른 대안의 단초들에게도 유의미한 성찰, 검토의 계기를 제공하는 것을 시의적절하다고 얘기하고 싶은 것이 또 하나이다.

"사회분석 및 사회발전 전망과 관련하여 중요한 이론적 패러다임으로 급격히 부상하고 있는 '시민사회론'의 이데올로기적 함의와 그것이 사회의 민주변혁과정에 대해 지니는 의의를 비판적으로 해명"하기 위한 이 논문의 의의는 따라서 충분하다. 그럼에도 불구하고 김 교수가 시민사회론 비판의 주요 논거로 채택하는 개량주의 대(對) 이데올로기적 계급투쟁의 이분법이 소련 및 동구공산주의의 위기국면과 국내에서 전개되어 온 의사민주화과정 및 보수주의 공고화의 현실에 대한 엄밀한 검증 없이 원칙만 강조하는 입장이라면 그 비판이 유의미한 현실적 설득력을 갖기는 힘들다. 이론적 혼돈과 대안지향의 단초들의 부침 속에서 우리가 견지해야 할 푯대는 자유주의적·부르주아 민주주의적 관점에서 절실하게 제창되는 개혁론의 개량주의도 분명 아니지만 사회적 진보, 변혁의 계기들의 유기적 연속성이 부정되고 오직 계급적 문제, 이데올로기적 계급투쟁만이 강조되는 방향도 아니다.

시민사회론이 변모하는 현실의 흐름을 일정하게 반영하고 새로운 토양을 제시하려 하지만 그 성격이나 지향이 아직까지는 불명확하고 이 글에서도 지적되듯이, 체제내화될 수 있는 많은 현실적 한계를 분명 갖고 있지만 김 교수의 비판은 이 논의의 개량주의적 한계만을 일면적으로 비판한 것이 아닌가 하는 느낌이 든다. 바라건대 시민사회론과 그 비판의 입장들이 상호교차적이고 변증법적인 관계 속에서 우리 현실에 접맥되는 적실한 변혁론의 진일보에 공헌했으면 한다. 그럼 김 교수 비판의 주요 내용을 살펴보도록 하자.

3. 시민사회론 비판의 주요 내용

김 교수의 글은 크게 네 부분으로 구성되어 있다. '시민'이란 용어와 맑스의 'bürgerliche Gesellschaft'에 대한 고찰, 그람시의 시민사회론, 현시기의 새로운 시민사회론, 그리고 한국에서의 시민사회론의 비판이다.

앞 부분에서 시민사회는 부르주아 사회의 시민사회라는 협의의 의미로 한정된다. 그리고 오늘의 '시민사회론'이 주로 경제적 영역과 구분되는 비국가적 상부구조에 관한 논의라는 점에서 'bürgerliche Gesellschaft'의 영역을 경제적 토대로부터 경제영역에 대한 상대적 자립성을 지니고 운동하는 비국가적 상부구조 영역으로까지 확대시키는 맑스의 견해와 상이한 것으로 이해된다.

그람시 시민사회론의 내재적 한계에 대한 비판은 다음과 같이 정리된다.

먼저 김 교수에 의하면 자본주의사회의 '시민사회'는 피지배대중의 그 영역으로의 진출을 봉쇄하는 영역은 아니지만 부르주아들에 의해 선점되며 부르주아지의 헤게모니적 장치들 내지 이데올로기적 국가장치들이 그 영역을 지배하기 때문에 그 영역에 피지배대중의 조직들, 단체들이 설립된다고 할지라도 그 영역을 규정하는 계급적 불평등구조는 바꾸어지지 않는다는 것이다. 또한 자본주의사회의 '시민사회'란 사회구성원들을 형식적으로 자유롭고 평등한 시민적 권리를 지닌 법적 '주체'로 호명함으로써 피지배대중에 대한 부르주아지의 실질적 지배를 강화시키는 부르주아 국가에 의해 보호되고 규제받는 자본주의사회의 이데올로기적 상부구조의 영역이자 광의의 의미에서는 부르주아 국가의 한 구성부분으로서 명백한 한계를 갖는 공간이다. 따라서 그람시가 시민사회를 자본주의사회의 양대 기본계급인 부르주아지와 프롤레타리아트간의 헤게모니 투쟁이 전개되는 장소로 파악하는 것은 시민사회 개념을 초계급적인 것으로 확장시킴으로써 일차적으로 이 시민사회가 지닌 역사특수적·계급적 성격을 놓치게 된다. 뿐만 아니라 그람시의 입장은 한편으론 피지배대중의 운동을 특정의 계급적 구조와 내용을 지닌 '시민사회 내부의 운동' 내지 '계급적 성격을 탈각한 시민운동'으로 전화시키고 다른 한편으론 '부르주아 국가 내부의 운동'으로 만든다. 그리하여 부르주아 계급지배에 대항하여 변혁을 추구하는 프롤레타리아 계급운동은 부르주아 국가 및 시민사회의 '외부'에 부르주아 국가와 시민사회에 대항하는 운동으로 발전하는 한에서 변혁적 성격을 지니게 되며 이 조건을 충족시키는 공간은 시민사회와 구분되는 프롤레타리아적인 '민중사회' 내지 '민중공동체'이다. 다른 한편으로 그람시의 '시민사회의 무한한 확산을 통한 시민사회에 의한 정치의 재흡수론'은 시민사회의 극복 및 시민사회에 존재하는 부르주아지의 이데올로기적 국가장치들의 분쇄 내지 비국가적 장치로의 혁명적 전환이라는 문제가 적극적으로 설정될 수 없다.

결론적으로 그람시의 이론구조는 노동자계급의 투쟁을 체제내화시키며 혁명적 계급투쟁의 이론인 그의 이론을 사회발전의 '질적 단절의 계기'를 무시하는 점진주의적 개량화 전략으로 전락시킬 위험이 내포되어 있다.

자유주의를 비판함에 있어서는 맑스주의적 시각을 수용하고 맑스주의를 비판함에 있어서는 자유주의를 수용하는 '새로운 시민사회론자'들은 민주주의의 논리가 계급적대에 의해 규정된다고 보지 않고, 역으로 계급적대가 민주주의의 논리에 종속된다고 보고 있다. 결론적으로 '새로운 시민사회론자들'의 개혁구상이란 기본적으로 현대자본주의의 발전경향성에 역행하는 하나의 관념적 구상, 즉 현대 자본주의 체제하에서는 다시 말해 자본주의 체제의 극복 자체를 문제삼지 않는 한 실현할 수 없는, 그러나 그것이 체제내적 개혁구상인 한에서 공상적일 수밖에 없는 사회개혁 구상이다.

가장 첨예한 관심의 대상이 되는 한국에서의 '시민사회' 논의에 대한 비판의 주요 쟁점은 다음과 같이 정리된다.

먼저 부르주아 민주주의적 개혁론에는 '변혁'의 문제가 애초부터 설정되어 있지 않고 '포스트 맑스주의적 개혁론'은 변혁의 관점을 폐기하고 있다는 것이다. 전자는 민중운동 외부의 시민적 개혁운동에 기대면서 민중운동의 탈변혁화와 시민운동화를 요구하고 있다. 전자는 '자유민주주의' 내지 '다원적 민주주의'를 옹호하면서 실제로는 부르주아지의 이데올로기적 헤게모니를 관철하고 있는 반면, 후자는 '계급적 민주주의론'의 탈계급화를 추진하면서 전자의 민주주의관인 '자유민주주의,' 다원적 민주주의를 수용하고 있다.

둘째, '시민사회적' 이론조류는 민중운동의 시민운동화, '민중민주주의적 관점'의 '시민민주주의적 관점'으로의 전환을 추진하는 이데올로기적 무기이다. '종속적 국가독점자본주의'의 초과착취 체제가 엄존하고, 정치질서가 민중억압적인 '종속적 파시즘'을 기본으로 짜여 있는 상황 속에서 '시민사회의 발전을 통한' 개혁과 '민중운동의 시민운동화'를 주창하는 것은 자유주의적·부르주아 민주주의적 관점에서는 절실한 개혁론이지만 우리사회의 노동자계급과 민중이 처한 절박한 상황과는 너무나 동떨어져 있는 것이다.

셋째, '시민사회론'과 관련되는 쟁점의 핵심은 계급적 관점의 중심성 견지 여부, 우리사회의 민주변혁과정의 헤게모니 세력이 전투적·변혁적

민중운동인지 시민적 개혁운동인지의 문제, 시민운동의 민중운동화인가
아니면 민중운동의 시민운동화인가의 문제, 변혁의 목표가 '프롤레타리
아적·민중적 민주주의'인가 아니면 '시민민주주의 내지 자유민주주의'인
가의 문제에 불과하다.

4. 그람시 시민사회론에 대한 편향적 비판의 문제점
변혁이론의 한계와 가능성, 그 세계관의 부단한 발전을 위하여

그럼 먼저 그람시의 시민사회론에 대한 김 교수의 비판을 검토해 보자.
그람시가 제기한 자본주의 체제하의 시민사회란 결국 부르주아 계급에
의해 선점·지배되기 때문에 시민사회에 기초한 운동은 필연적으로 탈계
급적이고 시민사회 내부의 운동으로 전환될 수밖에 없다는 김 교수의 비
판은 사회구성과 그 변동에 관해 일면적인 진실만을 포함한다. 오해의 소
지를 무릅쓰고 김 교수의 견해를 단순하게 이해하면 봉건제에서 자본제로
의 이행은 더욱더 불가능했던 것이 아니었는가? 다른 무엇보다 맑스 정치
경제학의 큰 강점과 역동성의 원천 중의 하나는 체제변동의 주요 계기를
그 체제내의 맹아들로부터 찾아내는 데 있다고 생각한다. 내화(internal-
ization)되지 않는 모순이 존재하는가? 따라서 자본주의 체제내에 존재한
다는 이유만으로 시민사회의 성격이 일면적으로 평가되는 것은 너무 단순
하다. 김 교수 자신도 밝히듯이 어떤 측면에서, 그리고 봉건제 사회와 비
교할 때, 오히려 지배계급과 대결할 수 있는 공간과 가능성은 더 커졌다고
도 볼 수 있다. 물론 부르주아 통치의 방식도 더욱 침투적이고 고도화되었
지만.

그람시의 시민사회분석이 역사특수적이지 않다는 견해도 받아들이기
힘들다. 그람시의 주요 공헌 중의 하나는 자본주의체제의 독특한 통치방
식을 양면적, 즉 강제력과 동의, 헤게모니의 구조로 파악한 데 있다. 따라
서 이 체제의 통치를 지양하는 과정에서 나온 헤게모니 투쟁 역시 자본주
의 체제의 복합적이고 지구적인 통치방식에 대응하고자 함이다. 그러나

그람시가 자본주의 체제하의 통치와 지배의 성격을 분석하는 과정에서 개진되는 시민사회론에 비해 그가 대안으로 추구하는 헤게모니 투쟁의 장으로서의 시민사회론이 다소 추상적인 것은 사실이다. 이 점에서 볼 때, 그람시의 견해가 역사특수적이지 않다는 비판보다는 현실의 분석과 대안의 추구가 동일한 분석의 수준에서 이루어지지 않았다는 점이 문제시되어야 한다. 노동자 평의회의 실패, 오랜 감옥생활이 구체적인 현실분석의 문제들을 다소 추상적이고 이념적으로 이끌어가도록 한 원인들 중의 한둘이 될 것이다.

그람시의 이론구조가 노동자계급의 투쟁을 체제내화시키며 혁명적 계급투쟁이론을 점진주의적 개량화 전략으로 전락시킨다는 진단 역시 필자의 이해와는 다르다. 그람시 사상은 개량주의 노선인 톨리아티 노선과 극좌적 모험주의 노선인 보르디가 노선 양자와의 투쟁 속에서 발전되어 왔다. 그람시는 노동조합운동은 노동자들이 일상투쟁을 정치화시킬 정도로 경제적 영역을 초월하는 것이 불가능한 반면에, 당은 투쟁형태와 전략의 협애한 한계 때문에 대중의 생산영역과 어떠한 유기적인 관계도 맺지 못한다고 양노선을 비판하고 있다.[6] 그람시의 주요한 문제의식은 바로 운동의 혁명적 성격과 사회주의의 목표에 대해 타협하지 않고서 동시에 맑스주의 이론을 노동자계급의 일상적인 존재 속으로 통합시키는 것이었다. 다시 말하자면 모든 제도가 헤게모니의 영속화를 위해 복무하고 모든 것을 오염시키는 부르주아의 환경하에서 혁명적 의식을 발전시키는 것이 어떻게 가능할 것인가? 중앙집권화된 조직(전위당)과 대중들 자신의 에너지 속에서 그 해결책을 찾았던 레닌과 룩셈부르크의 양모델과 동시에 거리를 둔 그람시 방식은 정치투쟁에서 외적인 것과 내적인 것, 엘리트적인 것과 대중적인 요인간의 유기적인 융합을 추구하는 데 있었다.[7]

앞에서도 간략히 언급했듯이 일반적인 시민사회론에 내재하는 한계가 곧바로 그람시의 몫이라고 생각할 수 없다. 그람시의 변혁사상이 좌·우 편향적으로 해석될 여지는 분명 존재하며 이는 적지 않은 맑스주의 이론

---

6) 졸고, 「다시 그람시에게로─사회변혁운동 지평의 심화·확장을 위하여」, 《사상문예운동》 1992. 가을호.

7) 칼 보그, 『다시 그람시에게로』, 한울, 1991, 97쪽.

가들에 의해 비판되어 온 바이다. 좌파 그람시주의자들은 광범위한 계층에 기반을 둔 연립정부를 선거를 통해 실현하려고 대항헤게모니 구축을 등한시하는 것은, 좌익을 기존의 헤게모니에 편입시키려는 짓이자 사회주의 대체헤게모니의 특이성을 제대로 인식하지 못한 처사라고 한다. 다른 한편으로 시민사회와 정치사회가 한 데 엉켜 있고, 또 선진 자본주의 국가가 이들을 포괄하고 있음을 그람시가 강조한 것은 대항헤게모니가 적어도 처음에는 실현될 가능성이 희박함을 말해 주는 것이며, 기존의 의회제내의 모종의 중대한 세력이 대체기관의 설립에 그 전제조건으로서 필요함을 말해 주는 것이다.[8]

바로 여기에 오늘의 현실 속에 뿌리를 내리고 싸우면서 동시에 내일의 세계를 지향해야 하는 사회변혁운동이 직면해야 하는 '딜레마의 뿔'이 있다.[9] 따라서 그람시의 변혁사상을 개량 일변도의 시민사회론이라고 비판하는 것은 시민사회를 얘기하는 것은 모두 개량이라고 얘기하는 것과 별로 다르지 않다. 시민사회론을 개량적으로 전개할 수도, 그리고 유기적이고 총체적 변혁의 관점을 놓치지 않고서 발전시켜 갈 수도 있다. 이 과정에서 당면하는 딜레마를 과소평가하지 않는다면 그람시의 노선은 분명 후자에 속한다고 생각한다.

시민사회론을 둘러싼 그람시의 변혁이론에 관한 해석으로 인해 이 부분이 다소 길어진 느낌이 든다. 부연하거니와 그람시 속에는 상이한 해석의 여지가 분명 존재하며 이 자체가 그람시 사상에 해가 되지는 않는다. 오히려 그것은 그람시 사상의 풍부함을 입증하고 해석·적용에서의 창조성을 요구하는 것이다.

한국사회에서의 시민사회 논의에서는 그람시 논의와 연관되는 오해의 가능성을 언급하는 것이 필요해 보인다. 그람시에 대한 해석을 제시한 몇

---

8) W. L. 아담슨, 『헤게모니와 혁명』, 학민사, 1986, 317-319쪽. 그리고 Paul Piccone, "Gramsci's Hegelian Marxism," *Telos* 31, Spring, 1977; Perry Anderson, "The Antinomies of Antonio Gramsci," *New Left Review* 100, Nov. 1976~Jan. 1977 참조.

9) 『자본주의 체제하의 사회변혁운동—칠레혁명과 아옌데 노선연구』, 친구, 1991, 필자의 서문 참조

몇 학자들을 거론한 뒤 김 교수의 비판이 뒤따르는데, 그람시 변혁이론을 한국의 상황에 적용함으로써 생기는 문제인지, 아니면 그람시 해석에서의 문제인지, 아니면 그람시와 별로 상관이 없는 (시민사회가 다소 강조되는) 개혁론의 문제인지가 분명치 않다. 더군다나 김 교수가 비판의 주요 대상으로 상정하는 한상진과 김성국의 부르주아 개혁론적 시민사회론이 그람시의 시민사회론이나 변혁이론과 깊은 상관성이 있다고는 보이지 않는다. 이런 맥락에서 거듭 정향과 철학이 다른 시민사회론을 구분할 필요가 있으며 시민사회론 일반에 대한 비판이란 별로 생산적이지도 않을 뿐만 아니라 변혁이론의 심화를 위해서 필요한 풍부한 근거를 무차별적으로 재단해 버리는 오류를 범할 수도 있다는 점을 강조하고 싶다.

앞 부분에서 요약한 김 교수의 '시민사회론 비판'은 따라서 체제내화되고 개량주의로의 길을 걸을 수밖에 없는─작금의 보수주의 공고화시기 속에서 이런 개량주의를 공공연하고 자신감 있게 표방하는 세력들이 생겨난 사실도 흥미롭지 않은가?─시민사회론에 대한 것으로 해석된다. 애시당초 변혁의 관점을 폐기하고 부르주아 민주주의내의 개혁만을 강조하는 견해가 시민사회를 거론한다는 이유만으로 우리사회의 어떤 대안으로 자리잡을 수는 없기 때문이다. 김 교수가 결론적으로 강조하는 이데올로기적 계급투쟁이 보수적 이데올로기의 공고화 속에서 움틀 수 있는 변혁론의 개량으로의 사향현상에 대한 무기로는 여전히 효력이 있지만 변혁적 세계관의 위기 속에 반영되고 절실히 요청되는 변혁지향운동 지반의 심화·확장을 위해서는 성숙된 대응은 아니다. 현재 우리가 목격하는 갖가지 경도되는 현실 속에서 우리가 진지하게 그러나 군세게 맞닥뜨려야 할 딜레마, 오늘 속에 살아 남아야 하면서 내일을 위해 투쟁해야 하는, 변혁사상의 딜레마[10]에 개혁 대(對) 혁명이란 양분법은 좀 낡은 것이 아닌가?

---

10) 제4장 참조

제9장

변혁지향 시민사회운동의 과제와 전망

김세균 교수의 반론과 백욱인 박사의 논평에 대한 토론

1. 시민사회논쟁의 '진정한' 발전을 위하여

세계사적으로는 소련 및 동구공산주의 블록의 위기현상, 그리고 국내적으로는 지배블록 주도의 민주화과정과 최근의 개혁추진은 진보진영에게 외양을 달리한 한국사회 모순의 중첩·중층구조를 지양, 극복할 수 있는 대안적 사회운동 모색을 긴요하고도 절박한 것으로 떠오르게 한다.

김영삼 정권의 개혁추진이 모습을 드러내기 이전의 상황에서 그람시사상과 연관되는 시민사회운동의 가능성과 계급투쟁운동의 유효성에 관한 논의가 소위 '시민사회논쟁'으로 진행되었다. 시민사회운동의 개량성과 체제내화를 근원적으로 비판한 김세균 교수에 대해 필자는 비록 형식적일망정 그간 전개되어 온 '민주화'과정에서 열려진 시민사회의 '공간을 적극적으로 고려하지 않고서 계속해서 계급투쟁 이데올로기만 강조하는 것이 진보운동의 실천적·이론적 발전에 도움이 되는지 깊은 의문을 제기하지 않을 수 없었다. 이에 대해 김세균 교수는 ≪경제와사회≫ 16호에서 성의 있는 답론을 백욱인 박사는 그 다음호에서 의미 있는 논평을 제공해 주었다.

이 글의 목적은 두 가지이다. 먼저 김세균 교수의 답론과 백욱인 박사의 논평에 대해 필자의 의견을 간략히 제시하겠다. 여기서 '간략히'라고 토를 단 이유는 진보진영의 침체국면을 염두에 둔다면 이 시민사회논쟁을 만에 하나 지엽화시키거나 자구해석의 시비로 전락시켜서는 안되기 때문이다. 아직까지는 첨예한 대비와 논쟁을 통한 풍부화에는 미흡하고 아쉬움이 많지만 앞으로의 진행 속에서 핵심적인 단초들이 축적되고 비약되어 진보운동의 돌파구로서 작용하기를 바란다. 따라서 이 글의 두 번째 목표는 비록 시론적이기는 하지만 현재 맞딱뜨리고 있는 다양한 차원의 제약을 헤쳐나갈 수 있는 변혁지향의 시민사회운동을 위한 문제제기와 제언을 개진해 보는 것이다.

2. 김세균 교수의 '계급중심성' 답론과 백욱인 박사의 '민중사회' 논평에 대하여

그람시사상의 해석에 관해서는 김 교수와 필자 사이에 여전히 이견이 존재한다. 그람시사상에 있어서 중앙집권적인 전위당과 대중적 에너지 그리고 의회주의 전략과 의회기권주의 전략의 유기적 연관(결합)의 의미 그리고 레닌의 당론 및 그람시의 당론의 평가 등에 대해서 필자는 김 교수의 의견에 동의하지 않는다. 그리고 그람시를 넘어서 나아가야 한다는 것이 단순히 개량을 넘어 혁명으로 가자는 얘기라면, 이는 현재 그리 적절해 보이지 않는 혁명과 개량의 양분법적 인식과 별로 다를 것이 없다. 만약 그람시사상의 한계의 한국적 함축에 대한 구체적인 대안이 있다면 필자는 배우고 싶다. 그러나 논쟁의 의미 있는 전개를 위해서는 다소 추상화될 수 있는 그람시 해석논쟁보다는 앞서 강조했듯이 한국 진보운동의 진로를 위한 논의에 더 큰 노력을 기울여야 하리라고 본다.

첫째, 김세균 교수는 부르주아 헤게모니가 관철되고 억압과 착취가 은폐된 형태로 관철되는 시민사회영역에서의 운동은 자본주의체제를 극복할 수 없고, 따라서 체제내부공간(시민사회)에서 행해지는 시민운동은 개량적일 수밖에 없다고 주장한다. 이런 운동방식은 맑스의 '국가소멸론'의 핵심인 정치와 노동, 정치와 생산, 정치와 경제의 재결합을 가져오는 사회주의 사회의 전망을 담아놓기 때문에 기본적으로 개량적이라는 것이다. 필자도 이미 언급했고 백욱인 박사도 지적한 것처럼 "시민사회 내부에서의 활동을 기존 부르주아체제의 인정이라는 전제 때문에 부정할 경우 운동의 대중적 기반과 사회경제적 터전은 대단히 협소해질 수밖에 없다." 따라서 부르주아적 시민사회론의 이데올로기를 비판하는 데는 유효하고 이데올로기적 선명성은 부각되겠지만 변혁주체의 실질적 성장과 대중적 헤게모니의 장악에 대해서는 별로 할 말이 없는 것처럼 보인다.

시민사회운동의 개량성에 대한 비판이 의미 있게 되기 위해서는 대안은 아니라 하더라도 최소한 이 시민사회운동이 개량적으로 가게 되는 조건과 동학을 구체적으로 지적하는 것이 요구된다. 권위주의하에서는 국가와 대칭되는 민주화의 중심축이던 시민사회가 탈권위주의 과정에서 어떤 조건하에서, 그리고 어떤 경로를 통하여 체제내화되고 개량화되는지를 분석하는 작업이 반드시 필요하다. 이 작업은 또한 변혁지향의 시민사회운동과 체제내화되는 시민사회운동을 구분하는 것을 가능하게 할 것이다. 이런 검증단계 없이 시민사회운동 그 자체를 개량운동으로 치부해 버리는 것은 전력의 연대/연합을 통한 극대화가 절실한 현 시점에서 어떤 의미가 있는가?

둘째, 혁명과 개혁의 상호관련성 혹은 유기적 연관성을 필자는 강조했다. 이것은 '민주화'로 쟁취된 합법적 공간과 시민사회를 통한 개혁의 한계와 소진의 선을 선연히 드러냄으로써 대중의 동의를 바탕으로 구조적 변혁에의 길로 나아가는 것이 효과적이라는 의미이다.

김세균 교수의 답론의 결론은 다음과 같다.

> 계급문제를 중심으로 하여 제반문제들의 상호접합을 사고하며, '개량의 누적'의 관점에서 변혁을 사고하는 것이 아니라, 질적 단결의 계기를 요구하는 변혁의 관점에서 개량을 파악하는 관점을 폐기해서는 안된다. …
> 사회발전을 둘러싼 제반투쟁이 연관을 사고함에 있어 계급투쟁과 변혁의 관점의 '중심성'을 견지해야 한다. …
> 매 시기의 특정한 정세 속에서 계급투쟁이 '중핵'이 아니거나 변혁이 개량의 누적에 의해 이루어질 수 있다고 믿는 것은 오류이다.

1992년 9월, '우리에게 민주주의는 가능한가'라는 주제의 학술발표대회에서 김 교수가 민중민주주의와 연관하여 발표한 글을 잠시 살펴보겠다. 김 교수는 다음과 같이 주장하고 있다.

> 민중운동의 합법적 공간이 제한적으로 열려 있는 우리사회에서는 운동이 '합법주의'와 '비합법주의'라는 일면적 방향으로 전개되어서는 안될 것이다. 대중운동의 활성화와 대중의 정치적 진출을 목표로 하면서 합법·반합법·비합법 운동이 유기적으로 결합되어야 하며, 마찬가지로 '개량주의'와 '혁명주의'라는 양극단의 노선이 극복되어야 한다. 또한 민중세력의 의회진출은 적극 모색되어야 하지만, '의회에서의 활동을 통한 개혁'만을 중시하는 의회주의에 매몰되어서는 안된다.

앞의 답론에서 강조한 계급중심성 논제와 위의 문장에서 볼 수 있는 '합법주의'와 '비합법주의,' '개량주의'와 '혁명주의' 그리고 합법·반합법·비합법 운동들의 유기적 결합의 강조 사이에 어떤 연관이 있는지 궁금하다. '제한적으로 열려 있는 공간 속에서 사회운동의 유기적 결합'을 중시해 온 필자 자신에게도 이 관점과 '계급문제와의 접합, 연관, 통합'의 문제는 아주 중요하다고 생각한다.

셋째, 김 교수는 변혁론적 관점과 계급중심성을 실현할 수 있는 프롤레타리아계급의 운동은 기본적으로 부르주아국가 및 시민사회의 '외부'에서 부르주아 국가와 시민사회에 대항하는 운동이 되어야 하며, 이와 관련하여 '민중사회'를 거론하고 있다. 백욱인 박사와 마찬가지로 필자도 이 민중사회의 구체적 내용과 현 실태에 대해 의문을 갖지 않을 수 없다. 그는 "시민사회내로의 개입과 운동을 통하여 궁극적 지향태인 민중사회로 나가는 것과 민중운동권이 시민사회 바깥에 별개로 존재하면서 운동을 전개하는 것 사이의 현실적 차이는 별로 크지 않다"는 입장을 편다. 결과적이고 현상적인 관점에서 그 형태나 성격에는 차이가 없다고도 볼 수 있겠지만, 민중운동권이 시민사회 바깥에 존재하면서 운동하는 것이 도대체 어떻게 가능한지 필자로서는 이해하기 힘들다.

국가와 시민사회의 중재, 매개항으로서의 정치사회라는 범주에 대해서는 일정한 합의가 이루어지고 있으며, 이 삼자구도는 국가의 대립항으로서의 시민사회가 국가에 의해 침투되고 굴절되는 과정을 설명하는 데 도움을 준다. 김 교수의 견해를 따르자면, 국가/시민사회의 구도에 민중사회라는 범주를 추가해야 하는지, 혹은 이 민중사회는 정치사회와 어떻게 겹치는지 애매하다. 앞부분에서 제기했듯이, 변혁지향의 시민사회와 개량적인 시민사회의 구분에 근거하여 전자의 범주에 민중운동을 위치시키는 것이 더 타당하지 않을까?

3. 시민사회운동의 내재적 한계, 변혁지향운동으로서의 가능성과 과제

사실 필자는 시민사회운동 그 자체를 옹호한 적도 그럴 의도도 없다. 권위주의하에서 독재국가의 압도적 우위 속에 결집된 자본과 관료 등의 지배체제를 대항하는 시민사회론 혹은 시민사회운동론을 상정할 수는 없었다. 김 교수의 지적처럼 국가에 의해 철저히 침투·통제되어 포섭·체제내화되지 않은 시민사회 공간 자체가 존재하지 않는 상황에서 어떤 시민사회운동을 구상할 수 있었겠는가.

따라서 형식적 혹은 의사민주화의 과정 속에서 다양한 성격의 시민사회운동론이 대두된 사실도 그리고 이에 대한 김 교수의 강력한 문제제기로서의 계급투쟁 이데올로기의 강조도 충분히 이해된다. 그러나 이것만으로는 부족하다. 다기하게 뻗어나가는 운동들의 경사와 체제내화의 구체적인 조건과 한계를 따져보고 이전의 계급운동이나 변혁운동과의 관계설정이나 절연에서 어떤 문제를 야기시키는지를 검토해 보아야 할 것이다.

필자가 강조하는 것은 특히 민주화과정에서 국가를 견제, 비판하고 궁극적으로 국가 그 자체를 민주화시킬 수 있는 토양이 바로 시민사회라는 점이다. 이 넓은 공간 속에 정치사회도 속하고 민주화를 통해 쟁취한 제한된 합법적 타협공간도 존재하는 것이다. 그렇다고 해서 이 시민사회의 공간이 곧바로 국가와 지배블록에 대항할 수 있는 조직적 보루라는 뜻은 아니다. 시민사회라는 토양 위에는 성격을 달리하는 각양각색의 시민사회운동이 형성되고 번성할 수 있다. 각국의 경험에서 볼 때, 기존의 정권이나 지배체제와의 밀접한 관계 속에서 혹은 국가나 지배블록의 후견(patronage)하에서 개량으로 흐르는 시민사회운동이 수적으로 더 많다는 사실도 알 수 있다.

문제는 이전 시대의 정치경제적 모순의 중층구조가 그대로 존속하면서 민주화과정으로 이어져 온 복합적이고 중첩적인 현실구조로부터 연유한다. 그간 진행되어 온 민주화과정이나 열려진 제한된 합법적 공간, 그리고 이로 인해 활성화되는 시민사회를 비관적으로 보는 이유는 이 과정과 공간들이 지금까지 다층적으로 축적해 온 정치경제적 구조를 혁신할 수 있는 가능성이 희박하다고 판단하기 때문이다. 필자는 민주화과정하의 구조의 혁신 가능성이 그만큼 낮은 것은 시민사회를 뒷받침하는 계급(세력)연합/연대의 약화, 더 구체적으로 중간계급의 이완 및 지배블록에 의한 포섭으로 인한 피지배블록의 약화 때문이라고 본다.

민주화과정으로의 진입과 절차적 민주주의에서 실질적 민주주의로의 심화 역시 그 주도세력/계급(연합·동맹)의 성격과 이해관계에 의해 크게 좌우된다. 지배블록의 이해관계가 그대로 유지되면서 이 지배블록에 의해 주도되는 민주화과정의 초기단계에서 절차적 측면에서 제한적으로 부여되는 합법적 공간과 넓혀진 시민사회의 토양은 지배블록이 피지배블록을 분할통치하기 위해 구사하는 이데올로기적·언술적 공세의 토대로 더 잘 활용된다. 그렇기 때문에 시민사회는 강압적 국가하에서는 침투·통제·위축되고 자유화·개방화되는 단계에서는 유연한 국가와 지배블록에 의해 포섭·견인되는 이중적 질곡에 직면하게 된다.

최근 김영삼 정권하에서 추진되는 개혁정책과 그 파문은 이런 국가와 시민사회의 관계, 계급연합의 유형변화 등에 관해 흥미로운 점들을 시사한다. 간단히 말해서 국가가 개혁을 주도하고 시민사회는 방관자로서 박수를 치거나, 혹은 철저한 개혁을 국가에게 요청하고 있는 것이다. 이 얼마나 심각한 아이러니인가? 앞에서도 언급했듯이, 만약 (칠레 아옌데의 인민연합처럼) 반지배연합이 주도하여 합법적인 변혁지향연합에의 돌파구를 마련하고 이를 구조적 변혁으로 확장하는 과정에서 이루어진 국가와 이들 중간계급/노동자연합과의 연대하에서라면 체제 속의 개혁이란 전혀 이상할 것이 없다.

그러나 지난 몇 년간 한국사회에서는 반지배연합이 구축되어 시민사회가 대항세력으로서 성장하기보다는 중간계급의 보수화와 포섭을 통하여 지배체제가 더욱 공고화되었다. 이런 상황하에서 국가주도의 개혁은 변혁지향의 시민사회운동은 말할 것도 없고 시민사회의 입지 자체를 더욱더 협애하게 만드는 결과를 가져온다.

시민사회라는 토양은 피지배계급들의 연대 혹은 반지배연합에 의해 주조되고 조직된다. 이 시민사회의 위축과 한계는 이를 구성하는 연대 혹은 연합의 허약성(fragility)이고 더 구체적인 원인 중의 하나는 중간계급의 유동성, 기회주의 속성 속에서 찾아진다. 시민사회를 약화시키거나 무력화시키기 위한 국가의 가장 손쉬운 전략이 중간계급의 포섭이었음은 따라서 쉽게 이해된다. 어떻게 할 것인가? 이러한 내재적 한계를 내포하는 시민사회운동을 심화, 확장시킬 수 있는 길은 존재하는가?

이 모든 문제를 동시에 해결할 수 있는 대안을 필자는 가지고 있지 않다. 필자는 '민주화과정'을 통해 변모된 정치지형과 시민사회 공간의 의미를 경시하는 듯한 김세균 교수의 계급투쟁이데올로기 운동론에도 반대하지만 그렇다고 해서 이렇게 포섭·견인되고, 허약성의 다면적인 한계를 내포하는 시민사회운동을 "계급운동의 시민운동에로의 수렴"(김성국, 1992) 혹은 "계급운동의 수용"(한완상, 1992) 등의 관점에서 파악하는 입장에도 동의하지 않는다. 필자는 계급중심성 테제를 그대로 고수하거나 시민사회운동과의 조화성을 강조하는 '단순논리'보다는 시민사회운동의 체제내화와 변모의 조건과 한계, 양운동의 갈등과 차별성, 그럼에도 불구하고 계급연합/연대와 유기적 관점에서의 접합·연관의 가능성 등을 따지는 '복잡논리'가 현 시점에서는 더 요구되는 것이 아닌가 한다. 이런 맥락에서 필자는 시민사회운동의 가능성과 진보운동의 진로와 연관하여 다음과 같은 몇 가지 견해를 제안하려 한다.

첫째, 형식적이고 극히 제한적일망정 민주화과정으로 인해 확보된 합법적 타협공간, 그리고 이와 연계된 활성화된 시민사회의 토양에 대한 검중단계 없이 변혁지향운동이나 이데올로기를 대중들에게 설득시킬 수는 없다. 따라서 이 공간과 토양이 사회적 변혁을 추구하는 데 많은 한계가 있을 뿐만 아니라 오히려 질곡과 장애로 기능할 수도 있다는 것을 보여주는 것도 운동의 과제에 포함시켜야 한다. 이 과정을 통하지 않고서, 다시 말해 시민사회에서의 투쟁을 통하지 않고서 어떻게 대항 헤게모니를 형성하고 구축할 수 있을 것인가. 이런 맥락에서 시민사회를 헤게모니 투쟁의 장(場)이라고 파악한 그람시의 관찰은 다시 음미해 볼 만하다.

둘째, 국가주도의 개혁이 지속적으로 반지배연합을 무력화시키고 시민사회를 적극적으로 견인해 나갈 때, 이는 민주화의 심화가 아니라 포퓰리즘의 외양을 띠는 국가코포라티즘으로의 전략이다. 국가주도의 개혁과 시민사회 및 반지배연합의 주도와 압력하에 추진되는 개혁은 어느 시점에 이르면 뚜렷한 차별성을 노정시키지 않을 수 없다. 전자는 지배체제의 재편과 통치구조의 공고화를 위하고 이 전체적인 목표와 배치되지 않는 한도내에서의 개혁일 수밖에 없다. 변혁지향의 시민사회운동은 이 한계와 소진의 선을 뚜렷하게 밝히고 제시할 수 있어야 하며, 바로 이 명확해진 차별성을 바탕으로 할 때 민주화과정하의 개혁추진은 심화될 수 있을 것이다.

셋째, 민주화과정의 성격과 내용을 결정하는 것은 이 과정을 주도하는 연합과 연대, 이들 사이의 이해관계와 헤게모니 투쟁에 좌우된다. 이 헤게모니 투쟁은 현실적으로 수의 게임인 선거에 의해 부분적으로 결정된다. 따라서 연합(동맹)전략과 선거전략이 중요시되고 적극적으로 활용되어야 한다. 이 과정하에서 지배블록 및 국가에 대한 대항은 시민사회에서 다양하게 발양하는 운동까지도 배제하는 이데올로기적 관점만 가지고서는 효과적일 수 없다. 다기하게 발전하는 시민사회운동내에서의 헤게모니 투쟁과 연합(동맹)전략을 통하여 기반은 풍부하게, 그러나 방향은 변혁의 뜻대로 추동해 나가야 한다. 그리하여 합법적 타협공간에서 소수의 지배블록을 압박하고 포위·억지시키는 전략을 통하여 반지배연합의 기반을 더욱 확장시킴과 동시에 토대로서의 시민사회를 활성화시켜야 한다. 이런 방식을 통할 때, 민주화의 틀내에서 합법적인 개혁의 추구는 그 소진의 한계선을 통해 변혁 전망을 획득할 수 있으며 동시에 대항 헤게모니의 공고화와 연결될 수 있을 것이다.

'민주화과정'하에서 사회운동이 현실적 토대와 변혁지향성을 동시에 구비하기 위해선 국가와의 관계나 그 성격에 있어서 적지 않은 한계를 갖긴 하지만 그럼에도 불구하고 시민사회의 영역과 이 시민사회운동과의 유기적 연계를 고려하지 않을 수 없다. 이런 관점에서 계급연합전략 및 이 구도내에서의 헤게모니 투쟁 그리고 지배블록에 대한 포위 억지를 통한 포괄적인 대항 헤게모니의 구축과 변혁적 전망으로의 심화 등과 연관된 시민사회운동의 가능성을 논의했다. 그러나 이 시민사회운동의 가능성에 관한 논의가 국가와 지배블록의 관계를 떠나서 이루어질 수는 없다. 민주화 이전에 국가에 대한 대항의 중심이었던 시민사회가 민주화과정을 거치면서 성숙·강화되기보다는 오히려 포섭되고, 국가의 주도권이 더욱 공고화되는 현상은 시민사회운동의 과제를 더욱 무겁게 하는 것이다.

국가의 주도적인 위치가 계속 유지되는 상황에서 정치사회 혹은 시민사회의 정치화는 시민사회를 두텁게 하고 더욱 견고하게 하는 것이 아니라 오히려 국가를 더욱 강화시키는 결과를 가져온다. 적지 않은 수가 소위 재야운동에서의 경험을 재산으로 정치적 영역으로 편입되어 갔지만 이들이 재차 사회운동의 성숙과 발전에 공헌할 가능성은 거의 없는 것처럼 보인다. 왜냐하면 국가권력의 철저한 민주화를 통하여 시민사회에 대한 국가의 대응력을 더욱 민감하게 하고 시민사회의 견제력을 고양시키기에는 기존의 정치사회가 지나치게 국가권력 방어적이며 이 벽을 넘기에는 이들의 역할이 현재까지는 극히 미미하기 때문이다. 오히려 이들은 테크노크라트로서 기능하여 시민사회를 통제하고 포섭하는 데 더욱 적극적인 역할이 부여될 것처럼 보인다. 따라서 이들은 바로 시민사회운동의 일정한 자산을 국가에 제공하는 역할을 수행하여 정치사회를 국가에 유리하게 사용하도록 하는 데 일조할 따름이다.

여기서 우리는 무거워진 시민사회의 과제가 다름 아닌 시민사회의 성숙 발전을 위한 정치화와 정치사회의 형성 및 재편임을 알 수 있다. 또한 바로 이 과제는 시민사회의 정치화를 통한 국가(권력)의 철저한 민주화와 시민사회의 발전이 동전의 양면임을 보여주는 것이기도 하다. 비록 그간의 현실 속에서 시민사회의 발전에 공헌하는 정치화 혹은 정치사회의 형성이 실패로 돌아갔지만, 한국사회의 중첩된 모순구조에서 연유하는 민주화과정의 이중과제, 즉 국가(권력)와 시민사회의 민주화라는 과제는 여전히 시민사회운동이 해결하지 않으면 안되는 과제로 남아 있다.

한국사회와 시민사회운동논쟁

1. 논쟁의 배경

한국 진보운동의 현실을 위기로 규정하고 그 대안의 단초들을 모색하려는 시도들이 하나의 흐름이 되고 있다. 사실 위기라는 진단에 그렇게 위축될 필요는 없다고 본다. 우리가 다루게 될 논의의 풍부한 보고이기도 한 안토니오 그람시는 일찍이 위기를 옛 것이 무너졌으나 아직 새것이 탄생하지 않은 상태로 파악했다. 냉전시대하에서 태동하고 발전해 왔던 이전의 변혁적 세계관은 이제 보수주의적 공고화라는 뚜렷한 특징을 띠고 있는 국내외의 정치지형으로부터 커다란 도전과 전향을 강요받고 있다. 이것이 바로 현재 논의되는 위기의 배경이다.

새롭게 정립되어야 할 사회운동이 이전 시대의 계급투쟁 이데올로기를 그대로 핵으로 간직해야 하는지 아니면 다른 형태로 변모시켜야 하는지를 중심논제로 하는 소위 시민사회운동 논쟁이 현재 진행중이다. 이 논쟁은 그동안 권위주의 체제하에서 엄청나게 비대해진 국가에 의해 침투되고 위축된 시민사회가 과연 그 체제의 구조적 변혁을 지향하는 사회운동에 적합한 토대가 될 수 있는가에 대한 토론이기도 하다.

따라서 이 논의는 부르주아의 관점에서 일면적으로 인식되던 시민사회의 지평을 변혁적 세계관의 연결고리로 통합시킨 그람시에 관한 해석의 문제와 깊이 연관되어 있다. 이런 맥락에서 한 논평자는 이 논쟁을 '그람시에 기대어'와 '그람시를 넘어서'의 논쟁으로 성격짓기도 했다. 이 논쟁에 참여하고 있고 맑스주의 시민사회론의 입장에서 시민사회라는 토양에 긍정적 의미를 부여하는 입장으로 분류되는 필자로서 이와 연관되는 몇 가지 주장을 펴는 것이 이 글의 목적이다.

2. 시민사회운동론에 행해진 편향적 비판에 대해

시민사회론의 개량화 경향을 비판하면서 일부 논자는 시민사회론의 쟁점의 핵심을 다음과 같이 정리하고 있다. 첫째 계급적 관점의 중심성이 견지되어야 하는가 아니면 폐기되어야 하는가, 둘째 우리사회의 민주변혁과정의 헤게모니를 쥐어야 할 세력은 전투적·변혁적 민중운동인가 아니면 시민적 개혁운동인가, 셋째 '시민운동의 민중운동화'여야 하는가 아니면 '민중운동의 시민운동화'여야 하는가, 넷째 변혁의 목표는 '프롤레타리아적·민중적 민주주의'인가 아니면 '시민민주주의' 내지 '자유민주주의'인가.

계속해서 그는 이 문제에 대한 답변이 궁극적으로 계급적 입장의 차이에 따라 달라지며, 또한 이는 이론내적 문제라기보다는 계급적 문제, 이데올로기 투쟁에 관계되는 문제라고 강조했다. 이런 견해에 대해 이미 비판을 했기 때문에 길게 재론할 생각은 없다. 단지 한 가지 점만 재차 강조하고 싶다. 민주변혁과 연관되는 시민사회운동에 대한 비판이 개량이냐 혁명이냐는 이분법적인 단순논리여서는 곤란하다. 이론적 정통성으로 치장되지만 실제로는 이론적 경직성에 다름 아닌 이런 논리는 필연적으로 좌편향과 우편향으로 이어진다. 변혁이론의 역사 속에서 좌편향의 모험주의와 우편향의 개량주의와의 상호전화와 교류는 그리 드문 현상이 아니었음을 발견할 수 있다.

그 성격과 한계에 대해서는 다양한 평가가 존재하지만, 여하간에 절차와 형식상의 측면에서 일정한 진전을 보여온 한국의 민주화과정은 존속해 왔던 변혁운동의 지형을 다소 변모시켰다. 다시 말해 이용가능한 타협의 공간이 생겨났다는 말이다. 이는 두말할 나위도 없이 지배블록의 시혜물이 아닌 민중블록의 투쟁의 성과이다. 이 타협의 공간을 적극적으로 활용해서 변혁의 주요 계기로 포착하려는 노력 없이 여전히 계급투쟁만을 주장하고 혁명 대 개량의 잣대만을 고집하는 것은 극단적으로 말하자면 운동의 포기이다.

왜냐하면 우리가 살고 있는 현실세계를 진보적으로 추동해 내려는 변혁운동은 지배블록에 의해 포섭되거나 지배구조 속으로 체제내화되지 않는 이념적 세계관을 견지함과 동시에 대다수 민중들을 연대와 조직을 통해 결집해 내야 하기 때문이다. 내일을 향한 깃발과 오늘의 근거를 동시에 확보하지 않으면 운동은 존속할 수 없다. 현실적 기반이 없으면서도 순결한 이론만을 외치는 것은 도를 닦는 신앙인이나 강단의 학자의 행위로서는 존경받을 수도 있는 것이지만, 운동에 종사하는 이의 세계관으로는 적절하지 못하다.

3. 시민사회운동론의 내재적 한계

그간의 민주화 투쟁으로 인해서 사회적 변혁을 추구할 수 있는 합법적 공간이 생겨났다는 사실은 진보운동의 전략과 세계관의 혁신을 요구하게 되었다. 그리고 이 공간이 그간 맹아상태에서 발현되지 못하고 수축되어 있던 시민사회에 숨통을 터주어 변모된 지형하의 변혁운동의 새로운 대안으로 떠오르게 해주었다.

그러나 바로 여기에 우리가 심각하게 고려하지 않으면 안되는 한국시민사회의 허약성과 한계가 존재한다. 그 영향력이나 힘이 미약했을 때는 국가나 정치사회가 별로 주목하지 않았지만 만약 어느 정도의 자생력만 갖추었다고 보이면 이 시민사회는 국가의 지배구조와 지배블록에 의한 강압과 포섭의 압력에 직면하게 된다. 이 과정에서 시민사회의 진로는 특히 우리의 경우 체제내화 내지 개량주의로의 경사였던 바, 일부 시민운동단체들의 그간의 활동 역시 이 범주를 크게 벗어나지는 못했다.

3당합당을 통한 집권당의 권력창출에 의한 김영삼 정권이 현재 전개하고 있는 개혁정책은 이러한 시민사회운동단체들의 입지를 더욱더 협애하게 만드는 것처럼 보인다. 우리사회의 구조의 개혁을 주창하는 정부나 이들 운동단체들의 입장에 별반 차별성이 없다면 이 운동의 존재이유는 약화될 수밖에 없다. 시민사회운동의 딜레마는 아이러니하다. 즉 국가가 강력하고 권위주의체제일 때는 발현되지도 못한 채 움츠려 있을 수밖에 없었으며, 민주화과정에서 확보된 타협공간을 통해 기지개를 켜보려 하자마자 신국가의 유사한 행위에 의해 존립근거가 현저하게 협소하게 되든지 아니면 유연한 정치력을 행사하려는 지배블록에 의해 견인되고 포섭되는 운명에 처해지는 것이다.

4. 변모된 정치지형과 시민사회운동론

개량과 혁명의 이분법적 잣대로 시민사회론을 재단하는 것은 민주화과정에서 쟁취한 합법적 타협공간과 이 과정을 통해 변모된 정치지형과 연관하여 시민사회운동의 좌표를 제대로 설정하지 못하는 것이라고 앞서 논급했다. 변혁운동의 방향과 토대를 동시에 확보하고 발전시키기 위해서는 다양한 역사적 계기들을 분절적인 사건이 아니라 유기적인(organic) 과정으로서 포착하는 노력이 필요하다. 바로 이 점이 정치와 민주주의의 결핍으로 비판받아 온 맑스주의에 새로운 활력과 지평을 열어준 그람시사상의 강점이다.

제2차 세계대전 이후 이탈리아에서 의회주의만을 주장하는 개량주의적 우파와 의회포기주의만을 강조하는 모험주의적 좌파 모두에 대해 투쟁해 온 그람시 변혁사상의 총체성과 유기성이 만나는 점이 바로 여기이다. 이런 관점을 견지한다면 한국에서의 시민사회운동 역시 대안적인 변혁운동의 주요 단초로서 충분히 의미 있다는 것이 필자의 주장이다.

그러나 앞에서 언급했듯이 위축과 포섭이라는 이중적 제약에 직면할 수밖에 없는 것이 또한 시민사회운동론의 현실이다. 어떻게 할 것인가? 이 이중적 질곡을 지양하기 위해 변혁적 전망을 포기하지 않으면서도 풍부한 터전인 시민사회내의 에너지와 자원을 조직할 수 있는 대안은 존재하지 않는가? 지나치게 일면적인 낙관주의도 구태의연한 정통성주의에 근거한 비판주의도 뛰어넘을 수 있는 가능성의 뿌리는 다름 아닌 현실의 운동 그것이다.

조건의 측면에서 두 가지 점에 유의해야 한다. 한 가지는 그간 민주화투쟁으로 만들어진 타협공간에 관한 것으로 시민사회운동은 이 공간을 적극적으로 활용하면서도 그 틀이 내포하는 체제내화 혹은 포섭의 제약을 뛰어넘을 수 있는 방식을 모색해야 한다. 뿐만 아니라 형태상 유사한 개혁주의를 주창하는 정부 혹은 지배블록에 의한 입지와 토대의 협애화에 대응하는 방식도 찾아야 한다. 변혁운동으로서 시민사회운동이 존속하고 발전해 나가기 위해서는 이들 지배블록에 의한 개혁이 어느 시점에 이르면 정치·경제적 구조상의 제약과 기득권 세력들의 저항으로 인해 분명한 한계점에 봉착할 것이라는 점을 예측해야 하며, 동시에 이 구조적 제약과 기득권세력의 저항을 분쇄할 수 있는 조직과 전략을 예비해야 한다.

다른 한 가지는 현재 한국사회가 당도해 있는 현실의 주요 특징인 상이한 차원의 모순들의 공존, 즉 비동시적인 것들의 동시적 병존에 관한 것이다. 이것은 곧 양태만 달리한 채 여전히 존속하고 있는 계급구조의 문제와 새롭게 대두되는 여러 가지 문제들을 시민사회운동이 어떻게 상관짓고 파악하느냐의 문제이기도 하다. 이 점이 바로 서구 시민사회운동의 성격과 한국의 시민사회운동이 달라질 수밖에 없는 점이다. 계급문제를 배제하는 것은 시민사회운동의 체제내화와 포섭경향을 더욱 가속화시킬 것이다.

이러한 변모된 조건들을 인식하는 바탕 위에서 시민사회운동의 전략도 성립되고 발전해야 한다. 다른 무엇보다도 민주화과정에서 확보된 타협공간을 총체적이고 장기적인 변혁과정의 계기로 위치지을 수 있는 유기적 운동관이 요구된다. 이 합법적인 타협공간을 최대한 활용하여 그 소진과 한계의 선을 적극적으로 추동해 냄으로써 시민사회운동은 체제내화된 틀로의 사향경향을 극복하고 총체적 변혁운동으로서의 좌표를 구축해 나갈 수 있을 것이다.

결론적으로 권위주의체제하의 비합법적인 전면투쟁과 대치전략이 절차적이고 형식적인 차원인 민주주의라는 틀 속에서는 지배블록에 대한 포위전략과 헤게모니 투쟁으로 진화되어야 한다. 이 민주적 틀의 타협공간은 지배블록을 둘러싼 억지 및 포위를 통해 반지배연합의 헤게모니 쟁취와 조직확대에 의미 있는 근거지로 기능할 수도 있다. 하지만 동시에 이 공간은 유연한 정치력과 다양한 이데올로기적·담화적 헤게모니를 구사하려는 지배블록에 의해 피지배계급들이 합법적으로 견인, 포섭되거나 지속적으로 분열되어 그들이 항구적인 통치기제를 공고화하는 기반이 될 수도 있는 것이다.

한국 민주화 이행의 진로와 세계화 담론의 보수적 성격

1. 보수화시대의 세계화 담론의 성격

현존 사회주의 실험의 사양 이후에 '담론'이라는 용어가 널리 얘기되는 것도 흥미롭다. 왜냐하면 언어나 담화가 "일종의 사회적 실천이고, 그 실천은 사회구조에 의해 규정된다고 인식하는 태도"가 맑스주의의 주요 공헌이기 때문이다. 갈등과 투쟁으로 점철되어 있는 사회는 지배적으로 구조화되어 있는 담론을 생산하므로 담론의 그런 사회의 갈등과 투쟁을 반영하고, 또다시 사회에 영향을 끼치기도 하는 것이다.[1]

이런 관점에서 담론이란 용어는 일종의 이데올로기이자 헤게모니를 위한 구성요소의 의미를 내포한다. 김영삼 정부가 내건 '세계화'라는 구호도 이런 맥락에서 하나의 담론이고, 하나의 통치 이데올로기이다. 세계화란 자본주의적 발전 혹은 팽창의 자연스런 현상이자 내재적 속성이며, 이러한 속성의 세계화가 하나의 정책적 목표로 설정될 수 있는가 하는 문제들을 여기서 길게 언급하지는 않겠다. 이 글의 주요 목적은 널리 통용되고 있는 세계화 담론이 갖는 내포와 외연을 한국의 정치현실과 견주어 보려는 것이다.

이런 목적을 위해서 먼저 현존사회주의의 쇠퇴 이후 전개되어 온 배경

---

1) 다이안 맥도넬, 『담론이란 무엇인가』(임상훈 역), 한울, 1992.

을 의식하지 않을 수 없다. 특히, 미국과 영국을 공세적인 형태를 띠는 신보수주의의 파고가 다양한 유형으로 확대·재생산되고 있다. 대표적으로 프란시스 후쿠야마에 의해 철학적·이데올로기적 차원에서 세련되고 강력하게 정당화 되어 온 소위 자유 민주주의 혹은 자본주의적 민주주의는 역사의 종점으로, 따라서 궁극적 잣대로서 작용하고 있다. 뿐만 아니라 민주화의 '제3의 물결'이라고 일컬어지는 제3세계 국가들에서의 민주화 이행도 진보적인 방향에서 실질적으로 심화되기보다는, 엘리트간의 정치협약의 테두리 안에서 보수적으로 공고화되는 경향을 강하게 노정하고 있는 실정이다.

이런 맥락에서 국가에 의해 제창되는 세계화는 지배블록과 자본가의 입장에서 볼 때는 '진취적'일 수 있지만, 지배블록의 통치기반을 강화하는 근본적으로 보수적인 담론구도로서, 대중의 복지와 시민권리의 확장을 위한 민주화의 방향과는 상충될 가능성이 높다.

2. 한국의 현실과 세계화 담론의 적실성

1995년 3월 23일 통계청이 발표한 1994년도 도시 근로자 가구 가계지수 동향에 따르면 1993년도 도시 근로자 가구의 월평균소득은 1백 70만 1천 3백 원으로 전년에 비해 15.1% 늘어났다. 그러나 소득 계층별로 보면 상위 20% 계층의 월평균 소득이 1993년보다 15.5% 늘어나 3백 20만 2천 1백 원에 이른 반면, 하위 20%의 소득은 72만 5천 1백 원으로 평균 증가율보다 낮은 14.1%의 증가에 그쳤다. 이에 따라 상위 20%의 소득은 하위 20%의 소득의 4.42배로, 1993년의 4.36배보다 격차가 커졌다. 이는 소득분배 정도가 전년보다 다소 악화됐음을 보여주는 것으로, 1994년 경기호황의 혜택이 고소득자들에게 상대적으로 더 많이 돌아갔음을 의미하는 것이다.

지난 1985년의 경우, 상위 20% 계층의 월평균소득은 하위 20% 계층 소득의 5.13배에 이르렀으나, 그 뒤 1990년 4.6배, 1991년 4.46배, 1992

년 4.42배, 1993년 4.36배로 근소하게나마 그 격차가 줄다가 1994년에 다시 격차가 벌어진 것이다.[2]

상품 경제성 및 효율성의 제고와 등치되는 세계화 구호를 제창하고 나서 한참 뒤에 김영삼 정부는 이러한 소득분배, 실질적 복지와 평등의 문제와 관련되는 '삶의 질의 세계화'를 위한 복지구상을 밝히면서 5대 기본원칙과 주요 정책과제를 내놓았다. 그러나 최소한 복지예산의 비중이라는 측면에서 볼 때 실질적인 개선의 가능성은 희박해 보인다.

1995년 4월 1일 재정경제원과 보건복지부에 따르면 보건복지부의 예산비중이 1994년까지 4.6%대까지 올라갔으나, 1993년부터는 줄어들어 1995년에는 4%대 밑으로 떨어진 것으로 조사되었다. 세계통화기금(IMF)으로 볼 때, 우리나라의 총예산 대비 복지예산규모는 6.38%로, 이는 스위스(63%), 독일(47%), 영국(46%)과 비교할 수 없음은 물론이고, 타이(10.4%), 방글라데시(12.3%), 스리랑카(18.6%) 등에도 못미치는 것으로 나타났다. 한 논문에 의하면 "한국의 사회복지 지출수준은 세계 70위 정도이며, 각종 연금, 수당, 산재보험 등 주요 복지제도의 시행상태를 기초로 할 때 세계에서 122위인 것으로 나타나고 있다"는 충격적인 보고를 하기도 했다.[3]

필자는 여기서 사회복지의 증대와 경제발전간의 상관관계나 민주화 이행이 경제적, 실질적 평등에 미치는 효과를 길게 논할 수는 없다. 또한, 라틴아메리카 등지의 신흥공업국을 비교했을 때 한국의 평등의 정도가 그렇게 심각하지 않다는 견해를 본격적으로 논의할 지면도 충분하지 않다. 필자가 강조하고자 하는 것은 현재 한국이 직면하고 있는 복지와 평등에서의 문제의 근원이 어디 있는지를 이제는 엄밀하게 분석하고 그 대안을 심각하게 고려해야 된다는 점이다. 이 문제는 한국적 자본주의 발전의 필연적, 만약 그렇지 않다면 최소한 그 발전에 수반되어 온 것이다.

그러므로 자본주의적 팽창의 부정적이고 불균형적인 측면을 고려하지 않는 세계화 담론의 내포나 외연에서 문제의 적절한 대안을 찾기는 힘들

---

2) 《한겨레신문》 1995년 3월 24일자 참조.
3) <사회복지의 세계화를 위한 정책토론회> 1995년 2월.

다. 한국적 자본주의의 궤도가 이미 전세계적으로 뻗어 있음은 자명한 사실이다. 굳이 월러스타인을 인용하지 않더라도 현대 자본주의의 전지구화는 수긍이 가는 대목이다. 이런 세계적 자본주의의 팽창과 그 속에서의 한국적 자본주의의 발전은 최소한 양적인 측면에서 괄목할 만한 성과를 이룩했다.

그러나 만약 한국에서의 삶의 질이 문제가 된다면, 그 원인은 우리에게 양적인 번영을 가져다준 바로 그 자본주의적 발전 속에 있다는 점을 분명하게 인식해야 한다. 한국의 자본주의 발전 속에는 양적인 팽창과 동시에 낙후된 복지와 악화되는 평등의 문제가 동시에 존재한다. 그야말로 동전의 양면이다. 그렇다면 지금의 현실에서 절실하게 요청되는 것은 그간 달려온 발전의 양면적 궤적을 되돌아보고 종합적으로 교정하는 일일 것이다.

3. 한국 민주화 이행의 진보와 심화를 위한 세계화 담론

한편에선 자본주의적 발전과 민주주의가 상호보완적이고 긍정적인 상관관계를 형성할 수 있고, 또 실제 그러했다고 주장해 오고 있다. 한국 자본주의 발전이 비록 국가에 의해 주도되고 권위주의적 통치와 친화력을 오랜 기간 보여왔지만, 그 경로에는 시민사회가 배양되고 권위주의에 대항하여 민주화를 추진하는 세력이 형성되는 과정도 내포되어 왔다. 바로 이런 점에서 서구뿐만 아니라 제3세계에서도 자본주의와 (대의제)민주주의는 일정한 친화력을 보이기도 한다. 그러나 한국에서의 자본주의적 팽창은 동시에 이러한 시민사회의 지속적인 성장과 민주화 이행의 심화를 끈질기게 제약하고 있기도 하다.

자본주의 발전의 혜택을 배타적으로 수혜하고 그런 토대 위에서 강력한 참호를 구축한 지배블록의 이해관계가 위협되지 않는 선까지의 민주화는 크게 문제가 되지 않는다. 실질적 차원의 사회적·경제적 민주화 과정은 이런 자본과 권력관계의 재편을 필수적으로 요구하기 때문에 다음

단계의 민주화 과정에 대해서는 첨예한 대립이 뒤따를 수밖에 없다. 다시 말하자면 다수 대중의 삶의 질이 높아지기 위해서는 자본과 권력의 독점적, 배타적 장악과 불균형관계가 수정되어야 한다.

　김영삼 정부가 내건 세계화 담론이 그간 한국 자본주의 발전이 빚어낸 동전 양면의 문제를 균형 있게 인식하고 있는 것으로 보이지 않는다. 이 세계화 담론은 오히려 문제의 근원에 편향적으로 접근하여 문제의 교정이 아니라 봉합 또는 악화의 징조를 심각하게 드러내고 있다. 세계화 담론이 한국의 정치경제적 현실을 정확하게 분석하고 의미 있는 대안으로 기능하기 위해서는 한국 민주화 경로를 보수화하는 이데올로기가 되어서는 안된다. 권위주의와 뿌리깊게 연계된 한국 자본주의의 폐해들을 제거하고, (국가와도 쉽게 연합하는) 지배블록이 강하게 집착하는 권위주의적 잔재로서의 비정상적이고 배타적인 권력 자본관계에 균형을 잡아주는 역할을 해야 한다. 그럼으로써 한국사회를 보다 정상적인 궤도에 오르게 하고 한국의 민주화 이행을 발전적으로 심화시키며, 궁극적으로 다수 시민의 삶의 질을 높일 수 있는 역할을 수행할 수 있을 것이다.

　'세계경영,' '세계일류'는 한국의 대자본들이 일찍이 추진해 오고 있는 자본확대 재생산의 목표이자 전략이다. 정부의 세계화가 이들 대자본의 그것과 동일한 것인가? 물론 국가와 자본이 협력할 수 있다. 국가는 자본의 국제적 경쟁력을 제고할 수 있는 보조적 역할을 할 수 있고, 또 그래야 한다. 총체적이고 거시적 관점에서 국가의 역할은 그러나 그 이상이다. 국가는 세계시장에서의 국내자본의 성공에 대한 후견인이 될 수 있다. 그러나 국가는 국내에서는 대다수 시민들의 복지와 권리를 확장하는 엄격한 중재자의 역할을 담당해야 한다. 소득분배와 권력·자본구조의 조정에서의 진보적 역할이 국가의 몫이 되어야 한다.

　김영삼 정부가 내건 세계화가 지배블록의 통치이데올로기가 아니라 의미 있는 국민적 담론이 되기 위해서는 그간의 권위주의와 친밀했던 자본주의 구조를 교정하고 한국의 민주화 이행을 진보적으로 추동하고 심화할 수 있는 토대를 새롭게 구축해야 한다. 이를 위해서는 지배블록에 의해 배타적으로 선점되어 온 자본력과 권력과의 결탁을 근본적으로 문제

삼아야 한다. 자본과 노동의 동등하고도 균형잡힌 관계만이 세계경쟁뿐
만 아니라 한국 민주화 이행의 실질적 진보를 위해 필수적인 토대가 될
수 있다. 바로 여기에 국가의 역할과 세계화라는 국가적 담론의 존재이유
가 있다.

한국 민주화의 보수적 이행과 최근의 정치학 논의

1.

어느 학문분야의 연구동향을 아무런 편향 없이 얘기한다는 것이 가능한지에 대해 필자는 다소 회의적이다. 해묵은 '당파성' 논의를 다시 끄집어내고 싶은 생각은 전혀 없다. 그렇지만 평가의 가치체계, 혹은 최소한 강조점의 서열은 있다고 생각한다. 더군다나 이러한 가치의 순서에 둔감하기 어려운 학문분야가 사회과학이라는 점을 감안한다면, 이 작업은 보다 더 난해한 과제가 될 것이다. 따라서 필자는 이 지면에서 정치학 연구의 전반적인 동향을 얘기하기보다는 필자의 관점에서 중요하고 의미 있다고 판단되는 사회과학 연구경향을 중심으로 논의를 전개해 갈 것이다.

2.

먼저 1980년대 말부터 몇 가지 중대한 인식지반의 변화가 진행되어 왔다는 것부터 얘기를 시작해 보자. 소련을 위시한 현존 사회주의국가들의 경사 혹은 몰락과 탈냉전시대의 도래, 이와 맞물려 신보수주의의 공세적 창궐이 국외적인 특징에 속할 것이다. 여기서 흥미로운 것은 소위 "제3의 민주화 물결"(사무엘 헌팅톤)로 지칭된 제3세계 국가들에서의 민주화 물결이 이러한 공세적 신보수주의의 공고화와 밀접한 연계를 가진 것으로 해석되는 분위기가 지배적이었다는 사실이다.

브래진스키(『대실패』)나 후쿠야마(『역사의 종말』)의 이데올로기적 진단과 담론은 단지 공산주의의 실패와 '자유민주주의,' 엄밀하게는 "(헤게모니적이라기보다는) 패권적" 자본주의적 민주주의라는 일면적 토대 위에서 모든 현상들이 편향적으로 해석될 가능성은 배가되게 되었다. 1989년 니카라과에서 산디니스타 민족해방전선(FSLN)이 미국이 지원한 차모르 정권에게 권좌를 이양해 준 현실을 부시 정부는 자유민주주의의 승리라고 치부했다.

이후 진행되어 온 다양한 민주화 이행 역시, 비록 생성배경은 다르지만 궁극적으로 자유민주주의를 향해 전진하는 이 이데올로기의 승리로 비춰졌다. 여기에 또 다른 함정이 존재한다. 그것은 제3세계 국가들에게 움터오던 민주화의 이행경로가 진보적으로 열려진 길로 갈 가능성이 사전에 봉쇄되었다는 점이다. 물론 결정적이라고 할 수는 없지만 이들 국가들에서의 민주화 실험이 제대로 뿌리내리고 자리잡혀 갈 가능성을 격감시켰다. 종착점은 미국식의 보수적으로 재단되고 굴절된 '자유민주주의'의 테두리내 일 것이다.

남부유럽에서, 중남미로, 그리고 아시아에서 불어온 제3의 민주화 물결은 한국에서의 그것과도 연관되었다. 그러나 1987년 이후 진행되어 온 한국사회의 민주화 이행경로는 시간이 지남에 따라 낙관적 기대보다는 우려와 실망의 축으로 기울게 되었다. 그런 시점에서 하나의 이데올로기적인 구호로 등장한 세계화의 논리는 필자가 보기에는 인식의 혼돈을 더욱 증폭시키는 것으로 보인다.

이상과 같은 국내외적인 배견을 염두에 두면서, 필자는 최근에 들어난 정치학 분야의 주요 연구동향을 분석적 맑스주의, (그람시적) 시민사회론, 민주주의론, 세계화론 등의 주요 논지를 통해 살펴보고자 한다.

3.

분석적 혹은 합리적 맑스주의에 대한 관심은 1993년부터 몇 년간 학술지의 지면을 통해 집중적으로 나타났다. 주로 ≪사회비평≫과 ≪경제와 사회≫를 중심으로 논의된 분석적 맑스주의의 주요 이론가는 아담 쉐보르스키, 존 로모, 엘스트 등이다. 이들은 기존의 맑스주의에다 합리적 행위이론 혹은 방법론적 개인주의를 접목시켜 보다 정교한 분석을 도출하려는 의도를 가진 것으로 보인다(다소 사족같지만 필자는 '분석적' 혹은 '합리적'이라는 용어가 썩 마음에 들지는 않는다. 왜냐하면 맑스의 분석이나 맑스주의자들의 그것에 비해 이들의 이론이 더 분석적이라는 것도 쉽게 납득하기 어려우며, 이 합리적이라는 용어도 다분히 경제적 자유주의나 베버적 패러다임의 색채와 '적당한' 절충선에서 멈출 가능성이 높아 보이기 때문이다). 맑스주의가 거시적·구조적 측면에서 유의미한 분석들을 제공했을지라도, 개인적 차원의 행위와 그 합으로서의 사회적 측면에 대해서는 둔감하기 때문에 그 결점에 대한 보완책으로서의 이 분석적 맑스주의는 의미를 가질 수도 있다.

특히, 사회주의로의 이행의 문제를 비용과 이윤이라는 개량적 측정을 통해 분석·예측하며, 그 논의의 외연을 민주화 이행에서도 '계급타협'과 이행의 비용의 관점에서 빼어나게 적용한 쉐보르스키의 시도는 주목에 값한다고 보인다(『민주주의와 시장』). 그리고 소유권문제를 기존 사회주의적 프로젝트의 범주를 넘어서 유연하게 해석하면서 평등주의적 관점에서 새로운 사회주의(로머의 표현으로는 쿠폰 사회주의)의 가능성을 진지하게 타진하고 있는 로머의 작업 역시 사회주의에의 탐색의 길이 여러 가지로 차단된 현시점에서 시사하는 바가 크다(『새로운 사회주의의 미래』).

분석적 맑스주의자들의 일정한 공헌에도 불구하고 이러한 '절충적' 과제가 용이하지 않을 것 같다. 엘스터와 분석적 맑스주의의 의의와 해석을 둘러싸고 ≪경제와사회≫를 통해 개진되었던 이기홍과 김용학의 논전은 절충과 보완적 종합의 문제가 아니라 맑스와 맑스주의에 대한 근원적 관점, 그리고 인식론적 세계관적인 차이의 문제가 밑바닥에 깔려 있음을 확인시켜 주었다. 따라서 우리는 상호보완의 가는성은 그대로 열린 채 두되 끊임없이 검증해야 할 세계관 혹은 철학적 기반의 갈등의 문제도 직시해야 할 것이다.

현존 사회주의권의 퇴조와 거의 때를 같이하여 많은 진보적 이론가들이 기대하고자 한 이는 다름이 아닌 안토니오 그람시였다. 1990년대 초부터 아직까지 그에 대한 관심이 지속되고 있음도 의미심장하다. 1978년도 논문에서 당시 브라질의 후기 종속이론가였던 뻬르난도 카르도소(현 브라질 대통령)는 결정론과 도식주의로 흠집투성이었던 맑스주의의 역사에서 루카치가 교각의 역할을 했다면 그람시는 구명뗏목이었다고 술회한 적이 있다. 아마도 특히 맑스주의에서 심각하게 노정된 민주주의 철학과 정치적 인식의 결여라는 치면적인 약점을 보완해 주고 치유해 줄 수 있는 가능성을 많은 사람들이 결정론과 도식주의의 전성기를 감옥에서 보낸 그람시의 철학 속에서 찾고자 한 것도 아이러니다.

한국사회에서 그람시 논의는 시민사회론을 통해서 비교적 풍부하게 조명되었다. ≪경제와사회≫(1992년부터)를 통해 김세균과 필자, 그리고 백욱인이 시민사회의 위상과 역할에 관한 논쟁에 참여했으며, 한국의 시민사회에 관한 주요 논의가 최근에는 한 권의 책(유팔무·김호기 편, 『시민사회와 시민운동』)으로 엮여 나오기도 했다.

시민사회논쟁의 핵심은 민주화 이행 이후의 단계에서 과연 시민사회가 어떠한 의미 있는 역할을 할 수 있는가라는 문제이다. 한쪽에선 민주화로 열린 시민사회가 대항 헤게모니 투쟁의 중심장이 될 수 있으며, 이런 민주적 방식을 통한 헤게모니 투쟁과정을 겪지 않은 민주화의 심화는 가능하지도 않다는 입장을 보인다. 다른 한편으로 이 시민사회는 역사적으로 권위주의 국가에 예속적인 위치를 점해 왔으며 민주화 이후 과정에서도 권위주의 국가와 권력을 본질적으로 민주화시키는 데 중심적인 역할을 하기는 어렵다는 회의론적 입장을 띤다.

이런 논쟁적 구도는 포스트 맑스주의와 신사회운동의 입장이 가세함으로써 한층 더 복잡해진다. 필자는 혁명·개량의 이분법으로써 사회운동의 현위기를 극복하기는 어렵다고 생각한다. 더 깊은 노력이 필요하겠지만 필자는 '변혁지향적 시민사회운동은 가능한가'라는 질문으로써 이 논쟁의 발전적 계기가 마련되었으면 하는 바람이다.

한국의 민주화 이행의 '보수적 굴절'에 대한 우려의 시각이 최근에 다양하게 개진되었다. 그리고 이러한 민주화 이행의 보수화는 비단 한국에만 국한된 현상이 아니라 멀리는 브라질 등의 중남미 국가들에서, 가까이는 필리핀 등지에서도 확인되는 다소 보편적인 현상으로 조명되기에 이르렀다. 앞에서 언급했듯이, 대외적 신보수주의의 재강화와도 무관하지 않을 이 현상은 그러나 국내적인 구조적 제약과 원인을 분명히 내포하고 있다.

진단은 다양하다. 현실정치(즉 새로운 정치권력의 안정화)의 논리상 민주화 이행이 허용할 수 있는 개혁의 폭은 커다란 한계를 가질 수밖에 없다는 논의도 있다. 더 극단적으로는 민주화 이행이 보수화되는 것이 오히려 당연하기 때문에 오히려 민주화가 심화된 경향을 문제시해야 한다는 견해도 나온다. 스테펀스(Stephens) 부부는 민주화의 1단계, 즉 민주화로의 진입에서는 광범위한 민주연합이 1단계 이행을 용이하게 하는 관건이 되지만, 2단계 민주화 경로에서는 이렇게 다양하고 폭넓은 연합세력내의 갈등이 민주화의 심화에 장애가 될 수 있다는 관측을 제기했다. 바로 이것이 민주화 이행단계의 내재적 딜레마이다.

김영삼 정부가 주창하여 국민적인 유행어가 되어 버린 '세계화'라는 용어 혹은 이데올로기는 많은 고해의 가능성을 내포하고 있다고 생각된다. 자유주의 혹은 신보수주의적 뉘앙스를 띠는 이 세계화는 세계경제의 현상이나 기업의 경쟁논리로서는 손색이 없다. 그러나 다양한 이해관계를 갖고 갈등관계에 놓이게 되는 집단과 세력의 조정자로서 국가의 이데올로기로서는 지극히 편협하고 다분히 협애하다. 성장주의적 기업이나 보수적 자유주의자들이 마구잡이로 헤치고 나가면서 뒤에 남겨진 황폐화되고 벌집처럼 굴곡진 토양을 다듬고 평평하게 하는데 국가의 책무와 존재이유가 있다. 파이를 일단 크게 만들면 그 국물의 효과로 복지혜택이 주어진다는 애기를 믿을 사람이 이제는 별로 없다.

지금까지, 그리고 현재에도 집행되는 세계화 주제의 논의는 이러한 한계와 문제점을 지적하는 것은 고사하고 천편일률적인 찬사와 환호의 수준에 머물러 있다. 필자는 김영삼 정부의 세계화 이데올로기가 한국의 민주화를 보수화시키는 것과 맞물려 있으며, 우리사회의 복지와 형평의 문제를 더욱 악화시키는 데 일조하지 않을까 염려스럽다. 동시에 이런 비판적 우려가 학문적 주요 과제가 되지 못하는 현실을 더욱 안타깝게 생각한다.

제3부

한국 군부통치의 역사와 구조

제10장

한국 군부의 창설·변천과정

군부 정치개입의 기원과 변모

1. 논의의 배경

많은 이들이 오늘날의 현실을 꿰뚫어 보기를 열망하고 때로는 외양적으로 참신해 보이는 논리구조를 제시하기도 하지만, 복잡다기한 현재에 대한 극히 부분적이거나 편협한 해석을 제시하는 데 그치고 있음을 자주 목격한다. 그 누구도 부인치 못할 갖가지 국내외적 모순들의 중층구조가 점진적으로나마 해소되기보다는 오히려 확대 재생산되어 온 한반도의 역사를 대상으로 상정할 때, 바로 앞의 비난은 우리 자신들에게도 해당될 수 있는 가능성이 크다 하겠다.

오늘의 현실이 바로 그 이전 시대의 역사적 토양 속에서 배태되고 배양되어 왔음을 인식하는 데도 우리의 경우 오랜 세월을 필요로 했다. 널리 인용되는 바 맑스는 "인간은 자신의 역사를 만들어가지만, 그들이 바라는 꼭 그대로 역사를 형성시키는 것은 아니다. 인간은 스스로 선택한 환경하에서가 아니라 과거로부터 맞닥뜨리게 되거나 그로부터 조건지어지고, 넘겨 받는 환경하에서 역사를 만들어가는 것이다"라고 논했다.[1] 단순해 보이는 이 문장, 즉 과거가 현재로 연속되고 동시에 제약과 구속을

---

1) 칼 맑스, 「루이 보나파르트의 브뤼메르 18일」, 『프랑스 혁명사 3부작』, 소나무, 1987, 146쪽.

가하면서 조건짓다는 명제가 난망해 보이는 다기한 현실의 구조를 이해하는 데 중요한 실마리를 제공해 왔다. 현대 사회과학 분야를 통털어 가장 주요한 접근법 혹은 방법론 중의 하나로 자리잡혀 가고 있는 비교·역사적 접근(comparative-historical Approach)의 원류로서 배링톤 무어(Barrington Moore, Jr.)의 고전적 저작인 『독재와 민주주의의 사회적 기원(*Social Origins of Dictatorship and Democracy*)』이 대표적으로 인용될 수 있는데, 이 저작이야말로 이전 단계의 역사적 토양이 그 다음 단계의 역사적 흐름을 어떻게 조건짓는가를 탁월하게 정형화시키고 있다.[2]

우리의 경우 꽤 오랜 세월이 경과했던 해방 이후의 한국현대사에 대한 총체적 연구의 필요성은 그간 결정적인 '틈새'로 남아 있었던 미군정기를 포함한 여러 시기의 현대사에 대한 논의로 인해 어느 정도 충족되면서 그 연구성과는 가일층 축적·발전되어 왔다. 이 시기와 관련된 뻬어난 논문들의 이론적 공헌으로 그간의 여러 문제점들이 이제는 제대로 제기되고 평가받기에 이르렀다고 보인다.

그간의 한국현대사 연구가 공백을 메우고, 그리고 보다 총체적인 역사인식을 가능하게 하는 전초단계로서는 충분히 의미를 부여받을 수 있다는 데는 이론의 여지가 없으나, 해방 이후 1990년대로 접어드는 이 시점에 이르는 전체적인 역사적 흐름과 병행해서 초기 이후의 여러 시기들이 연구되고 분석되지 않을 경우, 몇 가지 오류의 가능성이 생겨난다. 첫째, 각 시기들이 독립적이고 분절화된 계기로서 각인되어 버릴 수 있다는 점이다. 앞서 논의했듯이 총체적인 역사인식을 위해서는 먼저 그 이전 시대의 토양과 그 토양 속에서 여러 형태의 맹아들이 어떻게 배태되고 배양되는지를 파악해야 할 뿐 아니라, 그 이후 변모된 토양(시대, 역사) 속에서 이전의 맹아들이 어떠한 경로를 거치면서 어떻게 변형되어 가는지를 추

---

2) 같은 맥락에 있는 저작이 스카치폴의 『국가와 사회혁명』(까치, 1988)이며 또한 카르도소와 파레토(Cardoso and Faletto)의 『라틴아메리카의 종속과 발전(*Dependency and Development in Latin America*)』(Berkeley: University of California, 1978)도 여기에 속한다. 비교역사적인 방법론에 관해서는 Skocpol(ed.), *Visions and Method in Historical Sociology*, London: Cambridge University Press, 1984를 참조하시오.

적할 수 있어야만 한다. 그럴 경우에 있어서만 일정 시기의 역사가 분절
적인 단계로서 머무르지 않고 총체적인 역사적 맥락 속의 한 부분으로서
위치지어지면서 정확한 좌표와 의미를 부여받게 된다. 첫 번째 문제제기
와 연관되어, 역사적 연관성이 결여된 분절화된 연구는 자칫하면 현재 표
출되는 온갖 모순들의 근원적 단초를 그 연속·변형·매개과정에 대한 엄
밀한 검토 없이 어느 특정한 시대의 유산으로 환원시켜 버릴 수 있다. 거
듭 강조되어야 할 점은 과거의 토양 속에서 생성된 사회구조적 모순의 단
초들이 어떻게 생성되어서, 이후 변모되어 가는 토양 속에서 어떻게 변형
되어 가는가를 염두에 두어야 하며, 이런 맥락하에서 비로소 각 단계별
역사의 분석도 총체적인 의미를 획득할 수 있게 된다는 것이다.

2. 문제제기

이상의 논의 속에서 함축되었듯이, 해방 이후 한국현대사에 대한 연구
는 분명 문제점들을 지니고 있지만 이제 축적단계를 넘어서서 새로운 발
전단계에 접어드는 것이 아닌가 하는 것이 이 분야에 정통하지 못한 필자
의 느낌이다. 이에 비해서, 본 논문이 다루고자 하는 한국 군부에 관한 연
구성과는 어느 시기에 관계없이 초기 단계라는 것 또한 필자의 소견이다.[3]
여기에는 크게 두 가지 이유가 있었다고 생각된다. 첫째, 한국 군부에
관한 자료의 제약성이다. 두 차례에 걸친 군부쿠데타를 통한 1961년부터
1987년까지 지속되어 온 군부정권하에서 군(軍)과 관련된 자료와 정보는
특히 민간인들에게는 극히 제한적으로밖에 이용될 수 없었으며, 그나마
희소했다. 물론 이 문제에는 대안적인 방법으로서의 인터뷰 등의 방법마
저 금기시된 것으로 간주하여 보다 적극적인 자료개발에 주저하거나 게
을렀던 연구자들의 자세도 포함되어야 할 것이다.[4] 그러나 구조적인 측

---

3) 한국 군부의 연구서 중 가장 주요한 공헌을 한 저작으로서 Se-Jin Kim, *The
Politics of Military Revolution*, Chapel Hill: University of North Carolina, 1976,
그리고 한용원 교수의 『창군』(박영사, 1978)을 들 수 있을 것이다.
4) 이러한 자료궁핍의 상황에서 대안적 자료로서 이용가능했던 것이 몇몇 저널리

면에서 국가안보에 필수적인 것 이외의 군부 관련자료의 공개와 규제완
화는 비단 협의의 군부연구 자체뿐만 아니라 진정한 민주화를 위해서도
긴요한 요건이다. 국가-군부의 비밀성과 전문성에 대한 요구는 민주적 절
차에 의해 규제되는 권력에 관한 중대한 결정들의 범위를 제한시키는 경
향이 있는 것이다.[5]

두 번째 문제는 미진한 한국의 군부연구에 직접적인 원인이 아니지만
전체적으로 연관된다고 생각되는 것으로서, 이는 다름 아닌 군부정치나
군부의 정치개입에 관한 이론틀의 저발전현상이다. 이미 국내에도 적지
않은 군부 정치개입의 연구서들이 나와 있지만 이론적으로 체계 있고 논
리 정연하게 이 현상을 설명하고 있지는 못한 것 같다. 군부 쿠데타 혹은
군부의 정치개입에는 푸시·풀 요인(Push and Fuller Facters)들이 있으며
주로 극심한 정치·경제적 혼란과 허약한 시민사회 및 군부에 필적할 만
한 정치조직의 결여 등이 그 배경이 된다는 설명들은 나름대로의 설득력
은 있으나 추상화되는 경향이 짙다. 다시 말하여 많은 변수들을 병렬적으
로 나열하여 설명하기 때문에, 군부 정치개입의 내적 다이내믹스를 제대
로 설명해 내지 못하고 있다.[6] 물론 이 이론화작업이 결코 만만치 않은
작업이겠지만 여기서 간략히 한 가지 제기하고 싶은 것은 군부 내부의 문
제(intra-military issues)가 어떻게 군부를 둘러싸고 있는 사회의 여러 가
지 조건들과 맞물리게 되는지를 포착하여 분석할 수 있느냐가 이 분야의
이론적 발전에 관건이 된다고 생각한다.

스트들에 의한 군부관련 기사였으며, 눈에 띄는 작업이 조갑제 기자에 의해 이
루어졌다고 보인다. ≪월간조선≫에 실린 글들과 『한국의 군부』(한길사, 1990),
그리고 『12·12사태: 정승화는 말한다』(까치, 1987) 등을 참조.

5) Robert Dahl, *Conrolling Nuclear Weapons: Democracy versus Guardianship*, Syracuse:
Syracuse University Press, 1985, ch.1; Alfred Stepan, 『군부정치』(김영명 편역),
도서출판 녹두, 10쪽에서 인용.

6) 이와 관련된 이론적 논의를 위해서, Mun Gu Kang, "The Military Seizure of
Power in South Korea in 1979~1989," Ph.D. Dissertation, The University of
New Mexico, 1989, ch.1 참조. 그리고 Chung-in Moon and Jung-Suk Yoon,
"Democratization, Civil Society and the Military in South Korea," *American
Political Science Association*, San Franscisco, 1990년 8월 30일~9월 2일에 발표된
논문 참조.

자료의 제약성과 이론적 저발전의 한계를 염두에 두면서 본 논문은 해방 이후부터 6·25전쟁 직후까지에 걸친 한국군의 생성·변천과정을 살펴보는 것을 주요 과제로 상정하려 한다. 앞절에서 논의한 역사의 계기성을 상기할 때, 일차적으로 이 시기의 군부의 형성과 변천과정 속에서 군부의 정치개입과 관련될 수 있는 어떤 맹아들이 심어졌는가 하는 문제가 당연히 우리의 주요 관심사가 될 것이다. 따라서 한국전쟁 그 자체가 한국 군부의 발전에 어떠한 직접적인 영향력을 미쳤다고 가정하기보다는 해방 이후 미군정치하에서부터 한국전쟁의 발발과 종전까지에 걸쳐 군의 성격과 역할 및 위상이 어떻게 형성·변모되어 왔는가에 초점이 주어질 것이다. 논의의 편의를 위해서 시기를 구분해 보면 1945년 해방 이후 미군정기, 1948년 남한의 단독정부수립 이후 한국전쟁발발 시기까지 그리고 전쟁 이후 시기로 나누어질 것이다.[7] 첫 번째 절에서는 미군정이 한국의 군을 어떠한 목적에서 창설하려 했고, 어떠한 역할과 위상을 부여하려 했는지를 살펴보겠다. 이와 더불어 한국 군부의 주요한 내적 특질로서 파벌주의의 맹아가 이 시기에 어떻게 배태되었는가도 검토될 것이다.

두 번째 절에서는 미군정하에서 골격이 짜진 한국 군부가 정부수립 후 합법적인 지위를 부여받으면서 이승만 정권하에서는 어떠한 변형을 겪게 되는지, 그리고 특히 한국전쟁을 거치면서 군부는 어떠한 변모된 특징을 가지게 되는지를 살펴보겠다.

3. 미군정기, 한국군의 창설과정

이 절에서는 논의되어야 할 주요 주제는 한국군 창설과 관련된 미군정의 정책과 이 정책에 조응되는 국내의 여건이다. 다른 분야에서와 마찬가

---

7) 한국 군부 변천사에 대해서 홍두승 교수는 다음과 같은 시기구분기를 보여주고 있다. 제1기 1948~1953년, 제2기 1953~1963년, 제3기 1963~1973년, 제4기 1973~1979년, 제5기 1979~1989년, 홍두승 「민군관계의 변화와 전망」, 계간 ≪사상≫ 1990. 가을호. 필자의 견해로는 해방 이후 대한민국 정부수립기까지도 예비기로 포함되어야 한다고 생각한다.

지로 점령군으로서의 위상을 분명히 설정한 미군정하의 군창설과정을 논의하게 될 때, 일차적으로 미군과 미군정의 정책과 전략 그리고 그 취지를 염두에 두지 않을 수 없다. 물론 국내의 여건에 대한 미군정의 검토 및 평가가 군의 창설과정에서도 일정 부분 근거가 되었고, 또한 그러한 점에 있어서 국내의 여건과 미군정정책간의 상관성에 관해서도 주목할 여지가 있긴 하지만, 최소한 군의 창설에 있어서는 미군정의 입장 및 정책결정이 초기에는 지배적인 영향력을 미쳤다고 생각된다. 그러나 그렇다고 해서 한국군이 갖게 되는 특성 모두가 미군정정책의 결과물이라는 것은 결코 아니며, 특히 다른 무엇보다도 강조하게 될 한국 군부의 파벌주의는 미군정치하에서 크게 부각되긴 했지만 그 연원은 보다 깊숙한 것이었다.

우리는 기본적인 지형의 주조라는 관점에서 미국 및 미군정의 정책을 먼저 살펴볼 것이며, 이 지형 안에서 형성되고 구체화되어 가는 국내의 여건과의 맞물림으로 초점을 옮겨갈 것이다. 이 과정에서 조명되어야 할 주요 이론적 논점은 한 사회내에서의 군의 역할과 위상에 관한 것으로서, 창설 초기부터 한국의 군이 '국내안보(치안)'에 치중하게 되는 내적 조건과 이를 추진·가속화시켜 나가는 미군정의 정책이 상호보완적으로 군의 정치화(politicization)의 경향을 간접적으로나마 배양시키는 토양이 될 수도 있었다는 점이다.[8]

제2차 세계대전 이후, 미국의 대(對)한반도정책이 장기적인 안목과 구도를 결여하고 있었다는 점에 관해서는 많은 학자들이 동의하고 있다.[9] 그러나 필자의 견해로는 이 시기 미국의 대한정책은 근시안적이라기보다는 오히려 자체 모순적인 것으로 생각된다.[10] 각 시기 및 각 사안에 따라

---

8) 국내적 조건으로서는 좌·우익간의 첨예한 대립이 계속되었다는 점과 처음부터 경찰의 보조적 위치를 부여받았던 경비대(Constabulary)의 성격과 관련된 것이며, 대외적인 것으로는 미국이 소련과의 협상단계에서 군의 위상을 외적 안보나 국가방위가 아닌 '내적 안보'의 영역에 국한시키고자 했던 것을 들 수 있다.

9) 미군정기 이후 한국의 정치·사회발전과정에 부정적인 영향을 끼쳤다고 보는 대부분의 학자들이 미국의 근시안적인 정책 혹은 냉전적 시각에 대해 비판하고 있다. Young-Woo Lee, "The United States and the Formation of the Republic of Korea Army, 1945~1950," Ph.D. Dissertation, Duke University, 1984.

10) 이러한 관측과 일치하는 견해로, 부르스 커밍스, 『한국전쟁의 기원(하)』, 청사,

미국 혹은 미군정의 정책이 고려해야 할 조건과 상황들, 특히 소련과의 협상과정에서 견지되는 미국의 입장, 그리고 소련이 고무한다고 판단되는 혁명적 조류를 저지할 '보루'의 형성을 목표로 하는 미군정의 입장이 해방 후 한국상황을 통제·통치해 가는 데 수미일관하게 관철될 수 없었던 점에서 미국의 대한정책의 한계와 이해관계가 드러난다.

한국군 창설의 초기 단계에서도 미국 행정부, 일본의 맥아더 사령부, 그리고 미군정간에 정책수립과 실행이 일사불란하게 이루어지지는 않았고 어느 정도 전까지는 미군정이 독자적으로 정책계획을 수립·이행해 나갈 수 있는 여지도 생겨났으며, 이러한 미군정의 독자적인 상황판단과 대응이 현실적으로 커다란 영향력을 행사해 왔던 것이다.

해방 직후 남한사회의 양상과 혁명적 정황에 대해서는 미국이 다소 과장되게 평가했다고는 하더라도 현실적 사실에 근사하다.[11) 이 당시 한국사회의 양상은 그야말로 전 부문이 정치화되어 있었다. 여러 가지 징후가 있겠으나 난립된 정당, 사회단체, 군사단체가 1945년 11월 현재 205개에 달하였고 미래의 한국군의 모태가 되는 군사단체만 하더라도 30여 개였다.[12) 이 중에서 상대적으로 주요한 비중을 가졌던 사설 군사단체 중 우파에 속하는 것으로는 다음의 것들을 들 수 있다.

먼저 조선임시군사위원회(朝鮮臨時軍事委員會)는 일본군 대좌(大佐) 출신인 이응준(李應俊), 김석원(金錫源) 등 일본육사 출신 친목단체인 계림회(鷄林會)가 주축이 되어 만들어진 단체로서, 앞에서 거론된 두 사람이 각기 위원장과 부위원장직을 맡았으며 그 본부는 당시 경기여고에 두면서 1945년 8월 말께부터 활동을 시작하였다.[13) 임시정부의 김구 주석

1986, 328쪽.

11) "1945년 9월에서 12월 사이에 미군정이 가장 신경을 곤두세운 한국의 정치적 조건은 좌익의 혁명적 움직임이었다," "한국의 상황은 마치 혼돈의 수렁 속이나 화산의 가장자리에 앉아 있는 듯도 하고 살얼음을 밟는 기분이다," 커밍스, 앞의 책, 232-233쪽. 그밖에 이 당시 정황을 알아보기 위해서 유익한 책으로는 송남헌, 『해방3년사 Ⅱ, 1945~1948』, 까치, 1989; 최상용, 『미군정과 한국민족주의』, 나남, 1989; 프랭크 볼드윈 편, 『한국현대사, 1945~1975』, 사계절, 1982 중 커밍스, 할리데이, 그리고 시몬즈 논문 참조.

12) 전사편찬위원회, 『한국전쟁사: 해방과 건국』, 247쪽.

이 귀국한 후로는 그 자문에도 응하고 이응준, 김석원, 신태영(申泰英), 최경록(催慶祿) 등은 군국편성초안을 기초하여 미군정 당국에 제출하기도 하였다. 일본육사 출신 외에도 만군 출신 원용덕(元容德) 등이 가입함으로써 우파단체에의 지도적 역할을 맡았었다.[14] 더군다나 이 조선임시군사위원회는 그 휘하에 강문봉(姜文奉)이 주도하는 치안대 총사령부(治安隊 總司令部)를 설치하여 실질적인 실력행사를 수행할 수 있었다. 이후 국방경비대의 창설로 시작되는 건군과정에서도 이 단체는 가장 막강한 파벌을 형성하게 될 뿐만 아니라 창군 초기부터 미군정과도 가장 밀접하고 우호적인 관계를 맺게 되었다.

창군 초기 과정에서 미군정이 신뢰하고 자문을 구한 소수의 한국인 중에 원용덕과 이응준이 속하며 먼저 미군정과 관계를 맺었던 사람은 원용덕이다. 1945년 11월 2일 개성을 거쳐 수색역에 도착했던 원용덕은 박기병(朴基丙)을 대동하고 지금의 중앙청에 자리잡은 미군정청을 찾아서 개성에서 서울로 무사히 귀환할 수 있도록 배려해 준 데 대해 인사를 하였으며, 그 곳에서 군사국 차장으로 있던 아고(Reamer W. Argo)와 조우하게 된다. 이 자리에서 아고는 "지금 군정청은 조선의 국방기구 설치를 고려중인데 당신처럼 고급장교 출신으로 영어가 통할 수 있는 사람은 많은 도움을 줄 수 있을 것 같다"고 반겨주었다. 아고는 자세한 내막을 알려주지 않은 채 앞으로 국방기구에 관한 문제가 있을 때 원용덕의 자문을 구하게 될지도 모르겠다는 말만을 했을 뿐 뚜렷한 언질을 주지는 않았다고 한다. 원용덕은 "군을 만드는 데는 우선 아직 입국하지 못하고 있는 광복군을 불러들여 광복군을 건국의 모체로 삼는 것이 가장 합당한 일일 것 같다"는 자신의 주장을 알려주고 할 수 있는 대로 군정당국의 계획을 돕겠다고 말하고 물러나왔다.[15] 이후 원용덕은 건국준비위원회의 여운형과도 회동했으나 별다른 진전을 보지 못하고 곧이어 일본군 장병 출신으로

---

13) 한용원, 『창군』, 27-28쪽.
14) 전사편찬위원회, 『한국전쟁사』, 248-249쪽, 그리고 佐佐木春陸, 『한국전비사』 (강창구 편역), 상권('건군과 시련'), 68-69쪽.
15) 이상의 내용은 1976년 11월 1일부터 ≪경향신문≫에 연재되었던 「비화한 세대, 창군전야(45년~48년)」, 13편 중에서.

부터 존경을 받고 있다고 소문이 나 있던 이응준을 최경록(당시 이응준을 보좌하고 있었으며 '景'자는 나중에 '慶'자로 개명했다)의 소개로 만나게 되었다. 이응준은 다소간 자제의 뜻을 비쳤으나, 곧 서로 협력하는 관계를 형성하여 이후 조선임시군사위원회뿐만 아니라 경비대, 군사영어학교 등에서 커다란 역할을 하게 되었다.[16)

우파계열에 속하는 군사단체에는 학병동맹의 좌경화를 반대한 학병 37명이 자파동지 3천여 명을 모아 1945년 12월 16일에 결성한 학병단(學兵團)이 있으며, 이 단체의 구성원 대부분은 군사영어학교에 입교하여 창군의 주요 인물이 되었다.[17) 이외에도 우파에 속하는 군사단체로는 광복군계 중심으로 결성된 대한국군준비위원회[大韓國軍準備委員會, 대표: 유동렬(柳東悅)], 그리고 광복군계인 조선군사후원회(1945년 9월 결성), 한국광복군후원회(1945년 11월초 결성), 한국광복군군사후원회(1945년 11월 27일 결성)가 통합된 대한민국군사후원회(大韓民國軍事後援會, 총재: 조성환, 부총재: 안재홍) 등이 있었다.[18)

좌파에 속하는 대표적인 군사단체는 학병동맹(學兵同盟)이다. 일본 제국주의의 학도동원령에 의하여 강제동원되었던 학병 출신의 귀환장병들이 주축이 되어 1945년 9월 1일에 서울 종로에 있는 한청(韓靑) 빌딩에서 조선학병동맹을 결성했다. 학병동맹의 초대위원장은 왕익권(王益權), 부위원장 이춘영(李春榮), 군사부장은 박진동(朴晉東)이 각각 맡았으며, 강령으로 제국주의 세력의 철저한 구축(驅逐)과 민족해방정신의 완전을 기할 것, 신조선 건설의 추진력이 될 것, 신조선문화운동에 매진할 것, 그리고 현 과도기에 있어 치안유지에 협력하고 장차 국가창건에 노력할 것 등을 채택했다.[19) 이 학병동맹은 1946년 1월, 삼청동학병동맹사건을 고비로 해체됨에 따라 좌익성향을 띠는 군사단체의 합법적 존립은 이후 불

---

16) ≪경향신문≫ 연재 14편, 그리고 「실록 정치장군 원용덕」, ≪신동아≫ 1982. 12월호 참조. 그리고 주요 인물들의 인적 사항에 대해서는 『한국전비사』, 70-71쪽; 『한국전쟁사』, 251-252쪽.
17) 한용원, 『창군』, 27-29쪽.
18) 『한국전비사』, 69쪽.
19) 『한국전쟁사』, 249쪽.

가능하게 되었다.20) 좌파계열에 속하는 군사단체로는 학병동맹 외에도 이혁기(李赫基)와 박승환(朴承煥)이 주도한 조선국군준비대(朝鮮國軍準備隊), 김원봉(金元鳳)이 이끄는 중앙육군사관학교(中央陸軍士官學校) 등이 있었다.

해방 직후 이합집산을 거듭하면서 많은 사설 군사단체들이 난립했던 이유는 당시의 사회적 상황에서 직접적으로 연유하였음은 말할 나위도 없으며, 동시에 이들 사설 군사단체들이 곧바로 정치집단의 속성을 가지고 있었던 것이다. 그리고 이들 난립하는 사설단체를 미군정이 공식적으로는 인정하려 하지 않았지만, 그러나 고위관료들이 해방 직후부터 구상하고 있었던 창군의 모반으로 이들 사설 군사단체들을 고려하고 있었던 것은 분명하다.21) 문제는 미군정이 어떠한 기준을 가지고 이들을 추렴·배양해 나갔는가 하는 점이다. 당시 사회의 정치세력 중 좌익 계열이 궤멸해 나갔듯이, 좌파 군사단체는 특히 삼청동학병사건을 계기로 소멸되면서 우파계열의 사설단체들만이 장차 건립되는 군조직으로 추출될 가능성을 가지게 되었던 바, 창군 이전의 토양이 지극히 정치적이었다는 사실은 이후 이 단체들의 요원들을 정치적인 잣대로써 재단하여 선발함으로써 초기 한국군의 성격을 크게 결정지었다.

앞에서도 언급했듯이 삼청동학병동맹사건으로서 좌파계열 군사단체의 조직적인 존재는 종식을 고하게 된다. 이와 동시에 미군정(당시 군정장관 러쉬 소장)으로 하여금 군의 창설과 연관된 최초의 법령이라 할 수 있는 군정법령 제28호(1945년 11월 13일)를 공포하여 국방사령부의 설치(제1조), 군사국의 창설 및 육해군부의 설치(제2조), 그리고 경찰군사기관의 금지, 다시 말하여 사설군사단체의 금지(제3조) 등을 명령했다.22)

여러 가지 변모·조정의 과정을 거치게는 되지만 미군정의 한국군 창설 계획은 해방 직후부터 확고한 구도를 지니고 있었다. 국내의 혁명적 조류의 억제 및 방어와 국내치안의 유지를 목적으로 상정하는 미군정의 정책

---

20) 삼청동사건에 관해서는 앞의 책, 250-251쪽, 그리고 『한국전비사』, 69-70쪽.

21) Rober K. Saywer, *Military Advisors in Korea: KMAG in Peace and War*, Washington D.C., 1962, pp.11-12.

22) 『한국전쟁사』, 257쪽.

취지, 그리고 일제치하의 행적 때문에 민족적 정통성과 통치헤게모니는
물론 개개인 경찰의 신변에 있어서도 심각한 위협을 체감하던 당시 2만
5천여 명 규모의 경찰기구는 극심한 침체와 사기저하에 직면해 있었다.[23]

따라서 이러한 상황하에서 군창설과 연관해서 주요한 최초의 법령인
제28호가 공포되기 이전부터 창설계획이 다각도로 모색되었으며, 미군정
의 치안 총책임자였던 쉭크(Lawrence E. Schick) 준장에 의해 군창설계획
이 건의되었다. "설사 38도선을 경계로 한 미·소의 분할점령이 있다 하
여도 한국인의 국방문제는 의당 정부수립의 기본요소"라는 건의를 받은
아놀드 미군정장관은 그의 미군 참모장교단으로 하여금 한국이 국방준비
계획에 대하여 정치·군사적인 모든 조건을 고려하며 연구토록 지시하였
으며 그 결과 1945년 11월 13일 군정법령 제28호가 공포되었다. 앞서 간
략히 살펴보았듯이, 이 법령에 근거해서 국방사령부(Office of the Direc-
tor of National Defense)가 설치되고 동(同) 부내의 군사국(Burean of
Armed Forces)[24]하에 육군과 해군의 2개부가 창설되었으며 또한 10월
21일 발족한 경무국이 통합되어 국방사령부의 감독하에 두어졌다. 초대
국방사령부장에는 쉭크 준장이, 군사국장에는 챔페니(Arthur Champeny)
대령, 군사국 차장에는 아고 대령, 그리고 톰슨(Loren B. Thompson) 중
령이 일을 보조하도록 인선되었다. 당시 초안된 국방계획안의 주요 골자
는 다음과 같다.

1. 현재의 국립경찰을 보강하기 위하여 국방군을 창설하여 이를 점차로 발전
   시킨다.
2. 동(同) 국방군은 육군·공군으로 구분하여 육군에 있어서는 3개 보병사단으
   로 구성된 1개 군단을 편성하고 공군은 필요한 근무부대 및 1개 수송비행
   중대와 2개 전투비행중대로 편성한다. 이들 육군 및 공군의 병력은 45,000
   명으로 한다.
3. 해군 및 해안경비대는 5,000명으로 제한한다.[25]

---

23) 커밍스, 앞의 책, 284쪽.
24) 우리나라 창군의 산실인 군정청 203호에 군사국이라는 한문간판은 당시 통역
    관 윤인석에 의해서라고 전해진다. ≪경향신문≫ 연재 17편.
25) 『한국전쟁사』, 256쪽; Robert Saywer, op. cit., pp.9-10.

위 계획안을 제출한 일자가 1945년 11월 20일이며 하지 장군이 같은 날 승인했다고 전해진다.[26]

지금까지 살펴보았듯이, 한국군의 창설계획에 관한 한-물론 기본 테두리야 미본국 정부에 의해 그어졌겠지만-한국에 주둔한 미군정 관리들이 주도적인 역할을 하면서 여러 가지 가능성에 미리 대비했다고 보인다. 왜냐하면 위의 계획안이 쉬크 준장과 아놀드 장군을 오가며 준비되고 하지 장군이 승인했다고는 하지만, 맥아더사령부, 그리고 미본국[구체적으로는 국무성과 합동참모부(JCS)]에 의해 그 최종적인 결정이 내려지는 것임에도 불구하고, 이 결정이 한국에 도달하기 이전에 이미 한국주둔 미군정은 한국군의 창설의 예비단계로서 군사영어학교(Military Language School)의 설치를 진행시키고 있었던 것이었다.

그런데 제28호 군정법령을 공포(11월 13일)하고 다음날 국방계획안이 하지에 의해 승인된 약 1주일 후인 11월 20일이 지나서 맥아더 원수의 지시가 도착되었다.[27] 여기서 맥아더 장군은 남한의 군대를 창설하는 문제는 자기권한에 속하지 않는다고 이 문제를 본국 정부에 전하면서, 그의 견해는 "한국의 경찰병력이 미군무기로 장비되어야 하며 치안유지에 있어 그 인원은 충분하여야 할 것이다. 그러나 (쓸데없이 무장단체를 창설해서) 미점령군의 부담이 되어서는 안된다"고 부언하였다.[28] 결론적으로 말해서 쉬크 준장의 건의와는 달리 경찰예비대의 창설이 승인된 셈이고 국군의 모체가 될 단체의 창설은 인정되지 않았다. 그리하여 군정법령 제28호를 장기적인 국군의 창설계획의 전초단계로 파악했던 국내의 여러 인사들 사이에는 커다란 혼돈이 뒤따랐으리라는 것은 충분히 이해가 된다.[29]

---

26) 한용원, 『창군』, 69쪽; 『한국전쟁사』, 257쪽.

27) 『한국전쟁사』, 257쪽; 『한국전비사』, 80쪽.

28) 이 당시 대한정책에 관한 미국정부의 입장들간의 갈등에 대해서는 G. Kolco, *Confronting the Third World: U.S. Foreign Policy, 1945-1980*, New York: Pan theon Books, 1988, 3장, 7장; 가브리엘 콜코·조이스 콜코, 『미국의 세계전략과 한국전쟁』(김주환 편), 청사, 1981. 그리고 『한국전쟁사』, 257쪽. ( )안의 내용은 『한국전비사』, 79쪽.

29) 이 당시 혼동위 한면은 경찰과 미래의 경비대 사이의 갈등현상이었다. 이에 대

따라서 군창설 예비단계부터 그 성격과 위상에 대해 많은 논란이 제기되었는데, 그 주요한 일례가 미국인 경찰국장 아고와 전라북도 경찰청장 김응조(金應祚) 사이에 있었던 것으로 전해진다.[30] 군정청으로서는 이미 맥아더의 지시에 의하여 경찰의 지원근거가 되고, 경찰로서는 감당할 수 없는 규모의 폭동과 소란을 제압하는 경관대(警官隊, Constabulary), 즉 경찰예비대를 설치하는 방침을 이미 결정하고 있었으며, 이를 김응조에 설득하려 했던 것 같다. 이에 반대하면서 김응조가 "정부수립 이후 국군의 모체가 될 수 있는 성격이어야 한다"고 거듭 주장하자 아고는 "경비대는 군정청 경찰의 보조기관이어야 하며 처음부터 국군의 모체로 할 수는 없다. 미·소 군정하에 있는데 일방적으로 국군을 전제로 해서 창설하면 화근을 남긴다"고 설득하면서, "실은 한국은 미·영·중·소 4개국의 신탁통치가 되고 조속한 시일 안에 독립을 기대할 수 없다"고 말했다.[31] 아고 대령이 개인적인 대화에서 신탁통치에 관한 기밀을 누설한 시기가 바로 신탁통치 발표일(12월 27일)의 일주일 전이었음을 감안할 때, 미국과 미군정의 군창설 일정은 경관대(경찰예비대) 창설의 선에서 정리되고 있었다고 생각된다. 그 결과 김응조를 위시하여 국군의 창설을 기대하던 많은 부류들의 기대와는 달리, 그리고 미군정 실무담당자들의 본래 계획과도 다르게 군정청은 'South Korean Constabulary of Police Reserve'를 창설하기에 이른다. 그러나 이 기구의 영어 명칭이 창군을 열망했던 국내 인사들의 견해를 고려하여 경관대나 경찰예비대가 아닌 국방경비대로 번역되어, 국방사령부와 군사국의 감독을 받는 위치를 부여받게 되었다. 미군정은 이전부터 자문을 구하던 중국군 소장 출신의 김응조에게 국방사령부 부고문의 직위를 제안하였으나 거절당하였으며, 결국 이응준을 고문관으로 등용시켰다. 이응준이 정식으로 발령된 것은 1946년 1월이지만 실제로는 1945년 1월 하순부터 경비대 창설에 참여했다.[32]

해서는 『한국전비사』, 80쪽. 그리고 류상영, 「초창기 한국경찰의 성장과정과 그 성격에 관한 연구, 1945∼1950」, 연세대학교 정치학과 석사논문, 1987 참조
30) 『한국전비사』, 81쪽; 커밍스, 앞의 책, 284-285쪽.
31) 『한국전비사』, 82쪽.
32) ≪경향신문≫ 연재 27∼28편.

일반적으로 한국군의 공식적인 모체를 국방경비대로 간주하는 데는 별 이견이 없을 것이다. 그러나 앞에서 언급했듯이, 미군정청은 일본의 맥아더 사령부나 미본국의 결정 이전에 군사영어학교를 설립하여 개교시켰으며 이후 한국군의 창설과정에서 이 군사영어학교 출신자 등의 역할과 영향력은 실제로 막강했다. 1945년 12월 5일 이 학교의 교장에는 리스(Rease) 소령이 임명되고 한국인 보좌관인 원용덕 전만군 중좌가 부교장으로 취임하였다.[33] 이 군사영어학교의 개설에 앞서 군사국장 챔페니 대령은 사설 군사단체의 6인 대표를 초청하여 경비대 창설계획을 설명한 뒤, 그 예비단계로서 군사영어학교의 중요성을 설득시켰다. '불편부당'이라는 미군정의 기본 입장에 따라 일군 출신, 광복군 출신, 만군 출신이 각각 20명씩 추천되기로 계획되었으나, 광복군 출신의 거부와 이 과정에 이응준과 원용덕 등의 영향력 행사에 따라 다소 치우친 군맥이 형성되기 시작하였다. 이후 창군과정에서 차지하는 중요성을 고려하여 군사영어학교 출신들의 명단은 인용할 가치가 있다.

군정청 군사국이 제출한 한국 경관대(Korean Constabulary), 창설의 기본계획은 미국의 국무성·육군성·해군성 합동조정위원회(The State War Navy Coordinating Committee: SWNCC)에서 그 결정이 늦어지고 있었으며, 1945년 12월 27일 신탁통치안이 결정될 무렵 위 합동조정위원회에서는 "미·소공동위원회의 결정이 있기까지 한국경비대의 창설문제는 결정할 수 없다"는 방침을 세우고 있었다. 이미 맥아더 장군으로부터 군창설이 불가함을 통고받은 하지는 12월 20일 쉬크 준장의 후임자인 챔페니 대령에게 이전에 작성되었던 45,000명 규모의 국방군 창설계획안의 대체방안을 강구하도록 지시했다.[34] 하지는 (쉬크 준장의—필자주) 군(Army) 창설 계획은 전체적으로 너무 복잡해서(elaborate) 승인되지 않을 것이라며 보다 현실적이고(practical) 소규모의 계획안을 입안시키라고 했던 것이다.

이러한 이유에서 새로 작성된 방안이 병력 25,000명 규모로 축소된 경

---

33) 『한국전쟁사』, 258쪽, 261쪽.
34) 『한국전쟁사』, 261쪽.

<표 1> 군사영어학교 출신자 명단

군번	성명	출생연도 출생지	입교 전(1945년) 경력(계급)	최종계급 및 직책(경력)	
				계급	직책(경력)
1	李亨根	(1920, 충남)	일군대위	대장	합참의장, 참모총장
2	蔡秉德	(1921, 평남)	일군소령	중장	참모총장
3	劉載興	(1921, 충남)	일군대위	중장	군사령관, 합참의장
4	張錫倫	(1982, 서울)	일군중위, 만군중령	대령	연대장(옹진전투사령관)
5	丁一權	(1917, 함북)	만군대위	대장	참모총장, 합참의장
6	楊國鎭	(1916, 평남)	만군대위	중장	군단장
7	文履楨		만군대위	대위	
8	金洪俊		만군대위	대장	대대장
9	李永純	(1922, 충북)	일해군중위(경리)	대령	연대장
10	催周鍾	(1922, 함북)	만군중위	소장	사단장, 군수기지사령관
11	催慶祿	(1922, 충북)	지원병출신, 일군준위	중장	참모총장
12	李春景	(1922, 평북)	지원병출신, 일군중위	준장	국방연구원장
13	張昌國	(1924, 서울)	일군소위	대장	합참의장
14	李丙胄	(1921, 함북)	만군중위	소령	연대장
15	李尙振	(1919, 함북)	만군중위	소령	여단군수 참모
16	金英煥	(1920, 경기)	학병출신	준장	훈비단장
17	姜文泰	(1923, 함북)	만군소위	중장	군사령관
18	閔璣植	(1921, 충북)	학병출신	대장	참모총장
19	林善河	(1923, 함북)	학병출신	소장	관구사령관
20	朴炳權	(1920, 충남)	학병출신	중장	군사령관
21	朴基丙	(1918, 평남)	지원병출신	소장	관구사령관
22	沈彦俸	(1922, 충남)	학병출신	준장	2훈련소장·2훈련소장
23	白仁燁	(1923, 평남)	학병출신	중장	군단장
24	安光銖	(1922, 서울)	일군소위	대령	미참모대졸
25	尹炳晧	(1921, 충남)	학병출신	소령	
26	元氣燮	(1923, 충남)	학병출신	중위	
27	元泰燮	(1918, 충남)	학병출신	준장	참모총장 보좌관
28	趙 岩	(1921, 함북)	학병출신	중령	육사대대장, 연대장 (초대 15연대장)
29	李貞錫	(1923, 서울)	학병출신	준장	사단장
30	金鍾甲	(1922, 충남)	학병출신	중장	국방부 관리국장
31	金鍾五	(1921, 충남)	학병출신	대장	참모총장
32	朴東均	(1919, 함북)	만군대위(군의)	소장	병무국장
33	河在八	(1923, 경북)	학병출신	소위	
34	李致業	(1923, 경남)	학병출신	준장	수송감
35	金桂元	(1923, 경북)	학병출신	대장	참모총장
36	兪海濬	(1917, 서울)	중군대위	소장	군부사령관
37	李成佳	(1922, 서울)	중군소령	소장	육대총장
38	咸炳善	(1920, 평남)	지원병출신, 일군준위	중장	국방연구원장

<표 1> 계속

군번	성명	출생연도 출생지	입교 전(1945년) 경력(계급)	최종계급 및 직책(경력)	
				계급	직책(경력)
39	劉興守	(1922, 서울)	학병출신	소장	군부사령관
40	丁來赫	(1926, 전남)	일군소위	중장	군사령관
41	元容德	(1908, 서울)	만군중령(군의)	중장	헌병사령관
42	金東英	(1921, 평북)	학병출신	중령	군수국장
43	金炳吉	(1922, 황해)	학병출신	준장	부군단장
44	崔弘熙	(1917, 서울)	학병출신	소장	군단장
45	金炯一	(1923, 경기)	학병출신	중장	참모차장
46	黃憲親	(1918, 함북)	학병출신	준장	군참모장
47	金益烈	(1921, 경남)	학병출신	중장	국방대학원장
48	鄭萬基	(1921)	학병출신	준장	재무감
49	安東淳	(1920, 평북)	학병출신	준장	육본 관리부장
50	咸俊鎬	(1921)	학병출신	준장	연대장
51	崔榮喜	(1920, 서울)	학병출신	중장	참모총장, 합참의장
52	文容彩	(1916, 평북)	만군대위	준장	부군단장
53	崔楠根	(1916, 만주)	만군대위	중령	연대장, 여단참모장
54	白善燁	(1918, 평남)	만군중위	대장	참모총장, 합참의장
55	金白一	(1916, 함북)	만군대위	중장	군단장
56	李翰林	(1921, 함남)	만군중위	중장	군사령관
57	鄭震晥	(1923, 충북)	학병출신	소장	국방부 5국장
58	申尙澈	(1924, 충남)	일군소위	소장	사단장, 정훈국장
59	吳德俊	(1921, 경남)	학병출신	소장	군단장
60	權石珌		학병출신	소위	
61	韓麟俊	(서울)	일본육사생도		병기사과장
62	金宗勉	(1923, 함남)	학병출신	준장	1훈부소장
63	白善鎭	(1922, 평남)	학병출신	소장	군수참모부장
64	蘇炳基	(1920, 경북)	일군군무원	준장	병기감
65	崔昌武		학병출신	소위	
66	魏大善		학병출신	대령	연대장
67	趙炳乾	(1925, 함남)	일본육사생도	소령	육사교관
68	金賢洙		학병출신	준위	홍보처장
69	白南權	(1922, 경남)	학병출신	소장	육사교장
70	金鍾碩	(1918, 경기)	일군대위	중령	여단장대리
71	金完龍	(1918, 함남)	학병출신	소장	국방부징발, 보상위원장, 법무감
72	吳一均	(1926, 충북)	일본육사생도	소령	대대장
73	崔相斌	(함남)	학병출신	소령	
74	金炳徹	(1920, 강원)	학병출신	소장	훈련소장
75	崔 錫	(1917, 함남)	학병출신	중장	군단장
76	金相福	(1923, 평남)	일군중위(군의)	중장	참모차장

<표 1> 계속

군번	성명	출생연도 출생지	입교 전(1945년) 경력(계급)	최종계급 및 직책(경력)	
				계급	직책(경력)
77	金容培	(1923, 경기)	학병출신	대장	참모총장
78	金基鴻	(1916, 함남)	학병출신	소장	사단장
79	李厚洛	(1924, 경남)	학병출신	소장	주미무관 최고회의 대변인
80	張都暎	(1923, 평북)	학병출신	중장	참모총장
81	李相喆	(1919, 경북)	학병출신	소장	군단장
82	李喜權	(1920, 전북)	학병출신	준장	사단장, 육군정훈감
83	金三吉	(강원)	학병출신	대위	
84	張好珍	(1922, 강원)	학병출신	준장	후생감
85	李昌一		학병출신	대령	사단참모
86	閔丙權	(1918, 황해)	학병출신	중장	군수참모부 부장
87	張萬錫	(경북)	학병출신	소위	
88	白仁基	(1921, 충북)	학병출신	대령	연대장
89	李賢宰	(1922, 전남)	학병출신	중령	
90	羅鍾荷	(1919, 전남)	학병출신		
91	朴珍景	(1917, 전남)	학병출신	대령	연대장
92	韓 椿	(평남)	학병출신	소위	
93	金一煥	(1914, 강원)	만군대위(경리)	중위	육사관리 부장
94	吳圭範	(1918, 제주)	만군대위	중령	후방부대 참모장
95	崔昌彦	(1921, 함북)	만군대위	중장	국방대학원장
96	宋堯讚	(1918, 충남)	지원병출신, 일군하사관	중장	참모총장
97	羅學善	(1915, 전남)	학병출신	소령	
98	李白雨	(1918, 전남)	일군지원병	준장	사단장
99	張根山	(1925, 함북)	만군, 군관생도	중령	제2훈련학교장
100	金雄洙	(1923, 경북)	학병출신	소장	군단장
101	姜英勳	(1921, 평북)	학병출신	중장	육사교장
102	李贊衛	(1921, 경북)	학병출신	준장	군사감
103	李旬英	(1913, 경남)	학병출신	준장	군사감
104	金宗文	(1919, 황해)	학병출신	소장	정훈국장
105	朴鉉洙	(1920, 전남)	학병출신	소장	군수기지사령관
106	朴璟遠	(1923, 전남)	학병출신	중장	군사령관
107	申鶴鎭	(1911, 경북)	만군중령(군의)	소장	의무감
108	李明載	(1922, 황해)	학병출신	소장	부군단장
109	尹秀鉉	(1919, 함북)	만군중위	준장	부군단장
110	李應俊	(1890, 평남)	일군대령	중장	참모총장

출처: 한용원, 『창군』, 75-81쪽; 『한국전쟁사: 해방과 건군』, 260쪽에서 재정리.

찰예비대 창설안이었다.[35] 제2대 국방부장에 취임한 챔페니 대령은 '한
국방위군'의 창설을 보류하기로 한 미본국의 결정에 대하여 남한의 국내

치안병력의 증강을 위한 대체 방안으로 이 뱀부(Bamboo) 계획을 국방성에 제출하여 승인을 얻었다.36) 이 뱀부안은 경찰국(The Bureau of Police)의 휘하에 경비대 형태의 경찰예비대(A Constabulary-type Police Reserve)를 설치하여 지원병력으로 국가적 비상시에 동원될 예정이었다.37) 세부계획에 의하면 남한 8개 도에 8개 중대를 설치하되 편성을 중화기가 없는 미군보병중대에 준하여 장교 6명, 사병 225명으로 정하고 장교양성은 중앙에서 훈련시키도록 되었다. 또한 미군측에서는 경찰예비대를 육성하기 위하여 장교 2명, 사병 4명으로 된 미군사훈련단을 배치하여 부대편성과 부대건물을 확보하고 교육훈련을 맡게끔 하였다.

각도의 중대는 편성시 정원의 20퍼센트를 초과하여 편성토록 계획하였다. 단기간 훈련이 끝나면 초과병력을 기준으로 제2중대를 추가편성토록 하였다. 이와 같은 방법으로 점차 중대를 확대편성하여 대대 기준이 되면 대대 본부와 대대 본부중대를 만들어 이것을 기점으로 다시 제2, 제3대대를 편성하여 각 도에 1개 연대의 경비대를 만드는 데 그 목표를 두었다.38)

뱀부 계획에 의거한 경비대 창설계획은 1946년 1월 11일에 군사국내에 남조선 국방경비대 창설임시사무소를 개설하였다. 군정청 국방부장 챔페니 대령이 군사국장을 겸하였고, 국방차장 아고 대령이 경비대창설의 주무를 관장하였다. 한국인으로서는 앞에서 언급하였듯이, 이응준이 이형근(李亨根, 일본군대위 출신)의 보좌를 받으면서 고문의 역할을 수행하였으며 임선하(林善河, 학병출신) 참위(소위)가 처음으로 국방사령부 일반명령에 의하여 스탠톤(Stanton) 대위의 부보좌관으로 임명되어 근무하였다.39) 남조선국방경비대는 1946년 1월 14일 정식으로 발족되었고 경비대의 설치령은 군정법령 제86호(1946년 6월 15일)로 추인되어 공포

---

35) Saywer, op. cit., p.13.
36) 챔페니는 24사단(XXIV Corps)에 제출되어 인가되었다고 회고하고 있다. Saywer, op. cit., p.13.
37) 『한국전쟁사』, 261쪽; 『한국전비사』, 88쪽; Saywer, op. cit., p.13.
38) 『한국전쟁사』, 261쪽.
39) 『한국전비사』, 265쪽.

되었다. 이 법령의 주요 내용은 국방부를 국내경비부, 즉 국방(National Defense)의 용어를 국내치안(International Security)이란 용어로 치환하였고(당시 국내경비부의 용어상의 문제로 통위부라 호칭했다), 조선경비대가 국내 치안의 목적으로 국내경비부의 조선경비국 관리하에 속한다고 공포하였다. 이 경비대가 남한정부 수립 이후 대한민국 국군으로 편입(1948년 9월 1일)됨을 고려할 때, 1945년 1월 개설된 군사영어학교와 이 조선경비대가 군창설의 주요한 근간이 되리라는 것은 자명하다 하겠다.

군정법령 제86호에 의거, 경비대의 법적 근거가 성립되고 연대창설이 본 궤도에 오른 것과 동시에 관심의 표적이 되었던 것이 초대 국방부장(통위부장)으로 예정된 한국인 고문관의 인선이었다. 당초 거론되었던 인물로는 원용덕(만주군 출신, 당시 국방경비대 초대 총사령관), 손원일(독립운동 가담, 당시 해안경비대 병학교 교장, 후에 해군참모총장) 등이었으나 미군정청은 이응조를 추천하고자 했다 한다.[40] 이응조의 강력한 고사와 김석원의 거절 때문에 순번이 광복군계로 돌아갔으며 이응준의 추천에 의하여 유동렬(柳東悅) 장군이 취임하게 되었다. 유동렬 장군의 취임으로 말미암아 그간 정통성의 문제로 대부분 참여치 않던 광복군계 인사들이 경비대에 참여할 수 있는 하나의 계기가 마련되었다.[41] 참고적으로 1947년 가을 무렵의 국방기구는 <표 2>와 같다.

1948년 8월 15일 대한민국정부가 수립되자 유동렬 통위부장이 사임하고 국무총리에 취임한 이범석 장군이 국방부 장관을 겸임하게 됨으로써 창군의 전초 단계는 막을 내리게 되었다. 지금까지 살펴본 군의 창군예비단계에서 군사영어학교와 남조 경비대 출신인사들의 출신별 파벌을 정리해보면 <표 3>과 같다.

---

40) 1946년말에는 광복군 3지대장 출신인 송호성(宋虎聲)이 경비대 총사령관에 등용됨으로써 유동렬 장군과 함께 광복군 출신이 짧은 기간 동안 군수뇌진을 구성하기도 하였다.

41) 허장, 「초기 군사제도와 군부의 구조형성」, 최장집 편, 『한국현대사 I』, 열음사, 1985, 405쪽.

<표 2> 국방경비대 조직표

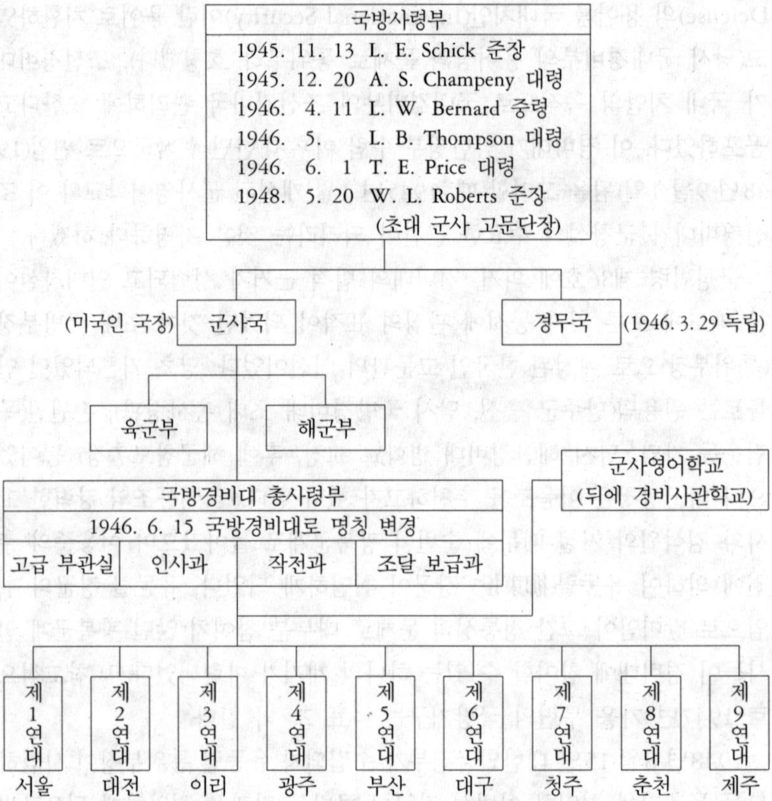

국방사령부
1945. 11. 13 L. E. Schick 준장
1945. 12. 20 A. S. Champeny 대령
1946. 4. 11 L. W. Bernard 중령
1946. 5.   L. B. Thompson 대령
1946. 6. 1 T. E. Price 대령
1948. 5. 20 W. L. Roberts 준장
(초대 군사 고문단장)

(미국인 국장) 군사국 　　　　　　 경무국 (1946. 3. 29 독립)

육군부　　　해군부

군사영어학교
(뒤에 경비사관학교)

국방경비대 총사령부
1946. 6. 15 국방경비대로 명칭 변경

고급 부관실	인사과	작전과	조달 보급과

제1연대	제2연대	제3연대	제4연대	제5연대	제6연대	제7연대	제8연대	제9연대
서울	대전	이리	광주	부산	대구	청주	춘천	제주

출처: 『한국전비사(상): 건군과 시련』, 90쪽.

　　대한민국 수립 이후의 군의 변모과정을 살펴보기 이전에 군의 형성과 연관된 미군정의 입장과 방침을 재검토해 보는 것이 공식적인 국군의 창설의 배경과 그 토양을 이해하는 데 도움이 되리라 생각된다. 미국의 대한정책 중 군의 창설과 연관된 부분만을 조명해 보면 다음과 같이 정리될 수 있다.

　　첫째, 군창설에 관한 한 미본국정부가 어떤 일관되고 장기적인 정책이나 지침을 가졌다고는 보이지 않는다. 미본국정부는 한국문제, 특히 군창설문제에 커다란 비중을 두지 않았으며, 어디까지나 대소협상을 위한 부

<표 3> 창군 초기의 주요 군부파벌

일본군 출신 ①

출신구분		성명	입대전 경력		재군시 경력	
			계급	기별	계급	중요직위
육사	26기	李應俊	대좌	군영	중장	초대 육참총장
		劉升烈	〃	8특	소장	육본민사감
		安秉範	〃	〃	준장	청년방위대 참모장
		申泰英	〃	특임	중장	육참총장, 국방장관
		朴勝薰	소좌	〃	소장	헌병사령관
		李大永	소좌	8특	준장	경기병사구 사령관
		金埈元	대위	호현	〃	호국군참모장
		金錫源	대좌	8특	소장	사단장
	27기	白洪錫	〃	〃	〃	사단장
		張錫倫	중위	군영	대령	연대장, 옹진지구사령관
	30기	嚴柱明	중좌	8특	준장	경기병사구 사령관
	45기	李炯錫	〃	특임	소장	관구사령관
	49기	李鍾贊	〃	〃	중장	육참총장, 국방장관
		榮秉德	소좌	군영	〃	육참총장
	50기	李龍文	〃	특임	소장	전남지구예비사령관
	52기	朴範集	〃	공군	〃	공군참모부장
	53기	申應均	〃	특임	중장	국방장관
	55기	劉載興	〃	군영	〃	합참의장, 국방장관
	56기	李亨根	〃	군영	대장	육참총장, 합참의장
		丁來赫	소위	군영 및 7특	중장	군사령관
	59기	張昌國	〃	군영	대장	합참의장
		閔璣植	〃	〃	대장	육참총장
		金桂元	〃	〃	〃	〃
		金容培	〃	〃	〃	〃
		金鍾五	〃	〃	〃	참모총장, 합참의장
		朴炳權	〃	〃	중장	군사령관
		白人燁	〃	〃	〃	육본관리, 참모부장
학도병		金鍾甲	소위	군영	중장	국방부 관리국장
		金益烈	〃	〃	〃	국방대학원장
		崔榮喜	〃	〃	〃	육참총장, 합참의장
		崔 錫	〃	〃	〃	군단장
		金相福	중위	〃	〃	육참차장
		張都暎	소위	〃	〃	육참총장
		閔炳權	〃	〃	〃	군수참모부 부장
		姜英勳	〃	〃	〃	육사교장
		朴璟遠	〃	〃	〃	육사령관
		金炯一	〃	〃	〃	국방장관 보좌관
		李厚洛	〃	〃	소장	주미무관

<표.3> 계속
일본군 출신 ②

출신구분		성명	입대전 경력		재군시 경력	
			계급	기별	계급	중요직위
학도병		林善河	소위	군영	소장	관구사령관
		崔泓熙	〃	〃	〃	군단장
		鄭震晥	〃	〃	〃	국방부5국장
		吳德俊	〃	〃	〃	전교(戰敎)사령관
		白善鎭	〃	〃	〃	군수참모부장
		白南權	〃	〃	〃	참모총장 보좌관
		金完龍	〃	〃	〃	국방부징발보상위원장
		金炳徹	〃	〃	〃	훈련소장
		李相喆	〃	〃	〃	군단장
		金雄洙	〃	〃	〃	〃
		金宗文	〃	〃	〃	정훈감
		劉興守	〃	〃	〃	군부사령관
		李明載	〃	〃	〃	군단부군단장
		徐鍾喆	〃	1기	대장	육참총장 국방장관
		金東斌	〃	〃	중장	국방부 군수차관보
		金點坤	〃	〃	소장	국방부차관보
		黃 燒	〃	〃	〃	군부사령관
		金龍周	〃	〃	준장	휼병감(恤兵監)
		崔甲中	〃	〃	〃	인사참모부 차장
		李尙根	〃	1기	준장	수도사단 참모장
		李世鎬	〃	2기	대장	육참총장
		韓 信	〃	〃	〃	합참의장
		沈興善	〃	〃	〃	〃
		李圭學	〃	〃	중장	국방부 군수차관보
		柳根昌	〃	〃	〃	합참본부장
		金熙德	〃	〃	〃	육사교장
		孫熙善	〃	〃	소장	인사참모부장
		嚴鴻燮	〃	〃	〃	관구사령관
		虜載鉉	〃	3기	대장	참모총장, 국방부장관
		崔世寅	〃	〃	〃	군사령관
		趙始徵	〃	4기	소장	작전참모부 교육처장
		金益權	〃	5기	〃	육사령장
		李 龍	〃	〃	〃	육본기총실장
		最澤元	〃	〃	〃	작전참모부장
		朴泰元	〃	6기	소장	헌병감
		張坰淳	〃	7기	중장	농림부장관
		金弼相	〃		소장	주미대사관 무관
		朴重潤	〃	7특	소장	국방대학원 원장

<표 3> 계속
일본군 출신 ③

출신구분	성명	입대전 경력		재군시 경력	
		계급	기별	계급	중요직위
학도병	柳陽洙	소위	7특	소장	작전참모부 차장
	尹鳳桂	〃	〃	〃	국방부 조달본부장
	李俊鶴	〃	〃	〃	예비군 참모부장
	崔慶祿	준위	군영	중장	육참총장
	咸炳善	〃	〃	〃	국방연구원장
	宋堯讚	〃	〃	〃	육참총장
	朴基丙	〃	〃	소장	관구사령관
	任忠植	〃	1기	대장	합참의장
	朴富澤	조장	〃	소장	군단장
	李源長		〃	〃	사단장
	朴鍾珉		〃	〃	관구부사령관
	文亨泰	조장	2기	대장	합참의장
	朴元根		〃	중장	군사령관
지원병	李敏雨		2기	중장	참모차장, 국방차관
	李東和		〃	〃	국방대학원장
	金載圭		〃	〃	군단장
	金富一		〃	〃	국방부 관리차관보
	金在命		〃	〃	군단장
	李哲熙		〃	소장	중정차장
	李賢進		〃	〃	합참작전기획국장
	張春權		〃	〃	군단장
	韓雄震	준위	〃	〃	군부사령관
	韓泰源		〃	〃	관구사령관
	玄石朱		〃	〃	군부사령관
	崔勳燮	상병	〃	〃	관구사령관
	河甲淸	상병	2기	〃	방첩부대장
	辛在植		〃	〃	군수기지 사령관
	高白圭	준위	〃	〃	감찰감
	高光道		3기	중장	참모차장
	尹泰浩		〃	〃	국방부 관리차관보
	金振暐	조장	〃	소장	훈련소장
	李昌雨	오장	〃	〃	육본예비군 부장
	楊燦宇		〃	〃	군수사령관
	崔英圭		〃	〃	군수참모부장
	金玄玉		〃	〃	항만사령관
	李秉衡		4기	중장	군사령관
	郭哲鍾		〃	준장	관구부사령관
	丁世煥	오장	5기	소장	관구사령관

<표 3> 계속
일본군 출신 ④

출신구분		성명	입대전 경력		재군시 경력	
			계급	기별	계급	중요직위
지원병		鄭圭漢	오장	5기	소장	관구사령관
		崔大明	병장	〃	〃	국방대학원장
		房景遠		〃	〃	관구사령관
		李元燁		〃	〃	항공학교장
		裵德鎭	병장	〃	〃	육본통신감
		金判奎	오장	6기	〃	군부사령관
		朴敬願		〃	〃	관구사령관
		金益淳	오장	7기	〃	헌병감
		文重燮		7특	〃	군부사령관
		方　熙		〃	〃	공병감
		李春和	오장	7후	〃	합참통신 전략국
		徐潤澤		〃	〃	공병감
		崔憲熙		〃	〃	공병감
		曹千成		8기	〃	관구사령관
		嚴基杓		8특	〃	부관감
		金洙明		군의	〃	의무감
		申洙亨		병기1	〃	군수참모부 차장
		李龍雲	소좌	해군특임	중장	해군총장
		姜起干		해병특임	대장	해병연사령관
		金大植		〃	중장	〃
		金斗煥		〃	〃	〃

만주군 출신 ①

출신구분		성명	입대전 경력		재군시 경력	
			계급	기별	계급	중요직위
일본 육사	54기	金錫範	대위	해병특임	중장	해병대사령관
	55기	丁一權	〃	군영	대장	육참총장, 합참의장
		李周一	〃	7특	〃	군사위원회 의장
	56기	崔昌彦	〃	군영	중장	국방대학원 원장
		朴林恒	〃	8특	〃	군사령관
	57기	朴正熙	중위	2기	대장	최고회의 의장
		李翰林	〃	군영	중장	군사령관
		崔周鍾	〃	〃	소장	군수기지 사령관
	58기	姜泰敏	〃	8특	〃	군수사 부사령관
	59기	姜文奉	소위	군영	중장	군사령관
	60기	金潤根	후보생	해사 1기	〃	해병행정 참모부장
		白善燁	중위	군영	대위	육참총장, 합참의장

<표 3> 계속
만주군 출신 ②

출신구분		성명	입대전 경력		재군시 경력	
			계급	기별	계급	중요직위
육사	60기	楊國鎭	대위	군영	중장	군단장
만주 군관교		金一煥	대위	군영	중장	육본관리부장
		元容德	중좌	〃	〃	헌병사령관
		金白一	대위	〃	〃	군단장
		申鶴鎭	중좌	〃	소장	의무감
		朴東均	대위	〃	〃	국방부, 병무국장대리
		宋錫夏	대위	2기	〃	국방대학원장
		石圭岩	〃	〃	〃	관구사령관
		尹春根	중위	〃	〃	군부사령관
		金昌龍	오장	3기	중장	특무부단장
		朴春植	중위	5기	소장	군단장
		李 龍	소위	〃	〃	육본기통실장
		尹泰日	중위	7특	중장	사단장
		金 默	〃	〃	소장	공병무
		金東河	〃	〃	〃	해병학교장

광복군 및 중국군 출신 ①

성명	입대전 경력		재군시 경력	
	계급	기별	계급	중요직위
李範奭	중앙군참장, 광복군정장			국방장관
柳東悅	대한제국군소좌, 광복군정장			통위부장
金弘壹	중앙군참장	특임	중장	군단장
金弘壹	광복군참장	(육)	〃	
崔用德	중앙군대좌, 광복군참장	간후 1기(공)	〃	공참총장
金 信	중앙군소좌	간후 2기(공)	〃	공참총장
金東洙	중앙군중좌, 광복군대좌	특임(육)	준장	사단장
金應祚	화북군참장	〃	〃	군정보처장
兪海濬	중앙군대위, 광복군중좌	군영	소장	군부사령관
李成佳	왕정위군(汪精衛軍) 소좌	〃	〃	육대총장
宋虎聲	중앙군대좌, 광복군참장	2기	준장	예비대총사 영관
李鍾國	중앙군대위	〃	〃	합참국장
高時福	중앙군중좌, 광복군대좌	〃	〃	병사구 사령관
朴始昌	중앙군대좌	3기	소장	부군단장
朴基成	중앙군중좌	〃	준장	육본군사감
崔德新	중앙군중좌, 광복군대좌	〃	중장	보병학교장, 군단장
張 興	중앙군대좌	7특	소장	관구부사 영관
金國桂	광복군대좌	〃	〃	〃

<표 3> 계속
광복군 및 중국군 출신 ②

성명	입대전 경력		재군시 경력	
	계급	기별	계급	중요직위
金冠五	중앙군대좌	7특	소장	관군부사 영관
安椿生	중앙군소좌, 광복군대좌	8특	중장	군부사령관
李俊植	중앙군대좌, 광복군대좌	〃	〃	육대총장
權 晙	중앙군대좌, 광복군대좌	〃	소장	수도경비사령관
朴英俊	중앙군대위, 광복군중좌	〃	〃	사단장
吳光鮮	중앙군대좌, 광복군참장	〃	준장	호국군여단장
張虎崗	광복군대좌	〃	〃	군기사 부사령관
金盛鎬	동북구국의, 용군참장	〃	〃	연대장
蔡元凱	중앙군대좌, 광복군참장	특임	대령	여단장

출처: 한용원, 『창군』, 51-66쪽 중에서 재정리.

수적인 안건 정도로 취급했다. 군의 창설문제는 오히려 한국에 주둔했던
미군정의 관리들에 의해 주도적으로 구상되고 구체화되었다고 보인다.
미군정 사령관 하지에 의하면,

　　한국의 치안문제에 미군이 일일이 개입해야 하는 불편을 없애고 우리가 한
국정부를 수립한다는 사명을 완수했을 때를 대비해서 나는 군정 초기부터 한
국군을 창설하는 데 많은 관심을 두고 있었습니다. 그러나 이러한 계획에 대해
고위층에서 많은 반대가 있었습니다.[42]

이런 여건하에서 국방사령부의 설치와 사설군사단체의 해산을 명한 군
정법령 제28호가 공표되었으나 이를 사실상 불허하는 지시가 동경의 맥
아더 사령부로부터 도착하게 된다. 이 무렵 일본 주재 맥아더 사령부와
미본국의 합동참모부 사이에 오간 문서내용을 참고로 살펴보자. 1945년
11월 26일 동경의 맥아더 장군이 발신한 내용에 의하면,

　●제1부
　미군의 점령 이래로 현존정부 구조내에서 경무장한 전조선민간경비대(Ko-
rea National Civil Police Force)의 재건작업이 미군 감시하에 진행되어 왔습니

---

42) 커밍스, 앞의 책, 297쪽에서 재인용.

다. … 병력은 한국인들로 구성되어 있으며 1946년 1월까지는 계획된 25,000
명에 달하게 될 것입니다.[43]

그리고 이 경비대의 병력이 계속 증강되고 미제 무기와 장비로 무장된
다면 비상시의 감독과 증강(reinforcement) 외의 경찰기능은 맡지 않아도
될 것이라고 덧붙이고 있다.

1946년 1월 9일 워싱턴의 합동참모부(JCS)가 발신한 답신내용은 다음
과 같다.

귀관이 요청한 대로 미제 무기로 한국국방경비대를 무장시킬 권한을 부여
한다. … '한국국방군(Korean National Armed Forces)' 창설문제는 한국의 독
립실현이라는 국제적 공약과 관계된 미결문제들과 밀접히 연관되어 있다. 따
라서 군대를 창설하려는 조치는 연기되어야 할 것이다. 이와 관련하여 제안된
해안경비대 역시 한국해군의 중핵을 구성하는 것이 아니라 일상적인 해안순찰
및 경찰기능으로 한정시킬 것인지 아닌지에 대한 정보가 요청된다.[44]

그리하여 이후의 미군정의 방침은 군이 아닌 경찰예비대의 창설로 기
울어졌다. 이 무렵 미국의 삼성조정위원회는 "미국은 '한국국군'을 창설
하는 데 일방적으로 행동해서는 안된다. 왜냐하면 미국은 한반도의 절반
만을 점령하고 있으며, 한반도는 궁극적으로 다국적 신탁통치 아래 놓일
것이기 때문"이라고 강조했다.[45]

따라서 이러한 상황에 대비하여 미래의 군창설의 사전포석으로서 경비
대의 창설을 착수했다. 뿐만 아니라 미군정은 독자적으로 군사영어학교
의 개설도 추진시켰으며, 이 학교 출신자들, 특히 일본육사 출신자들이
경비대를 거쳐 군의 주요 인물로 부각되어 감을 알 수 있다. 이러한 과정
에서 우리가 가장 주목해야 할 또 한 가지 주요 대목이 창군과정에 있어
서의 군의 이념적 위상과 역할에 관한 것이다.

---

43) *Foreign Relations of the United States: Korea, 1943~1946*, Washington D.C.,
   U.S. Government Printing Office, 1961, p.545; 『해방 3년과 미국 I: 미국의 대
   한정책, 1945~1948』, 돌베개, 1984, 158쪽.
44) 앞의 책, 156-157쪽.
45) 커밍스, 앞의 책, 287쪽.

앞에서 살펴보았듯이 미본국정부와 일본의 맥아더 사령부의 제지에도 불구하고 미군정이 군대창설을 지속적으로 추진시킨 이유는 무엇인가? 그리고 이러한 추진·시행과정에서 군의 위상과 역할에 관해서 어떠한 방침과 입장이 설정되었는가?

첫 번째 질문에는 다음과 같은 설명이 가능하리라 본다. 다른 무엇보다도 미군정은 해방 이후 한국의 상황을 정치적으로 극히 혼란스러울 뿐 아니라 점화하기만 하면 곧 폭발할 '혁명적 상황'으로 인식했다. 삼청동학병동맹사건을 시발로 해서 그 해 1월의 남원사건은 결정적으로 미군정의 혁명적 상황인식을 공고히 해주었으며, 이에 대한 대응책을 '군의 창설'이라는 구도 속에서 모색했던 것 같다.46) 왜냐하면 당시 경찰의 위치란 극히 수세적이었기 때문이다. 따라서 극동에 있어서 '대(對) 소비에트 공산주의의 보루'의 구축이라는 대명제하에서 그리고 한국에 관한 많은 정보와 장기적인 점령정책이 부재한 상태에서 미군정이 직면하게 된 남한의 사정은 분명 혼돈스러웠을 것이다. 이러한 혼돈을 더해 준 것이 30여 개에 달하는 사설군사단체의 난립이었다. 이 두 가지 심각한 문제를 동시에 해결해 줄 수 있는 거의 유일한 방안이 남한의 혁명적 상황에 적극 대처하고, 사설단체의 요원들을 활용할 수 있는 군의 창설이었을 것이다.

이러한 과정에서 한국군의 역할과 위상이 국방(National Defense)이나 혹은 대외적 안보(External Security)의 방향과는 다른 길로 나아갔던 것이다. 미군정은 남한의 국경을 방위할 목적으로 경비대를 훈련시키는 것보다는 반란진압의 기술습득을 강조했다.47) 경찰을 지원하는 예비군으로 경비대를 파악했던 미군정의 장교들은 남한의 공산주의자들에 의한 혼란이나 게릴라 활동 때문에 전술적인 훈련이 가장 필요하다고 보았으며 그러한 훈련은 실제 작전에서 요구되는 '마을전투의 원칙들'을 제고하리라 생각했다.48) 그리하여 경비대와 경찰은 1946년에서 1950년까지 남한에서 일어난 각종 민중봉기를 탄압하는 두 가지 수단으로 쓰였다고 결론짓

---

46) 커밍스는 "미군정의 국방군을 창설한 것은 남한의 혁명적 조건에 대한 대응책의 일부로 보아야 한다"고 서술하고 있다. 커밍스, 앞의 책, 287쪽.

47) 앞의 책, 297쪽; 『한국전쟁사』, 287쪽.

48) 앞의 책, 297쪽.

는다.[49] 1946년 9월 이후 고문관제도로 바뀐 이후에도 미국식 훈련의 주요 교육내용 중의 하나가 폭동진압법이었다.[50]

국방이나 대외안보가 아닌 민중봉기나 게릴라전에 대한 국가의 무기로서 군의 모체가 되는 경비대가 사용된 것은 이후 군의 이념적 위상이나 역할의 문제에 있어서 심대한 영향을 미쳤다. 다시 말하자면 경찰의 위상과 역할이 군의 그것들이 별반 구별되지도 않을 뿐더러 오히려 더욱 적극적으로 국내치안에 가담하게 되었다는 사실은 군의 정치적 중립성이라는 가정과도 전혀 동떨어진 것이다.[51]

일반적으로 선진국가들의 군은 정치와 전혀 무관한 군의 직업주의, 즉 사무엘 헌팅톤의 구직업주의(Old Professionalism)를 본령으로 채택하고 있다고 주장되어지며, 한걸음 나아가 이를 더욱 발전시켜 후진국가에 적용시키고자 했던 알프레드 스테판(Alfred Stepan)은 특히 제3세계 국가들에 있어서는 군이 직업화·전문화되면 될수록 더욱 비정치적이 되는 것이 아니라 오히려 더욱더 정치화될 수 있다는 신직업주의(New Professionalism)을 제시한 바 있다.[52] 한국의 창군과정을 그 맹아기부터 추적해 본 결과 이는 최소한 한국의 경우와는 다소 그 맥락이 다름을 알 수 있다. 한국군의 창군과정에서 볼 때, 그 모태가 되는 국방경비대는 시초부터 국내안보, 즉 무장봉기나 게릴라전 등과 같은 영역에 경찰과 더불어 적극 개입했으며, 그리하여 국가의 지배도구로서의 위상이 구축되어 나갔다. 따

---

49) 앞의 책, 297쪽.

50) 『한국전쟁사』, 314쪽.

51) 국방군의 명칭이 국내치안부(Department of Internal Security)로 변경된 것은 전적으로 대소협상과정에서의 소련의 지적에 의한 것이었다. 그럼에도 불구하고 이 용어(Internal Security)는 군의 역할이나 위상에 미묘한 함축을 가진 듯이 보인다.

52) 구직업주의와 신직업주의간의 차이에 대해서는 Alfred Stepan, "The New Professionalism of Internal Warfare and Military Role Expansion," in A. Lowenthal and J. S. Fitch(eds.), *Armies and Politics in Latin America*, New York: Holmes & Meier, 1986, p.138의 <Table 1>을 보라. 또 다른 흥미로운 것이 김재협의 '전면전(total war) 이데올로기와 전면적 프로그램'에 의한 한국군의 분석이다. 많은 점에서 스테판의 신직업주의 논리와 유사함을 발견하게 된다. Jai-Hyup Kim, *The Garrison State in Pre-War Japan and Post-War Korea: A Comperative Analysis of Military Politics*, University Press of America, 1978, ch.1 참조.

라서 창군의 전초단계에서 경비대는 정치적 중립의 준수나 국방이라는
군의 본연적 임무보다는 경찰의 임무를 수행해 나갔다고 보아야 할 것이
며, 이 과정에서 남조선경비대는 이데올로기적 정향성과 정치적 도구성
을 획득해 갔다.[53] 더군다나 공식적 창군 이전 단계의 요원충원 및 선발
과정에서 일본군 출신이 압도적인 비율을 차지해 왔음을 깊이 고려한다
면 미군정기의 군의 창설과정은 이데올로기적 위상이 정치화된 도구성에
다가 이를 뒷받침해 주는 파벌형성으로 점철되었다고 평가된다.

4. 대한민국정부의 수립과 한국전쟁, 군부의 발전·변모과정

1948년 8월 15일 대한민국정부수립이 선포되면서 미군정은 종식되고
남조선 과도정부하의 통위부의 국방부로, 조선경비대와 조선해안경비대
는 육군과 해군으로 개칭되어 발족되었다. 이로써 미군정이 제공한 토양
과 테두리내에서 형성되어 오던 군은 공식적인 무대 위에서 지반을 구축
해 나가기 시작했다. 해방 이후부터 대한민국정부수립시까지의 창군의
예비단계에서 우리는 미군정하에서 형성된 군내(군사영어학교와 조선국
방경비대) 파벌과 미군정이 설정한 경비대의 역할과 위상에 관해 검토해
보았다. 대한민국정부수립 이후부터 한국전쟁시기에 걸친 군의 변모과정
을 살펴보게 될 이 자리에서는 이전에 형성된 군부내의 파벌문제와 이승
만 대통령의 정치공작(Politicking)에 대해 초점을 맞추고자 한다.

군부내의 분쟁이 가시화된 것은 일본군 출신이 다수를 점하던 국방경
비대의 통위부장과 경비대사령관의 광복군 출신으로 임명된 시기부터라
고 볼 수 있다.[54] 1946년 9월 12일 통위부장에 취임한 유동렬은 초대경

---

53) 필자의 해석은 한용원 교수의 의견과는 대치된다. 한 교수는 "미고문관들은 그
    들의 반정치적·친직업주의적 정신에 입각하여 한국군 장교들의 이념교육을 반
    대하고 직업군인으로서의 자질배양에 점진토록 노력을 경주했는 바…" 필자가
    여기서 강조하고자 하는 것은 어떤 세부적인 방침이 아니라 군(모태가 되는 경
    비대)의 전반적인 위상과 역할규정에 관한 것이다.

54) 한용원, 『창군』, 136쪽.

비대 총사령관 원용덕을 퇴임시키고 이형근 참령을 대리로 임명시켰으며,[55] "독립정신의 법통과 대의를 관철한다는 방침"으로 이 해 12월 제3연대장이던 송호성 중령을 총사령관으로 임명시켜 인사문제를 좌지우지하게끔 하였다.[56] 정부수립 후 이범석 장군이 유동렬 통위부장의 뒤를 이어 국무총리 겸임 국방부장에 취임하게 되었으며 따라서 외면적으로는 광복군계가 주요 직위를 차지하게 되었다. 한편 정부수립 직후 이승만 대통령의 강력한 권유에 의해 일군계의 김석원, 유병렬, 신태영 등과 광복군계의 오광선(吳光鮮), 이준식(李俊植), 권준(權畯) 등이 육사8기로 특채되었으며, 이는 국내 또 다른 분쟁의 맹아가 되었다.[57]

대한민국정부수립 이후에도 국내의 정파간의 분쟁과 반목은 더욱 증폭되어 갔으며, 군이 점차 이승만 대통령의 권력구도에 종속적인 도구로 변모해 가는 이 당시, 군부는 정치적 분쟁의 반영물이었다. 건국 초기 이승만은 김구와 연계가 있다고 판단되는 광복군계(중국군계) 군인들을 서서히 소외시켜 나갔다. 이승만은 조선경비대의 초대 사령관과 2대 사령관이었던 광복군 출신의 유동렬 장군과 송호성을 의도적으로 무시하고 일군 출신의 이응준 대령을 1948년 11월 초 육군참모총장에 임명시켰으며 일군 병기장교로 전투경험이 전혀 없는 연소한 채병덕 장군이 국방부 참모총장에 임명되었다.[58]

광복군계 출신(중국계 출신)이 점차 몰락한 이후 군부내에서 위치를 굳힌 사람들은 일본 육사출신과 예비사관학교 출신이었다. 앞에서 언급했듯이, 이승만의 개인적 요청에 의해 특채로 기용된 김석원, 신태영, 이응준, 백송석 등 일본군대좌 출신들은 반이승만세력에 동조한다고 판단된 중국출신 장교들을 견제하는 정치적 포석이었던 것이다.[59] 그러나 비교적 고령에 속했던 일본군 출신의 노병들은 한국전쟁의 수행과정에서 이

---

55) 이는 유동렬이 이응준 고문의 강력한 추천에 의해 통위부장직에 취임하게 되었는데 이형근은 이응준의 사위이다.
56) 『한국전비사』, 129쪽.
57) 한용원, 앞의 책, 133-138쪽.
58) Se-Jin Kim, op. cit., p.102.
59) Ibid., p.106.

승만에게 신임을 잃게 되며 1952년부터 1958년에 이르기까지 군부내의 또 다른 파벌인 만주군계 출신이 이승만 정권과 밀착되었다. 이승만의 정치공작술은 만주군계내에 또다시 관북 출신의 정일권계와 서북 출신 백선엽계의 분파를 형성하여 군을 정치도구로써 통제·활동하려 했다.[60]

또 한편으로 1948년 이후부터 시작된 군부의 숙군으로 인해 4,750명의 장교와 하사관이 숙청되었으며, 그 결과 창군 3년 만에 치른 숙군의 대격동은 군부의 위계질서와 인적 구성에 지울 수 없는 자취를 남겼다. 특히 주로 동남부 출신의 장교들이 위험시되는 지경에 처해졌고, 공산주의 조직은 뿌리뽑혀졌으며 군부내의 분쟁은 더욱 격화되는 양상을 띠었다.[61]

이러한 와중에서 한국전쟁을 맞이하게 된 군은 이승만이나 김석원[62]의 장담과는 전혀 딴판으로 북한의 공격에 적절하게 대응하지 못하고 후퇴를 거듭했다. 한국전쟁을 거치면서 대두된 군의 변모 중의 하나는 군의 주요 직위가 일본군 출신의 노병들로부터 만주군계 출신의 젊은 군장성으로 옮겨갔다는 점에 있다. 이승만 정권의 군관계 정치공작의 본질을 드러냈던 사건이 바로 전시중이었던 1952년 부산정치파동과 연관된 군의 출동명령사건이었다. 이승만 대통령은 자신의 재선을 위해 대통령선거절차를 개정하기 위한 목적으로 2개의 전투사단을 전선으로부터 빼내어 전시수도인 부산에 배치하려 했으나 일본 육사출신으로 전(前) 일본군 소좌인 이종찬 장군의 반대로 뜻을 이루지 못했다. 그 결과 이종찬 장군은 육군참모총장직에서 해임되어 미국으로 추방되었다(이외에도 이승만 정권에 비협조적이었던 최경록 장군도 그 이전에 요직에서 물러났다).

이상과 같이 대한민국정부수립 이후부터 군의 정치적 도구의 일부로 간주한 이승만은 전쟁과 관계없이 군내의 파벌을 이용하여 군부를 장악하고자 했다. 그는 이와 동시에 육군 산하가 아닌 국방부 산하에 전군을 감찰하기 위한 새로운 기구인 헌병총사령부를 설치하였으며 헌병기구와 민간기구까지 관할하는 권한을 갖게 되는 이 초군적 기구의 초대사령관

---

60) Ibid., pp.112-113.

61) Ibid., p.112; 『한국전쟁사』, 497쪽; Saywer, op. cit., pp.39-40.

62) 통일문제에 관한 한 이승만의 대변인 역할을 수행한 김석원은 곧잘 "나에게 군대를 달라. 점심은 평양에서 저녁은 신의주에서"라는 유명한 말을 남겼다.

에는 이승만에 대해 지극히 충성심이 열렬하던 원용덕 준장이 기용되었다. 원용덕 장군의 헌병총사령부가 강력한 정치수단으로 등장할 당시 이 기구의 라이벌로 김창룡의 특무부대가 만군의 경계에 구애받지 않은 채 막강한 힘을 발휘하며 활동하였다.[63]

이승만의 군공작은 여기에 그치지 않고 1952년 8월 23일 국방부 일반법령 제19호에 의해 3군 참모장을 통괄하는 임시참모회의를 설치하기까지 했다. 이 임시기구는 전략적 이유라는 명목으로 대통령관저인 경무대 별관으로 이전되었으며, 1954년 대통령령 제895호에 의해 이 기구의 모든 임명권이 대통령에 의해 장악되었고 연합참모본부로 개칭되어 영속적인 지위를 획득하였다. 게다가 대통령은 회의소집권까지 갖게 되었다.[64]

이승만 정권하의 군부내 주요 파벌은 앞서 언급했듯이, 일제하의 활동지역에 의한 광복군계(중국군계), 일본군계(주로 일본육사 출신), 그리고 만주군계가 있었고, 출신지역별로는 광의로는 이북 출신과 이남 출신, 여기서도 더욱 세분하면 관북계와 서북계 등이 존립했으며, 단지 이승만의 신임도와 판단에 의해 부침의 운명이 결정되었다.[65] 앞서 언급한 대로 정부수립 직후 광복군계가 군의 주요 직위를 차지하는 듯했으나, 이승만의 후원을 등에 입은 일본 육사출신에 의해 몰락해 갔으며 이들 역시 한국전쟁을 통해 더 젊고 다루기 쉬운 만주군계 출신으로 대체되어 나간다. 특히 1952년 이승만 대통령의 부당한 군출동 명령을 거부한 이종찬 장군을 거세함으로써 이승만 정권에 대한 군장성들의 예속성은 더욱 심화되어갔다. 이승만 정권을 위한 국내파벌 조작사례 중 대표적인 것이 정부수립 초기, 광복군계와 일본 육사출신 원로군인들간의 소위 '중일전쟁' 그리고 백선엽의 서북파와 정일권의 동북파간의 분쟁을 들 수 있다.[66] 이승만 정

---

63) Se-Jin Kim, op. cit., pp.125-127.

64) 『국방부사』, 397쪽.

65) 한국 군부의 파벌이 어떻게 형성되어 발전되어 나갔으며, 군부내의 파벌주의가 어떻게 5·16군사쿠데타와 12·12사태를 촉발시켰는가를 이해하기 위해서는 강청성, 『일본·한국 군벌정치』, 해동출판사, 1990을 참조.

66) 허장, 앞의 글, 418-419쪽, 그리고 이 당시의 군내파벌을 정리한 가장 최초의 자료를 위해서는 강창성, 「전두환과 하나회 군맥」, ≪신동아≫ 1991. 2월호 참조.

권하에서 부상하고 몰락해 갔던 군내 주요 파벌은 <표 4>와 같다.

이승만 정권은 군부파벌과 군기구를 이용하여 군을 장악하고자 했으며 정권의 하위적인 도구로서의 군에 대한 공작과 인식은 한국전쟁의 발발과 관계없이 진행되어 나갔던 것이다. 뿐만 아니라 공식적으로 창설된 지 3년밖에 되지 않아 자체 조직의 규모나 상대적인 영향력의 견지에서도 미약하던 군이 한국전쟁을 거치면서 여러 가지 측면에서 가장 막강한 기구로 급성장해 갔다는 사실은 정부수립 후 계속되어 오던 이승만 정권의 군의 장악의지를 더욱 공고히 해주었다.

한국전쟁 발발 전 10만이 채 못되던 군은 전쟁 직후 60만이 넘는 대군으로 탈바꿈하여 국내는 물론 세계적으로도 가장 막강한 조직으로 화했다.[67] 그리고 국방비 예산 역시 1949년의 2천 4백만 원, 1950년의 1억 3천 2백만 원에서 1953년의 32억 6천 9백만 원, 1954년의 59억 9천 9백만 원, 1955년의 106억 3천 8백만 원으로, 전체 예산에서 차지하는 비율도 전쟁 전의 약 26퍼센트에서 전쟁 직후 약 50퍼센트로 급증했다.[68] 특히 1953년 10월 1일 한미방위조약의 체결에 근거하여 아이젠하워 미국 행정부가 제공하게 되는 매년 4억 달러 상당의 무기와 갖가지 물량의 공여는 군의 정치적 중립이나 직업주의가 전혀 뿌리내리지 못한 군부의 내부적인 파행성과 외부로부터의 간섭 및 공작의 가능성을 더욱 높여주는 데 부분적으로 공헌했다.

이 글의 앞부분에서 밝혔듯이, 한국전쟁이 그 이전부터 구체적으로는 대한민국정부수립 이후 이승만 정권하에서 진행되어 오던 군의 변천과정에서 결정적인 지각변동을 야기시켰다고 보이지는 않는다. 정부수립 이후 계속되어 왔던 이승만 대통령의 군에 대한 공작과 장악의 연장선상에서 전쟁의 발발과 더불어 비대해진 군이라는 조직이 정권과 보다 밀접하게 연계되었다. 김세진 교수는 한국전쟁이 한국 군부에 미친 영향을 다음

---

67) John Lovell, "The Military and Politics in Postwar Korea," in E. R. Wright (ed.), *Korean Politics in Transition*, Seattle: University of Washington, 1975, p.165.

68) 김석준, 「한국전쟁과 국가재형성」, ≪현대사회≫ 통권 36(1990년 봄·여름호), 107쪽에서 재인용.

<표 4> 이승만 정권하(한국전쟁기까지)의 주요 군부파벌

● 광복군 및 중국군 출신

이범석(李範錫)[1] 유동렬(柳東悅)[2] 송호성(宋虎聲)[3] 김홍일(金弘壹, 55년 퇴역, 주중대사 역임, 1960년 참의원)[4] 최덕신(崔德新, 56년 예편, UN 대표)	박영준(朴英俊, UN 대표) 김원조(55년 예편, UN 대표) 송우범(宋宇範, 53년 예편, 외국대사로 나감) 최용덕(崔用德, 54년 예편, 외국대사로 나감) 김 신(金 信, 61년 예편, 외국대사)

● 일본군 출신

계급	4년제 육사졸업자	간부양성소 졸업자 (2년반과정)	학병	하사관
대장	이종찬(李鍾贊, 豫)[5] 이형근(李亨根)[5]	민기식(閔機植)[5]	김종오(金鍾五)[5]	송요찬(宋堯讚) 최영희(催榮喜)
중장	김정열(金貞烈)[5] 신태영(申泰英, 豫)[6] 김창규(金昌圭)[5] 신응균(申應均) 유재흥(劉載興)	최경록(崔慶錄, 豫)[5]	장도영(張都暎)[5] 강영훈(姜英勳)	김진희(金鎭熙) 김창룡(金昌龍)
소장	정래혁(丁來赫) 김석원(金錫源, 豫) 이응준(李應俊, 豫)		김웅수(金雄洙) 소유준 김성은(金聖恩)[5]	
대령	안광수(安光洙, 豫)			

● 만주군 출신

	서북		남부·중남부		동북			
대장	백선엽[7]	대장	朴正熙[9]	대장	정일권[7]	소장	崔昌彦[8]
중장	楊國鎭[7]	중장	申鉉俊[10]	중장	강문봉[7]	소장	朴期丙[8]
소장	金錫範[8]		(해병대)	중장	이한림[7]	준장	李周一[8]
소장	金忠男(해군)	소장	宋錫夏[10]	중장	尹泰日[8]	소장	金東河[9]
				중장	朴林恒[7]		(해병대)

주: 1) 초대 국무총리 겸 국방부장관, 1951년 이후 이승만과 결별
　　2) 초대 조선경비대 사령관
　　3) 2대 조선경비대 사령관, 한국전쟁당시 월북, 이승만 집권 후 의도적으로 기피됨.
　　4) 중국정규군 출신의 가장 존경받던 장군. 중국군 소장이었으나 한국군에선 요직에 기용되
　　　 지 못함. 육사교장 역임. 이들 외에 채원기(蔡元基), 오광선(吳光鮮), 이준식(李俊植) 등이
　　　 있다. 중국에서 귀환한 대부분의 장교들은 경비사관학교를 거치지 않고 특별 임관되었다.
　　5) 군사영어학교 출신
　　6) 전력(前歷)을 인정받아 특별임관된 자(이상 원문대로)
　　7) 군사영어학교 졸업생
　　8) 육사1기
　　9) 육사2기
　　10) 불명

출처: Se-Jin Kim, *The Politics of Military Revolution*, p.45, 47, 63의 <표 3>, <표 5>, <표 8>에서 재정리.

과 같이 논하고 있다.

결론적으로 형성기 동안에 한국 군부는 갖가지 부당한 내적·외적 압력과 부담에 좌우되었다. 동일한 군조직 출신배경 및 지역적 연고에 근거한 극도로 경쟁적인 파벌분쟁이 횡행하였다. … 창군 4년 만에 맞이하게 되었던 파국적인 전쟁은 극히 위험한 속도로 팽창되고 있던 군부 전체계의 재편과 재조직을 필연적인 것으로 만들었다. 이러한 어려움들은 군내파벌주의를 부추긴 이승만의 교묘한 조작과 편승하여 군의 직업주의(Military Professionalism)의 맹아를 심각하게 갉아먹어 버렸다.[69]

마지막으로 덧붙이고 싶은 것은 한국전쟁 기간중, 즉 1952년경부터 군의 주요 지휘계통이 일본육사 출신으로부터 만주군관학교 출신으로 바뀌고 사실상 이들 그룹이 1958년 무렵에 이르기까지 이승만 정권의 충실한 하위세력으로서의 역할을 충실하게 담당하게 된다는 사실이며, 이와 동시에 1961년의 군사쿠데타에 이들 그룹의 일부가 참여하게 된다는 사실은 이승만 정권하에서 배태되고 한국전쟁을 거치면서 더욱 조장된 군부의 파벌주의가 군의 정치개입에 비록 간접적으로나마 얼마나 중대한 영향을 미치는가를 입증하는 것이다.[70]

5. 맺음말

1945년 해방 직후 미군정관리들에 의해 주도적으로 구상되고 현실화된 한국군의 창설은 그 초기부터 소련과 연관된 공산주의세력의 방파제 구축이라는 기본 방침하에서 국내소요, 민중봉기, 그리고 게릴라전에 적극 대처하기 위한 경찰예비대의 성격을 띠고 추진되었다. 사회 각 부문이 정치적인 열기에 싸여 있었고, 군의 모체가 되는 군사영어학교나 남조선(국방)경비대에 참여하는 인사들도 다분히 정치적인 색채를 띠고 있었을

---

69) Se-Jin Kim, op. cit., p.60.

70) Hyun Joo P. Kwon, *The Emergency Military Men in Korean Politics: A Historical Study on the Rise of Military Elites*, N.Y.: State Univ. of N.Y., 1974, p.74.

뿐만 아니라 이전의 여러 가지 배경에 근거한 파벌을 모색하게 되는 과정
에서 국내의 정치적인 사태에 직면하여 거의 경찰과 같은 임무를 수행하
게 되는 군은 애시당초 정치적 중립주의나 구직업주의가 아닌 정치화시
키는(politicizing) 토양 위에서 뿌리를 내려가게 된다.

군의 정치개입과 관련된 일반적인 이론은 군이 보다 전문화·직업화되
고 더욱더 현대화될수록 정치와 더욱더 멀어지고 덜 개입하게 된다는 구
직업주의 입장과 이와는 정반대로 군은 전문화되고 보다 제도화, 현대화
될수록 정치에 더욱더 개입하게 된다는 신직업주의 입장으로 대별된다.
우리의 관심의 대상이 되는 후자의 신직업주의 모델은 1964년 브라질의
군사쿠데타에 의한 군부의 정치개입현상을 설명하기 위해 알프레드 스테
판에 의해 고안된 것으로써, 특히 제3세계 국가들에 있어서 점증해 오던
군부의 정치개입을 설명하는 데 폭넓게 인용되고 적용되어 왔다. 즉 고도
로 제도화된 군부를 갖춘 국가에 있어서 국가의 국내안보(Internal Secu-
rity)와 군부 자체에 대한 위협에 대한 인식에 근거하여 군은 국내의 정치
적·사회적 문제에 관심을 기울이게 된다. 따라서 기능적인 전문화를 증대
시키는 대신 군은 사회적·정치적·경제적 영역에 걸친 갖가지 문제들을
포괄하는 것으로 정의되는 국내안보문제의 전문가로 변모되어 간다.[71]
그 결과 신직업주의에 있어서는 군사적 영역과 정치적 영역간의 격차가
벌어지는 것이 아니라 국내문제를 다루는 데 있어서 군이 보유하게 된 기
술적·전문적 숙련도 때문에 두 영역 사이에 근본적인 상관관계가 존재한
다는 신념을 가지게 되었다. 국내안보를 강조하는 신직업주의는 그리하
여 거의 필연적으로 어느 정도의 군의 역할확장과 정치개입을 유발시키
게 되는 결과를 초래한다.[72]

이상의 신직업주의 시각은 여러 가지 점에서 흥미롭고, 예를 들면 정규
적이고 현대화된 군사교육을 받은 장교들이 그 이전에 상대적으로 덜 제
도화된 학교나 군조직 출신의 군인들보다 더욱더 정치지향적인 경향을
띠는 경우들의 군부의 정치개입을 설명하는 데는 다소의 함축도 내포하

---

71) Alfred Stepan, op. cit., p.137.
72) Ibid., p.137.

고 있다고 생각된다.[73] 그러나 창설 초기부터 국내문제, 즉 소요사태나 게릴라전의 분쇄를 주요 임무로 부여받은 한국의 군의 경우는 분명 신직업주의가 상정하는 군의 발전경로와는 상이하다. 이러한 차별성은 곧바로 군이 반영하는 그 국가발전의 역사의 상이성을 의미하는 바, 대부분의 라틴아메리카 국가들의 군은 독립전쟁을 거친 후 주로 영토분쟁과 관련된 국토방위를 최우선시하면서 국방의 문제와 관련된 대외적 안보(External Security) 문제만을 담당하게 되었던 반면에, 한국의 군은 창설 초기에는 국방의 문제가 아닌 국내의 여러 가지 정치적인 문제에 대해 국가의 억압기구로서의 위상을 부여받으면서 출발했던 것이다. 이후 라틴아메리카 국가들은 영토문제를 포함한 대외안보문제는 어느 정도 해결한 대신에 여타 제3세계 국가들과 마찬가지로 열악한 정치경제문제의 악화에 시달리게 되며, 특히 1959년의 쿠바혁명 이후 증대된 미국의 원조에 힘입고 보다 적극적인 안보개념의 정립에 근거하여 상대적으로 현대화된 조직과 기술을 갖춘 군부가 이전에 대외적 안보문제에 투입했던 에너지를 국내문제에 쏟아부을 수 있게 되었다. 특히 이 과정에서 군은 체계적으로 국내정치 전반에 걸친 제도적 대응책을 강구할 수 있었으며, 그 예로서 군의 정치개입을 정당화시켜 주는 이데올로기의 개발과 제도(Institution)로서의 군의 정치참여 등을 들 수 있다. 이러한 역사적 경로를 밟아온 라틴아메리카 대륙의 경우에는 스테판의 신직업주의 모델이 설득력을 가질 수 있다고 보인다. 그러나 한국군의 경우는 앞에서 언급했듯이, 신직업주의 관점에서 볼 때 군부가 제도화되고 현대화된 이후에야 비로소 습득하게 되는 국내안보(Internal Security) 중시의 입장을 초창기부터 취하게 되었다는 사실이 분명 상이한 특징이라 할 수 있다.

미군정하에서 국내문제에 적극 대처하게끔 위상을 부여받음으로써 정치화의 경로를 밟아온 한국의 군은 대한민국정부수립 이후 이승만 정권하에서는 군부내 파벌을 통한 군장악에 치중한 이승만에 의해서 정권유지의 도구로서의 위치로 전락하게 된다. 상대적으로 정치기반이 취약했던 이승만에게 군은 이를 보완해 줄 수 있는 대상이 되었고, 한국전쟁을

---

73) Ibid., pp.137-138.

겪으면서 여러 가지 측면에서 강대해진 군부기구에 대한 이승만의 간섭과 공작은 더욱 강화되었다. 더군다나 특무대와 헌병대를 민군의 경계에 관계없이 막강한 권한을 행사할 수 있는 무소불위의 기구로 만들어서 군부에 대한 철저한 통제는 물론 비판적인 정치세력에 대한 탄압기구의 역할까지 떠맡김으로써 군조직의 심각한 정치도구화를 야기시켰다.

결론적으로 창설 초기부터 정치화될 수 있는 토양(미군정하에서의 경찰예비대의 성격)으로부터 출발하게 되는 군은 정부수립을 통하여 독자적이고(independent and autonomous) 정치중립적인 기구로서 뿌리내리지 못하고, 이를 군부파벌과 군기구를 통해 장악하고 철저히 정치도구화시키려는 이승만에 의해 정권의 하위기구로서 예속의 경로를 밟아왔다. 이러한 과정에서 맞이하게 되는 한국전쟁은 한국사회에서 가장 막강한 조직으로 변모된 군에 대한 이승만 정권의 장악의지와 공작을 더욱 강화시키는 계기가 됨으로써 군은 보다 더 예속적이고 정치도구적인 위치로 치닫게 되었다.

┃ 제11장 ┃
한국 현대정치와 군부의 위상

1. 문제제기

한국의 현대사 중 오늘날의 정치현실 역시 그 어느 때 못지않은 급변과 소용돌이[1]의 역사임에 틀림없다. 해방을 계기로 민주적이고 독립된 민족국가의 형성을 열망했던 이 땅의 민중들에게, 민족현실과 다소 유리된 극심한 이데올로기 투쟁과 친일매판세력의 온존은 민족적 비극의 서장이 되어, 급기야 전쟁이라는 엄청난 시련을 거치면서 전후 모든 행위를 제약하게 되는 분단이라는 구조적 망을 형성하기에 이르렀다. 이러한 외부적(물론 내부문제와 밀접히 연계되어 있다)으로 강요된 지형 위에서 조형되기 시작한 국내정치 역시 파행을 거듭했던 바, 이승만 독재정권과 장면의 과도내각을 거쳐, 1960년대 초부터 군부의 정치개입과 군부통치가 한국정치내에 구조적으로 정착해 오기 시작했다. 더군다나 1979년 박정희 대통령의 암살사건과 1987년 노태우 당시 집권여당 대표위원의 6·29선언으로 트였던 민주화에 대한 열망의 물꼬는 결국 두 차례나 그 향방이 굴절되어 오늘의 복잡다단한 시점에 다다르게 되었다. 6·29선언 직후에

---

1) 헨더슨(Gregory Henderson)의 『한국: 소용돌이의 정치(*Korea: The Politics of Vortex*)』(Cambridge, Mass: Harvad University Press, 1968)는 아주 상징적인 서명이다.

만개했던 여러 유형의 낙관적 관측은 한국에서 민주주의가 구축되리라는 인식으로 곧 이어졌으나,[2] 급기야 3당합당이라는 전대미문의 정치현상을 목도하고 있는 작금의 우리에게는 엄청난 혼돈이 강요되고 있다.

복잡한 한국정치현실을 염두에 두면서, 한국의 정치를 민주주의와 연계시켜 논의하고자 할 때 먼저 우리는 군부에 대해 생각하지 않을 수 없다. 왜냐하면 두 차례에 걸친, 즉 5·16쿠데타와 12·12사태를 통한 군사정권의 역사 그 자체가 그간의 한국의 현대사였을 뿐만 아니라, 그 군부정치의 유산이 아직도 한국정치의 공간을 조건짓는 결정적인 제약요인이기 때문이다. 1960년대 초부터 지속되어 온 군부의 정치세력화와 민간기술관료와의 지배동맹의 결성이라는 특질과 병행해서, 우리는 또한 그간에 점진적으로 축적되어 온 피지배층, 특히 노동자계급과 중간계급의 정치적 활성화를 상관지을 필요성을 느낀다. 왜냐하면 지배동맹세력의 공고화에 가장 커다란 위협이 될 수 있는 집단이 바로 이들이며, 이러한 대치국면은 1987년 6월의 시위 및 투쟁과 이후 간헐적인 사태발전에서 구체화되어 왔기 때문이다. 다시 말하자면 이제는 사회 외부의 공간에 위치하는 군부세력이 언제, 어떻게 개입하느냐, 혹은 퇴각하느냐 하는 문제보다도 지배동맹세력으로서 그 위치를 구축하고 있는 한 사회세력으로서 군부의 성격 및 역할, 지배동맹 세력내에서 차지하는 군부의 비중 및 관계 등이 더욱 중요한 문제가 되었다고 생각된다. 이런 문제의식을 바탕으로 본고에서는 다음과 같은 주제들을 중심으로 논의해 가면서 앞으로의 한국정치를 전망해 보고자 한다.

첫째, 두 차례에 걸친 군부쿠데타(군부의 정치개입)의 한국적 특징은 무엇인지를 먼저 논구해 봄으로써 그것이 이후 한국정치의 지형에 미친 영향을 살펴보겠다. 여기에서의 한국 군부내의 파벌주의(분파주의, factionalism)의 존립―그 형태는 다소 변화해 가지만―이 군부의 정치개입이나 이후 군부정치를 결정짓는 주요한 요인 중의 하나라는 가설을 개진해 나가겠다.

---

2) 이 당시 6·29선언에 대해서는 국내외의 언론을 막론하고 모두가 민주화의 성숙 계기로 찬사를 아끼지 않았다. 특히 ≪한국일보≫의 한 칼럼은 이를 '중산층 혁명'으로까지 미화하기도 했다.

둘째, 한국 군부의 정치개입 및 군부정치의 특징이 87년의 6·29선언을 축으로 하여 변모되었다고 보기 때문에, 이제는 군부의 정치개입 혹은 정치로부터의 퇴각의 관점이 아니라 지배동맹으로 구축된 군부의 역할이라는 시각에서 이들 세력이 지배동맹세력을 구축하면서 중추적인 역할을 하게 되는 과정에 초점이 맞추어져야 할 것이다. 여기에서의 가설은 그간 파벌주의와 강경세력의 권력장악으로 특징지어졌던 한국의 군부정치가 6·29선언을 기점으로 온건세력의 등장 및 군부의 제도적 단합과정으로 이어지면서 그 결과 군부세력이 서서히 보다 확고한 정치기반을 구축·강화해 나가고 있다는 점이다.

셋째, 군부세력의 (이전의 시기와 비교해서 상대적인 관점에서의) 확고한 기반구축 및 증대된 정치적 역할과 비례해서 반지배계급의 정치적 활성화 및 조직화를 검토해야 할 것이다. 한국정치의 두 축으로서 지배동맹과 반지배동맹이라는 구도를 설정할 때, 이 글에서 관심의 대상이 되는 군부의 위상과 상관적으로 고려되어야 할 대칭적인 구심점이 바로 노동자들 중심의 반지배계급들의 정치세력화일 것이다. 그러므로 노동자(블루칼라 및 화이트칼라 노동자)들의 조직화 및 활성화의 과정을 살펴보게 될 것이며, 이 부분에서의 가설은 군부가 자본가(독점자본, 재벌)계급과 함께 중심이 되는 지배동맹과 이 노동자들이 중심이 되는 반지배동맹 사이에는 서로간에 인정·수용할 수 있는 (그리고 그럴 수밖에 없는) 계급적 타협공간이 형성되게 되는데, 이 공간내에서의 각 동맹 내부와 상호간의 역학관계가 결국은 한국정치의 위상에 커다란 영향력을 행사할 것이라는 점이다.

간단히 논급하자면 한국 군부정치의 위상이 87년의 6·29선언을 기축으로 하여 변화되고 있는 바, 그 이전의 특질─즉 군부내 분파주의, 군부에 대한 비제도적 통제─을 먼저 살펴본 다음, 그 이후에 변모된 지평─군부의 단합, 군부에 대한 제도적 통제, 온건파의 세력구축, 군부세력의 확고한 정치세력화─을 '계급타협' 가설을 중심으로 한국정치에 대한 전망을 도출해 내는 것이 본고의 목적인 것이다.

2. 6·29 이전의 군부의 정치개입과 한국 군부정치
군부내 파벌주의 및 분파(제도와 반대개념)로서의 정치개입

친일 및 부일세력을 주요 토대로, 그리고 미국의 지원을 외곽으로 하여 성립된 이승만 정권은 그 구조적 허약성을 보완하기 위해 군부에 의존하지 않을 수 없었다. 특히 군부가 6·25전쟁을 계기로 예산과 조직 등의 측면에서 더욱 막강한 집단으로 뿌리내려 가게 됨에 따라3) 이런 정치적 자원에 대한 이승만 정권의 의존도는 더욱 높아져 갔다.4) 군부를 장악하여 정치도구화하려는 이승만 정권은 1952년 이후 본격적인 군부세력의 조작을 시도하게 되는데, 그 이전의 이승만의 대군(對軍) 공작은 장래에 있을지 모를 장군들의 위협을 예방하여 군부에 대한 통제를 하는 데 주목적이 있었다.5) 군수뇌진에 대한 이승만 정권 초기의 정치적 장악은 광복군계와 일본 육사출신 원로들간, 그리고 지역별 파벌간의—특히 정일권 장군의 관북파와 백선엽 장군의 서북파—조정과 견제를 통해 이루어졌다. 중국군과 광복군계의 정점으로서 이범석과 일본 육사출신 원로군인들간의 이른바 '중·일'전쟁을 통한 견제라는 형식으로 이승만은 군부를 장악해 갔으나 6·25를 전후하여 이들은 모두 보다 복종적인 젊은 세대에 의해 쇠퇴해 갔으며 이로써 이승만의 군부장악의 기초도 완성되어 갔다.6)

이승만 정권하의 대군공작과 민·군관계의 변화를 대표적으로 상징하는 것이 이종찬 장군 사건과 서민호 의원 사건이었다.7) 이종찬 당시 육군

---

3) 이는 아이젠하워 미대통령의 대한 군사비원조 공약에 의해 더욱 확고하게 되었으며, 그 결과 전쟁 후 한국국군은 14개 사단과 약 52만 5천 명의 군인을 보유하게 되었다. Dwight D. Eisebgiwer, *Mandats for Change*, New York: Sigget, 1965, p.229.

4) John Lovell, "The Military and Politics in Postwar Korea," in Edward Reynolds Wright(ed.), *Korean Politics in Transition*, Seattle: Univ. of Washington Press, 1975, p.165.

5) 허장, 「초기 군사제도와 군부의 구조형성」, 최장집 편, 『한국현대사』, 열음사, 1988, 417쪽.

6) 허장, 앞의 책, 1988, 418-419쪽.

7) 서민호 의원 사건에 대해서는 김세진, 「한국 군부의 성장과정과 5·16」, 『1960년대』, 거름, 1984, 123-125쪽.

참모총장은 1952년 전쟁중임에도 불구하고 이승만 대통령이 비판적인 국회의원과 언론에 대한 위협용으로 2개의 전투사단을 끌어내리려 했을 때 이를 거부했다. 김세진 교수는 이종찬 육군참모총장의 제거사건이 민·군관계에 있어서 하나의 획기적인 전환점이라고 평가했다.[8] 이 두 사건은 이승만 정권의 권위주의적 경향 이외에도 민·군관계의 새로운 전환점이 되었다. 첫째, 이종찬 장군이나 최경록 장군과 같은 정치적으로 비협조적인 장군들은 요직에서 물러나고, 보다 다루기 쉽고 개인적 충성심이 강한 사람들이 중용되었다. 둘째, 보다 더 중요한 변화로 육군 산하가 아니라 국방부 산하에 전군을 감찰하기 위한 새로운 헌병기구[憲兵總司令部]가 설치되었다.[9] 유엔군 관할하의 육군과 별도로 조직된 새로운 헌병기구는 대통령에게 직속된 민간인 장관의 산하에 설치되었다. 1953년 3월 이 기관의 책임자는 전군의 헌병기구와 민간기구에까지 관할권을 갖는 헌병총사령관으로 명명되었다.[10]

초대 헌병대장은 원용덕 중장으로서 이승만 대통령의 하수인 역할을 수행했는데 그는 1952년의 정치파동시 계엄사령관으로서 이승만 대통령의 명령을 충성스럽게 따름으로써 군부의 정치개입의 본보기가 되었다.[11] 이와 더불어 김창용이 이끈 특무대(CIC)는 처음에는 원용덕의 헌병대의 군부지배를 견제할 목적이었으나, 시간이 지남에 따라 그 역할이 더욱 강력해져서 민·군(民軍)조직 모두를 통털어서 가장 막강한 기구로서, 헌병대와 마찬가지로 이승만 대통령의 철저한 시녀역할을 해냈다. 초군적 기구인 헌병총사령부 그리고 특무부대와 병행하여 새로이 등장한 것이 임시 참모회의다. 이 기구는 1952년 8월 23일 국방부 일반명령 제193호에 의해 설치되었다. 3군총참모장을 통괄하는 이 초군적 기구는 대통령이 모든 군사조직을 직접 장악하기 위하여 설치된 것이었으며 1954년 3월

---

8) Se-Jin Kim, *The Politics of Military Revolution in Korea*, Chapel Hill: University of North Carolina Press, 1971, p.52.

9) 김세진, 앞의 책, 1984, 125쪽.

10) 앞의 책, 125쪽; Mark W. Clark, *From the Danube to the Yahu*, New York: Harper, 1954, p.154.

11) 김세진, 앞의 책, 73쪽.

30일 이 임시기구의 본부는 전략적 이유에서 대통령 관저인 경무대 별관으로 이전하였다. 5월 3일 대통령령 895호에 의해 이 기구는 대통령이 모든 임명권을 장악하면서 연합참모본부로 개칭되어 영속적인 지위를 획득하였을 뿐만 아니라 회의소집권까지 갖게 되었다.[12] 이상과 같이 이승만은 출신지역별, 그리고 일제하 활동했던 조직별로 상호 견제하면서 군을 통제하다가 나중에는 민·군(民軍)의 경계선에 구애되지 않고 활동하는 초군적 기구들을 통해서 국군의 인사체계에 깊이 간여하는 방식으로 국군에 대한 통제를 강화시켰다.

이승만 정권하의 군부의 정치화를 간략히 요약하자면, 한국전쟁을 계기로 한국사회에서 자금과 조직면에서 가장 막강한 조직이 된 한국의 군부를 이승만 정권은 최대한 활용함으로써 자신의 취약한 정치기반과 부족한 정치자원을 보완하기 위한 목적으로 일부 군부세력을 정치화시켰던 것이다. 정부 총예산의 약 40%를 차지하는 군사예산과 미국으로부터 제공되는 매년 약 4억 달러에 해당되는 군비원조는 이승만 정권으로서는 결코 포기할 수 없는 정치재원이었던 셈이다.[13] 로벨(John Lovell)은 이승만 정권하의 한국 군부의 성격을 "음모와 부패로 점철된 하위체제(sub-system) 내에서 행해진 파벌주의와 정치화"로 특징지었다.[14]

결과적으로 한국군이 창설된 이후 이를 자신의 정치적 목적을 위한 하수기관으로 이용하기 위해 수단과 방법을 가리지 않는 이승만 대통령의 군의 통제와 장악은 군이 '직업주의'(구직업주의, old professionalism)의 윤리[15]를 발전시켜 나갈 수 있는 기초적인 기반과 계기를 박탈해 버림으로써 군의 파행적 정치개입의 맹아를 심어놓은 결과가 되었다. 군부내 파

---

12) 앞의 책, 127쪽;『한국군사혁명사』1권, 736쪽;『국방부사』, 397쪽.

13) 김세진, 앞의 책, 1971, 95쪽.

14) John Lovell, op. cit., 1975, p.169.

15) 이는 사무엘 헌팅톤(Samuel Huntington)이 가정하는 군의 전통적 직업주의의 모델로서 군이 직업화되고 전문화될수록 군의 정치개입은 감소한다는 그 역의 논리이다. 두 직업주의 모델의 특징을 비교하기 위해서는 Alfred Stepan, "The New Professionalism of Internal Warfare and Military Role Expansion," in A. Lowenthal and S. Fitch(ed.) *Armies and Politics in Latin America*, New York: Holmes & Meier, 1986, p.138.

벌주의와 이승만 정권의 군부조작으로 인한 군부내 갈등과 파행적인 민·
군관계는 악화되는 정치·사회적 상황에 의해 쉽게 점화될 수 있는 성질
의 잠재적인 위기구조를 계속 지탱해 오다 1960년과 1961년 사이에 더
욱 격화되게 된다. 이승만 정권이 붕괴되자마자 군부내의 갈등은 곧바로
표면화되기 시작했는 바, 구육군사관학교 제8기생을 중심으로 시작된
'정군운동'이 바로 5·16쿠데타의 전조가 되었다.

　이 정군운동과 5·16쿠데타의 주체는 김종필을 중심으로 한 구육사 8
기생과 그들이 쿠데타의 지도자로 영입한 박정희로서, 이들의 공통점은
이승만 정권하에서 권력의 주변에 연루된 군인들에 대한 반감이었는데,
이것은 이들이 채택한 정군운동의 5개 슬로건에서도 발견된다.[16) 이승만
정권하에서 정치화된 일부 군인들에 대한 소장파 군인들의 항명운동이
결국은 이들 중심의 군부 정치개입을 초래하는 아이러니가 일어나게 되
었던 것이다. 친이승만계 군부세력에 대한 일부 군부세력의 반감이 군부
내의 문제에 관한 정군운동으로부터 출발하여 본격적인 정치개입 및 권
력장악을 시도하여 성공하게 되었다.

　5·16쿠데타를 통해서 여러 가지 중요한 측면에서 한국의 정치와 군부
의 정치개입의 지형은 크게 변형된다. 다른 무엇보다도 중요한 점은 이승
만 정권하에서 정권의 하수기관으로 종속적인 위치에서 정치화되고 정치
에 개입하게 되었던 군부세력이 이제는 직접적인 정치세력으로 등장하게
되었다는 사실이다. 군부의 정치화 그 자체는 이미 이승만 정권하에서부
터 군의 정치도구화라는 형태로 이루어지고 있었던 현상이었으나 이제는
그 성격이 본질적으로 바뀌었던 것이다. 둘째로, 지역별, 기구별, 그리고
이승만 정권의 권력내의 연루 여부에 따른 분파주의라는 구조적 지평 위
에서 정치·사회적 불안정을 매개변수로 하여 군부내의 정군운동으로부터
세력을 결집한 후 본격적인 정치개입에 성공하게 되는 박정희 중심의 쿠
데타는 따라서 제도(institution)가 아니라 분파로서의 군부정치개입의 사

---

16) 정군운동 5개 슬로건의 내용은 다음과 같다. ① 3·15 부정선거를 방조한 군의
　　고위책임자에 대한 책임추궁, ② 부정축재 장성들 처단, ③ 무능·파렴치한 지휘
　　관급 제거, ④ 파벌조성의 모든 요인 제거 및 군의 정치적 중립보장, ⑤ 대우개
　　선(『한국혁명재판사』 1권, 916쪽).

례가 되었다.[17] 결국 단합된 조직·제도가 아닌 분파로서 정치권력을 장악하게 된 박정희는 이후 군부의 통치 및 장악을 제1의 과제로 삼았으며, 그 결과 5·16쿠데타 주최세력에 반대하는 파벌이 일차적으로 모습을 감추게 되었다.

박정희 정권하의 군부의 통제는 이승만 정권의 그것보다 훨씬 복잡한 양상을 띠게 된다. 국군보안사령부(68년 육군 방첩부대에서 육군 보안사령부로 확대·개편, 그리고 1979년 전두환 소장의 임명과 함께 국군보안사령부로 확대·개편되었다)나 특전사가 유신체제 직후 정치문제에 깊이 간여하게 되었다. 정치적 목적을 위한 군조직의 정치화의 사례는 특전사령부가 대통령이 경호실의 명령에 따라 움직일 수 있게 만든 사실에서도 극명하게 드러난다. 이외에도 대통령 경호실의 여러 직위가 현역군인으로 임명되는 사례(차지철이 경호실장으로 충원된 뒤 경호실체제는 확대되어 현역 중장이 경호실 차장으로 임명되고, 작전 차장보와 행정 차장보에 현역 소장 등이 임명되었다) 등은 이승만 정권하에서 이루어진 군부의 정치도구화의 수준 그 이상의 것이었다.[18] 박정희 정권의 경쟁관계(rivalship)를 통한 군부장악·통치전략은 어느 정도는 이승만의 통치술과도 그 궤를 같이 하면서 한층 더 진일보한 것이었다. 윤필용 중심의 하나회(一心會) 파벌과 김재규 당시 보안사령관 중심의 2기생 집단의 대립,[19] 그리고 유신 이후 하나회 파벌내의 친윤필용 계열과 친박종규 계열의 양분 등

---

17) 제도로서의 군부의 정치개입의 대표적인 예가 1964년부터 시작된 브라질 군부의 정치개입이다. 즉 브라질 군부는 단합된 일체의 제도·조직으로서 정치개입을 체계화시켜 왔으며, 이 과정에서는 스테판이 명명한 신직업주의의 이데올로기가 큰 몫을 했다고 볼 수 있다. 브라질 군부의 정치개입을 이해하기 위해서는 주 15)의 스테판(Stepan)의 논문, 그리고 Thomas E. Skidmore, *The Politics of Military Rule in Brazil, 1964~1985*, New York: Oxford University Press, 1988.

18) 이에 대해서는 정승화, 『정승화는 말한다』, 까치, 1987; 권영기, 「육사 11기」, 《월간 조선》, 1987. 12월호; 조갑제, 「12·12사태의 승자와 패자」, 《신동아》 1988. 1월호; 박상렬, 「한국 사회지배체제에서의 군부의 위상과 군부내 권력관계 I」, 《동향과전망》 백산서당, 1988, 126쪽.

19) 이에 대해서는 이종각, 「하나회, 제5공화국 권력의 뿌리」, 《신동아》 1988. 1월호.

은 박정희의 전형적인 통치술이자 용병술이었다.

이러한 박정희의 군부통치전략은 군부내의 세력을 양극화하는 데에도 적용되었다. 즉 정승화로 대표되는 구육사 및 비육사 출신의 군부세력은 철저히 탈정치화시켜서 군 본연의 임무에만 전념하는 소위 말하는 '야전사령관형'으로 육성하는 한편 전두환으로 대표되는 신규 육사출신(즉 육사 11기 이하)의 정치화, 즉 보안사, 특전사, 청와대 경호실 등의 보직을 맡김으로써 정치에 접근하여 정치권력에의 취향을 발전·고양시킬 수 있는 '정치군인형'으로 육성시켰던 것이다.[20]

결과적으로 1961년의 5·16쿠데타 이후에 박정희는 이승만 전정권의 유산이기도 하면서 자신에게 위협이 될 소지가 있는 파벌을 거세하였으나(속칭 '알래스카' 및 '텍사스' 토벌작전으로 불리는 군 내부의 평안도 인맥과 함경도 인맥의 제거) 여전히 자신의 정권유지에 유리한 경상도 출신의 군부파벌은 지속시켰으며, 뿐만 아니라 조직간의 경쟁관계나 군부세력의 양분화―일부 군인의 탈정치화와 다른 군부세력의 정치화―를 동시에 활용·조작함으로써 군부내 분파주의를 더욱 복잡하게 만들었다.

특히 박정희는 군부에 대한 효과적 통제를 위하여 군부내의 지휘계열과 정보계열을 이원화하여 자신의 직접 통제하에 두고, 이들을 상호견제하게 하였다. 이렇게 박정희가 기구적 분할통치와 더불어 육군참모총장 등 군부내의 상층지휘집단과 실질적인 각 주요 전투부대 단위의 핵심 소장장교집단을 이원화하여 자신의 친위세력으로 양성하였다는 사실로 인해, 지휘체제나 기구적 대립은 인맥에 의한 사조직 형식의 분파대립으로 심화되었다. 군부내의 보안사령관이나 수도경비사령관은 대체로 박정희의 친위적 소장장성집단 가운데에서 충원되는 경향이 있었고, 육군참모총장 등 상층지휘집단은 군부내의 서열상 박정희의 또 다른 충성집단인 군원로 장성집단에서 충원되기 마련이었다. 그리하여 이들 군 원로파와 소장파의 대립은 군부내의 이중적 통제구조와 더불어 군부내의 분파적 대립의 주요한 흐름을 형성하였다.[21] 이렇듯 박정희는 경쟁관계, 그리고

---

20) 정승화, 앞의 책, 1987; 김대곤, 앞의 책, 1988,
21) 박상렬, 앞의 글, 119-120쪽.

군부내의 일부 세력의 정치화와 일부세력의 탈정치화를 동시에 추구함으로써 제도로서의 군부는 철저히 탈정치화되었으며, 이는 바로 군부내의 역쿠데타의 위협을 봉쇄하고, 정권유지의 목적을 위해 이용하고자 하는 본래의 목적에 아주 부합하는 것이었다.[22]

군부에 대한 직접적인 통제와는 다른 차원에서 박정희 정권이 군부의 정치화를 제도화시킨 대표적인 경우가 유신하 육사출신 졸업생의 공무원 임명에 관한 특례법의 제정이었다. 이 특별법의 시행으로 인해 1977년 이후 사회·정치참여가 본격적으로 제도화되었다.[23]

1979년 10월 26일, 김재규 중앙정보부장의 박정희 대통령 암살사건으로 한국정치는 중차대한 전환점에 서게 되었다. 여기에서 직접적인 관심의 대상이 되는 것은 군의 정치참여가 법적·제도적으로 허용되어 군인출신의 정치가 및 정부관리가 실질적인 비중을 차지하고, 또한 군부내의 분파(파벌)주의가 더욱더 복잡하게 되어 있는 상황하에서 어떻게 민주화―여기서는 다분히 민간정부로의 이양을 내포하게 됨―를 무리 없이 달성할 수 있느냐의 문제이다. 결론부터 이야기하자면 박정희 암살 이후 그 정권을 받쳐주었던 양대축으로서 중앙정보부와 경호실의 와해는 곧바로 정치권력의 공백을 초래했고, 이 시기에 전격적이고 근본적인 민주화를 요구하는 대학생들의 시위는 박정희 정권의 비호하에서 정치화되고 자기 분파의 세력을 구축해 오던 일부 군부세력에게 그들의 기득권에 대한 하나의 위협이자 정치개입의 기회를 제공하게 되었다.

이 과정에서 홍미로운 것은 이들 일부 정치화된 군부세력의 정치개입이 군부내의 갈등과 이의 진압을 통하여 이루어졌다는 점이다. 다시 말하여 5·16쿠데타가 군부내의 정군운동을 거쳐서 일어났던 맥락과 유사하게 1979~80년의 군부의 정치개입 역시 군부내의 분쟁, 즉 12·12사태를

---

22) 최장집, 『한국현대정치의 구조와 변화』, 까치, 1989, 206, 208쪽; 박정희가 군부내의 역쿠데타에 대해 얼마나 세심히 주의를 기울였는가는 윤필용사건에서 잘 나타난다. 강성재, 「전국군보안사령과 강창성과의 인터뷰」, ≪신동아≫ 1987. 12월호.

23) 자세한 논의 및 자료를 위해서 서병욱, 「군의 사회참여」, ≪월간 조선≫ 1987. 9월호, 그리고 서관모 「한국 군부 엘리트의 퇴역후 민간경력에 관한 연구」, 서울대 석사논문, 1982 참조.

경과하면서 일차적으로 군부내에서 주도권을 획득한 이후에 점점 더 뚜렷하게 가시화되었던 것이다. 박정희 대통령이 암살당한 1979년 10월 26일부터 박정희 정권하에서 탈정치화된 구육사 및 비육사출신의 고위 장성들이 육사 11기생을 중심으로 한 신군부세력에 의해 체포·구금되는 12월 12일까지는 이들 두 세력간의 갈등이 표면화되어 신군부세력이 일방적으로 공격하여 승리하게 되는 항명(mutiny)과정이며, 이후 전두환이 제5공화국의 대통령으로 취임하게 되는 1980년 9월 1일까지는 군부내의 반대세력의 완전거세와 주도권 장악이 점차적으로 정치권력장악으로 연결되는 과정이다.24)

아직까지 1979~80년 신군부의 집권과정의 성격과 진정한 동기 및 유인요인에 대해서는 다 밝혀지지도 않았을 뿐 아니라 입장에 따라 상이한 해석이 제시되고 있다. 그럼에도 불구하고 몇 가지 확인할 수 있는 바는 이들 신군부(신규 육사출신) 세력이 박정희 정권하에서 정치권력에 깊이 연루되어 있는 군기구—국군보안대, 특전사, 경호실—에 근무했던 경험들을 대부분 보유하고 있으며 정승화 중심의 집단에 비해서 훨씬 오래되고 결속력이 높은 조직체를 형성해 왔다는 사실이다. 즉 이들 신군부세력은 1973년의 '칠성회'로부터 시작해서 '하나회'를 거치면서 자기세력의 확장을 지속적으로 추구해 왔다.25)

앞서 논했듯이, 신군부세력에 의한 1979~80년의 권력장악과정 역시 5·16쿠데타와 유사하게 (물론 여러 가지 상이점이 존재하고 결과론적 추론이긴 하지만) 군부내 분쟁으로부터 시작되었다. 양자 사이의 차이점 중의 하나는 5·16쿠데타는 정치권력을 장악한 이후 위협가능성이 있는 파벌을 제거한 반면, 1979~80년의 경우에는 집권 이전에 군부를 일단 외형상으로나마 장악하게 되었다는 점이다. 그렇다고 하더라도 이 두 경우 모두 제도로서의 군부의 정치개입이라고 보기에는 그 이전에 존속해 왔던 파벌 내지 분파주의의 흔적과 영향이 너무 컸다. 박정희 정권의 개인

---

24) 이 과정에 대해서는 Mun Gu Kang, "The Military Sezure of Power in 1979~
  1980 in Korea,"『민족공동체와 국가발전』, 한국정치학회, 1989. 박상렬은 앞
  의 논문에서 이를 '숙군쿠데타'로 명명했다.
25) 이종각, 앞의 책, 1988; 김대곤, 앞의 책; 박상렬, 앞의 글.

적 통치와 비교해 볼 때 전두환 정권이 상대적으로 집단적 통치(collective rule)의 형태를 띠고 있기는 하나, 집권 이후 일종의 훈타(junta)역할을 하게 되는 국보위 구성에서 드러난 것처럼, 전두환 중심의 11기와 17기 외의 다른 군인들은 거의 참여하지 않고 있음을 볼 때, 1979~80년의 군부정권 장악 역시 제도로서의 군부의 정치개입이라 보기는 힘들다.[26]

결국 여러 가지 사회·정치적인 요인과 민군관계의 긴장 등이 가세하거나 혹은 배경이 되어 한국정치에 있어서 두 차례에 걸친 군부정치개입이 일어났다고 볼 수 있지만, 그 전초단계에서 군부내의 파벌(분파)주의가 크게 작용했다는 점은 한국 군부 정치개입의 주요 특징이다. 비교적인 관점에서 군부의 직업주의(Professionalism)는 그것이 헌팅톤이 강조하는 구모델이건 스테판이 강조하는 신모델이건 간에 군부의 단합, 즉 제도로서의 군부의 일치된 연대감을 기초로 하고 있다는 사실에 주목할 때, 두 차례의 한국의 군부정치개입은 이 직업주의 모델과는 거리가 있다 하겠다. 따라서 군부의 단합과 일치에 근거한 직업주의의 출현은 이 글의 두 번째 가설이기도 한 1987년 6월 28일 이후의 시기로 일단 미루어야 할 것 같다.

전두환 정권의 집권 초기는 전두환을 중심으로 육사 11기와 17기의 소장(주로 대령출신) 군인들이 지배블록의 핵을 구성했으며, 1982년 전두환 대통령의 측근세력이었던 허삼수와 허화평(모두 육사 17기생)이 좌천됨으로써 군부내의 분쟁의 기미가 보이는 듯했으나 시간이 흐름에 따라 표면상으로는 진정되었다.[27] 제5공화국 정권의 강경책 및 탄압일변도의 통치가 계속되는 가운데 결국 전두환 대통령은 동기생인 노태우를 차기 대통령 후보로 지명함으로써 1980년에 시작된 군부정권은 이제 다음 단계로의 이행단계에 접어들게 되었다.

---

26) Young Hwan Kihl, *Politics and Policies in Divided Korea: Regimes in Contest*, Boulder: Westview Press, 1984, p.83; 조갑제, 「전두환, 인맥과 금맥」, 《월간조선》 1988. 5월호.

27) Kihl, op. cit., 1984, p.84.

3. 1987년의 6·29선언과 한국 군부정치지형의 변형

1987년 전두환 대통령의 호헌조치담화를 계기로 폭발되었던 반정부 운동의 열기는 대체적으로 강경일변도의 정책을 고수해 오던 제5공화국의 기반에 위협으로 작용했다. 통치세력에 대한 저항과 비판이 거세질수록 그 대응양식에 대한 지배블록내의 이견이 드러날 가능성은 더욱 높아지는게 일반적인 경향이며, 이 당시 한국의 상황 역시 예외가 아니었다. 이러한 갈등은 대개 현상적으로 반대세력의 성장에 대응하는 방식의 차이를 표현하는 강경파와 온건파의 갈등으로 나타나기도 한다.[28]

1987년 당시 노태우 집권여당 대표위원이 발표한 6·29선언은 그 당시로 보아서는 다소 획기적인 성격의 것이었다고 해도 지나침이 없을 것이다.[29] 전두환 군부정권이 결코 포기하거나 양보하지 않을 것으로 보이던 야권 및 국민의 요구를 대폭 수용함으로써 파국으로 치닫던 국내 정권은 일단 진정 기미를 보이면서 정치의 흐름은 급변하게 되었다. 이런 정치적 변동 속에는 다른 무엇보다도 한국 군부정치의 유형에 있어서 중대한 전환점이 내포되었던 바, 전두환 대통령의 제5공화국에서 지속적으로 막대한 영향력을 발휘하던 지배블록의 '강경파' 세력에 대하여 '온건파'가 득세할 수 있는 기반이 마련되었다는 점이다. 다시 말하자면 반정부의 세력이 급격하게 확대되어 가는 시점에서 지배세력의 대응은 기존의 지배방식대로 강력한 물리력의 동원에 의한 전면적 탄압과 역사적 타협에 의한 질서 있는 후퇴라는 두 가지 상반된 방향이 가능했으나 결국 변화된 정세

---

28) 『한국정치론』, 백산서당, 350쪽. 흥미로운 사실은 10·26사건 당시 김재규와 차지철이 격론을 벌였던 문제도 마찬가지로 부·마사태에 대한 대책에 관한 것이었다. 문헌으로 볼 때 차지철이 전형적인 강경파의 대처방안을 주장했던 반면에 김재규는 아주 온건한 입장을 취했다.

29) 그 주요 내용은 다음과 같다. 첫째 여야합의하의 조속한 대통령직선제 개헌과 새헌법에 의한 대통령선거의 실시와 평화적 정부이양, 둘째 자유로운 출마와 공정한 경쟁의 보장을 위한 대통령선거법의 개정과 공명정대한 선거관리, 셋째 국민적 화해와 대단결을 도모하기 위한 모든 시국관련사범의 사면·복권 및 석방, 넷째 인간의 존엄성과 국민의 기본적 인권의 최대한 신장을 위한 법적·제도적 장치의 마련, 다섯째 언론자유의 보장을 위한 기존법의 개정과 폐지, 여섯째 사회 각 부문의 자율과 자치의 최대한 보장.

에 조응하려는 온건한 군부세력에 의해 후자의 방식이 선택되었으며, 그
것이 소위 6·29선언이었다.[30]

'강경파'와 '온건파'의 구분은 일차적으로 위에서 언급했듯이 반대세
력에 대한 대응양식의 차이에 의존하며, 동시에 통치에 있어서 '강제력'
내지 '강경책'을 더욱더 중요시하는지 아니면 비록 위장된 형태일지언정
'동의' 내지 정치력을 보다 강조하는지의 여부에 달려 있다. 물론 87년의
6·29선언으로서 온건파가 결정적으로 실권을 장악했다고 볼 수는 없으
며 7·8월 노동자들의 분규가 급증할 때 다시 강경책이 나온 것처럼 강경
파와 온건파의 시소게임은 계속되었다.[31]

여하튼 1987년의 6·29선언은 한국의 군부정치의 지형에 새로운 변화
가 일기 시작했음을 시사한다고 평가된다. 일반적으로 군부통치 유형의
변화는 군부내 분파주의의 존립 위에서 급격한 정치적·사회적 변동에 의
해 주로 야기되는데, 이러한 외적(정치적) 변동이 군부의 분파주의를 단
합으로 이끌 수도, 그 반대의 방향으로 나아갈 수도 있다. 이 유형의 결정
은 가장 주요하게는 군부가 이 정치적·사회적 변동을 군부의 이익(집단
적·제도적·개인적 혹은 군부가 판단하는 국가적 이익까지 포함해서)에
대한 위협으로 평가하는지의 여부, 그리고 만약 분파의 상충되는 이익에
직결될 때는 군부내의 역학관계 등에 의해 좌우된다.

앞에서 살펴보았듯이, 1979~80년의 군부의 정치개입은 일차적으로
군부내의 갈등요인을 진압하여 군부를 장악한 이후 단결되었기 때문에
군부내에서 강력하게 조직된 반대세력이 존재하지는 않았다. 그러나 강
경일변도의 전두환 정권의 노선이 더 큰 저항을 불러일으키고, 파국의 국
면으로 치닫게 되자 지배집단 내부에서는 갈등의 조짐이 다시 떠오르기
시작했으며, 결국 상대적인 관점에서 어느 정도 선까지의 민주적인 절차
와 사회의 개혁의 조건들을 충족시키는 보다 유연한 입장을 취하는 지배
세력이 등장하게 되었던 것이다. 군부와 정부여당에서는 과거와 같은 병
역적·획일적 조직운영에서 탈피하여 자체의 정치력을 신장시키는 변화가

---

30) 한국정치연구회, 『한국정치론』, 백산서당, 1989, 237쪽.
31) 한국정치연구회, 앞의 책, 1989.

두드러지며 군출신보다는 민간 엘리트의 전면부상, 행정보다 상대적으로 민정당의 역할이 증대되는 점, 여권내 분파의 용인과 그것의 활용이 그 구체적 변화이다.[32] 이러한 변화는 또한 전체적으로 획일적 지도에서 발생할 수 있는 오류를 최소화하면서 각 사안에 대한 유연하고 유기적인 대처를 가능하게 하며, 결국 대중의 심리상태에 조응하는 정책구사, 즉 정치력을 강화시킨다.[33]

6·29선언을 축으로 자기 기반을 다지기 시작했던 새로운(상대적으로 온건한) 지배세력은 1987년 12월 대통령선거에서의 승리를 계기로 한국 정치의 새로운 장을 구축해 나가기 시작한다. 이전의 군부정권보다도 보다 유연한 정치력을 적극적으로 행사하고 활용하려는 이들에게 선거를 통한 정권장악이야말로 한국 군부정치뿐만 아니라 그보다 포괄적인 한국 정치에 있어서도 전혀 새로운 단계에 진입한 것이었다 할 수 있다. 이러한 한국(군부)정치의 기저에 있어서 중차대한 변화—다른 무엇보다도 고도의 유연한 정치력을 행사할 의지와 기반을 구비한 (군부)지배세력의 등장—와 연관되어서 지배세력의 입장에서 볼 때 우선 두 가지의 당면과제가 제기된다.

첫째, 군부내의 파벌(분파)주의의 종식이다. 군부내의 분열이 그간의 한국의 정치공간에서는 군부의 정권장악으로 이어져 왔으며, 또한 이 분열은 언제든지 역쿠데타의 가능성 내지는 민주화의 계기로서 작용할 수 있는 성질의 것이다. 따라서 군부의 파벌주의를 제거하여 단합된 군부를 유지시키는 것이 역쿠데타의 가능성을 봉쇄하고 이와 동시에 반대세력 주도의 민주화운동의 가열화 계기를 박탈할 수 있는 길인 것이다. 스테판이 강조하듯이, 군부정권 통치시에 군부내의 갈등을 경과하지 않은 민주화(자유화)로의 이행은 결코 불가능하지는 않다 하더라도 아주 지난한 과제이기 때문에 민주화의 심화과정의 많은 경우는 군부내의 갈등과 깊은 연관성을 가진다. 그에 의하면 군부가 국내 정치에 깊이 참여해 있을 때 과도적인(intervening) 권위주의적 시기를 거치지 않고서 이러한 군부의

---

32) 『1980년대 한국사회와 지배구조』, 풀빛, 1989, 68쪽.
33) 앞의 책, 68쪽.

정치참여를 줄이거나 중화시키는 것은 불가능하며, 대부분의 경우 이 과
도기 중에서 군부는 국민에 대한 신임을 상실하거나 자신의 제도적 단결
을 저해하는 행위를 하게 되며 그 결과로서 정치로부터 퇴각하게 된다는
것이다.[34]

이런 맥락에서 노태우 대통령 집권 초기에 보였던 군부와의 관계에서
의 몇 가지 불협화음의 사례는 그 당시까지 군부가 일사불란한 조직체로
단합되어 있지 않음을 예증하는 것이었다.[35] 결론적으로 이전 군부정권
에 비해 상대적으로 고도의 정치력을 최대한 활용하려는 제6공화국의 정
치적 안정은 내부적인 과제로서의 군부의 단합과 통제에 크게 의존하며
따라서 이 과제들을 법적·제도적으로 뒷받침하는 것이 최우선 과제이다.
표면적인 관찰이지만 지난 89년 말 대대적인 군인사 단행으로 강경파와
의 파워게임은 일단락된 것처럼 보이며, 최근의 국군조직법 개편의 전후
과정에서 제도로서의 군부의 단합을 위해 노력하고 있는 듯하다.[36]

---

34) Evelyne Hube Stephen, "Capitalist Development and Democracy in South
America," prepared for the Meetings of the Midwest Political Science Asso-
ciation, Chicago, U.S.A., April 1988.

35) 군부내 강경파 군인들의 정부에 대한 불만이 잇달았는데 당시 박희도 육군참
모총장과 육사 제45기 졸업식에서 민병돈 당시 육사교장의 정치성 발언이 그
일례이다.
　"최근 급진좌경세력이 민주화 개방이라는 이름 아래 군의 존재목적과 조직의 특성
을 외면한 채 군을 반민주적, 반역사적이라고 매도하는 무책임하고 무지한 선동적
모함에 우리 군은 국가의 장래를 크게 염려하지 않을 수 없다. 뿐만 아니라 군의
상징이며 호국영령의 숨결이 담긴 철모와 군화가 선거 유세장에서 무참히 능욕당
하는 장면은 백보를 양보해도 용서할 수 없는 울분을 느꼈다."
　"지금 우리사회 일각에서는 가치관의 혼란이 일어나고 환상과 착각 속에서 우리가
지켜야 할 가치가 무엇이고 우리의 적이 누구인지조차 흐려지기도 하며 적성국과
우방국이 어느 나라인지도 기억에서 지워 버리려는 매우 해괴하고도 위험한 일이
벌어지기도 한다."

36) 물론 국군조직법 개편이 갖는 여러 가지 함축이 있는 바 군부 자체내의 변화전
망에 관해서는 《조선일보》에서 6차례에 걸쳐 연재한 「군이 달라진다; 조직법
개정, 제2창군의 총점검」, 그리고 한미군사관계의 측면에서 검토한 것으로 배시
중, 「군조직개편의 배경과 의미」, 《사회와 사상》 1989. 12월이 있으며, 내각
제 및 이원집중제와 연관된 논의는 특히 야당 정치권에 널리 퍼져 있다. 노태우
정권하의 군부장악에 관해서는 김희정, 「노태우의 군부인맥」, 《말》 1990. 8월호
참조

두 번째 과제는 정치적 기반을 더욱 공고히 하기 위해 어떻게 하면 자본가계급을 포함한 민간엘리트 계층과 함께 보다 강력한 지배연합(블록)을 형성·유지할 것인가이다. 제5공화국의 잔재를 청산하기 위해 개최되었던 청문회에서 입증되었듯이, 전두환 대통령의 제5공화국과 국내재벌그룹과의 관계는 기본적으로 정부의 강압성을 바탕으로 한 것이었다.[37] 이런 상황하에서 보다 적극적인 상호보완성을 발휘하는 동맹(alliance, 혹은 연합) 관계는 형성되기 힘들다. 제6공화국 정부내에서 핵심권력층과 자본가계급과의 내적 관계에 있어서 중요한 변모점을 실증적으로 예시하기는 쉽지 않지만 민간엘리트에의 의존도나 이들의 충원 등의 관점에서 볼 때 제6공화국 정부하에서의 지배동맹의 성격이 훨씬 적극적이고 상호보완적이다.[38]

이와 같은 지배동맹의 성격의 변화는 이론적인 차원에서의 혁신을 요구하는 것이기도 하다. 그간 시도되고 널리 논의되던 소위 알라비(Alavi)의 '과대성장국가론'이나 오도넬(O'Donnell)의 '관료적 권위주의(BA)' 모델 등이 비록 준거틀로서의 유용성은 제공하지만 몇몇 경우를 예외로 하면 한국의 국가·사회관계에 대해 대부분 도식적이고 추상적인 이해의 수준에 머물거나 한국의 지배동맹의 속성을 구체적으로 이해하는 데 크게 성공했다고는 보이지 않는다.[39] 결론적으로 군부정치지형의 변화와 연계된 지배동맹 내부의 관계변화는 구체적인 수준에서[예를 들면 민간엘리트의 충원과정, 정부관리 출신인사의 민간기업체로의 이전, 자본가계급의 로비과정, 정책을 통해 드러난 역학(영향력)관계 등에 대한 연구를 포함해서] 군부출신의 권력핵심층과 자본가 및 민간엘리트간의 상호관계에 대한 실증적 연구를 긴요한 과제로 만들었다.

군부정치통치유형 및 지배동맹관계의 변화추이와 더불어 반지배계급

---

37) 5공 청문회에서 정주영 현대그룹 명예회장은 일해재단기금의 모금과정에 대해 강한 불만을 토로하기도 했다.

38) 『1980년대 한국사회와 지배구조』, 68-77쪽.

39) 과대성장국가론은 최장집 교수가, 관료적 권위주의(BA)모델은 한상진 교수와 강민 교수가 중심이 되어 발전시켰다. 이 두 이론을 대비시키면서 적용해 가는 이정복, 「산업화와 정치체제의 변화」, ≪한국정치학회보≫ 제19집, 1985는 유익한 분석을 보여주고 있다.

<표 1> 연도별 노동조합원 수 및 조직률

(단위: 천 명, %)

	조합원			총피용자			조직률		
	전체	남	여	전체	남	여	전체	남	여
85	1,004	692	312	8,104	5,295	2,810	12.4	13.1	11.1
86	1,036	725	311	8,433	5,471	2,962	12.3	13.2	10.5
87. 6	1,050	743	307	8,962	5,724	3,238	11.7	13.0	9.5
87	1,267	900	367	9,919	5,872	3,319	13.8	15.3	11.1
88. 6	1,510	1,080	430	9,530	6,084	3,445	15.9	17.8	12.5
88	1,707	1,232	475	9,610	6,142	3,467	17.8	20.1	13.7
89. 6	1,825	1,318	507	10,162	6,336	3,826	18.0	20.8	13.2
89	1,932	1,402	530	10,355	6,418	3,937	18.7	21.8	13.5

주: 조직률=(조합원수÷총피용자)×100, 피용자(상시고+일용직)의 계산시 모두 반기 및
　　연간평균을 사용하여 구함.
자료: 조합원수는 노동부의 『노동통계연감』, 각 년도 및 내부자료, 피용자는 경제기획원
　　『경제활동인구연보』, 1986, 1988 및 ≪한국통계월보≫ 1989. 6월호.

<표 2> 산별 조합원 수 추이

	1971	1975	1979	1980	1986	1987	1988
합계	497,221	750,235	1,088,061	948,134	1,035,890	1,267,457	1,707,456
철도	34,156	33,549	32,806	32,734	30,398	30,305	31,041
섬유	56,432	123,728	168,445	158,121	115,129	123,889	139,691
광산	35,678	46,935	50,877	54,610	54,538	56,858	52,845
전력	10,870	12,341	15,703	16,229	18,415	19,548	25,467
외기	26,910	20,060	20,017	19,669	22,297	29,949	37,535
통신	23,457	36,872	45,066	46,740	65,345	66,406	47,754
운수	16,616	16,041	17,134	40,994	3,634	37,962	39,994
해운	45,165	64,421	104,241	34,015	79,574	78,444	86,099
금융	19,972	37,174	59,934	58,272	97,547	125,521	114,349
전매	14,197	14,139	14,500	13,105	11,454	10,816	10,574
화학	41,267	81,439	165,135	157,834	154,433	180,529	179,921
금속	25,397	63,090	127,889	115,385	135,578	229,016	402,182
연합	38,957	52,127	77,666	71,933	59,835	101,521	188,514
출판	4,557	10,233	5,726	8,322	5,815	6,439	21,932
자동차	80,536	111,986	150,726	109,375	140,226	164,626	92,195
관광	2,283	6,207	11,318	10,787	8,676	10,898	18,637
부두	20,771	19,893	20,878	—	—	—	—
체신							21,160
택시							13,016
보험							11,333
고무							65,278
사무금융							17,939

주: 통신노련의 조합원 수는 1971~81년에는 당시의 체신노련의 조합원 수이며, 1982~
　　87년에는 우전통신노련의 조합원 수임.
자료: 노동부

<표 3> 산별 노동조합 조직현황

구분 산별	조합수	단위노동조합		
		계	남	여
계	7,883	1,932,415	1,402,106	530,309
한국노총	1			
철도	1	31,181	29,719	1,462
섬유	506	155,331	46,085	109,246
광산	127	44,306	42,596	1,709
전력	89	26.517	23,555	2,962
외기	29	38,416	23,348	15,068
통신	85	50,366	37,607	12,759
항운	64	46,668	44,610	2,058
선원	183	83,455	83,424	31
금융	1	120,571	75,550	45,021
담배인삼	1,036	10,238	8,332	1,906
화학	1,609	206,429	142,899	63,530
금속	1,390	448,583	339,734	108,849
연합	235	237,597	167,000	70,597
출판	806	26,887	21,906	4,981
자동차	165	121,161	112,446	8,715
관광	1	24,107	13,429	10,678
체신	41	21,949	16,733	5,216
보험	1,371	21,063	11,408	9,655
택시	52	117,284	116,700	584
고무	90	67,728	25,054	42,674
사무금융		32,579	19,971	12,608

자료: 노동부

<표 4> 연도별·월일별 노동쟁의 발생 추이

	계	임금 체불	임금 인상	휴·폐업 및 조업단축	해고	부당노동 행위	근로조건 개선	기타
1975	133	32	42	7	10	19	4	19
1979	105	36	31	5	6	3	–	24
1980	407	287	38	11	5	–	14	52
1981	186	69	38	11	9	4	32	23
1985	265	61	84	12	22	12	41	27
1986	276	48	75	11	34	16	48	44
1987	3,749	45	2,629	11	51	65	566	382
1988	1,873	59	946	20	110	59	136	543
1989	1,616	59	742	30	81	10	21	673

주: 1937년 이후 기타항목의 노동쟁의 비중이 높아지는 이유는 1987년 하반기 이후 단체
협약에 관련된 노동쟁의의 건수가 빠른 속도로 증가하고 있고 쟁의의 원인이 다양해
지고 있기 때문임. 참고로 1987년 이후 기타 항목에 포함된 단체협약관련 1987년
170건, 1988년 170건, 1988년 328건, 1989년 426건임.

내에서도 커다란 변화가 인식되는데, 이는 다름 아니라 1983년 6월을 기점으로 분출되었던 화이트칼라 및 블루칼라 노동자들의 조직화 및 정치세력화이다. 한국현대사의 그 어느 시기와 비교하더라도 1987년 이후 형성되어 오는 이들 계급들의 급속한 조직화의 성장속도는 한국정치의 장에서 상당히 확고한 하나의 축을 구축하고 있다고 보이며 이는 <표 1∼4>의 자료에 의해서도 뒷받침된다.

1987년을 기점으로 노동조합원 수와 조직률이 기하급수적으로 증대했음이 <표 1>에서 분명하게 드러난다. 조직률이 87년 중반의 12% 수준에서 1988년, 1989년이 되면 거의 19% 수준에 이르게 된다. 조합원 수의 증대 더욱 극적으로 반영되어 있는데, 1987년 이전에 약 100만 명선이던 수치가 89년이 되면 약 200만 명선에 육박하게 된다. 산별조합원 수의 추이에서는 금융, 금속노련의 조합원 수의 증가가 눈에 띄게 들어온다. 아마 이런 물리적·양적 증대보다 더욱 중요한 의미를 띠는 변화가 노동쟁의의 양적·질적 변모이다.

1986년의 276건에서 1987년에는 무려 3,749건으로 늘어난 것은 1987년 이전 정치체제의 억압도와 노동자의식 조직의 발전도를 잘 비춰주고 있다 하겠다. 특히 임금인상과 근로조건개선에 노동쟁의가 집중되어 있는 현상도 주목해 볼 만하다.

이들 노동자계급들의 조직의 급성장과 정치세력화는 일부 지배세력에 의해 위협으로 받아들여지면서, '보수 대 급진'이라는 자의적이고 수구적인 대결구조를 구축하고자 노력하게끔 만들었다.[40]

4. 한국정치에 대한 전망
계급타협 가설을 중심으로

1987년의 6·29선언과 이 해 대통령선거의 결과는 한국 군부정치의 지

---

40) 김용갑 전 총무처 장관의 발언과 '군사문화 청산론'을 주장했던 오홍근 기자 테러사건이 대표적이고, 양동안의 「우익은 죽었는가?」, 『한국의 정치현실』, 삼화출판사, 1989 참조

형에 있어서 보다 유연한 정치력을 행사·활용하고자 하는 온건세력이 기반을 굳히면서 자본가계급과도 보다 적극적인 상호보완관계를 발전시켜 가는 계기를 마련해 주었다. 이 과정 속에서 군부의 역쿠데타나 분파적인 정치화를 억제하기 위해서도 군부의 단합을 제도적으로 보장하는 것은 특히 중요하게 되었다.[41] 5·16 군사쿠데타를 계기로 직접적인 정치행위자로 등장했던 한국의 군부는 1987년 6·29선언을 기점으로 군부내 일부 온건세력을 중심으로 본격적인 지배동맹세력의 구축을 시도하면서 동시에 군부의 단합을 바탕으로 제도로서의 군부를 구조적으로 정착시켜 나가는 추세에 있다고 보인다. 그런고로 앞으로의 한국정치의 위상은 일부 군부세력이 중심이 된 지배동맹과 1987년 이후 확고한 뿌리를 내려오기 시작한 반지배동맹간의 역학관계 및 그 관계의 변화에 의해 방향지어질 것이라는 논지가 본고의 가정이기도 하며 이를 보완하기 위해 먼저 쉐보르스키(Adam Przeworski)의 '계급타협 가설'을 살펴보기로 하자.

쉐보르스키는 자본주의적 민주주의를 설립·유지하는 데 필수적인 계급타협(class compromise)을 기본적으로 검토하면서 자본주의적 민주주의란 개별자본가—개인이든 기업이든—들의 집적된 이익이나 조직화된 임금소득자들의 이익이 일정한 한계를 넘어 침해될 수 없다는 점에서 계급타협의 한 형태라는 것이다.[42] 그람시가 구체화시킨 바 있는 한계란 이윤이 자본의 재생산을 위협할 만큼 낮은 수준으로 하락할 수 없고 역시 임금도 이윤이 자본의 배타적 이익으로 나타날 만큼 낮은 수준으로 하락할 수 없는 정도를 말한다.[43] 쉐보르스키는 자본주의적 민주주의의 이행과 공고화를 전망하면서 일단 이 체제의 가능성을 '계급타협'의 관점에서 설명하고 있으며 근본적인 경제관계의 변화 없는 정치체제의 변화와 조직노동자들의 온건한 투쟁전략을 평화적 민주주의 이행의 기본조건으로

---

41) 이런 맥락에서 안병호 소장의 글(《동아일보》 1990. 7. 27; 요약: 「군의 새 위상정립에 대한 인식의 출발」, 《육군》 제2호)은 두 차례에 걸친 군의 정치개입을 비판한 글로서 흥미를 끈다.

42) 아담 쉐보르스키, 「민주주의 이행에 관한 연구의 몇 가지 문제점」, 염홍철 역, 『권위주의 정권의 해체와 민주화』, 한울, 1987, 121쪽.

43) 앞의 글, 121-122쪽.

상정하고 있으며 민주주의 이행이 경제관계 – 생산구조와 소득재분배 –
를 변화시키지 않을 때에만 성공할 수 있다는 가능성을 피할 수 없다고
결론짓고 있다.[44]

요약하자면 자본주의 체제하의 계급타협은 자본가들의 투자의 필요조
건으로서 적절한 선의 이윤의 확보와 현재의 이윤의 기능에 의해서 미래
에 임금이 인상될 것이라는 적당한 확신을 노동자들이 가지는 조건에서
가능하다는 것이다.[45] 그리고 계급타협이 부재할 때 일어날 수 있는 세
가지 상황을 제시한다. ① 노동자들이 생산수단을 국유화하고 새로운 기
존 위에서 (자본)축적체계를 조직할 수 있는 정치권력을 보유하며 이윤은
경제적·법적 범주로서 소멸하게 된다. ② 자본가(우리의 논의를 위해서는
지배동맹세력)들이 비민주적 해결책을 강요할 수 있는 정치권력을 보유
하며 최근 브라질, 칠레, 아르헨티나의 사례가 보여주었듯이 임금의 급격
한 인하와 동시에 이윤은 상승하게 된다. ③ 자본가가 권위주의적인 해결
책을 강요할 수 있는 권력도 또한 노동자가 사회주의를 정착시킬 권력도
보유하지 못하는 경우, 계급타협이 부재한 민주주의적 자본주의 체제는
불안정한 교착상태, 즉 그람시가 묘사한 지연되는 '파국적' 위기 속에서
지속되게 된다.[46]

물론 이상에서 논의한 쉐보르스키의 가설은 순수한 노·자(勞者)간의
모순을 기본축으로 하는 자본주의 사회를 상정하는 것이며, 따라서 한국
의 특수성이 부가적으로 고려되어야 할 것이다. 다른 무엇보다도 한국의
자본주의적 산업화가 가지는 특수성으로 자본에 비해 훨씬 강력한 영향
력을 발휘해 온 국가, 특히 군부의 역할,[47] 진보적인 사회운동 및 노동자
들의 활동을 제어하는 데 효과적인 수단으로 사용되는 반공이데올로기

---

44) 앞의 글, 124쪽.

45) Adam Przeworski, *Capitalism and Social Democracy*, Cambridge: Cambridge
University Press, 1986, p.180.

46) Ibid., pp.197-198; A. Gramsci, *Prison Notebooks*, eds. by Quintin Hoare and
Nowell Smith, N.Y.: International Publishers, 1971, p.210.

47) 한국의 자본주의적 산업화 및 축적과정에 있어서 자본가에 대한 국가의 영향
력의 상대적 우위성에 대해서는 다음의 논문들을 참조. 최장집, 「과대성장국가
의 형성과 정치균열의 구조」, 『한국사회연구 3』, 한길사, 1985; 이정복, 앞의 글.

<그림 1> 지배동맹과 반지배동맹간의 계급타협

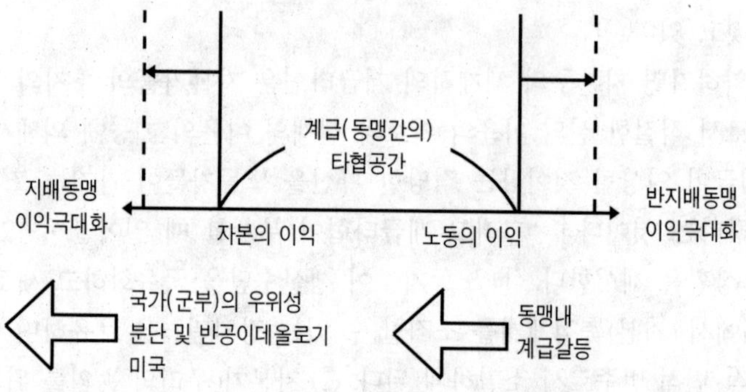

및 분단상황, 그리고 이를 외곽에서 지원해 주면서 한국의 사회변동 과정과 그 결과에 깊이 연계되어 있는 미국의 이익이 그것이다. 다시 말하자면 한국에서의 계급타협, 즉 지배동맹과 반지배계급간의 계급(블록 혹은 연합)타협은 쉐보르스키가 가정하는 이윤 대(對) 임금이라는 기본적 구도 위에서 지배동맹세력내의 군부의 위상과 입장, 반공이데올로기 그리고 미국의 직·간접적인 이익과 영향력 등이 가세하게 되는 것이다. 이러한 관계의 위상을 최장집 교수와 김진균 교수가 시도한 바 있는 도식의 연장선에서 발전시켜 보면 <그림 1>과 같다.

<그림 1>은 한국의 정치공간에 적용하기 위해서 노·자 두 축 중심의 가설이 가정하는 것보다 복잡한 요인들을 고려한 해석이다. 반지배계급 세력은 정치적 자원동원에 있어서 엄청난 불리한 여건 외에도 냉전의식의 민족내화, 분단의식의 내면화에 의해 극도로 행동양식의 범위가 협애해지게 되는 반면, 지배동맹은 그 반대급부로서 상대적으로 행동양식의 선택범위가 그만큼 넓어지게 된다.48) 그 결과 지배동맹의 이익은 큰 폭으로 극대화될 수 있는 반면 반지배동맹의 이익은 그렇지 못하다. 다시 말하자면 기본적인 노·자간의 갈등·대립관계를 기저로 하되 자본축적 및

---

48) 최장집, 「그람시의 헤게모니 이론」, 『한국현대정치의 구조와 변화』, 까치, 1989, 31쪽; 김진균, 「분단과 사회상황의 상관성에 관하여」, 『사회과학과 민족현실』, 한길사, 1988, 302-304쪽.

산업화과정에서 상대적인 힘의 우위성을 확보하고 그것을 근간으로 군림해 온 군부세력과 자본가세력이 연합하여 지배동맹을 형성하고, 여기에다 분단상황과 반공이데올로기, 그리고 자국의 이익을 위해서는 언제든지 직·간접적으로 개입할 수 있는 태세를 갖추고 있는 미국이 군림하는 한 이들 지배동맹이 반지배계급들에 비해 훨씬 유리한 (정치적·경제적 자원을 활용할 수 있는) 고지를 점할 수 있게 해주는 것이다. 이런 관점과 다음의 관찰은 비교적 일맥상통한 논지를 보여준다.

> 한국에서의 특별한 상황 즉 자본주의체제의 최선이라는 상황에 상응하는 세계적 차원의 자본의 지역적 상부구조로서의 군부, 즉 해외자본과 국내자본의 이중적인 경제외적 강제력으로서의 한국 군부세력은 … 그 반공이데올로기의 재생산 이외에는 자신이 재생산메커니즘을 스스로 창출하지 못하기 때문에, 또한 한국경제의 능력에 비해서 이상 비대화된 자신을 유지·강화시켜야 할 필요성을 지니기 때문에 그 조직적 폭력성을 이용하여 해외자본과 독점자본 전체를 유지·강화시켜 주지 않을 수 없다.[49]

부연하거니와 1987년을 전후하여 군부세력 중심의 권력핵심층과 자본가계급은 보다 유기적이고 상호보완적인 구도를 발견시켜 오고 있다고 보인다.

이에 비해 반지배세력(노동자계급)은 비록 그 조직화와 노동쟁의에 있어서 괄목할 만한 성장을 보여왔음에도 불구하고 앞에서 열거한 지배동맹세력이 보유하고 있는 풍부한 정치적·이데올로기적·재정적 자원과 비교해 볼 때 훨씬 열악할 뿐만 아니라 1987년 7·8월 산업노동자들의 쟁의가 급증할 때 보여준 화이트칼라 노동자들의 무관심 및 갈등적 태도는 이 반지배세력의 결집에 지속적인 장애요인으로 작용하고 있다.[50]

중간층 혹은 프티부르주아의 정치적 성향은 그 자신의 사회구조내의

---

49) 정해구, 「한국의 지배연합과 국가」, 『80년대 한국사회: 쟁점과 전망』, 공동체, 1986, 145-146쪽.

50) 졸고, 『한국사회의 사회변혁과 민주주의에 대한 전망: 계급갈등과 변혁주체의 문제를 중심으로』(열린글 45), 한울, 1990; 김진균, 앞의 글; 그리고 한지수, 「중간층의 성장과 정당정치변화」, ≪사상과 정책≫ 제7권 2호, 1990. 여름호.

위치나 다른 계급과는 사회적 관계만으로는 설명될 수 없으며 오히려 자본가와 노동자계급 사이의 정치적·조직적 역학관계와 이들 계급 사이의 권력관계, 그리고 어느 계급과 연합할 것인가를 결정하는 정치적 유대와 조직으로부터 설명될 수 있다.[51] 따라서 이들 중간층은 계급적 헤게모니가 어느 계급에 의해 장악되느냐—이 과정에서는 실제적으로는 누가 장악하느냐도 중요한 문제이긴 하지만 때로는 상징적이고 분위기적으로 어느 쪽에 유리하게 국면이 전개되어 가고 있느냐에 대한 주관적 판단이 더 큰 비중을 가질 수 있으며, 여기에 정치적 자원의 주도권을 잡고 있는 부르주아계급의 대중매체를 통한 선전·선동 및 이데올로기적 공세가 큰 역할을 한다.[52] 이러한 유동적이고 기회주의적인 중간계층의 속성과 특질은 유신정권(박정희의 제4공화국)하에서 발견되는 바이기도 하다.[53] 1987년을 전후하여 조직력과 투쟁력을 조직적으로 고양시켜 온 노동자—화이트칼라 및 블루칼라—들의 역량은 충분히 높게 평가할 수 있으나 만약 이들 내부에 균열의 조짐이 조금이라도 가시화될 때, 이는 곧바로 지배연합의 공세에 휘말리게 되며, 결국 반지배연합의 심각한 위축을 초래하게 되는 것이다.

결론적으로 앞으로의 한국정치의 전망은 <그림 1>에서 설정한 두 축을 중심으로 그 보완 혹은 제약요인이 되는 여러 상황을 고려한 바탕 위에서 양동맹간, 그리고 각 동맹내의 역학관계에 의해 위치지어질 것이다. 즉 군부세력과 자본가계급이 상호보완성을 더욱 높여가면서 반공이데올로기의 지속과 외곽에서의 미국의 지원을 배경으로 지배동맹세력을 공고화해 나가는 시점에서 반지배계급들의 일치된 단합과 조직의 발전 및 성

---

51) James Petras, "Reflections on the Chilean Experien: The Pelty Bourgeois and the Working Class," *Critical Perspective on Imperialism and Social Class in the Third World*, New York: Monthly Review Press, 1978, p.209; 강문구 편, 『자본주의 체제하의 사회변혁운동—칠레혁명과 아옌데 노선연구』, 친구, 1991에 수록되어 있음.

52) 졸고, 「칠레의 아옌데 인민연합정부의 사회변혁실험에 대한 연구」, 앞의 책; 아이언 록스보로, 「혁명의 역전: 아옌데에 대한 칠레의 거부」, 『칠레혁명과 인민연합』, 사계절, 1987, 226쪽.

53) 강문구, 앞의 글 참조.

숙이 가장 중요한 대칭점이자 관건일 것이나 앞서 제기했듯이, 화이트칼라의 중산층과 블루칼라의 하부계급간의 계급갈등의 가능성 및 조짐이 반지배동맹의 구축에 심각한 장애요인이 되고 있다.

제4부

민주주의론, 조직론적 국가론, 노동정치론

제12장

민주주의를 향한 신념과 사상, 그 이론적 모색
최장집 교수의 『한국민주주의 이론』 서평

1. 학문 이전의 도덕과 규범 그리고 당파성

최장집 교수의 이 두툼한 책을 접하고 서문을 읽었을 때, 학문적인 논의보다도 먼저 그의 사상(방법론이라 부를 수 있을 것이다) 혹은 가치(도덕)지향에 대해 생각하게 되었다. 규범이나 실천에 대한 그의 강한 애착은 편향적이기조차 해보인다. 최 교수는 정치학 자체가 규범적이라 단언하고 있으며 따라서 민주주의에 관한 연구 역시 규범적 개입을 피할 수 없으며, 그 결과 정치적 실천에의 매개와 사회에 대한 도덕적 책임은 피할 수 없다고 전제한다. 편향성 대신 파당성이라는 표현을 쓰면서, 그는 이 파당성이 결코 이론의 보편성과 무관한 것이 아니라는 주장에 이르게 된다.

홉스, 로크, 토크빌, 맑스 등 앞선 시대에 민주주의이론을 제시한 철학자들이 예외없이 그들의 동시대 정치현실에 있어서 파당적일 수밖에 없었던 이유는 민주주의이론이 추상적 관념의 조작과 실험에 의한 창조물이 아니라 바로 그들이 살고 있는 사회현실의 절실한 요구로부터 발생했다는 사실, 그러므로 그러한 문제는 그 사회의 가장 첨예한 정치적 문제였다는 사실 때문일 것이다. 우리가 보통 이론의 보편성이라 말할 때 그것은 발생 당초부터 그에 부여된 성격이 아니라, 이론과 학문행위의 파당성이 동시대의 현실과 역사에 있어 선

(善) 또는 규범을 제시함으로써 정치적 실천의 지표를 설정할 수 있는 문제성의 크기에 대한 사후 평가에 지나지 않을 것이다(4-5).

여기서 우리는 치열한 현실인식에 근거하고 규범과 선(善)의 실천에 뿌리 닿아 있는 그의 사상적 단초를 발견하게 된다. 더군다나 그의 이러한 입장이 꽤 오랫동안 일관되게 발전되어 왔음을 알게 될 때, 그의 '파당성 옹호'는 견고한 토대를 가진 그 무엇이라는 느낌을 주었다. 그의 박사논문이자 첫 번째 저작인『한국의 노동운동과 국가』의 서문에서 최 교수는 다음과 같은 자신의 입장을 토로한 바 있다. "산업노동자들의 절망과 고뇌, 그리고 육체적 고통을 이해하고 많건 적건 이를 나누어 가짐이 없이 그동안에 축적된 물질적 경제적 부의 일정부분을, 또 그것을 가능케 한 지배적 사회관계내에서 기득권을 향유할 때 오늘날 우리사회의 누가 과연 스스로를 도덕적이라고 말할 수 있으며, 이른바 '풍요'의 사회가 노동의 문제를 지양하려는 진지한 노력에 전념하지 않을 때 이 사회가 도덕성을 갖는 하나의 사회공동체라고 말할 수 있겠는가?" 그는 덧붙이기를 이 연구의 주체와 문제의식은 "중산층적 사회배경과 위치에 있는 한 사회과학도가 다소나마 도덕적이고자 하는 작은 노력, 부끄러운 하나의 보상행위의 결과물이라고 고백하지 않을 수 없다"고 했다.

도덕적인 사회공동체를 위한 문제의식에서 출발한 최 교수의 시각이 한국현실의 보수성과 이를 받쳐주고 있는 기존의 사회과학에 대한 비판으로 이어짐은 자연스러워 보인다. 두 번째 저작이 된『한국현대정치의 구조와 변화』의 서문에서 밝힌 비판적 학문에의 추구는 따라서 도덕적 열정에서 민주주의의 실천으로 가는 이론적 가교의 의미를 띤다. "새로운 사회과학은 기존의 사회질서를 신비화시키는 관념적 조작으로부터 벗어나 사회의 부정의와 모순구조를 있는 그대로 드러내 보일 뿐만 아니라 실천과 이론의 변증법, 그리고 새로운 사회를 위한 퍼스펙티브를 열어주는 통치의 비판학으로 발전하지 않으면 안된다. 이를 위해서는 … 학문적 냉엄성, 민주적이며 정당한 사회를 창출하겠다는 정열 그리고 이를 학문이라는 방법을 통하여 실천할 수 있는 용기가 필수적인 요건이 아닐 수 없다. 새로운 사회과학이 우리사회의 모순·부정의 위기상황을 과학적으로 설명해 낼 수 있는 과업을 하나하나 이루어 나간다면 그것이 곧 학문을 통하여 정의롭고 민주적인 사회를 건설하는 데 기여하는 방법이라 믿는다.”

최 교수의 학문적 입장이란 기본적으로 정의롭고 민주적인 사회의 실천과 연계되어 있음을 확인할 수 있다. 그리하여 세 번째 저서에서 발견하게 되었던 그의 사상적 신념 혹은 규범적 전제의 이론화작업 역시 일관된 발전경로 위에 있다고 할 수 있다. 또한 아마도 바로 이 신념 혹은 이 도덕적 명제야말로 최 교수의 확고한 출발점이며 그의 학문적 관점을 이해하는 데도 긴요한 것으로 비춰진다.

1부 이론, 2부 설명, 3부 이행으로 구성된 이 책은 총 11장의 논문을 싣고 있다. 단순한 부피의 문제가 아니라 내용의 차원에서 볼 때, 이 책의 논의는 매우 다양하고 광범위한 것이다. 특히 1부의 이론적 모색이 그렇다. 뿐만 아니라 나중에 비판하게 되겠지만, 이 이론적 논의가 2부와 3부의 분석에서 일관성 있게 적용되지는 않기 때문에, 이 부분 중에서 이론들 그 자체에 대한 소개에만 그치는 것은 제외하고 그의 주요한 방법론적 이론적 관점의 정립과 연관성이 있는 것들만 논의의 대상으로 삼겠다. 즉 최 교수가 국가론이나 맑스에 관해 논하면서 지속적으로 강조하고 암묵적으로 깔고 있는 방법론적 입장이 있다고 판단되기에 이를 중심으로 그의 이론적 논의를 이해하고 비판할 것이다. 그것은 다름 아닌 ‘비결정론’ 혹은 ‘탈환원론’적 입장이다. 보나파르티즘 논의나 국가론에서 볼 수 있듯이, 그의 일관된 강조는 경제결정론의 비판과 계급환원론의 지양이다. 따라서 소위 방법론이라 명명될 수 있는 그의 관점과 시각에 대해 먼저 살펴보고 따져볼 것이다. 그 다음으론 당연히 이런 방법론에 입각하여 그가 한국정치, 중요하게는 민주적 이행을 어떻게 설명하고 있는지를 검토해 볼 것이다. 이 부분에서 최 교수의 가장 주요한 공헌으로 보이는 ‘정치균열구조’와 정치사회를 매개항으로 설정한 시민사회론의 관점에서 전개하는 한국정치변동과 민주적 이행과 대안에 대해 검토해 볼 것이다. 이 ‘균열구조’는 그 일관성의 결여라는 관점에서 삼자구도인 시민사회론은 절충적이고 애매한 성격에 대해 비판적으로 고찰하면서 그의 설명과 대안의 문제점을 검증해 보겠다.

2. 결정론·환원론의 지양
다층적이고 복합적인 사회적 앙상블의 총체적 이해를 위한 방법론

최 교수의 이론적 탐문은 실로 다양하고 또 그때그때마다 우리의 정치학 논의에서 중요한 계기를 형성해 왔다. 조합주의, 과대성장국가론, 그람시 헤게모니론, 국가단원주의, 보나파르티즘, 민중민주주의론 등만 일별해 보더라도 앞의 평가가 형식적인 것이 아님은 쉽게 이해될 것이다. 이러한 이론적 탐문에서 그가 일관되게 추출하고 발전시키려는 내용물은 바로 결정론과 환원주의를 극복하고 전체와 부분에 대한 일괄적이고 기계적이며 도식적인 이해가 아니라 이들이 구성하는 복합적인 관계의 운동과 망을 총체적으로 포착하는 데 기여하는 것이어야 했다.

그리하여 조합주의적 적용은 "정치체제 전체를 설명하려고 시도하기보다, 사회의 한 부문으로서 노동정책을 중심으로 한 자본축적에서의 국가의 역할 및 계급적 성격과 이 틀내에서의 노동운동 및 양자간의 관계를 분석하는 방법을 통하여 국가와 시민사회, 권위주의 국가와 사회계급간의 전체적 관계의 구조를 드러내 보여준다"(25)면서 도식적이고 기계론적인 이해가 아닌 구체적이고 복합적인 연관관계를 강조한다.

또한 그람시의 헤게모니론에서 최 교수는 결정론적이지 않고 도식적이지 않은 그람시의 퍼스펙티브가 "자본주의국가와 시민사회에 대한 완전히 새로운 인식에 이를 수 있었고, 대의제 민주주의제도를 비롯한 국가의 법적·제도적·이데올로기적 장치와 기능을 여타 맑스주의자들과는 구별되는 남다른 통찰력으로 분석할 수"(30) 있게 했다고 설명한다. "생산의 사회관계에 객관적으로 위치하는 계급이 정치적 수준에서도 변혁의 담지자로서의 계급이 된다"는 전통적 맑스주의적 입장이 아니라 "계급이 정치적 실천, 정치적 교육의 효과"라고 이해하는 그람시의 파격적인 계급 이해 역시 최 교수에게는 숨통을 틔어 주는 주요한 단초이다.

스스로 밝히듯이 최 교수는 폴라니나 카르도소의 다층적·역사적·구조적 방법을 포괄하려 한다. 여기서의 핵심 역시 정치적·경제적 수준의 문제를 경제적 계급구조로 환원시키거나, 후자가 전자를 결정한다고 보는 관점을 수용하지 않는 것이다(34). 부르스 커밍스의『한국전쟁의 기원』이 갖는 주요한 공헌과 강점도 커밍스 자신이 계급관계, 시장경제도, 세계적 정치 군사적 힘의 관계를 총체적으로 보면서도, 어느 하나의 결정변수를 중심으로 설명하려고 하지 않기 때문이라고 설명한다(34).

또한 그가 함자 알라비의 과대성장국가론이나 네오맑스주의의 국가의 상대적 자율성 개념에 자주 의존하는 것도 바로 맑스주의를 결정론과 등치시키고 싶지 않기 때문일 것이다. 과대성장국가론을 논하면서 최 교수는 "국가의 입지와 기능은 권력의 제도적 분화라는 면에서의 완전한 자율성을 가질 수 있는 한쪽 극단과 반면, 그것이 사회에 물질적·이데올로기적 지지기반을 갖지 않으면 안되는 조건에 의한 사회의 한 부분으로서의 사회에 대한 완전한 의존이라는 다른 한쪽의 극단 사이의 자율성을 갖는 것"으로 이해한다(37).

맑스와 엥겔스의 저작을 통해서 시민사회(여기서는 경제를 중심으로 형성되는)에 대한 국가의 상대적 자율성(the relative autonomy)과 사적유물론에서의 토대결정론이라는 도식적 인과론에 대한 부정을 이끌어낸다. 그는 계속해서 "자본가계급의 통일과 노동자계급의 해체가 모두 정치적 수준에서 발생하며 여기에서는 정치적·이데올로기적·경제적 층위를 달리하는 수준들이 자율성을 가지면서 운동한다는 사실은 사회변화의 인관관계에 있어서도 반드시 하부구조가 상부구조를 결정하는 것이 아니라 얼마든지 그것이 역으로 실현될 수 있음을 의미한다"고 지적한다. "동시에 국가의 구조와 역할은 언제나 사회와 즉 경제의 생산 및 계급세력간 힘의 관계의 변화에 대하여 변증법적 상호관계에 있는 열린 체계이며 관계의 개념으로 이해하지 않으면 안된다"(53)고 결론짓기에 이른다.

경제 혹은 하부구조결정론과 계급 혹은 토대환원론을 극복하고 구조와 행위의 변증법적인 상호관계, 그리고 다층적인 층위로 구성되는 복합적인 사회적 앙상블(ensenble, complex)에 대한 총체적이고 동태적인 인식을 거듭 강조하는 그에게 칼 맑스의『루이 보나파르트의 브뤼메르 18일』은 그러한 이론이 체화된 하나의 모델이 된다. 서두의 유명한 인용문에서의 언명은 역사변혁의 집단적 행위주체로서의 프롤레타리아가 능동적으로 역사를 창출해 가는 주의적 측면과 역사적·구조적 조건하에서 이 능동적 과정이 제약될 수밖에 없는 변증법적 과정이 동태적으로 접합하는 과정을 강조하고 있는 점이라고 제시한다. 더 나아가서 그는 이 저작이 맑스의 전체 저작 중에서도 특별한 위치에 있는 것은 보나파르티즘에 대한 분석이 그 어느 것보다도 덜 결정론적이고 덜 토대환원적이기 때문이며 더 나아가 역설적으로 가장 덜 맑스적이기 때문이라고 부연설명하고 있다.

> 『루이 보나파르트의 브뤼메르 18일』은 하부구조가 상부구조를 결정한다는 입론을 엄밀히 따르지 않을 뿐만 아니라, 민중의 혁명이 되풀이하여 반동으로 반전(反轉)하는 역사의 진보가 아닌 퇴행, 프롤레타리아의 입장에서는 되풀이되는 계급투쟁의 실패를 보여준다는 의미에서 진보의 필연성을 상정하지만, 역사변혁의 궤적을 따르지 않는다는 점에서 크게 눈길을 끈다. 이 점에서 이 저작은 맑스의 전저작 가운데서 가장 덜 맑스적인 것이라고 할 수 있겠다. 나아가 … 생산력과 생산관계, 토대와 상부구조를 중심으로 이론의 기본분석적 개념과 범주들이 경험적 서술적 개념이나 범주와 반드시 일치할 필요도 없고 일치하지 않는다는 사실이다(94).

최 교수의 해석에 따르면, 맑스의 이 저작은 이뿐만 아니라 다음의 몇 가지 측면에서도 총체적이고 유연한 분석을 제공하고 있다. 프티부르주아의 독자성은 경제적 이익의 관점에서 이해되기보다는 정치적·이데올로기적 요소에 의해 결정되며, 정치적 분위기에 민감한 기회주의 속성을 드러내며 룸펜프롤레타리아 역시 특정한 물적 토대를 갖지 않고 정치적으로 유동적이며 결국에는 반동적인 집단으로 등장한다는 관찰 역시 맑스주의의 경제결정론이나 계급환원론과는 거리가 멀다. 한걸음 나아가서 맑스가 계급투쟁과 사회변화의 방향을 결정함에 있어서 기본계급간의 힘의 분간 못지않게 군의 역할에 대해 그 중요성을 부여했다는 점에서 최 교수는 그를 최초의 근대적 사회과학자라고 할 수 있다고 주장한다(107).

이러한 여러 가지 특징과 (아이러니하게도 덜 맑스적인 방향으로의) 공헌과 더불어 이 저작의 최대의 강점은 보나파르티즘의 등장의 기제와 역학을 설명하는 점에 있다고 보인다. 최 교수는 "무엇보다도 맑스의 테제의 핵심은 자본가와 노동자계급의 힘의 교착상태이며, 이러한 조건하에서 부르주아지가 정치적 영역에서 의회를 수단으로 한 직접지배를 포기하는 것"이라고 언명했다(73). 다시 말하자면 "부르주아 의회주의의 모순과 무기력과 교착이 외부로부터 강력한 국가의 개입에 의해 해소될 수도 있는 조건"(119)에서 그리고 "사실상 부르주아지는 이미 국가를 통치할 능력을 상실하고 노동계급은 아직 그것을 획득하지 못한 시점에서"(120)에서 가능한 유일한 선택이었던 것이다.

보나파르티즘으로의 변화를 달리 설명한다면, "외회주의에 대한 부르주아의 지배는 의회제도가 안고 있는 내재적인 모순 때문에, 부르주아의 특수이익이 보장되는 조건하에서만 작동될 수 있는 것으로 나타난다. 자본주의적 생산체제가 보통선거제도에 입각한 의회주의적 지배형태와 상보적일 수 없으며, 그러므로 부르주아지는 19세기 중반 프랑스 자본주의의 조건하에서 정치의 지배양식이 기능적으로 시민사회의 세력관계와 하부구조와 상보적일 수 있는 하나의 정치체제, 즉 부르주아대의제 의회주의의 폐기와 보나파르티즘의 수립을 (필연적으로) 선택하지 않을 수 없는 것으로 보인다"(117)는 것이다.

결론적으로 맑스의 『브뤼메르 18일』은 "기본계급은 물론이요, 다양한 계급과 계급세력, 그리고 사회집단 정치행위자들이 행위하고 또 상호작용, 영향을 미치는 계급투쟁과 정치투쟁의 각축장에 등장하게 되며, 이 계급 계급분파 당파, 계층 사회집단과 범주들이 전개하는 실로 다양하고 이질적, 중층적이며 복합적인 사회적·경제적·정치적 집단들의 파노라마를 생생하고 동태적으로 보여주고 있는 것이다. 다른 무엇보다도 맑스는 생산관계의 위치에서의 적대관계와 같은 사적유물론의 추상이론에 대입시키거나 구조적 해명을 가하려는 어떤 개념화나 설명을 시도하지 않음으로써"(100) 결정론적, 환원론적이지도 않으면서 동태적이고 총체적인 인식에 도달할 수 있었다는 것이다.

지금까지 최 교수의 이론적 모색을 추적한 결론은 그 내용의 복합성과는 달리 비교적 간략히 정리될 수 있다. 가장 단순화시키자면 그것은 결정론과 환원론의 지양이다. 부연하자면 사회적 현실과 그 변동을 어떤 결정적 요인에 의한 일방적 관계가 아니라 복합적이고 다층적인 관계 속에서 다양한 요인들이 상호작용하는 앙상블에 대한 총체적이고 동태적인(in a dynamic totality) 파악을 지향하고자 했다. 이상과 같은 방법론적이고 이론적 탐구의 하나의 결실이 그가 한국정치를 분석하면서 사용하는 '정치균열'의 개념과 정치사회를 매개항으로 하는 국가-시민사회론이다.

3. 한국정치에 있어서 '정치균열' 개념과 민주적 이행에 있어서 국가/정치사회/시민사회

지금까지 살펴본 최 교수의 이론적·방법론적 입장과 관점이 한국정치를 해석하고 설명하는 데 얼마나 유용하고 적실한 틀로서 작용하는지 검토해 보자. 한국의 정치를 분석하면서 최 교수는 국가와 시민사회, 지배블록과 민중세력간의 역동적인 상호관계를 설명하기 위해 '정치균열'이라는 개념을 사용하기 시작했다. 여기서 그의 주장은 지속적으로 비판해 온 결정론과 환원론의 대안의 성격을 내포한다. 책에서 분명히 정의된 바를 찾아볼 수는 없지만, 그는 균열구조를 경제적 토대와 계급의 문제에 의해 결정되고 그것으로 환원될 수 없는 성질의 모순들이 자율적이고 복합적으로 엮어 존속하고 있는 형태를 지칭하는 것으로 생각된다.

경쟁하는 세력간의 정치적 갈등이 불변하는 어떤 객관적인 기준, 즉―그것이 실제로 사회에서 존재하는 것으로(ontological) 상정되는 또는 특정 저자의 시각을 통하여 밖에서 주어지든―경제적인 계급이익, 이데올로기 또는 가치에 의해서 설정된 선을 따라 역사적으로 전개되는 것이 아니라, 새로운 사회세력 관계의 형성과 이들의 이익과 요구를 둘러싼 경제적 이데올로기 및 언술적 (discourse), 정치적 갈등의 앙상블로서의 균열구조의 형성과 변화를 따라서 전개된다는 것이다. 그것은 정치적 갈등의 지형(terrain)의 변화를 뜻하는 것이다 (36).

이런 근거 위에서 최 교수는 해방 후 나타난 한국정치의 구조를 세 가지 균열, 즉 민주주의 대 권위주의의 대립, 경제정의 대 발전, 그리고 민중주의적 통일 대 보수주의적 통일의 대립이라는 관점에서 설명하려 한다. 여기에다 최근 민주화과정에서 중요하게 노정된 지역차별은 다른 여러 가지 갈등적 요소들의 누적적 효과이기 때문에 성격이 상이하긴 하지만 한국정치의 제4의 균열을 이룬다고 덧붙이고 있다. 그리고 "이러한 균열을 둘러싸고 그 중 어느 것을 따라 대립이 전개되는가는 국제정치적 맥락의 변화와 국가와 시민사회의 권력관계의 변천에 따라 규정되어 왔다"고 설명한다.

세 가지 정치균열구조는 많은 경우 중첩되어 나타났다. 이 중첩과 상호연관성은 국가와 시민사회의 관계를 더욱 복잡하게 만들었다. 결국 이 균열구조의 해소와 극복은 시민사회의 역량에 의해 좌우되며, 또한 시민사회의 성숙 여부는 "정치적 이슈의 확산과 세 가지 균열을 따라 발생하는 갈등의 격화와 갈등이 상호연관성 속에 반영되어 나타나게 된다"고 가정된다(196). 정치균열구조라는 개념이 한국정치의 전반적인 흐름을 분석하기 위해 고안된 것이라면, 민주적 이행에서 드러난 문제들을 짚어보고 그 대안을 추구하기 위해서 3층으로 구성된 시민사회모델을 제시한다. 즉 최 교수는 국가와 시민사회라는 2층 구조 대신에 그람시의 시민사회론으로부터 응용하여 정치사회를 양자 사이의 중간층위로 설정한 국가-정치사회-시민사회라는 모델을 채택하고 있다.

최 교수의 시민사회론은 앞부분에서도 그가 일관되게 견지해 왔던 입장의 연장선에서 이해될 수 있으며 그것은 곡해될 수 있는 맑스주의 혹은 맑스주의의 약점에 대한 비판작업에 다름 아니다. 최 교수는 "맑스주의 철학이 지닌 약점의 하나는 그것이 기본적으로 인간이 궁극적으로 자유를 획득하기 위한 실천철학임에도 불구하고 정치적 실천의 이론이 취약하다는 점"이라고 진단한다(383). 다시 말하자면 국가와 시민사회라는 2자구조가 배태할 수 있는 일방적이고 결정론적 관계구도를 극복하기 위해 매개적인 중간층위를 설정함으로써 양자로부터 자율적이고 독자적인 영역을 인정하려는 것이다.

이 정치사회라는 매개영역이 설정됨으로써, 그간 민주화과정에서 노정되었던 민중 및 민주화세력의 한계와 극복방안이 보다 명쾌하고 적극적으로 모색될 수 있는 여지가 생겨나게 되었다. 한국사회의 민주적 이행기에서 운동권의 역할이 약화되고 민주화세력이 일관되게 영향력을 발휘하지 못하여 정치세력화에 실패한 이유를 바로 정치사회의 중요성에 대한 인식이 취약했기 때문이라고 최 교수는 분석한다. "생산 및 경제의 사회적 관계의 모순과 갈등이 곧바로 상부구조적 지배구조에 그대로 투영되지 않기 때문에"(392) 민주적 이행의 내용을 담아내고 실질적 차원으로 심화하기 위해서는 대의제 민주주의제도를 적극적으로 활용하고 최소강령노선과 프로그램으로부터 출발해야 된다는 것이다. 그리고 바로 이런 과제가 본격적으로 실현될 수 있는 장이 바로 정치사회의 영역이 되는 것이다.

이런 맥락에서 볼 때, 한국의 민주적 이행이 올바른 방향으로 나아가지 못하는 것은 민주화의 중심축이었던 시민사회가 약화되고 보수화되는 한편 국가와 시민사회를 매개하는 정치사회 역시 국가에 의해 조직되고 포섭되며 그 이념적 스펙트럼이 한정되어 있기 때문이라는 분석이 가능해진다. 뿐만 아니라 "민주주의를 형해화시키든 또는 동공화(洞空化)시키든 민주주의를 무력화시키는"(426-427) 작업이 지배블록의 지배적 언술을 통해 지속적으로 시도되어 왔음을 고려한다면, 맑스-레닌주의의 과오처럼 이 민주주의이론이 속류화되고 물신화되는 것이 민주주의 발전에 어쩌면 더 큰 장애일 수도 있다.

어떻게 할 것인가? 최 교수는 비교적 논리정연한 결론에 다다를 수 있다. 즉 "앞으로의 과제는 어떻게 개혁적 대안세력의 사회적 기반을 구축하고 이를 어떻게 정치적으로 조직화할 것인가의 문제로 좁혀진다"(413). 그리고 여기에는 정치사회와 시민사회 모두의 한계로 인하여 이 두 수준 모두에서 민주적 개혁이 진전되어야 하고 두 영역 모두에서 민주적 반대세력의 광범위한 연대가 구축되어야 함을 의미한다.

도식적이고 결정론적인 맑스-레닌주의는 "인간의 궁극적 해방을 지향하는 '합리적' 설계도에 의한 '사회적 조작(social engineering)'의 프로젝트를 남발시키는 데 기여하고 또한 모든 현상을 도식으로 재단하고, 모든 인간적 가치를 얼마나 이 도식에 열성적으로 천착하느냐 하는 스펙트럼에 따라 규정하고 평가하려는 경향을 조장했다"(427). 이런 경향이 민주주의 사상의 원칙들과 병존할 수 없었음은 지극히 자명하다. 바로 이런 측면에서 비결정론적이고 유연하며 동태적인 관점에서 한국정치현실과 민주화과정의 한계를 지적하고 대안을 탐구해 온 저자에게 민주주의는 그만큼 주요한 대안의 단초를 내포하는 풍부한 보고가 된다. 왜냐하면 "갈등의 다원성에서 출발하고 국면국면마다에서의 상호관계의 결정과정을 포함하는 민주주의"(427)는 "특정의 역사적 계기에서 휴머니즘이 최대로 실현되는 상태로서의 민주적 공동체의 형성을 의미하고, 그 자체가 지향점이며 이상이었기 때문이다"(428). 이 시점에서 우리는 이 분석적 결론이 최 교수가 이 책과 다른 책들의 서문에서 분명하게 언명한 하나의 도덕적 출발점이자 규범적 전제였다는 사실을 다시금 상기해 보는 것이 필요하다.

지금까지 우리는 최장집 교수의『한국민주주의 이론』을 이해하고 평하기 위해 그의 도덕적 가치와 규범적 전제를 일별한 뒤, 이 바탕 위에서 현실과 사회적 앙상블의 동태적 포착을 위해 그가 일관되게 비결정적이고 비정통적인(?) 관점에서 추구해 온 이론적 궤적을 방향성을 가지고 추적해 보았다. 그리고는 한국정치분석과 민주적 이행논의를 통해 그가 기울인 분석의 결론과 대안이 비록 잠정적일망정 민주주의사상과 원칙 속에서 용해와 응고를 거듭함을 확인했다.

이 시점에서 비판적 검토는 최 교수의 주요 공헌인 그의 개념과 분석틀에 국한시키겠다. 물론 여기서 제외되는 평등한 민주사회를 향한 가치나 규범 혹은 민주주의를 지향하는 대안모색이 중요하지 않다는 뜻은 결코 아니다. 그것은 최 교수의 전제와 결론이 갖는 도덕적 성격이 그의 정치적 분석에 해가 되는 것이 아니라(전상인, 1993) 역으로 후자에서 사용하는 개념이나 설명틀의 한계가 오히려 전자를 충분히 풍부하게 발전시키지 못했다고 보기 때문이다.

맥락을 달리하여 얘기하면 이렇다. 소위 학문공동체에서 한 사람이 어떤 가치나 신념을 전제하거나 심지어 신봉(?)하더라도 그것은 별 문제가 안된다. 관건은 그 가치나 신념을 얼마나 설득력(혹은 설명력, explanatory power)을 가지고 분석적으로 뒷받침하느냐이다. 최 교수도 토로했듯이, 한국사회에서 탄탄하고 풍부한 분석력과 설명력을 겸비한 이론가가 드물다는 사실은 진보학계의 발전에도 어쩌면 심각한 장애이다. 규범적 개입이나 가치전제라는 측면에서 당파적일 수는 있지만, 설명력과 분석력을 평가하는 기준과 규준의 측면에서 편파적이어서는 곤란하다. 최 교수가 표명한 가치와 규범, 심지어 대안모색의 방향에 대해서도 거의 전적으로 동감하는 평자의 애기가 길어진 것은 그만큼 한국정치나 민주화에 대한 분석적 틀이나 개념이 절실하게 요청된다는 점을 강조하고 싶어서이다.

4. 몇 가지 비판: 한국정치와 민주적 이행에 대한 동태적이고 총체적인 이해와 이론틀을 위하여

이런 맥락에서 다른 여러 가지 공헌 중에서도 최 교수의 두 가지 개념 혹은 모델에 주목하고자 했다. 한국정치사나 한국정치 혹은 민주화에 대한 의미 있는 관찰, 예를 들자면 한국전쟁이나 박정희 정권의 구체적 성격 혹은 민주화과정에서의 노동부문의 정치세력화 실패요인, 혹은 노태우 정권의 '독재적' 성격이나 현 김영삼 정권하의 '제한된' 민주화 등에 관해 흥미 있는 관찰이 있지만, 어떤 분석적 틀(analytic framework)로서 얘기될 수 있는 성질의 것은 '정치균열(cleavage)구조'와 '3층 시민사회론'으로 요약된다. 먼저 전자의 개념에 대해서는 두 가지 점을 지적할 수 있다. 첫째는 그 개념의 비일관적인 사용이고, 둘째는 그것이 과연 의미 있는 분석적 틀로서 작동하는가 하는 문제이다.

최 교수의 '정치균열'이라는 개념은 그 사용에 있어서 적지 않은 혼돈과 비일관성을 내포하고 있다. 먼저 구체적인 사례를 살펴보자. 한국정치에서 발견된다는 세 가지 균열구조는 대립과도 같은 의미로 쓰고 있는데

이도 분명치 않다. 또한 한국 민주화과정을 논하는 자리에서 그는 '지배
블록의 균열'(258-259)이라는 표현을 쓰고 있다. 이것이 민중과 민주화
세력의 진출에 따른 결과이고 그 반영현상이라는 설명에는 동의하지만
그 일관성은 말할 것도 없고 '지배블록의 분열'이라는 표현과 얼마나 다
른지도 애매하다.

　한편 1987년 6월 민주화과정에서 한 흐름은 절차적 단계의 민주개혁
에 만족했고, 다른 하나는 보다 실질적인 국면, 즉 '제2의 이행'으로 심화
시키려 했다면서, 여기서도 '이러한 균열'(318)이라는 표현이 보이는데,
앞의 어느 용법과도 상이하다. 또한 이 과정에서 중간계급과 노동자계급
간의 갈등이 나타나게 되는데, 여기서도 최 교수는 '계급간 균열'(318)이
심화되었다고 서술했다. 이것은 계급간 갈등이라는 표현이 더 적절한 것
이 아닌가 한다.

　「민주주의로의 이행」이라는 장에서는 "노동조합운동에도 다양한 균열
들이 드러나게 되었으며, 의심의 여지 없이 이 중 가장 중요한 것은 정치
적인 균열이었다"고 논하고 있다(340). 이렇게 다른 차원의 문제들에게
도 균열이라는 같은 표현이 그대로 적용되는가? 또한 이 균열은 또 대립
이나 분쟁 혹은 갈등적 조짐과 무엇이 다른가? 조금 뒤에서는 한국의 민
주화의 경우에는 국가엘리트-자본관계의 균열이라는 표현도 사용하고 있
다.

　이러한 비일관적이고 혼돈스러운 개념의 사용만큼, 아니면 아마도 더
심각한 문제는 과연 이 '정치균열구조'라는 개념이 '대립, 갈등, 모순, 분
열, 분쟁, 분화, 나누어짐, 쪼개어짐' 등의 표현을 단지 서술적으로 대신
한 용어에 불과한 것인지, 아니면 그야말로 한국정치에 현현하는 문제들
을 비환원론적이고 비결정론적으로, 즉 동태적으로 파악할 수 있는 하나
의 분석틀로 발전될 수 있는가 하는 점이다. 현재까지 그의 글에서 엿보
이는 '균열'에 의한 분석이 어떤 다층적인 연관관계의 동태적 구조를 포
착한 것처럼 보이지는 않는다. 불행히도 다른 여러 용어들의 치환 정도에
그친 것 같기도 하고, 대부분의 경우는 단순한 서술적 묘사에 머물러 있
는 인상을 받는다. 일정한 설명력 혹은 분석적 수준에 다다르지 못하고

서술의 차원에 정지해 있는 한계가 개념의 비일관적인 사용으로 드러난 것은 아닐까 하는 생각도 해보게 된다.

정치사회라는 매개적 중간층위를 설정한 3층 국가/시민사회구도가 갖는 장점에 대해서는 이미 언급한 바 있다. 사실 민주화과정상에서 드러난 내재적 한계에 대한 분석뿐만 아니라 대안의 모색에서도 이 3층 구도는 숨통을 터주고 다양한 해석의 여지를 열어주었다. 바로 여기에도 함정은 있다. 다시 말하자면 국가/정치사회, 그리고 정치사회/시민사회의 경계가 인접한 것은 그만큼 두 관계가 모호하다는 얘기가 된다. 따라서 국가나 시민사회에서 발생하는 문제들이 그 경계에 존재하는 정치사회에서 연유하는 것들로 대체될 수도 있다. 또한 국가나 시민사회에서는 불가능해 보이는 대안의 단초들도 양자(국가/시민사회)의 장점만 가진 층위로 가정되는 정치사회에서는 쉽게 발현될 수 있는 것처럼 논해진다. 민주적 이행의 진행이 더디고 올바른 방향으로 심화되지 못하는 원인을 시민사회의 보수화와 국가에 의해 포섭되고 그 영향권하에 있는 매개적 정치사회의 취약성에서 찾는 동시에, 그 대안 역시 바로 이 정치사회에서 구하는 논리는 절충적이고 애매하다. 어찌 보면 시민사회의 허약성에서 원인을 찾고, 또 시민사회의 강화로부터 대안을 찾던 예전의 일반적인 나이브한 인식이 단지 정치사회라는 영역으로 순치된 것에 불과한 것은 아닌지. 물론 이 3층 구도의 시민사회론에서 2층 구도로 돌아가자는 얘기는 결코 아니다. 단지 이 모델의 구조가 더 명확해지고 그럼으로써 애매한 절충이 아닌 총체적인 동태성을 획득하기를 바라는 입장에서 개진한 지적임을 부언한다.

최 교수의 민중민주주의론을 비판하면서 어느 교수는 다음과 같은 비판을 한 적이 있다. 즉 "최 교수의 기본사고는 경제주의, 계급환원론, 객관주의 등에 따르는 문제점을 극복하고 맑스주의에서 소홀히 되기 쉬운 정치, 민족 등의 다른 차원들도 고려하여 민중개념을 복합적인 것으로 구상하는 데 있다. 그러나 그 결과 시야는 넓어졌지만, 여러 가지 개념적 애매함이나 모순, 이론적인 설명력의 한계에 부딪히고 있다"(유팔무, 1991). 그러나 이런 부분적인 비판에도 불구하고 하나의 이론틀 혹은 패러다임이 생성되고 발전되는 긴 역사를 염두에 둔다면, 최 교수의 문제제기와 이론화작업은 이미 일정한 단계를 넘어선, 우리의 풍토에서 더없이 소중한 자산임에 틀림없다.

이 글을 쓰는 내내 필자는 최장집 교수가 다른 어느 이론가보다도(최 교수 자신이 거론하는 폴라니나 쉐보르스키, 혹은 페이지) 브라질의 이론가이자 현재는 상원의원으로 활동하는 카르도스(Fernando Henrique Cardoso)의 관점과 사상에 아주 밀착해 있다는 생각을 해왔다. "경제결정론, 기계론적 분석, 구조에다 결정적인 비중을 부여해 버린 개념 때문에 사회운동을 포착하지 못하는 난점 등으로 점철된 소위 천박한 맑스주의(vulgar Marxism)"에 대한 문제의식으로부터 유사하다(Cardos, 1977). 또한 이 난관을 고전에 대한 비정통적인 새로운 해석으로 극복하고자 하는 방식도 그러하며, 변증법과 '프로젝트' 및 '열려 있는 의식(possible consciousness)'간의 교착상태로부터 벗어나려는 시도 역시 서로 맞닿아 있다. 카르도소는 "정치과정, 이데올로기, 역사의 의지 등을 이해하기를 원하고 기계론적 맑스주의의 '일탈' 속에 침수되지 않으려는 사람에게 안토니오 그람시는 구명뗏목(lifeaft)이었다"고 강변했다(Cardoso, 1977). 이는 곧 최 교수의 일관된 견해와도 다르지 않다.

그들의 유사성은 문제제기의 차원에서 그치지 않는다. 고전이 된 한 저작 속에서 카르도소는 차별성, 다기성, 구조적 이질성, 상호연관성, 복합성 등의 개념을 강조하는 비정통적인(?) 접근법을 유지하면서 다층적이고 복합체(complex)로 구성된 사회구조의 성격을 강조했다. 그의 다음과 같은 인식의 전제는 최 교수의 이 책 어딘가에서 본 듯한 착각을 일으킬 정도이다.

구조적 결정성에도 불구하고 역사에는 항상 다른 대안의 여지가 있게 마련이다. 그것을 실현하는 것은 이해관계간의 기본적 모순에만 달려 있는 것이 아니라 '가능성을 위한 열정(a passion for the possible)'을 통하여 역사적 코너를 돌려보려는 새로운 방식의 인식에 의해 좌우되는 것이다(Cardoso and Faletto, 1979).

그러나 그들이 공유하는 현실과 역사인식의 전제 그 자체의 실험성과 역동성도 물론 중요하지만, 그 위에다 구축해 나갈 견실하고 풍부한 그리고 동태적인 분석과 분석틀의 개발과 발전이 한층 더 절실하고 중대한 과제임은 재론할 필요가 없다. 최 교수가 제대로 된 방향으로 의미 있는 작업을 일찍이 시작했음을 체감하고 있기에, 우리사회의 모순 및 '균열구조'를 적확하게 투시하고 그에 대한 실질적이고 민주적인 변혁적 대안을 탐구하는 작업이 이제 우리 모두의 몫임을 또한 절감하지 않을 수 없다.

제13장

제도·조직·이념을 통한
국가와 정책에 대한 총체적 접근
김병국 교수의 『분단과 혁명의 동학』 서평

1. 들어가기 전에
이론적 해석과 현실적 유연성, 양 관계의 상호긴장 혹은 일방적 흡인

1994년 11월 브라질 대통령선거에서 집권 연정인 민주사회당(PSDB) 소속의 카르도소(Fernando Enrique Cardoso) 후보가 노동자당(PT)의 룰라를 예상외로 큰 표차로 누르고 브라질의 대통령에 당선되었다. 브라질 정치에 관심이 있거나 한때 유행했던 종속이론을 기억하는 사람들은 아마 카르도소라는 이름이 낯설지 않을 것이다. 우리에게는 후기종속이론가로 알려졌던 카르도소, 바로 그가 브라질의 대통령의 모습으로 나타났다. 기실 이런 변신이 전혀 예상 밖의 사건은 아니다. 한때 군부정권에 의해 망명의 길을 걷기도 했던 그는 귀국해서는 곧바로 정치의 길로 접어들었다. 상원의원직 다음으로 재무장관으로 있으면서 카르도소는 성공적인 경제개혁을 단행했고 특히 선거 이전에 화폐개혁을 통한 인플레의 치유에 큰 성과를 거두면서 이번 선거에서도 낙승했다.

당선 후 인터뷰에서 카르도소는 자신의 옛날 논문과 저서를 잊어달라고 했다. 이 얘기를 읽으면서 인간이 품어온 사상 혹은 이론이 현실 속에서 어떻게 변모하는지에 대해 생각하게 되었고, 그 견고성에 대해서는 조금은 회의하게 되었다. 한때 실증주의자에서 맑스주의자로, 다시 현실 정

치인으로 변신한 그에게 그간의 이론적 편력이 어떤 의미로 다가오는 것
인지, 현실의 흡인력과 이론의 허약성이 첨예하게 대비되는 사례는 아닌
지?

김병국 교수의 이 책, '한국과 멕시코의 정치경제'라는 부제가 붙은『분
단과 혁명의 동학』을 접하면서 먼저 카르도소의 편력은 떠올린 것은 김
교수 역시 라틴아메리카 정치경제에 깊은 관심을 가지고 있다는 점 말고
도 현실에 대한 풍부하고도 유연한 해석을 지향하는 이론적 노력에서 어
딘지 닮아보이기 때문이었을 것이다. 뿐만 아니라 이론적 세계관이 현실
속에서 어떻게 태동하고 변모하고 굴절하는지, 어떻게 독자적인 영역을
가꾸어 가면서도 경직되지 않을 수 있는지, 어떻게 현실에 추종하거나 흡
인되지 않고 '창조적 긴장'과 '총체적 잣대'를 유지할 수 있는가 하는 복
잡한 문제들에 대해 카르도소의 이론적 작업만큼 김 교수의 이 책 역시
그 실타래를 풀어가는 데는 유의미한 참고가 될 것이라는 생각이 들어서
였다.

2. 분석적 방법론
조직론적 국가론의 이론적 전제

김병국 교수의 문제의식의 시초는 국가론으로 보인다. 그에게 "근대의
역사는 주변부라는 시·공간에 다양한 무지개를 그려 놓고 또한 주변부국
가가 가지는 공통성 속에 다양성의 씨앗을 심어놓은 것"(책머리 vi)으로
이해되었다. 빛을 굴절시키고 분산시키는 프리즘과 같은 존재인 주변부
국가는 "특수한 문화적 조건과 구조적 상황의 매개변수를 통하여 자본주
의 생산양식의 확산 및 민주주의 이상의 전파라는 충격의 구체적 의미를
결정하고 변화의 폭과 방향을 조정하는 것이었다"(vi).

김 교수가 밝힌 문제제기는 따라서 외부의 영향을 굴절·분산시키는 조
정 매개역할을 하는 국가 메커니즘에 대한 이해를 전제한 바탕 위에서 다
음과 같이 요약된다. 즉 "손익계산의 맥락을 조정하면서 노동과 자본의

이익 및 행동에 변화를 주어 자신의 목적을 달성할 수 있는 국가의 능력은 어떻게 형성되는가. 동일한 발전의 과제는 나라마다 동일한 대응책을 낳는가. 그렇지 않다면 무엇 때문인가"(vi).

'프리즘' 같은 존재로서의 국가에 대한 견해와 더불어 책머리에서 보이는 김 교수의 또 다른 전제는 '과거의 구속성'에 대한 것이다. 현재는 언제나 과거 속에서 자라난다고 전제하면서 김 교수는 "분단과 혁명의 시대에 정치적 담론의 영역에 패인 '좌절'의 상처는 세월의 흐름과 환경의 변화를 무시한 채 살아 남아 현재의 삶을 계속 구속하는 것이었다. … 정치·사회의 조직구성원리에 자신의 시대정신을 담아 전쟁과 혁명 당시의 담론 영역에 그어진 대치선을 계속 확대 재생산해 내고 거기에 배인 어제의 낡은 세계관을 그대로 보존하고 말았다"(vii)라고 분석하고 있다.

한국의 '고도성장 속의 정치적 불안정'과 멕시코의 '경제혼란 속의 정치적 안정'이라는 대비되는 주제를 분석해 가는 이 책은 모두 11장으로 구성되어 있다. 조직론적 국가론으로 분류되는 김 교수의 이론적 입장이 개진된 1장이 서론에 해당된다. 국가단원주의와 국가조합주의의 관점에서 멕시코의 경성국가와 한국의 개발독재라는 현상이 2부에서 분석되고 있다. 분단과 혁명의 유산에 의한 개혁의 한계가 3부에서 논의되고 있다. 양국가의 정치경제발전이 추진되어 오는 과정의 동태적 측면이 여러 각도에서 조명되는 4개의 장이 개혁의 동인과 추이라는 4부에 실려 있다. 제도적 결합체로서의 국가라는 관점에서 개혁의 이중성, 국가능력 및 정통성의 위기가 결론에 해당하는 11장의 주제이다. 평자는 먼저 김 교수의 핵심적 논제와 이론적 틀, 그리고 주요 쟁점들을 살펴보겠다. 다음으로 김 교수의 정치경제적 해석이 갖는 의미와 강점을 간략히 정리한 뒤, 비판을 겸한 논평을 시도할 것이다.

김 교수의 논의의 출발은 주변부국가의 상황이다. 그 배경은 이러하다. "갈등의 조정자로서 국가가 생산과 분배과정에 깊숙이 개입하고 자기 영역을 확장시켜 나가면 나갈수록 도리어 위기의 원인인 구조적 모순이 더욱 악화되는 실례가 적지 않았음에도 불구하고 수많은 주변부의 국가기구는 지금도 자신의 통치영역을 꾸준히 확대하고 정치경제적 악순환의

골을 더욱 깊게 파들어가고 있다"(20)는 것이다. 국가의 주요 역할은 계급투쟁의 조정자로서의 역할과 자본축적의 전략을 조정하는 '기업가적 역할'로 일단 정리된다. 이는 기본적으로 '축적과 정당화'라는 두 가지 역할을 수행해야 하는 국가의 갈등이라는 인식과 괘를 같이한다.

김 교수의 주요한 문제제기는 여기서부터다. 즉 왜 이처럼 공통의 정치경제적 도전에 직면한 주변부국가들의 정책적 대응양식이 왜 이처럼 다양한 이념적 스펙트럼을 그리고 있는가. 따라서 이 책의 목표는 따라서 한국과 멕시코에 대한 비교연구를 통해 제3세계 발전의 문제에 대한 체계적인 분석틀의 모색이라고 밝히고 있다. 한국과 멕시코를 분석대상으로 선택한 이유는 "제3세계의 비교연구에 필요한 중대변수들을 빠짐 없이 갖추고 있을 뿐만 아니라 세계적인 변혁기에 주변부국가들이 추구하고 있는 국가발전 모델이 비교연구 대상으로도 결정적인 위치를 차지하고 있기 때문"이라고 언급하고 있다.

한국과 멕시코는 전쟁과 혁명이라는 유산을 안고 있고, 이른바 신흥공업국에 이미 도달했다는 공통점을 지니고 있다. 또한 다같이 엄청난 제국주의적 침탈의 시련을 겪었다. 그러나 한국이 자원 빈국이라면 멕시코는 상대적으로 자원 부국이며, 전자가 이데올로기적 우파라고 한다면, 후자는 다양한 이념이 공존하는 혁명의 유산을 안고 있다. 이런 배경하에 분석의 초점은 만성적인 외환위기를 극복하기 위해 구상된 한국의 '대외의존적 성장론'과 멕시코의 '안정적 성장론'이다. 다시 말하자면 "자본축적이 수반하는 공통의 경제적 과제와 정치적 갈등에 맞서 한국과 멕시코가 이처럼 경제정책과 통치전략을 달리하는 이유는 무엇인가?"(23) 이는 역설적으로 보이는 한국의 '고도성장 속의 정권 불안'과 멕시코의 '경제혼란 속의 정권 존속'을 어떻게 설명할 수 있는가의 문제이기도 하다.

경제정책을 단순히 비교우위론에 입각한 기술적인 문제의 해결로 풀이하려는 경제학이론의 한계를 비판하는 김 교수의 가정은 "그것(경제정책)이 본질적으로 소득을 재분배하고 정권의 대중적 기반을 다시 조직하는 정치행위라는 것이다"(23). 즉 경제정책이란 본질적으로 정치행위이며 이는 다시 상반되는 가치에 우선순위를 정하는 사상에 대한 선택일 수밖에 없다고 본다. 김 교수의 전제의 밑바닥에는 "경제적 갈등과 정책을 이어주는 매개변수로서의 정치제도와 조직이 국가와 사회의 정책선택에 독자적인 영향을 미친다"(24)는 시각이 깔려 있음은 주목할 만하다.

김 교수의 조직론적 국가론은 종속적 발전론과 국가론의 동태적 분석을 인정하지만 또 다른 약점을 비판하고 있다. 정책을 단순히 기술적 문제의 해결로 풀이하는 종전의 분석이 경시한 국가의 동태적 역할을 부각시키면서 이런 이론적 접근들은 "경제정책을 정치연합의 부산물로 규정하고, 사회부문간에 존재하는 힘의 배분을 선택 대상의 정책의 범위를 결정하는 요인으로 파악한다"(25)는 것이 김 교수의 분석의 주요 특징에 속한다. 이런 종속적 발전론과 국가론은 그러나 매개변수로서의 사상과 조직의 기능을 경시하는 오류를 범하고 있다고 김 교수는 비판하고 있다. 정치·사회적 갈등은 구조적 현상일지도 모르지만 그것의 정치적 표출은 결코 자동적이지도, 경제결정론적으로 이루어지지 않으며, 오히려 "근본적으로 정치적 현상이고, 국가조직의 제약 속에서 정치연합의 논리에 따라 형성되는 자본과 노동의 의식구조 및 조직형태를 통해 결정되는 것이다"(25). 다시 말하자면 구조 혹은 경제결정론이 아니라 사상과 국가조직상의 차이가 성장과 분배라는 공통의 정치적 안건을 서로 다른 정치연합과 정책대안으로 해결하도록 부추기는 주요 원인 중의 하나라는 것이 김 교수의 주요 가설이다.

이런 맥락에서 기능주의적 국가론과 종속적 발전론은 국가정책의 역기능 측면을 제대로 예측하거나 설명하지 못하는 한계와 자본축적 기능을 수행하는 주체와 정책을 구체적으로 밝히지 못하는 한계를 노정했다. 따라서 김 교수는 "자본과 노동의 조직형태가 정책선택을 설명하는 이차적인 변수가 되고 국가와 정권 그 자체에 흐르는 조직논리와 이념의 분석이 초점이 되는"(31) 조직론적 국가론의 입장을 개진하고 있다.

김 교수는 이 책의 세 가지 목적을 다음과 같이 밝히고 있다. 하나는 자본축적의 과정에 뒤따르는 공통의 정치적 문제와 경제적 갈등을 각 국가가 서로 다른 정책으로 해결하게 되는 원인이 무엇이며, 여기서 정책선택의 설명변수로 제기된 이념과 조직이 다시 국가능력이라는 추상적인 개념을 검증할 수 있는 변수로 발전시키는 데 이용된다는 것이다. 세 번째 목적은 양국의 권위주의 정권이 가지고 있는 개별적인 특수성을 구면하는 것으로서, '고도성장 속의 정권 불안'과 '경제혼란 속의 정권 존속'이라는 역설적인 현상을 조명하는 것이다.

3. 분석의 대상
한국과 멕시코의 정치경제적 아이러니의 특성

한국과 멕시코의 국가조직의 성격이 이 책에서는 아주 중요한 분석적 기초가 된다. 그러나 김 교수의 분석의 특징은 이를 거시적 차원에 머물지 않게 하면서 미분-적분의 방법론을 상호교차시키려 노력하는 데 있다. 여기서 그가 정책에 커다란 비중을 두는 것은 쉽게 납득될 수 있다. 왜냐하면 그에게 "정책이란 정치·사회 안에서 벌어지는 다양한 행위자 사이의 정치투쟁의 산물이기 때문이다"(57). 뿐만 아니라 그것은 국가사회에 흐르는 힘의 역학관계와 이념적 정향을 반영하고 구체적으로 표현하는 구조적·규범적 현상이기도 하다. 바로 이런 이유 때문에 "정책이 국가성격과 역할을 분석하기 위한 추상의 사닥다리에서 위 아래단을 이어주는 개념으로 적실성을 지닌다"고 김 교수는 주장한다.

무역적자라는 유사한 경제문제를 다루는 과정에서 한국은 대외의존적 성장론을, 멕시코는 안정적 성장론을 선택하게 되는 이 현상이 이 책의 분석초점이 된다. 여기서 주요한 개념이 나온다. 그것은 한국의 국가단원주의와 멕시코의 국가조합주의이다. 한국에서는 박정희 통치시부터 "견제와 균형의 논리가 무너졌고, 대신 시민사회와 정치사회를 이념적 조직적으로 무장 해제한 후 비대칭적 권력을 행사하는 국가단원주의가 뿌리내렸다"(60). 한국정치에서는 내각의 역할이 기능적이고 제한된 수준에 머물게 하는 장기 일인독재와 준양당제를 기초로 하여, 무엇보다 기술합리성과 시장의 논리에 따라 움직이는 기획형 국가조직이라는 특징이 주조되었다. 여기서 기획이란 "국가 통수권자가 자신의 고유 권한인 가치

배분에 대한 조정통괄권을 기획기관에 대폭 위임하고 서로 모순되는 사회갈등을 하나의 정책망 안에서 강력히 통제함으로써 제 기능을 하는 것"(62)으로 이해된다.

박정희 정권은 정치적 배제와 억압 위에 일원적 통제망을 구축하는 데 그치지 않았다. "새로운 통제와 개입의 정책자원을 창출하고 그것을 다시 일원적 정치권력의 논리 아래 서로 일관되게 연결시키는 작업 역시 주요 과제가 된다"(62). 국가단원주의의 주요 내용이 되는 기획형 조정망의 구축은 조직분화와 이익침투에 대한 해결책으로 등장하였다. "그 조정망은 카리스마적 최고권력으로부터 가치배분의 조정 통괄권을 위임받아 다른 국가기관을 단순한 보조기관으로 정책집행과정에 동원하고 참여시킴으로써 일원적 통치구조의 확립에 기여했고, 거기에 경직된 테크노크라시의 정신이 경제성장을 촉진시켰지만, 동시에 국가권력의 경직된 흐름을 한층 심화시키는 기제로도 작용하였다"(65).

그러나 특이한 점은 박정희 정권이 시장을 국가로 대체하기보다는 그것의 원리에 따라 인적·물적 자원을 동원하고 움직이는 독특한 시장순응형 정책을 추진하였다는 것이다. 즉 "국가는 공공지출의 증가율을 제한하고 공기업의 확산율을 억제함으로써 민간부문의 성장 터전을 결코 침해하지 않았을 뿐 아니라 도리어 자본과 노동을 냉혹한 경쟁의 현실로 내던져 각 부문으로부터 끊임없는 자기조절과 자기혁신을 강요하고 성장의 기반을 다졌던 것이다"(70).

이런 관점에서 박정희 정권의 국가단원주의는 단순하고도 뚜렷한 특징을 가진다. 즉 어떤 개별적인 정치적 흥정이나 균열도 인정하지 않으면서 단지 경직된 기술합리성의 논리에 고도성장 경제정책을 추구하고, 동시에 시장순응적 개입을 통해 신사회를 더욱 압박하면서 철저한 전체 중심의 통치전략을 추진해 나갔다. 정치균열과 비판의 융합이나 수용은 애초부터 배제되고 반대되는 세력이나 집단의 주장과 이해관계에 대한 타협과 절충이 배양될 토양은 처음부터 존재하지 않았다.

멕시코의 국가조합주의는 한국의 국가단원주의와는 아주 대조적인 특징을 지닌다. 멕시코에는, 좌·우익이 어떠한 정치적 타협점도 못찾고 분단의 역사를 거치면서 배타적이고 배제적인 기제만이 확대 재생산되어 온 한국과는 상이한 정치문화가 형성되어 왔다. 혁명정권은 "이념적 다양성을 인정하고 갖가지 선택적 배제와 융합의 기제를 완성시켰으며, 무엇보다도 상반되는 경제적 이익과 이념적 정향을 지닌 모든 주요 사회세력에게 최소한의 정치적 참여와 수직적 사회이동의 가능성을 보장함으로써 정권을 안정시켜 나갔다"(75). 멕시코의 국가조합주의는 권력 공유의 원칙 속에서 생존의 이념을 구했으며 거대한 일당 체제내의 이질적인 분파에게 정치적 흥정을 약속하는 공존의 원리를 발전시켜 왔던 것이다. 더군다나 혁명정권은 권력공유의 원칙을 국가기구에까지 확산시켜 나갈 수밖에 없었으며, 이러한 정치연합의 논리는 기형적인 정책망과 조직적 단합성의 분열을 초래하기도 했다.

박정희 정권은 중간 조직이 성숙되지 않은 한국의 무정형적 시민사회 위에서 마치 아무런 사회갈등도 없는 것처럼 여론을 조작하고 물량적 성장에만 치중하였다. 김 교수는 이것을 "전략부문내의 관제노조와 산업자본에게 재정지원을, 그리고 농민·노동자·대중에게 복지사업을 선별적으로 집중시켜 독재정권의 전위조직을 키워 온 멕시코의 국가조합주의적 통치전략과는 상반되는 반(反)조합주의적 정책"으로 규정했다(93). 결론적으로 멕시코의 혁명정권이 정책의 순환적 단절과 힘의 교착상태만을 끊임없이 반복하고 악화시킨다면, 한국의 국가단원주의는 산업화에 따르는 정치적 긴장을 주기적으로 해소하거나 지지기반을 조작하지도 않은 채 소외세력을 끊임없이 생산해 내고 자극함으로써 결국에는 국가와 시민사회간에 정면충돌이 벌어지는 막다른 골목으로 치달았던 것이다.

한국과 멕시코의 대응의 차이는 조직논리의 각도에서도 설명된다. 만성적인 무역적자와 외환위기에 맞서 각각 의존적 성장론과 안정적 성장론이라는 상이한 경로를 걷게 된 데 대하여 김 교수는 두 가지의 조직원리의 차이를 들고 있다. 첫 번째 차이인 국가단원주의나 국가조합주의라는 거시적인 조직논리상의 차이 외에, 이러한 거시적인 국가권력이 다져 놓은 정책망에 실질적인 방향타를 제시하는 재무성과 경제기획원의 내적 권력자원이라는 미시적인 조직원리가 그 두 번째 원인으로 제시된다.

멕시코의 경성국가의 '긴장'의 두 가지 측면의 하나는 엄청난 빈부격차의 현실 속에서 빚어지는 구조와 이념 사이의 모순이고, 다른 하나는 서로 다른 이념체계 아래 불평등구조의 근원을 서로 다르게 정의하는 이질적인 사조직 사이의 권력투쟁이었다(164). 멕시코에서 개혁을 조절시킨 제일의 역사적 원인은 따라서 혁명정권의 이념과 국가의 조직성격 차원에서 추적될 수 있다. 결과적으로 "재정금융형의 정책조정망과 선택적 친화력을 가진 멕시코의 혁명정권하에서 개혁은 행정의 단절과 혼란을 몰고 왔다"(166). 이와는 대조적으로 박정희 정권에서 정책의 '기술합리성'은 치밀한 장기적 안목의 손익계산보다는 시민사회의 희생을 무시한 채 상황변화에 따라 신속하게 대응 반응을 수정할 수 있는 국가의 조직적 탄력성과 이념적 경직성에서부터 나온 것이다(167).

멕시코와 한국은 정치연합의 형성과 경제성장의 달성이라는 두 가지의 가치 사이에 존재하는 모순과 긴장을 완화시키는 데도 상이한 방식을 채택했다. 멕시코의 단임제와 정치관료제, 그리고 주기적인 인사 교체에 휘말리는 비전문적 관료제는 중산층의 신분상승 욕구와 정치적 참여에 대한 열망을 충족시키고 나아가서 그들을 민중부문과 정치적으로 갈라놓은 제도적인 기제였다. 이와는 달리 한국은 일인집권체제를 유지하고 강화하기 위해서 수시로 개헌을 단행하고 대체세력의 등장을 가로막으며 정치적 참여를 극도로 제한했다.

양국은 공기업부문의 역할에서도 뚜렷한 차이를 보였다. "멕시코의 혁명정권은 천연자원의 수출과 상업차관의 도입으로 국가재원을 확보함으로써 시민사회에 대한 국가의 물질적 의존도를 격감시켰고, 국가기구의 자율성을 제고했다"(235). 이와는 대조적으로 한국은 조세제도에 의지하여 새로운 잉여가치의 극히 한정된 부분만을 국고로 환수했다. 그러나 자원의 추출과 동원은 조세저항의 위험 때문에 한계가 있는 것으로 인식되었다. 설립동기와 조직형태가 유사함에도 불구하고 멕시코의 기획예산성과 한국의 경제기획원은 권위와 권한의 실재 상황에서 큰 차이를 보였는데, 김 교수는 그 원인을 정권유형, 하부 국가조직의 성격, 시장개입의 형태라는 세 가지 국가구조적 변수로 설명하고, 동시에 혁명과 전쟁의 유산을 다시 한 번 강조한다.

박정희 정권의 대외의존적 성장론의 장기적 존속과 이에 대비되는 혁명정권의 안정적 성장론의 실패에 대한 원인을 김 교수는 일차적으로 발전전략의 수정 및 개혁의 시기와 성격의 구명속에서 찾는다. 그리고 이 원인은 발전전략의 내적 역동성에서 재차 그 차별성의 근원을 찾고 있다. 여기에서 한 가지 흥미 있는 관찰이 제기된다. 즉 "박정희 정권은 사회복지의 측면을 무시한 반면에, 멕시코의 혁명정권은 복지와 성장의 조화 및 균형을 꾀하려 의도적으로 노력했다. 그러나 역설적이게도 멕시코 혁명정권이 오히려 박정희 정권보다 소득격차를 더욱 악화시켰고, 반대세력을 배제시킨 박정희 정권은 장기집권을 어느 정도 정당화시켜 주는 정책실적을 쌓아 올렸다. 이것은 정권의 통제 밖에 있는 시장과 과거 역사의 유산이 발전전략과 만나면서 빚어낸 의도하지 않은 결과였다"(258).

대외의존적 성장론의 기본 성격은 시장순응성이었고 이것은 정책의 신축성과 유연성을 강요했던 반면에 대외의존적 발전전략은 태환성과 고정환율을 최우선적인 국가이익으로 보았고 그 때문에 조세정책을 경직되게 운영하게 되었다. 대외의존적 발전전략에서는 스스로 내적 모순을 수정하고 자신의 정치적 생명을 연장하는 원리가 흐르고 있었다. 시장조건의 변화에 맞추어 각 부문의 경제활동을 지속적으로 조절함으로써 시장순응성을 통한 구조적 불균형의 축적도 방지할 수 있었고, 뿐만 아니라 대외의존적 산업화과정에 수반되는 소득집중화도 완화되는 효과를 덤으로 얻을 수 있었다. 반면에 멕시코의 혁명정권은 좌와 우익노선 사이를 순환적으로 오가면서 복지와 성장을 조화하려 했으나 결과는 빈부격차의 상대적 악화와 외환위기의 빈발로 나타났다.

결론적으로 상이한 경제정책을 설명하는 김 교수의 입장은 선명하면서도 복합적이다. 이념과 국가구조 및 국제체계가 발전전략을 틀 짓고 개혁의 위기와 성격을 좌우한다는 논리이다. 조직이나 제도를 정책 선택의 주요 요인 중 하나로 취급하면서 특히 그 중에서도 통화와 실물 부문을 관할하는 정부부처 사이에 국가권력이 어떻게 제도적으로 나누어져 있느냐 하는 것이 정책의 유연성과 일관성을 설명하는 변수로 설정되었다. 멕시코에서는 정권의 이념적 이질성과 그 조직적 원심력 때문에 한편으로는 국가의 자원동원능력이 훼손되었고, 다른 한편으로는 어느 누구도 감당할 수 없는 어렵고 다양한 의미의 사회정의와 경제주권이 국가의 핵심적인 정치적 과제가 되었다. 멕시코의 정책경험의 정책적 함의는 김 교수에 의해 다음과 같이 정리된다.

국가 및 정권의 조직구성과 이념적 성격은 주어진 현실에 대한 해석과 분석에 중대한 영향을 미치고 동원할 수 있는 제도적 자원의 범위와 성격을 좌우한다. 나아가서 자본과 노동이 선택할 수 있는 연합대상의 폭을 제한함으로써 발전전략의 선택에 간접적인 영향을 끼치는 것이다(454).

한국의 시민사회는 반공이념과 안정논리의 덫에 걸려 스스로 자신의 내부 갈등을 조직화하기를 포기했고, 기술합리성의 이상으로 무장되어 어떠한 사상적 회의와 방황도 하지 않는 획일적인 전문관료기구로 기획형의 국가 앞에서 무기력한 원자처럼 분열되어 버렸으며, 바로 그러한 이유 때문에 고도성장을 지속할 수 있는 길로 달려나갈 수 있었다. 멕시코의 혁명정권이 정책의 순환적 단절과 힘의 교착상태에 결박당한 채 끊임없이 혼란을 반복하고 악화시켰다면, 한국의 기획형 국가기구는 정책의 일관성을 어느 정도 지켜나가면서 성장으로의 탈출에 성공하게 되었던 것이다.

상이한 경제정책의 성격을 설명하기 위해 김 교수는 개혁의 이중성(학습의 소산일 뿐만 아니라 자신의 이익을 반영하고 권력과 부의 배분에 영향을 미치기 위한 정치적 연합형성의 산물이기도 한 것이다), 조직과 제도, 그리고 그로부터 연유하는 갈등의 이중적 역할 등 다양한 잣대를 가지고 유연하게 해부하고 다시 종합하는 과정을 걸어 왔다. 기존의 연구보다 바로 이런 다양한 비교의 규준과 풍부한 종합을 통한 분석에 비할 때 다음과 같은 결론은 다소 단순해 보이지만 의미 있는 함축을 갖는다.

사실 힘의 분배와 경제실적에 많은 영향을 끼치는 구조와 사상은 단순히 주어진 역사적 유산이 아니라 정치운동의 산물이다. 그것은 끊임없는 투쟁과 학습을 통해 형성되고, 인간은 이따금 기존의 사상과 구조를 변화시킬 수 있는

기회를 가진다. … 동족상잔의 비극을 경험한 한국과 멕시코는 발전의 원동력
으로서 정치적 갈등이 지니는 순기능을 터득해야 하고, 그에 대한 억압과 규제
보다는 갈등의 자연발생적인 표출을 선택해야 한다(476).

4. 조직론적 국가론의 공헌과 한계
다(多) 프리즘 그물망의 정교화의 성과와 과도한 이론화의 한계

지금까지 국가, 제도, 조직, 이념, 사상에 대한 조명을 통하여 한국과
멕시코의 상이한 경제정책과 대응방식의 차이를 설명하는 긴 터널을 지
나왔다. 김 교수가 서론에서 밝혔듯이, 구조결정론적인 이전의 국가론을
비판하면서 경제정책을 정치연합의 결과로 파악하고 힘의 역학구도에 의
해 정책의 범위와 성격이 결정된다고 인식하는 종속적 발전론과 국가론
을 부분적으로 계승하는 것이다. 그러나 김 교수는 이 이론이 국가의 동
태적 역할을 강조하는 것은 수용하지만 매개변수로서의 사상과 조직의
기능을 제대로 파악하지 못하는 점에 대해서는 비판적이다. 김 교수의 이
론적 공헌은 따라서 국가론에서 시작했지만 이 영역을 넘어서는 것이기
도 하다. 기존의 여러 형태의 국가론이 부닥칠 수밖에 없었던 한계를 김
교수는 '프리즘으로서의 국가'라는 인식을 통해서 일단 빗겨 나려고 노력
한다. 만약 여기서 그의 분석이 정초했다면, 그의 이론적 공헌은 국가론
에 머물렀을 것이다.

그가 제도와 조직을 강조하는 것은 오늘의 현실 속에 존재하는 다양한
그물망의 걸름과 매개를 의미한다. 그가 이념과 사상을 강조하는 것은 과
거의 세계관과 가치서열이 끈질기게 오늘의 선택에 영향을 미치고 제약
을 가한다는 점을 의미한다. 과거의 이념적·사상적 유산이 조건지은 맥락
속에서, 또다시 분산·굴절시키고 걸러주고 매개해 주는 엄청난 그물망을
여과해서 비로소 하나의 대응과 정책이 형성되는 것이다. 이 과정에서 김
교수가 중요하게 제기한 그물망의 코만 하더라도 어느 분석보다도 다양
할진대, 그 코를 이어가는 바느질마저 촘촘하고 견고하고 상호교차적이
어서, 튼튼할 뿐 아니라 새로운 색채를 발하고 있다. 공통성 속의 다양성

에 대한 문제의식은 글머리에서 얘기했던 카르도소의 한 가지 공헌에 속한다. 초기 종속이론가들의 결정론적이고 도식적인 해석에 분석적 계기를 제공하고 구체적인 차별성(카르도소는 구조적 종속이란 표현 대신에 종속의 상황이라는 용어를 사용했다)의 분기(divergency)를 풍부하게 설명해 낸 공헌이 아직은 우리에게 주요한 이론적 공헌으로 남아 있기 때문이다. 김 교수의 이론적 시도 역시 그 연장선 위에 있다는 인상을 받았다. 문제는 현재의 그물망 외에도 과거의 여러 가지 유산과 그 제약성을 상호 교차시키려 했던 김 교수의 시도가 얼마나 의미 있는 성과를 획득했는가에 따라 그 다음의 평가는 조금 달라질 수 있을 것이다.

김 교수의 박사논문인 이 책의 다양한 잣대와 유연한 해석, 그리고 풍부한 설명에 대한 평자의 긍정적인 평가는 지금까지의 행간에서도 쉽게 읽혀질 것이다. 이 부분에서 평자는 몇 가지 이론적 문제점을 제기하려 한다. 먼저 평자는 김 교수가 너무 많은 이론적 잣대와 너무 넓은 범위를 설정했다는 점에 대해 여기서는 비판적인 입장을 취하려 한다. 국가론의 접근에 조직과 제도의 측면에서 그 분산·굴절의 기제를 첨가했다는 것은 크게 문제가 되지 않는다. 왜냐하면 이제 그 프리즘으로 구성된 그물망이 크기만 커지는 데 그치지 않고 더 정교해지고 더 정확해지는 것이 충분히 가능하기 때문이다. 그리고 또 사실 국가의 정책이나 대응방식을 설명해 온 기존의 국가론적 접근은 결정론적이었거나 너무 얼기설기 짠 그물망 속에서 다르게 해석될 수 있는 그림을 자의적으로 채색한 데 불과하다는 느낌도 적지않게 주었다. 그러나 그물망이 더 정교하고 입체적일 정도로 종합적이라면 그 설명의 논리적 구성과 설득력은 훨씬 높을 수 있다. 이런 평가는 김 교수의 이론적 성과에도 그대로 적용될 수 있다고 보인다. 문제는 과거와 현재의 절충에 있다.

이 책의 제목이 시사하듯이, 김 교수는 한국과 멕시코에서 전쟁과 혁명의 구속과 영향을 일관되게 강조하고 있다. 이런 강조가 특별한 것은 물론 아니다. 멀리는 『브뤼메르 18일』에 나오는 맑스의 언명, 즉 인간이 자신의 역사를 만들어가되, 인간의 원하는 대로 만들어 가는 것이 아니라 과거 역사의 유산과 제약이라는 전제하에서라는 견해, 혹은 베링톤 무어의 비교역사학적 접근에서도 과거와 현재의 부단한 상호작용과 전자의 구속력은 사회과학적 설명과 예측을 가능하게 하는 주요 근간이 되어 왔다. 선택의 폭과 성격을 조건짓는(conditioning) 정도를 넘어서 그 선택에 더욱더 직접적인 영향력을 미친다고 했을 때, 그것을 검증하는 것은 어려워질 수밖에 없다. 더군다나 그 과거의 구속력이 현재의 그물망과 더불어 또 다른 그물망을 형성한다는 것을 체계적이고 엄밀하게 입증하기란 한층 더 지난한 과제가 될 것이다. 왜냐하면 여기서도 일방적인 영향력이 아니라 부단히 운동하는 상호작용이 문제가 되기 때문이다. 과거가 현재를 구속하고 영향력을 행사하는 만큼, 혹은 그 이상으로 과거는 현재에 의해 변형되고 다시 재단되기 때문이다. 과거의 유산과 구속을 새로운 이론적 그물망으로 통합하는 김 교수의 시도는 바로 이런 상호작용의 기제를 제대로 포착하지 못했다는 인상을 준다. 차라리 과거 역사가 주는 배경적 조건과 테두리가 정확히 포착되는 선에서 새로운 그물망이 더욱 정교화되는 것이 보다 현실적이고 혼돈도 덜 주는 것은 아닌가 하는 생각이 들었다.

김 교수가 거시적 권력구조의 차이를 설명하면서 국가단원주의와 국가조합주의를 대비시킨 것도 문제가 있어 보인다. 더 엄밀하게는 국가단원주의라는 모델이 김 교수가 일관되게 강조하는 유연하고 복합적인 설명방식과 모순되거나 그것에 장애가 되고 있는 듯이 보인다. 멕시코의 국가조합주의의 복잡한 프로세싱에 대조되는 점에서는 유용할지 몰라도 한국적 정책결정구조를 다양하고 종합적으로 설명하는 시도에는 전혀 도움이 안된다. 무정형의 시민사회의 존재와 국가의 강력한 통제까지는 이해한다 하더라도, 그것이 정책결정의 단순화로 이어지는 것은 설득력도 약할 뿐만 아니라, 이 책이 제시하는 분석의 성과를 오히려 약화시킬 수도 있다. 극단적으로 박정희 정권이 아무런 반대나 견제 없이 통치구조를 영속화시키고 정책을 강요할 수 있었다면, 이에 대비되는 것이 반드시 멕시코의 국가조합주의일 필요가 있는지 쉽게 이해되지 않는다. 멕시코의 재무성과 한국의 경제기획원의 조직구조와 성격의 차이가 양국가의 상이한 대응방식을 설명하는 데 훨씬 효과적으로 보인다. 거시적 권력구조로서의 국가단원주의와 이런 기획조정형의 경제기획원의 구조와 성격이 종합적인 틀로서 체계적으로 통합되어 있는지에 대해서도 의문이 든다. 김 교수는 국가단원주의라는 개념을 한국의 노동배제적인 정치를 설명하는 데 적용한 바 있다. 그 이론적 적실성의 문제가 멕시코와의 비교에서 더 선명하게 노정된 것은 아닌지, 만약 그렇다면 그 한계가 극복되고 발전될 수 있는 방향이 진지하게 논의되어야 하리라 생각된다.

  이론적인 틀에 관한 이런 부분적인 비판에도 불구하고 김 교수의 이 책의 분석의 공헌은 크게 달라지지 않을 것이다. 사실 비교연구의 어려움과 험난함을 많은 사람들이 실제로 체험해 왔고, 또 그만큼 이 시도에서 의미 있는 성과를 발견하는 일 역시 극히 드물었다는 경험을 많은 사람들이 공유하는 마당에 접하게 된 이 책의 설명력과 풍부한 해석력은 귀중한 공헌이자 신선한 이정표가 되기에 충분해 보인다. 비록 전공이지만 딱딱한 사회과학 책에 다소 지쳐 있는 평자에게 김 교수의 이 책은 흥미로운 책읽기의 개안도 동시에 제공해 주었다.

▌제14장▐
'노동정치'를 매개로 한 민주화과정의 이론화 작업
조효래 박사의 「민주화와 노동정치」 논평

1. 민주화시대의 민주주의 이론의 빈곤

지금은 민주주의의 시대인가? 우리는 과연 민주화의 '제3의 물결' 속에 살고 있는가? 권위주의하에서 그려지고 상정된 민주주의는 오늘의 현실 속에서 경험하는 민주주의와는 얼마나 유사한가? 혹은 얼마나 다른가? 널리 얘기되는 '민주화'가 진행될수록 새롭고 예상치 못했던 문제들이 돌출되면서 민주주의에 대한 인식은 더욱 혼란스러워진다. 민주주의를 만병통치약으로 가정하고 치열하게 갈망해 온 정도 만큼 그에 대한 이론적 이해는 더욱 어려워지는 것은 아닌지.

토크빌이 일찍이 간파했듯이, 민주주의라는 나무는 순탄하게 제도와 체제를 발전시켜 온 곳(미국)에서보다도 오랫동안 압제 속에 시달려 온 곳(유럽)에서 더욱 풍성하게 그 사상의 열매를 맺는 듯도 싶다. 최소한 최근의 민주화 이행에 관한 이론적 성과를 보면 오히려 민주화시대에 이 이행경로를 이론화하는 것 자체가 가능한지 회의가 들게 한다. 상이한 역사적 배경, 성격이 천차만별한 행위자와 집단들, 이들 상관관계가 엮어내는 헤아릴 수 없는 조합들, 이 조합들의 변형과 변이와 연관되는 구조적 구도와 조건과 그 다기한 영향력은 이에 대한 이론화작업을 건조하게 재단된 역사의 가지나 혹은 조야하게 덧칠된 이론의 함정으로 인도하곤 했다.

이런 힘든 이론적 작업의 성과는 따라서 우리가 경험하는 이 민주화 이행 경로를 이해하는 데 별반 도움이 안된다는 인상을 주는 때가 적지 않았다.

립셋(Martin Lipset)으로부터 최근의 성과까지를 대충 일별해 보면, 차라리 근대화이론이 그래도 명쾌했던 것 같다. 근대화이론이 마음에 안들면 그나마 인용할 수 있는 근거라곤 배링톤 무어 정도가 아니었는지. 오도넬 등의 시도도 민주화 이행의 이론화에 관한 한 성공적으로 보이지 않는다. 쉐보르스키 등의 분석적 맑스주의의 시도나 합리적 행위자(선택) 모델 등도 그 일정한 통찰력의 공헌에도 불구하고 한국이나 제3세계의 현실과 견주어 보면 어딘지 어색한 구석이 적지 않았다.

민주화경로의 메커니즘에 관한 조효래의 논문은 이런 맥락에서 반갑지 않을 수 없다. 적절한 문제제기와 잘 조응된 분석틀, 그리고 분석적 시도와 의미 있는 이론적 함축의 도출들로 인해서 이 분야의 연구에 관한 한 주요한 참고가 될 수 있으리라 생각된다. 먼저 민주화 이행과 노동정치구조 그리고 공고화에 대한 조효래의 주요 관찰과 공헌을 논하겠다. 그리고 이런 성과가 갖는 긍정적 의미에 대해서도 논하게 될 것이다. 다음으로 조효래의 이론적 시도에서 비치는 아쉬운 측면과 몇 가지 이론적 쟁점 및 과제에 대한 필자의 견해를 제시하고자 한다.

2. '노동정치' 분석을 매개변수로 한 민주화단계에 대한 분석적 시도의 가능성

이 논문의 목적은 선명해 보인다. 그것은 민주화 이행의 연속적 모델로서 한국, 브라질, 스페인의 사례에 대한 비교분석을 통해서 국가-노동관계에 대한 민주화 이행의 영향력, 그리고 민주주의의 공고화에 대한 새롭게 형성된 노동정치 구조의 영향력을 분석하는 것이다. 여기서 조효래의 가정은 첫째, 민주화과정을 민주화 이행단계와 민주주의의 공고화단계로 구분하고 그 중간에 국가-노동관계 및 노동정치의 구조를 매개변수로 채택하는 것이다. 쉽게 말하자면 민주화과정하에서 특정한 민주화 이행이 특정한 국가-노동관계 및 노동정치구조를 형성하고, 다시 이 새롭게 형성된 노동정치구조가 민주주의의 공고화에 영향을 미친다는 것이다. 특히 첫 번째 단계에서 "연속모델에 의한 민주화 이행의 맥락에서 국가, 노동조합, 계급정당이 각각 새로운 노동정치의 구조를 확립하기 위해 어떠한 전략과 행동으로 대응했으며," 또한 두 번째 단계에서 "조합영역에서의 사회협약과 정당영역에서의 온건한 계급정치는 어떻게 가능한가"라는 문제가 주요 과제로 상정된다.

첫 번째 이행단계는 "정치행위자들간의 타협과 (주로 엘리트간의) 정치협약의 성공에 의존하는" 반면 두 번째 민주적 공고화의 과정은 새로운 체제와 제도에 대한 보다 폭넓은 사회적 합의의 발전에 기초하게 된다. 그리고 "민주주의에 대한 사회적 합의란 시민사회의 사회적 갈등을 관리하고 여과할 수 있는 제도적 채널을 확보하고 정치사회에서의 정치적 갈등을 온건화하고 체제내화하는 것을 필요로 한다." 바로 여기서 노동정치의 구조의 중요성이 강조된다. "시민사회의 이익을 매개하는 노동정치의 구조는 새로운 민주체제의 성격을 규정하는 데 중요한 요소로 작용한다. 민주화과정에서 노동운동은 두 가지 측면에서 중요한데, 하나는 노동정치가 새로운 민주주의 실질적 내용을 쟁취하는 데 있어서 상당한 가능성과 기대를 제공한다는 점이고, 다른 하나는 노동정치의 구조가 사회적 갈등을 제도화하고 정치적 갈등을 온건화함으로써 새로운 민주체제의 정치적 안정에 기여한다는 점이다."

민주화과정의 이런 내적 메커니즘을 염두에 둘 때, 정치엘리트간의 타협과 협약의 산물로 민주화 이행이 전개되어 온 민주화의 연속모델은 여러 가지 한계를 내포하고, 다양한 문제들을 제기할 수밖에 없다. 왜냐하면 "엘리트간의 타협과 협약을 통한 이행의 연속모델은 이행의 엘리트적 성격, 구세력의 권력유지, 민주개혁의 불철저성, 노동계급의 사회경제적 배제를 특징으로 하기 때문에, 확대되는 시민사회의 이익을 매개하고 이를 대의제적인 정당체계로 포섭할 수 있는 제도적 구조의 창출을 제약한다.

여기서 민주화과정에서의 노동정치의 중요성이 재차 제기된다. 즉 노동정치의 구조는 민주화의 연속모델이 갖는 한계를 극복하고 순조로운 민주적 공고화를 달성하는 데 중요한 요소인 바, 민주화와 노동정치의 관계를 분석하는 것은 정치엘리트들의 행위로부터의 민주화 이행, 그리고 더 나아가 체제-시민사회의 관계 속에서 민주화의 전과정을 이해하는 것을 의미한다는 것이다. 다시 말하자면 민주적 공고화란 엘리트간의 정치적 협약에서 새로운 시민사회의 역할과 관계, 그리고 새로운 질서와 체제에 대한 포괄적인 사회적 협약으로의 발전에 좌우된다면, 그러한 사회적 합의의 내용과 성격을 형태짓는 데 있어 노동정치가 주요 관건이 된다. "따라서 연속적 이행모델이 갖는 한계를 극복하고 민주적 공고화의 전진을 가능하게 하는 노동정치의 구조를 모색하는 것은 이론적으로, 실천적으로 대단히 중요한 문제이며, 이러한 측면에서 '노동-자본가의 사회협약'과 '계급균열의 정당체계로의 전환'은 어떻게 가능한가라는 문제의식"이 이 논문의 주요 출발점이라고 밝히고 있다.

분석적인 측면에서 이 논문의 기본적인 논점은 "조합채널과 정당채널로 구성된 노동정치의 구조가 새로운 민주체제의 성격과 민주주의의 공고화의 가능성을 규정하고 있다는 것이다." 이 논점을 검정하기 위해서 '거래에 의한 민주화 이행(민주화 이행의 연속적 모델)'의 특징을 갖는 한국, 브라질, 스페인을 선택함으로써 비교적 유사한 사례들간의 차별성을 부각시키려 시도하고 있다. 저자는 "민주화 이행이 '거래에 의한 연속모델'의 형태를 취했던 스페인, 브라질, 한국에서 상이한 노동정치의 구조가 민주화의 과정에 어떠한 영향을 미쳤는가를 설명하고자 한다."

논문의 전체적 구성은 이러한 목적을 위해 체계화되어 있다. 즉 민주화 이행이 노동정치에 어떠한 영향을 미쳤으며, 그 결과 새롭게 형성된 노동정치는 다음 단계의 민주적 공고화에 어떠한 영향을 주었는가를 분석하기 위해, 구체적으로 시민사회에서의 노동조합, 정치사회영역에서의 계급정당, 그리고 국가의 전략과 행동에 초점이 맞춰진다.

이 논문의 분석의 결론은 다음과 같이 간략히 정리될 수 있다. 먼저 한국, 브라질, 스페인은 모두 1960년대 이후 권위주의 체제하의 국가주도에 의한 급속한 경제발전과 근대적 노동계급의 등장, 노동계급에 대한 권위주의적 억압이라는 공통점을 갖고 있고, 개방을 통하고 거래에 의한 민주화의 연속모델을 대표한다. 세 나라에서의 새로운 체제는 모두 보다 많은 민주주의, 실질적 민주주의 확대를 요구하는 시민사회, 특히 노동계급의 도전에 직면했지만, 민주화 이행의 결과와 노동정치의 구조는 상이하게 전개되었다. 대표체계의 제도화와 정치체제의 통치능력에 의해서 측정되는 민주적 공고화과정에서 스페인은 발전적인 진보를 이룰 수 있었으나, 한국의 경우는 대표성의 차원에서, 브라질의 경우는 통치의 차원에서 상당한 어려움에 직면했다.

국가의 노사관계전략에서의 차별성은 다음과 같이 정리된다. 스페인의 신체제는 국가와 노동가의 권력균형과 신뢰를 기반으로 '정치적 교환'의 전략을 선택했고, 노동계급의 경제적 양보를 얻어내는 대신, 정치개혁과 고용보장을 반대급부로 제공했다. 결과적으로 노사관계전략은 전국적 수준의 정치적 교환을 담보할 수 있는 전국적인 집중화와 합의적인 소득정책을 이끌어낼 수 있었다. 브라질의 경우는 조합체계가 공식적 노동체계와 자율적 노동체계로 공존하는 이중적 조합구조로 귀결되었으며, 시민사회의 불신과 노동계급의 불신으로 국가가 일관된 정책을 수립하지 못했다. 한국의 경우, 국가의 억압적인 노사관계전략이 노동조합의 탈정치화와 기업별 분산화를 특징으로 하는 것이었고, 임금정책은 가이드라인을 통한 국가개입과 생산성범위내에서 임금인상을 허용하는 규제적인 것으로 분석되었다.

노동조합의 전략에서는 세 나라의 노동운동들은 모두 경제적, 실리적 조합주의를 거부하는 공통점을 가지고 있었다. 그러나 스페인의 노동조합들은 민주적 공고화를 목표로 한 제도적 협상을 우선시했고, 노동행동의 패턴은 '집중적 협력'의 형태로 나타났다. 반면 브라질의 노동조합들은 대중동원에 의한 계급적 이익의 옹호를 주요한 목표로 설정했고, 노동행동은 '집중적 동원'으로 발전했다. 한국의 노동조합도 국가와의 직접적인 충돌의 전략을 선택했으나 취약한 조직적 자원으로 인해서 사회적으로 고립화되었고, 노동행동은 기업수준에서의 분산적 동원과 분산적 협력이 공존하는 불안정한 패턴을 보여주었다.

사회협약의 측면에서 볼 때, 스페인에서는 국가의 포섭적 노동정책, 신체제의 정당성에 대한 신뢰, 조합과 긴밀하게 연결된 계급정당의 적극적 역할로 인해서 사회협약이 가능했으며 이 사회협약들은 노동갈등을 축소시키고 신체제의 경제적·정치적 불안정의 비용을 감소시킴으로써 발전적인 민주적 공고화를 이룰 수 있었다. 한국에서의 사회협약은 노동조합과 국가간의 정치적 교환이라기보다는 국가의 직접적인 임금규제를 노사간 합의에 의한 가이드라인으로 대체한 것이었다. 한국에서의 사회협약은 노동운동의 고립화를 배경으로 자율적 노동조합들을 배제되었기 때문에 사회적 갈등의 합의적 해결이라기보다는 국가의 경제안정화 정책의 일환으로 해석된다. 이렇게 강제된 사회협약은 시민사회의 이익갈등을 제도화하고 노동계급을 체제내로 포섭하는 데 결정적인 한계를 가진 것으로 분석된다. 브라질에서는 국가가 협약에 대한 의지를 결여하고 있었고, 심화되는 노동갈등을 사회협약으로써 해결할 능력을 가지고 있지 못했다. 노동계급 역시 국가에 대한 불신, 계급정당의 취약성으로 인해 직접적 동원을 통한 실질임금보장 이외의 해결책을 신뢰하지 않았다.

계급균열의 정당체계로의 전환, 계급갈등의 제도화라는 측면에서는 스페인이 온건한 계급정치로 발전했던 반면, 브라질은 양극적 계급정치의 경향이 강화되었고, 한국은 폐쇄적 엘리트정치의 틀을 유지하였다. 한국의 경우에는 지역균열을 억압함으로써 상대적으로 순수한 계급투표의 경향이 나타났던 스페인의 사례와는 달리, 지역균열에 의해 계급투표의 패턴이 억압되었다. 브라질의 지역균열은 엘리트간의 지역연합에 의해 봉합됨으로써 현상유지와 변화로 상징되는 엘리트/대중균열에 의해 압도당했다.

'집중적 협력'을 특징으로 하는 신조합주의적 노동체계와 경제주체들 간의 사회협약, 정당영역에서 '온건한 계급정치'의 구조를 확립한 스페인은 정당과 조합영역에서의 대표체계의 제도화를 성취함으로써 체제의 대표성과 책임성을 증대시켰을 뿐만 아니라, 사회적 갈등에 대한 합의적 해결과 정치적 갈등의 온건화를 통해 체제의 통치와 안정성을 확보할 수 있었다. 그 결과 스페인은 공고화된 민주주의로의 전진할 수 있었다. 조합

영역에서의 집중적 동원과 사회협약의 실패, 정당영역에서의 양극화와 계급정치의 경향으로 특징지어지는 브라질의 노동정치의 경우, 계급정치의 성공에도 불구하고 전근대적인 정당구조와 경제주체들간의 영합적인 분배갈등이 민주체제의 정치적 불안정을 심화시키고 있다. 한국의 민주체제는 조합과 정당, 어느 영역에서도 노동계급의 이익을 대표하고 여과할 수 있는 제도화된 채널을 제공하지 않았고, 노동조합의 배제와 엘리트 정치의 구조를 효과적으로 유지하였다. 따라서 노동계급을 고립화하고 높은 경제적 효율성을 유지함으로써 체제의 통치능력을 확보할 수 있었지만, 시민사회의 대표체계를 제도화한다는 측면에서 민주적 제도화는 정체되었다는 결론이 도출된다.

3. 민주화경로의 단계와 메커니즘에 대한 형식논리적 분석의 한계

스페인, 브라질, 한국을 민주화의 연속모델 혹은 거래에 의한 민주화의 경로의 범주에 포함시켜 그 유사성과 차별성을 동시에 이해하고자 하는 이 논문은 다른 무엇보다도 그간 민주화경로의 메커니즘의 연구에 있어서 부족했던 분석적 이해를 가능하게 해주었다.

첫째, 민주화과정을 민주화 이행단계와 민주적 공고화의 단계로 구분하고 그 매개항으로서 노동정치를 설정함으로써 민주화 이행경로의 복합적 메커니즘을 분석적으로 설명할 수 있게 되었다. 복합적인 성격과 향방을 비교적 풍부하게 해석할 수 있는 토대는 비단 분석틀의 정치함뿐만 아니라 각 장에서 전개되는 개념의 분석적 적용에서도 돋보인다. 예를 들면 이행기 노동조합의 행동패턴을 설명하면서 노동조합의 전략을 협력과 동원으로, 그리고 노동조합의 구조를 분산과 집중으로 분류하면서 민주적 공고화에 가장 적절한 방식으로서 집중적 협력을 들고 그 대칭점에 분산적 동원을 들고 있다. 그 결과 발전적인 스페인은 전자에, 한국은 후자에 속하는 사례로 인용된다. 계급정당의 이행전략에 관한 분석에서도 유사한 해석이 적용된다. 즉 이행전략의 동맹과 이념에 있어서 민주연합전략/독자적 계급전략, 그리고 온건화/급진화의 범주에서 네 가지 조합이 만들어진다. 민주연합전략과 온건화가 구성하는 온건한 연합전략의 스페인이 민주적 공고화에 가장 유리한 조건을 구비한 사례로 분석된다. 브라질은 급진적 계급전략의 범주에, 그리고 한국은 온건한 계급전략과 급진적 연합전략의 범주에 속하게 된다. 마지막으로 정당체계와 계급균열의 관계에 대해서도 역시 마찬가지 개념적 분석이 적용된다. 즉 두 가지 변수는 계급갈등의 제도화의 성공 여부와 계급균열의 정당체계로의 전환의 성공 여부이다. 두 측면에서 모두 성공했을 때 온건한 계급정치가, 양측에서 모두 실패했을 때 폐쇄적 엘리트 정치가 형성된다.

결론적으로 저자는 "계급균열의 정당체계로의 전환, 계급갈등의 제도화를 주내용으로 하는 '온건한 계급정치'의 형성이 체제의 대표성과 안정성을 높여줌으로써 새로운 민주체제의 공고화에 가장 유리했다"고 논한다. "상대적으로 안정적이고 온건한 계급정치의 구조를 확립한 스페인의 경우는 보다 손쉽게 사회적 갈등을 관리하고 정치적 갈등을 온건화함으로써 민주체제의 공고화를 달성한 반면, 상대적으로 불안정하고 양극화된 계급정치의 경향을 갖는 브라질의 민주체제는 심각한 통치상의 문제에 직면했다. 반면에 계급균열의 정당체계로의 진입을 폐쇄한 한국의 민주체제는 시민사회의 사회적 갈등을 정치적으로 관리할 수 있는 통로를 폐쇄하였고, 정치적 안정은 유지되지만 민주적 제도화나 갈등의 합의적 해결은 이루어지지 못했다"고 주장한다.

민주화 이행경로를 단계적으로 구분하고 그 매개변수로서 노동정치를 설정한 다음, 다양한 잣대로서 분석적 설명을 추구해 나간 결과, 저자는 일관성 있고 체계적이며 동시에 비교적 풍부해 보이는 결론을 이끌어내는 데 성공하고 있다. 따라서 이 경로에서 핵심적 관건은 어떻게 안정적이고 온건한 계급정치를 형성할 수 있느냐의 문제인 것이다. 세 나라 모두 연속적인 민주화 모델을 경험했지만 국가의 노사관계전략과 노동조합의 전략상의 차이에서 연유하는 사회협약과 계급정당 유형에서의 차별성이 민주적 공고화의 경로를 상이하게 만들었다는 것이다. 이런 분석을 통해서 그렇게 다기하고 복합적으로 보이던 각국의 민주화경로의 내적 메커니즘을 어느 정도 체계적으로 이해하는 것이 가능하게 되었다.

노동정치의 유형과 전략을 매개로 하는 민주화과정에 대한 분석적인 이해가 '노동'편향적인 함정에 빠지지 않고, 노동정책/노동체계, 노동조합의 전략/노동행동의 유형, 계급정당의 정치전략/계급정당과 노동조합과의 관계 등의 분석적인 범주를 채택함으로써 비교적 풍부한 해석을 이끌어내고 있다. 이 분석은 국가의 대응전략이나 국가와 노동조합과의 관계를 단순하고 결정론적으로 이해하는 것을 방지해 준다. 또한 노동조합과 계급정당의 전략과 관계 역시 직접적이지 않고 매개 중재항을 거치는 최소한 2×2의 조합(combination)을 구성한다는 점을 보여줌으로써 편향적·이데올로기적인 수준을 벗어나, 현실을 방향성과 풍부함이 겸비된 설명으로 이끌어낼 수 있었다.

이렇게 노동정치를 민주화 이행과 민주적 공고화단계의 매개항으로 설정하고 동시에 다양한 층위와 차원의 분석을 종합함으로써 민주화과정에 대한 이해를 분석적이고 총체적으로 가능하게 해준 것이 이 논문의 가장 주요한 공헌으로 보인다. 그러나 이 노동정치가 단계적 매개변수에다 국가, 정치사회/시민사회간의 층위적 매개변수로서도 작동하고 있음을 보여준 것이 어쩌면 더 중요한 성과가 아닌가 싶다. 우리 학계에서 그간 전개되어 온 민주화과정하의 국가/시민사회 논의는 대부분 국가와 시민사회를 직적접인 대립항으로 설정하고 그 관계를 제로섬관계로 이해함으로써 그 성격이 다분히 도식적이고 조야한 형태로 진행되어 왔다. 본인은 국가/시민사회에 대한 도식적이고 메마른 이해를 지양하는 방식이 이 양자의 관계를 절충적으로 조정하는 정치사회라는 개념의 첨가만으로는 부족하다고 생각해 왔다. 한 가지 대안적인 시도가 '계급연합'의 문제라고 생각한다.

민주화 이행의 첫 단계가 편의상 정치적·절차적 측면의 갈등에 치중되며 여기서 '정치적 평등(political equaity)'의 관계와 형태가 형성된다. 이 단계에서의 결과적 유형이 연속적으로 진행되는 민주적 공고화단계의 틀과 성격을 정하는 데 큰 영향을 미친다는 점은 부언할 필요가 없다. 문제는 다음 단계의 성격과 향방을 설명할 수 있는 새로운 독립변수의 문제이다(물론 이 새 변수가 이전 단계에서는 종속변수였다). 이 독립변수를 노동정치로 설정한 점에서 조효래 박사의 논문이 갖는 강점이 있는 것은 아니다. 그 노동정치의 유형을 도식적 혹은 이데올로기적으로 이끌어오지 않고 민주화 이행단계의 복합적인 현실운동의 심층으로부터 종합적으로 재구성했다는 데 이 논문의 실질적인 공헌이 있다. 이 노동정치의 지평이 '계급연합'의 유형과의 연관성 속에서 보다 깊어질 수 있다고 생각된다.[1] 이런 관점에서 조효래 박사는 노동과 시민사회, 국가와 정치사회의 역동적인 상호관계에 대해 관심을 더 기울여야 했으리라 생각된다.

　본인의 견해로는 국가의 정책, 노동조합과 계급정당의 관계가 쌍방의 정책과 전략의 유형과 차원에서만 강조되고, 민주화과정하에서 변모되는 연합(동맹)관계의 문제와 연관되지 않을 때, 그 분석은 형식논리적인 방향으로 흐를 가능성이 높아진다. 이런 우려는 이 논문에서 자주 적용되는 2×2 조합형식에서 전형적으로 발견된다. 이행기 노동조합의 행동패턴을 설명하면서 노동조합전략(협력/동원)과 노동조합구조(분산/집중)의 변수를 설정하는데, 분산적 동원과 집중적 협력, 이 두 가지 조합만이 논리적인 의미를 가질 수 있다. 그렇지 않은 분산적 협력과 집중적 동원은 이 논리구조하에서는 이탈이다.

　유사하지만 조금 더 심각해 보이는 문제가 계급정당의 이행전략의 조합에서도 발견된다. 이 도식에 있어서도 온건한 연합전략과 급진적 계급전략의 2범주(조합)만이 논리적으로 유의미하다. 이념적으로는 온건하고 독자적 계급전략을 채택하는 온건한 계급전략이나 특히 이념적으로는 급진적이고 동맹전략으로는 민주연합전략을 채택하는 급진적 연합전략은 혼돈스럽다. 더군다나 급진적 연합전략이라는 개념 자체가 엄밀하게 성립할 수 있는 것인지 의문이 든다. 물론 조효래 박사의 부연설명이 있다. 하지만 본인은 조효래 박사의 논문이 가지고 있는 분석적 장점이 형식논리적인 분석에 의해 약화되고 있는 것은 아닌지 염려스럽다. 또 스페인,

---

1) Goran Therborn, "The Rule of Capital and the Rse of Democracy," *New Left Review* 103, 1977; Dietrich Rueschemeyer et al., *Capitalist Development and Democracy*, University of Chicago, 1992.

브라질, 한국의 사례를 거래에 의한 민주화과정으로 선정한 것은 충분히 이해되지만, 모든 측면에서 스페인이 지나치게 이상적인 모델로 고정되고 나머지 한국과 브라질은 그 대칭적인 관점에서 설명되어야 하는 구도가 다소 도식적으로 보인다. 다시 말하자면 분석적 논리에 맞춰지고 조응되기 위해서 비교사례들이 재단되고 그 틀에 끼워지는 듯한 인상이 강하게 남아 있다.

서술적이지 않고 분석적인 설명은 현실의 다양하고 풍부한 운동과 조합(combination)방식, 그 결과로 형성되는 변이(variations)를 도식적이고 결정론적으로 이해하지 않고 여러 가지 매개변수를 통해서 접근할 수 있다는 본질적인 장점을 갖는다. 그러나 만약 여기서 시도되는 분석이 현실에 대한 엄밀한 관찰·검증과 유리된 채 분석논리 그 자체에 얽매이는 것은 이론의 발전가능성에 커다란 장애가 된다.

부연적인 얘기가 되겠지만, 그러나 이러한 아쉬움은 이 논문에서 시도되고 성공적으로 결실되는 분석적인 성과에 비하며 지극히 지엽적인 것이 된다. 노동의 문제 혹은 노동정치의 차원이 우리사회의 민주화를 진보적으로 추동시켜 줄 수 있으리라는 그렇게 과학적이지 못하고 편향적인 생각의 단초를, 유연하고도 풍부한 그리고 분석적 설명력의 차원으로 고양시켜 준 이 논문의 성과는 민주화의 궤적에 열린 시각과 지평을 제공해 준다. 노동정치의 매개를 통한 설명력의 고양은 현재까지의 민주화경로에 대해서는 분석적·체계적 이해를 가능하게 하는 동시에 앞으로 걸어가야 할 민주화의 미래, 즉 민주적 공고화의 단계에서는 현실적이고 실천적으로 의미 있는 함축을 시사하고 있기 때문이다.

■ 참고문헌

강문구. 1993, 「한국운동현실에서 시민사회논쟁이 갖는 의미」, 《연세춘추》 3월 29일.
강문구·여현덕. 1992, 「한국의 민주적 이행과 사회적 변혁의 전망」, 《창작과비평》 겨울호.
김석준. 1991, 『한국자본주의 국가위기론』, 풀빛.
김성국. 1992, 「한국자본주의 발전과 시민사회의 성격─1960년대 이후를 중심으로」, 『한국의 국가와 시민사회』, 한울.
김세균. 1991, 「한국에서의 민주주의 논의에 대한 비판적 검토」, 《사회비평》 6.
_____. 1992, 「그람시를 넘어서 나아가야 한다」, 《경제와사회》 16호(겨울).
김용창. 1991, 「한국에서 새로운 사회운동의 올바른 논의를 위하여」, 《사상문예운동》 가을호.
박광준. 1992, 「한국 국가의 성격과 민주주의의 전망」, 《현대사회》 12: 1(봄).
백욱인. 1993, 「한국사회 시민운동(론) 비판」, 《경제와사회》 17호(봄).
안식. 1992, 『현대화, 혁신 그리고 진보운동의 진로』, 나라사랑.
유팔무. 1992, 「90년대 한국의 사상적 좌표와 시민사회」, 《현대사회》 12: 1(봄).
_____. 1991, 「어떤 민주주의가 어떻게 가능할 것인가」, 《사회비평》 6.
임영일. 1993, 「김영삼의 '신한국' 그 개혁의 한계」, 《말》 2월호.
_____. 1992, 「한국의 산업화와 계급정치」, 『한국의 국가와 시민사회』, 한울.
전상인. 1993, 「참민주 위한 비판」, 《시사저널》 187호(5월 27일자).
최장집. 1988, 『한국의 노동운동과 국가』, 열음사.
_____. 1989, 『한국현대정치의 구조와 변화』.
_____. 1991, 「민중민주주의의 조건과 방향」, 《사회비평》 6.
_____. 1993, 「신정부의 정치체제적 구조와 성격」, 《사회평론》 2월호.
한완상. 1992, 「한국에서 시민사회, 국가 그리고 계급─과연 시민사회운동은 개량주의적 선택인가」, 『한국의 국가와 시민사회』, 한울.
Cardoso, Fernando E. 1977, "The Consumption of Dependency Theory in the United States," *Latin American Research Review*, vol.XII, no.3.
Cardoso and Enzo Falette. 1979, *Dependence and Development in Latin America*, Berkerly: University of California.

∎∎ 지은이 소개

강문구

연세대학교 영문학과 졸업
미국 뉴멕시코대학교 정치학 박사
현재 경남대학교 정치외교학과 조교수
저서: 『포위된 혁명: 니카라과 혁명 10년사의 현대적 조명』, 나라사랑, 1993.
편저: 『자본주의 체제하의 사회변혁운동: 칠레혁명과 아옌데 노선연구』, 친
구, 1990.
역서: 『마르크시즘과 기독교』, 한울, 1988.
『국제관계의 정치경제학』, 인간사랑, 1990.
『라틴아메리카 정치경제학』(공역), 한울, 1991.
『다시 그람시에게로』, 한울, 1991.
『주변부로부터의 오솔길: 신흥공업국의 정치경제학』(공역), 문학과 지
성사, 1994.
『농민혁명』(공역), 서울프레스, 1995.
『새로운 사회주의의 미래』(공역), 한울, 1996.
『자유주의의 이후』, 당대, 1996.

한울총서 97 **개정판**

한국민주주의의 구조와 진로

ⓒ 강문구, 1994, 1997

지은이/강문구
펴낸이/김종수
펴낸곳/도서출판 한울

편집책임/오현주

초 판 1쇄 발행/1994년 6월 1일
개정판 1쇄 발행/1997년 4월 12일

주소/120-180 서울시 서대문구 창천동 503-24 휴암빌딩 201호
전화/326-0095(대표)
팩스/333-7543
등록/1980년 3월 13일, 제14-19호

Printed in Korea.
ISBN 89-460-2410-0 94340

값 12,000원